Grundschule entwickeln – Gestaltungsspielräume nutzen

Beiträge zur Reform der Grundschule – Band 131
Herausgeber: Der Vorstand des Grundschulverbandes e.V.
Verantwortlich für diesen Band: Heike de Boer und Susanne Peters

Herausgegeben von Heike de Boer und Susanne Peters

Grundschule entwickeln – Gestaltungsspielräume nutzen

Grundschulverband e.V.
Frankfurt am Main

Frankfurt am Main

Satz und Gestaltung:	novuprint · Agentur für Mediendesign, Werbung, Publikationen GmbH, 30161 Hannover
Bildnachweis:	Die Rechte für die Abbildungen liegen bei den jeweiligen Autorinnen und Autoren, falls nicht anders vermerkt.
Titelfoto:	Karin Gerdes, Hamburg
Druck und Bindung:	Beltz Druckpartner, 69502 Hemsbach
ISBN	978-3-941649-02-6 / Best.-Nr. 1088 (Beiträge zur Reform der Grundschule, Band 131)

Inhalt

Vorwort

»Grundschule entwickeln – Gestaltungsspielräume nutzen«, so lautet der Titel dieses Bandes und schließt damit an die aktuelle Debatte über Schulqualität an. Kriterien für Schulqualität liegen in jedem Bundesland im Kontext der länderspezifischen Orientierungsrahmen vor und werden als Bezugssystem für Fremdevaluationen und Schulinspektionen genutzt. Schulen müssen sich regelmäßig dem Blick externer Evaluation aussetzen und stehen vor der Aufgabe, den wachsenden Leistungsanforderungen der Gesellschaft an die schulische Arbeit Rechnung zu tragen, ohne den pädagogischen Blick auf den einzelnen Schüler / die einzelne Schülerin zu verlieren.

Lehrpersonen und Schulleitungen in Deutschlands Grundschulen haben allerdings nicht nur im schulformbezogenen, sondern auch im internationalen Vergleich eine hohe Unterrichtsverpflichtung. Die Arbeitszeit von Lehrkräften ist in den letzten Jahren in allen Bundesländern angestiegen, auch die OECD positioniert Deutschlands Primarstufenlehrende im oberen Drittel und weist darauf hin, dass mit der Anzahl der wöchentlich verankerten Pflichtstundenzahl (zwischen 27 und 29 in Deutschlands Grundschulen) die Zeit für Vor- und Nachbereitung des Unterrichts, Elterngespräche und -besuche, Zusammenarbeit mit außerschulischen Institutionen, Entwicklung schulkonzeptioneller Überlegungen und -programme sinkt.

Outputorientierte Steuerungen bei gleichzeitigem Ressourcenabbau erschweren Schulentwicklungsarbeit und machen mehr denn je die Kooperation aller an schulischer Arbeit Beteiligten notwendig und erfordern eine Perspektive, die Schule als eigenes System im Mehrebenensystem wahrnimmt.

Die Bedingungen für Grundschulen in Deutschland sind dadurch gekennzeichnet, dass in der Regel finanzielle und organisatorische Ressourcen für die Einzelschule fehlen. Dass dennoch an vielen Schulen kreative Konzepte und Schulprogramme entstanden sind, dass Schulen voneinander und miteinander lernen können, möchten wir mit diesem Buch zeigen und damit Anregungen für Schulentwicklungsprozesse geben, ohne notwendige bildungspolitische Maßnahmen auszublenden.

Wir bedanken uns bei allen Autorinnen und Autoren für die gute Zusammenarbeit.

Heike de Boer und Susanne Peters

1

Schule entwickeln – Herausforderungen

Susanne Peters / Heike de Boer

Grundschule entwickeln – neue Herausforderungen mit alten Ressourcen?

Mit diesem Band »Grundschule entwickeln – Gestaltungsspielräume nutzen« möchten wir anhand von Beispielen aus der Praxis Ideen, Wege und Möglichkeiten aufzeigen, wie Schulen sich aktiv des Themas Schulentwicklung in all seinen Facetten annehmen können. Schulentwicklung kann als Chance begriffen werden und als kreativer Prozess, in dem alle an der Gestaltung des schulischen Alltags beteiligten Akteure gemeinsam an der Veränderung und Verbesserung der einzelnen Schule mitwirken; mit dem Ziel, Schule als Ort des Lernens und Lebens für Erwachsene und Kinder attraktiv zu machen. Zu den sechs von der KMK festgelegten Handlungsfeldern gehört neben Unterrichten, Erziehen, Beraten, Beurteilen, Sich-Weiterbilden auch die Dimension Schule-Weiterentwickeln. Auch wenn neben der anspruchsvollen und komplexen Aufgabe der Planung und Gestaltung von Unterricht die Entwicklung von Schule manchmal als Kür oder Tätigkeit für besonders engagierte LehrerInnen erscheint, stellt sie eine gleichberechtigte Aufgabe neben den weiteren fünf genannten Handlungsdimensionen schulischer Arbeit dar.

Lortie konstatierte 1975, dass die Neigung zum Individualismus der Lehrenden auf deren Sozialisation und auf die Strukturen der Organisation zurückzuführen sei. Schulen waren lange Jahre zellulare, additive und segmentierte Organisationen. Schule als Arbeitsplatz der Lehrenden und als Lernumwelt der SchülerInnen [1)] sah er als zerstückelt an. Für die interne Koordination der MitarbeiterInnen wurde wenig Aufwand betrieben. Zwischen Verwaltung und Unterricht gab es eine strikte Trennung. Die professionelle Handlungsautonomie, als einerseits kontrollierte und andererseits individualisierte Autonomie, war kennzeichnend für den Lehrerberuf.

Der in den letzten Jahren etablierte Blick auf Schule als Organisation, die sich entwickeln muss, fokussiert nun seit langem die Schulprogrammarbeit und nimmt die Einzelschule als ganze – integrativ zusammenhängende – Einheit in den Blick. Mit neuen outputorientierten Steuerungsmodellen

1) Wir haben uns um geschlechtergerechte Formulierungen bemüht. Aus Gründen der besseren Lesbarkeit wurde aber nicht an allen Stellen gendergerechte Schreibweise verwendet.

über Fremdevaluation der Einzelschule, über Diagnose- und Vergleichsarbeiten und über reformierte standardorientierte Bildungspläne wächst der indirekte Einfluss der Kultusbürokratie auf den Unterricht der einzelnen Lehrperson, auch wenn die Teilautonomie der Schule proklamiert wird. Terhardt und Böttcher (2004) sprechen von einer Zangenbewegung in Form verschärften Rechtfertigungsdrucks bei gleichzeitigem Ressourcenabbau und erhöhter Steuerungsnotwendigkeit. Der aktuelle Schulentwicklungsdiskurs spielt in diesem Kontext eine enorme Rolle. Er wird von einem Effizienz- und Erfolgsdiskurs bestimmt.

Die Einzelschule als pädagogische Handlungseinheit soll zum »Motor der Schulentwicklung« werden, Prozesse der kollegialen Kooperation spielen hierbei eine entscheidende Rolle. Die Zusammenarbeit von LehrerInnen in Fach-, Jahrgangs, Projekt- oder Schulleitungsteam wird in der Schulentwicklungsliteratur als grundlegend für den Entwicklungsprozess der Einzelschule angesehen. Schulentwicklung beinhaltet damit auch Personalentwicklungsprozesse. Rolff (2007) spricht von einem Drei-Wege-Modell der Schulentwicklung. Die Entwicklung des Unterrichts als Kerngeschäft der Lehrenden ist der Ausgangspunkt. Überfachliches Lernen, Methodentraining, Problem- oder Projektorientiertes Lernen, all diese Ansätze überschreiten die Planungs- und Ausführungsmöglichkeiten einer Lehrperson und sind mit Personal- und Organisationsentwicklungsfragen verbunden, die nur gemeinsam miteinander entwickelt und entschieden werden können. Die Forderung, beispielsweise innerhalb von Schulentwicklungsprozessen verbindliche Kooperationsformen einzurichten, schränkt allerdings auch die tradierte individuelle Lern- und Vorbereitungskultur der Lehrenden ein und durchbricht eingespielte Muster, die unter anderem manchmal auch als Zwang und Kontrolle empfunden werden können.

Schulentwicklung ist damit einerseits ein kreativer Prozess, in dem das Gesamtergebnis facettenreicher und komplexer sein wird als die Summe seiner Einzelteile. Schulentwicklung ist zugleich ein Prozess, der spannungsreich, konfliktbeladen und zäh sein wird, da die Beteiligten sich auf gemeinsame Ziele, Leitvorstellungen und Konzeptionen einigen müssen.

Für Lehrkräfte sind mit neuen bildungspolitischen Vorgaben und den angestrebten Veränderungen neue Herausforderungen verknüpft. Standen bislang Unterrichtsvorbereitungen für ihre eigenen Lerngruppen und konkrete pädagogische Fragen in Bezug auf einzelne Kinder im Mittelpunkt ihres Handelns, wird nun erwartet, dass sie ihre Schule als System begreifen, sich selbst als Teil dieses Systems betrachten, Absprachen treffen, sich an Standards orientieren und die Entwicklung der gesamten Schule in den Blick nehmen. Dies wird von vielen Lehrkräften als Einschränkung ihrer pädagogischen Freiheiten empfunden. Ein Nutzen ist für sie nicht immer erkennbar, vor allem da auf der Umsetzungsebene Unterstützungssysteme für die Einzelschule in Form von Schulberatung und fest installierter kollegialer Weiterbildung in Schulentwicklungs- oder Evaluationsfragen fehlen.

Schulleitungen werden konfrontiert mit den neuen Zielsetzungen, veränderten ministeriellen Erwartungen und neuen Aufgaben, die an sie herangetragen werden. Sie haben eine Vermittlerrolle zwischen den Akteuren auf den verschiedenen Handlungsebenen von Schulentwicklung.

Lehrkräfte, Schulleitungen, aber auch Eltern bewegen sich nicht nur in mehreren verschiedenen Handlungsfeldern, wenn es um schulische Entwicklungsprozesse geht, sondern es resultieren aus diesem Miteinander auch eine Vielzahl von Spannungsfeldern, die von den Akteuren mit gedacht und bearbeitet werden müssen.

Schulentwicklung bedeutet für Grundschulen eine besondere Herausforderung: Als in der Regel besonders kleine Systeme mit nur wenigen Lehrkräften ist es für sie schwieriger als in anderen Schulformen, Entwicklungsprozesse systematisch zu implementieren, da ihnen häufig die personellen Ressourcen hierfür fehlen und auch nicht zugestanden werden. Weniger als in anderen Schulformen fühlen sich Schulleitungen auf Managementaufgaben vorbereitet bzw. unterstützt. Weniger als andere Schulformen wird die Grundschule ernstgenommen, was sich unter anderem an einer in der Regel niedrigeren Besoldungsstufe von Lehrkräften und Schulleitungen und viel zu geringen Deputatsstunden, die für Schulentwicklungsaufgaben zur Verfügung stehen, festmachen lässt.

Der Entwicklungsprozess hin zu einem Bildungswesen, das weniger von oben gesteuert wird, sondern den einzelnen Bildungsinstitutionen ermöglicht, maßgeblich selbst zu entscheiden, welche Wege zum Ziel führen, findet überall in Europa statt. Er begann in den 80er Jahren in einigen Pionierländern und expandierte während der 90er Jahre (Eurydice 2009, S. 19). Evaluationsmaßnahmen zur Qualitätssicherung spielen daher in allen Staaten eine maßgebliche Rolle. Zentrale Bildungsstandards werden gesetzt, und Evaluationsmaßnahmen dienen der Vergewisserung, dass Schulen die nationalen Standards erreichen und die Steuergelder angemessen ausgegeben werden. Gleichzeitig erhalten Eltern in allen Ländern mehr und mehr Möglichkeiten, selbst die Entscheidung zu treffen, in welche Schule sie ihr Kind schicken wollen (Faubert 2009). Einig sind sich alle Experten, gleich aus welchem Land sie kommen, darüber, dass Bildung und Erziehung für die Modernisierung der Gesellschaft von elementarer Bedeutung sind und zu mehr Menschlichkeit, Gerechtigkeit und Demokratie beitragen können (vgl. Morgado, J. C. / Sousa, F., 2010).

Zwar gibt es innerhalb Europas einen staatenübergreifenden Konsens über Zielsetzungen von Bildung. Geschwindigkeit und Art der Umsetzung hängen in den einzelnen Staaten allerdings wesentlich von nationalen politischen Entwicklungen und Veränderungen ab. In Deutschland wird dieser Prozess durch die föderale Struktur erschwert.

In den Niederlanden oder in Schottland hat die Entwicklung hin zu einer selbstverantworteten oder gar autonomen Schule wesentlich früher begonnen. Dementsprechend haben Schulen dort bereits größere Entscheidungsspielräume als die Schulen hierzulande, die externe Evaluation spielt eine geringere Rolle als noch vor einigen Jahren und die Selbstevaluation der Schulen stellt ein wesentliches Element der Selbstvergewisserung der schulischen Qualität dar. In vielen europäischen Staaten stellt sie bereits ein verpflichtendes Element für die Schule dar, wie in Frankreich, einigen Teilen Belgiens, Tschechien, Estland, Frankreich, Griechenland, Ungarn, den Niederlanden, Norwegen, Polen, Portugal, Schweden, der Slowakei, Spanien. In anderen Ländern wie Österreich ist die Selbstevaluation freiwillig oder empfohlen wie in Italien oder Großbritannien (Eurydice 2004). Die Liste macht deutlich, dass wir in Deutschland uns erst am Anfang einer um uns herum bereits fortgeschrittenen Entwicklung befinden. Vor dem Hintergrund einer systemischen Betrachtung unseres Bildungswesens macht es deswegen Sinn, über den Tellerrand zu schauen und sich mit europäischen Entwicklungen zu beschäftigen. Mehr und mehr Staaten bieten den Schulen Unterstützung durch Experten in Schulentwicklungsprozessen, der Qualitätsverbesserung und für Evaluationsmaßnahmen an (Eurydice 2004). Neben dieser Form von Unterstützung gibt es in vielen Ländern auch eine finanzielle Unterstützung, Netzwerke und andere Möglichkeiten zum Erfahrungsaustausch mit anderen Schulen sowie Informationen und Ratschläge, die über das Internet abgerufen werden können (Eurydice 2004). Auch wenn wir von diesen Entwicklungen in Deutschland noch weit entfernt sind, möchten wir mit diesem Band einen Einblick über neue Herausforderungen im Rahmen von Schulentwicklungsprozessen an die beteiligten Akteure geben und Eindrücke innovativer Praxis, die einerseits Gestaltungsspielräume und andererseits Grenzen pädagogischer Handlungen, die auf fehlende institutionelle Rahmenbedingungen zurückgehen, sichtbar machen.

Es geht uns darum zu zeigen:

- dass Schulentwicklung ein Thema ist, das LehrerInnen, Schulleitungen und alle weiteren an der Schule arbeitenden Professionen gleichermaßen betrifft;
- dass Schulentwicklung nicht ohne Konflikte, Widerstände und Verzögerungen zu haben ist,
- dass sich Lehrkräfte und Schulleitungen in den Schulen vor Ort auf den Paradigmenwechsel einlassen und Handlungsspielräume erkennen und für sich nutzen lernen,

- dass die Beteiligung von Schülerinnen und Schülern wie Eltern in Schulentwicklungsprozessen ein wichtiges Element der systemischen Herangehensweise ist
- und damit die Veränderung der Elternrolle im Sinne einer Erziehungspartnerschaft bedeutend wird, genauso wie die Wahrnehmung von Kindern als Subjekte ihres eigenen Lernprozesses,
- dass dabei Netzwerke, kritische Freunde und der Blick über den nationalen Tellerrand helfen,
- dass wir erst am Anfang einer Entwicklung stehen und Geduld und die Bereitschaft, aus Fehlern zu lernen, notwendig sind,
- dass Schulentwicklungsprozesse keine einfachen Ursache-Wirkungs-Mechanismen zu Grunde liegen, sondern komplex und langwierig sind.

Vor dem Hintergrund dieser Überlegungen steht im Mittelpunkt des ersten Teils die Auseinandersetzung mit Fragen der Qualitätssicherung in Schulentwicklungsprozessen einerseits und einer systemischen Perspektive auf Schulentwicklungsprozesse andererseits. Was die systemische Sicht auf Schulentwicklung auszeichnet, wann sie nützlich sein kann und wofür sie nicht taugt, aber auch, wann sie hinderlich ist, stellt Ursula Carle dar und verbindet mit dieser Perspektive die Hoffnung, dass der Einfluss auf die Entwicklung von Schule durch eine systemische Sichtweise auf ihr Gefüge, auch durch Enthaltsamkeit gegenüber kleinen Antworten, wächst. Inge Hirschmann beschreibt die Wirkungen outputorientierter Steuerungsmechanismen am Beispiel der Schulinspektion in Berlin aus der Sicht ihres Kollegiums, zeigt Widersprüche des Verfahrens auf und stellt kritische Fragen. Hans Brügelmann setzt sich mit den Chancen und Risiken externer Schulevaluationen auseinander, arbeitet Kriterien für eine »gute« und den Schulen nützliche Evaluation heraus und macht auf sinnvolle Verknüpfungen zwischen innerer und externer Evaluation aufmerksam. Auch Axel Backhaus zeigt Wege sinnvoller Evaluation im Rahmen des Netzwerkes »Blick über den Zaun« auf, stellt dar, unter welchen Prinzipien die Arbeit im Schulverbund Netzwerk abläuft und welche geteilten Grundüberzeugungen ihr vorausgehen.

Teil II richtet seinen Blick auf die Akteure des Alltagshandelns in Schule – die LehrerInnen. Für die Bewältigung der neuen Herausforderungen und Aufgaben werden Beispiele aus der Praxis aufgezeigt, die belegen, dass es unterschiedliche Möglichkeiten gibt, sich den Aufgaben zu stellen und Lösungen zu finden, die auf das Profil der Schule bezogen individuell auszugestalten sind. Dabei werden verschiedene Handlungsfelder beleuchtet, die für LehrerInnen tagtäglich relevant sind: die Kooperation und Teambildung mit anderen Lehrkräften innerhalb der eigenen Schule (Heike de

Boer), die Frage, wie Schülerinnen und Schüler selbst zu Akteuren ihres Lernprozesses werden (Marina Bonanati / Annette Richter-Göckeritz) und – am Beispiel des »natürlichen Lernens« in den Niederlanden – systematisch lernen, ihre Lernprozesse selbst zu steuern (Susanne Peters), wie Eltern als Partner in Schulentwicklungsprozesse einbezogen werden könnten (Edgar Bohn), wie Schulen ein gemeinsames Verständnis von Unterricht und Erziehung entwickeln und daraus ein schulinternes Curriculum ableiten, das für alle einen verbindlichen Charakter hat (Conni Castel / Petra Stumpf), wie Schulen von programmatischen Festlegungen zu einer faktischen Veränderung ihrer pädagogischen Arbeit kommen (Steffa Bajew-Beck). Für die Zukunft an Grundschulen wird vor dem Hintergrund der UN-Konvention und dem Ziel, ein inklusives Schulsystem ohne Aussonderung zu entwickeln, noch bedeutsamer als zuvor, Fragen von Diagnostik und Förderung nicht an Sonderschulen abzugeben (Angelika Fiedler). Dabei ist die Zusammenarbeit von unterschiedlichen Institutionen und Professionen erforderlich (Martina Keller / Monika Knopp-Vater / Margit Theis-Scholz) und der Aufbau kooperativer Netzwerke ist notwendig (Maresi Lassek). Am Beispiel von Südtirol wird gezeigt, wie Schulen im Veränderungsprozess von der integrativen zur inklusiven Schule auf verschiedenen Ebenen unterstützt werden müssen (Renate Heissl-Deporta).

Teil III konzentriert sich darauf, wie Schulleitungen Schulentwicklungsprozesse unterstützen können. Erkennbar wird auf der Basis empirischer Forschungsergebnisse, was gutes Leitungshandeln ausmacht (Susanne Peters), welche Führungsaufgaben Schulleitungen in Veränderungsprozessen haben (Gerald Klenk), was Qualität in Schule sein kann (Peter Schulze) und wie man Evaluation nutzen kann, um sich den selbstgesetzten Ansprüchen von Qualität anzunähern (Eric Vaccaro und Christiane Töller-Weingart). Erkennbar wird, wie durch Erprobung neuer Leitungsstrukturen im Team (Anne Westerholt) eine kooperative Schulkultur grundgelegt werden und durch Veränderung der organisatorischen Rahmenbedingungen (Wolfgang Steinert) bessere Voraussetzungen für die Zusammenarbeit und berufliche Zufriedenheit im Kollegium geschaffen werden kann. Am Beispiel der Jahrgangsmischung (Ulrike Eiding) zeigt sich, wie komplex konzeptionelle schulische Umgestaltungen sind, wie entscheidend die Zusammenarbeit mit den Eltern ist und wie nachteilig sich kurzfristige bildungspolitische Wenden und daraus resultierende veränderte Gesetzeslagen für langfristig angelegte Schulentwicklungsprozesse auswirken. Gleichzeitig wird in diesem Teil der Spagat deutlich, den Schulleitungen vollziehen müssen, um von außen an die Schule herangetragene Ziele mit den eigenen annähernd in Einstimmung zu bekommen und um die Kollegien vor einem Zuviel an Anforderungen zu schützen.

Das Gelingen von Schulentwicklungsprozessen ist davon abhängig, wie die beteiligten Akteure innerhalb und außerhalb der Schule im komplexen Mehrebenensystem zusammenarbeiten, kommunizieren, reflektieren, Handlungsräume nutzen und Handlungsgrenzen anerkennen. Abschließend resümieren wir auf der Basis der versammelten Beiträge, welche Bedingungen schulische Entwicklungsprozesse befördern, zeigen Grenzen auf und diskutieren notwendige Handlungsfelder für die Zukunft.

Literatur

Böttcher, W. / Terhart, E. (2004): Organisationstheorie in pädagogischen Feldern. In: Böttcher, W.: Organisationstheorie in pädagogischen Feldern. Wiesbaden: VS Verlag, S. 7ff.

Eurydice (2004): Evaluation of schools providing compulsory educaton in Europe. Brussels: Eurydice European Unit.

Eurydice (2009): Key data on education in Europe. Brussels: Education, Audiovisual and Culture Executive Agency, EACEA.

Faubert, V. (2009): School evaluation. Current Practices in OECD Countries and a Literature Review. OECD Education Working Papers, No. 42. Paris: OECD Publishing. doi: 10.1787/218816547156.

Kommission der Europäischen Gemeinschaften (2003): Arbeitsdokument der Kommissionsdienststellen »Allgemeine und Berufliche Bildung 2010«, http://ec.europa.eu/education/lifelong-learning-policy/doc/policy/staff-work_de.pdf; abgerufen am 5.4.2011.

Lortie, D. C. (1975): School teacher. Chicago: Harvard Press.

Meyer, H. (1997): Schulpädagogik. Band II: Für Fortgeschrittene. 1. Aufl., Berlin: Cornelsen.

Mitteilung der Kommission an das europäische Parlament, den Rat, den europäischen Wirtschafts- und Sozialausschuss und den Ausschuss der Regionen: Schlüsselkompetenzen für eine Welt im Wandel (Key competences for a changing world). Entwurf des gemeinsamen Fortschrittsberichts 2010 des Rates und der Kommission über die Umsetzung des Arbeitsprogramms »Allgemeine und berufliche Bildung 2010«. http://ec.europa.eu/education/lifelong-learning-policy/doc1120_en.htm; abgerufen am 5.4.2011.

Morgado, J. C / Sousa, F. (2010): Teacher evaluation, curricular autonomy and professional development: trends and tensions in the Portuguese educational policy. Journal of Education Policy. Vol. 25, No. 3, S. 369–384).

Rolff et al. (2000): Rolff, H.-G. / Buhren, C. / Lindau-Bank, D. / Müller, S.: Manual Schulentwicklung. Handlungskonzept zur pädagogischen Schulentwicklungsberatung (SchuB). 3. Aufl., Weinheim und Basel: Beltz.

Rolff, H.-G. (2006): Schulentwicklung, Schulprogramm und Steuergruppe. In: Buchen, H. / Rolff, H.-G. (Hrsg.): Professionswissen Schulleitung. Weinheim und Basel: Beltz.

Rolff, H.-G. (2007): Studien zu einer Theorie der Schulentwicklung. Weinheim und Basel: Beltz.

Sekretariat der Ständigen Konferenz der Kultusminister der Länder in der Bundesrepublik Deutschland(2004): Standards für die Lehrerbildung: Bildungswissenschaften, Beschluss der Kultusministerkonferenz vom 16.12.2004 www.kmk.org/fileadmin/beroeffentlichungen_beschluesse/2004/2004_12_16-Standards-Lehrerbildung.pdf; abgerufen am 5.4.2011.

Ursula Carle

Schule als System

Vorbemerkung

Bei meinen ersten Untersuchungen über Unterrichtsplanung von Lehrerinnen und Lehrern Anfang der 1990er Jahre fielen mir etliche Widersprüche auf, die ich mir zunächst nicht erklären konnte. Obwohl die Landesregierung in Baden-Württemberg seinerzeit versuchte, einen reformpädagogisch orientierten Lehrplan einzuführen, stieß dieser dennoch auf erheblichen Widerstand, selbst bei Lehrpersonen, die ihn eigentlich hätten begrüßen müssen. Umgekehrt gab es Fälle, in denen reformpädagogisch orientierten Lehrpersonen schulamtsseitig untersagt wurde, sich aktiv an der Einführung des Lehrplans zu beteiligen. Schließlich begegnete mir in meiner eigenen, dem Lehrplan und der Reformpädagogik gegenüber sehr aufgeschlossenen Schule deutliche Skepsis, als ich vorschlug, die neuen Begrifflichkeiten doch einmal genauer unter die Lupe zu nehmen und darüber zu reflektieren, wie frei wir Freiarbeit an unserer Schule verstehen wollen. – Was war passiert? Warum funktionierte der Veränderungsversuch über die Lehrplaneinführung so zögerlich? Und: Wie lassen sich die Handlungs- und Entwicklungsräume der Grundschule trotz aller Widersprüchlichkeiten erweitern?

Am Ende der Untersuchung der Lehrplaneinführung wurde klar, dass hier zahlreiche Faktoren ineinanderwirken: persönliche Voraussetzungen der einzelnen Lehrpersonen, die Entwicklungsgeschichte der jeweiligen Schule, der Schulräte wie der Schulämter, die Akzeptanz bei den Eltern, die persönlichen und die kollegialen alltäglichen Gewohnheiten usw.: Vielerlei Wirkfaktoren mit verschiedensten Wirkrichtungen auf unterschiedlichen Ebenen des Schulsystems kamen zutage. Es fiel mir schwer zu akzeptieren, dass es den voraussagbaren linearen Einfluss eines bestimmten Faktors in diesem Gefüge, wenn überhaupt, nur in unmittelbaren kleinen Handlungseinheiten gibt, etwa wenn die Kreide Bewegungen in Farbe an der Tafel abbildet. Schule als Ding zu sehen, das einfachen Entwicklungsregeln genügt, selbst wenn alle Bedingungen stimmen, ist nicht haltbar. Gleichzeitig halfen mir theoretische Ausarbeitungen für meine Interpretation und vor allem für die Schlussfolgerungen wenig. Das erste international anerkannte Werk zur systemischen Entwicklungsforschung veröffentlichte meines Wissens Michael Quinn Patton erst im September 2010 (vgl. Patton 2010). Es ist anzunehmen, dass hierdurch die wissenschaftliche Betrachtung auch der Schule als System in Zukunft deutliche Fortschritte erleben wird.

Mit diesem Beitrag werde ich an einigen Beispielen zu klären versuchen, was eine systemische Sicht auf Schulentwicklung auszeichnet, wann sie nützlich sein kann und wofür sie nicht taugt, aber auch, wann sie hinderlich ist. Ich verbinde damit die Hoffnung, dass der Einfluss auf die Entwicklung von Schule durch eine systemische Sichtweise auf ihr Gefüge, auch durch Enthaltsamkeit gegenüber kleinen Antworten, wächst und künftig keine Lehrperson mehr konstatieren muss: »Bei unserer Schule fahren täglich neue Züge mit wunderbaren Reiseversprechen vor. Die Engagierten neigen dazu aufzuspringen. Und dann fährt der Zug aufs Abstellgleis.«

Was bedeutet »Schule als System«?

Wenn wir uns Schule vorstellen, also eine Modellvorstellung entwickeln, dann ist die erste Frage: Meinen wir die Einzelschule, diese Schule in ihrem unmittelbaren Umfeld oder meinen wir das Schulwesen? Bei genauer Betrachtung ist das eine vom anderen nicht zu trennen. Nahe liegend ist die Vorstellung von einem ineinander verschachtelten System mit verschiedenen Interaktionsebenen: die *Klassengemeinschaft* (Lehrer/innen, SchülerInnen, Eltern), *die Schule* (Schulleitung, Klassengemeinschaften untereinander, aber auch Schülerschaft, Elternschaft und das gesamte Kollegium), *die Schule in ihrem Umfeld* (Gemeinde, Unterstützungssysteme, umliegende

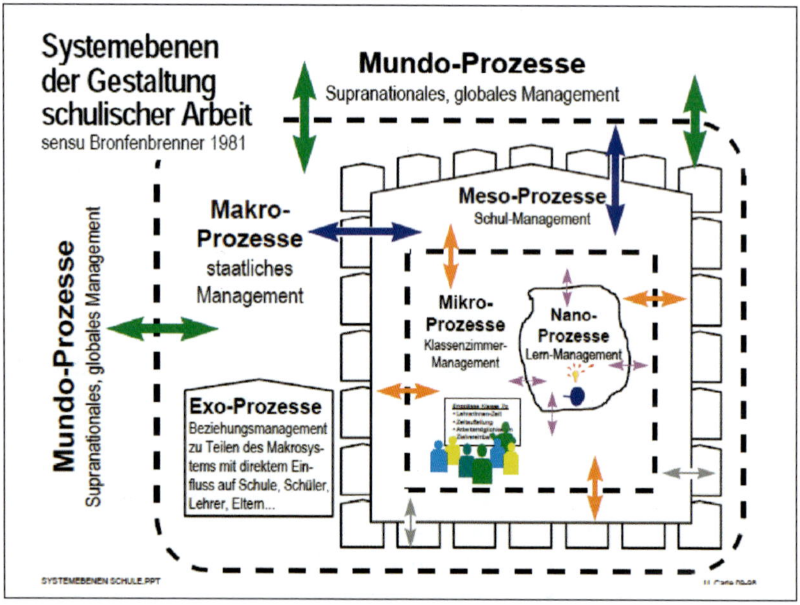

Sechs Systemebenen schulischer Wirkungsstrukturen (aus: Carle 2000, S. 289)

Schulen, Horte und Kindergärten), *das Umfeld der Schule in seinem Umfeld* usw. Schule ist zudem eingebettet in ein abstraktes Ganzes, das Schulwesen mit Schulämtern o. Ä., die eine Aufsichts- und Personalzuweisungsfunktion erfüllen und die Schnittstelle zum Ministerium darstellen. Die Führung des Schulwesens ist von oben nach unten angelegt, die Einwirkungsrichtung soll also von der administrativen Anlage her nach wie vor vom Ministerium zum Schüler / zur Schülerin verlaufen und nicht umgekehrt oder gar in Netzen. Dadurch wird sie nicht stetiger, denn mit jedem politischen Machtwechsel ändert sich i. d. R. die grobe Richtung zumindest der Vorgaben. Grob vereinfacht lässt sich das verschachtelte System wie auf Seite 18 darstellen.

Schule wird aus systemischer Perspektive wie ein lebendiger Organismus angesehen. Die Einzelschule ist in dieser Vorstellung keine Insel, auch kein Ding, sondern ein Netzwerk in Bewegung, im permanenten Austausch mit ihrem sozialen Umfeld, mit einem klaren Ziel, der Bildung und Erziehung der ihr anvertrauten Kinder.

Einfluss statt Einwirkung – alle führen

Die Bewegungen eines lebendigen Organismus lassen sich mit mechanischen Einwirkungen nicht zielgerichtet und erfolgversprechend entwickeln. Jeder weiß heute, dass die tatsächlichen Wirkungen innerhalb dieser verschachtelten Ebenen des Systems Schule nicht linear von oben nach unten verlaufen können. Das ist auch ein Grund dafür, dass die Detailausführungen zwischenzeitlich den Lehrerinnen und Lehrern überlassen werden. Sie sollen ihren Unterricht so gestalten, dass die Schülerinnen und Schüler die Standards erfüllen. Vergleichsarbeiten sollen darüber Rechenschaft ablegen, ob die Entwicklungsziele erreicht wurden. Externe Schulinspektionen begehen die Schulen und schreiben darüber Berichte und Empfehlungen. Die ehemalige Form der detaillierten Anordnung mit Überwachung der Stoffverteilungspläne und des Unterrichts durch die Schulräte wird also abgelöst von Rahmensetzung mit Ergebniskontrolle. Diese Lockerung der Ausführungsweisen im Unterricht allein wird jedoch der Schule als System noch nicht gerecht. Hierzu stellt sich zuerst die Frage, wer nun genau die Systemverantwortung für Gestaltung und Leistung des Schulsystems und damit für die Rahmenbedingungen schulischen Arbeitens trägt.

Die Frage nach der Systemverantwortung stellt sich aus einem doppelten Grunde. Zum einen wird in der breiten Öffentlichkeit der Zustand der Schulen beinahe ausnahmslos den Lehrerinnen und Lehrern angelastet. Der zweite Grund ist etwas komplizierter: Die Analyse vieler Schulreformen als Antworten auf gesellschaftliche Herausforderungen machte vor allem eines deutlich: Schulische Veränderung gehorcht keiner einfachen Logik, vielmehr vollzieht sie sich in einem komplexen Wandlungsprozess, dem mit traditionellen, eher linearen Reformkonzepten nicht beizukommen ist. Ist doch noch immer die Ausformulierung der Ziel- und Modellvorgaben von der Verantwortung für ihre Umsetzung getrennt und beides findet weit entfernt von der Realisierung in den alltäglichen Leistungsprozessen statt. Trotzdem wundern sich die Beteiligten, wenn Ziele, Umsetzungsverantwortung und Realisierung so gut wie nie zusammenkommen. Selbst eine weitgehend lückenlose personale Befehlshierarchie schafft noch keinen Systemeinfluss – genauso wenig wie die Überprüfung der Standardserreichung dazu führt, dass Schulen besser werden (vgl. Carle 2000, S. 285).

In der systemischen (und emanzipatorischen) Managementlehre wird Führung als kooperative Aufgabe vieler Akteure angesehen, die in großen komplexen Sozialgebilden die wechselseitige zielführende Beeinflussbarkeit zahlreicher Subsysteme, Einheiten und Gruppen sichert (vgl. Malik 1989, Carle 2000, S. 64). Die Lösung der Führungsproblematik in der gemeinsamen Reformaufgabe wurde am radikalsten in einer Primary School in einem Brennpunkt Durhams beschrieben: Die Schule wählte die Entwicklung von »Selbstführungsfähigkeit« zu einem ihrer zentralen Reformziele – und dies auf allen Ebenen: auf der Schülerebene, auf der Lerngruppenebene, der Klassenebene, der LehrerInnenebene, der Elternebene (es gibt wöchentliche Weiterbildungs- und Beratungsangebote für Eltern) und natürlich auf der Schulleitungsebene (vgl. Kahl 1996). Diese Vorgehensweise wird einem weiteren Merkmal von Systemen gerecht, der Fraktalität: Grundprinzipien des Einflusses auf Systeme gelten in jeder Systemebene gleichermaßen. Wenn alle führen, ist die Entwicklung von Selbstführungsfähigkeit ein solches Prinzip, wenn Holtappels Recht hat (und es entspricht auch unserer Erfahrung), ist es sogar erforderlich, dass für einen Veränderungsprozess ein gewisser Kompetenzüberschuss vorhanden sein muss (Holtappels 1998, S. 76), etwa indem alle führen können.

Warum sollen alle Akteure führen können? Interaktion geschieht in komplexen sozialen Gebilden nicht von oben nach unten, sondern vernetzt und auf unterschiedlichen Ebenen. Jede Interaktionsebene bildet eine Art Netzwerk, in dem es informelle und formelle Interaktionsprozesse gibt. Natürlich macht die Interaktion nicht an der vertikalen Grenze der Interaktionsebene halt. Zum einen sind Personen auf mehreren Interaktionsebenen zugleich tätig, erzeugen also informelle Verbindungen. Zum anderen sind formelle Schnittstellen eingerichtet (z. B. Konferenzen), so dass eine Ziel- und Handlungsabstimmung prinzipiell möglich ist. Schließlich kann man sich Schule als lernendes System vorstellen, d. h., dass jede einzelne Person im Netzwerk und das jeweilige Netzwerk als Ganzes lernen kann. Sowohl Einzelne als auch Netze können als Akteure bezeichnet werden. Es entwickeln sich also individuelle Lernbiografien und Institutionenhistorien. Dabei ist die Erfahrung in einem solchen Netzwerk nicht die Addition der Erfahrung seiner Mitglieder. Vielmehr bildet jeder Akteur eigene Handlungsweisen, Strukturen und Werte heraus, vor deren Hintergrund er schließlich agiert, immer eingebettet und in Kontakt mit den anderen (vgl. Carle 1995, S. 29ff.). Aus systemischer Sicht sind daher komplexe Vorgänge (wie ein schulischer Reformprozess oder Qualitätsentwicklung und -sicherung) nur durch komplexitätsangemessene Unterstützungsprozesse positiv beeinflussbar. Ihre Konfiguration ist dann nicht durch schiere Vielfalt, sondern durch System-Prozess-Angemessenheit bestimmt.

Mehrebenen-Vorgehen

Deutlich weniger systemisch werden die Steuerungsbedingungen unter dem Begriff »Governancetheoretische Steuerungsmodelle« heute modelliert (vgl. Altrichter / Brüsemeister / Wissinger 2007, S. 10). Zentrale Frage der Forschergruppe, die sich unter diesem Begriff zusammenfand, ist, wie sich veränderte Regelungen – etwa die Einführung von Standards, Vergleichsarbeiten und insbesondere Schulinspektionssystemen – auf den Lernerfolg der Kinder auswirken. Dem möchte man vor allem durch Mehrebenenanalysen auf die Spur kommen.

Die frühe, die kybernetische Zeit der Systemik war dominiert von der Frage der Rückbezüglichkeit allen sozialen Handelns. Wir können nicht handeln, ohne dass dieses Handeln auf uns und die Mitwirkenden zurück wirkt. Soziale Experimente und Interventionen erscheinen demnach methodisch unmöglich: Verändern sich doch die Bedingungen für die experimentell Beteiligten durch das Experiment selbst. Die sich ergebende Wirkung ist also nicht nur dem Einfluss der »unabhängigen Variablen« geschuldet, sondern im positiven Falle auch dem »experimentell« angestoßenen Lernen bei den Experimentierenden. Heinz von Foerster (vgl. Foerster 1993), Frederik Vester (vgl. Vester 2008) und Peter Senge (vgl. Senge 2006) sind weltberühmte Vertreter dieses Rückkoppelungs-Paradigmas. Übertragen auf die Schulgestaltung lässt sich die Wirkung unseres Handelns und das Lernen (Reagieren) der Betroffenen nicht trennen. Deshalb empfehlen wir für die Schulentwicklung statt des außenstehenden Beobachtens die engagierte Beteiligung und den Aufbau eines alle Beteiligten informierenden Monitorings- und Evaluationssystems (Carle / Metzen 2006a).

Wir haben diese Mehrebenensicht auf schulischen Wandel erstmals 2000 als »Strukturleitermodell institutioneller Akteure« entwickelt (Carle 2000, S. 351 – 368): Die gesellschaftliche Institution Schule muss, wenn sie sich verändern will, den Restrukturierungsprozess (in Selbst-Verantwortung der jeweiligen Systemebenen) konzertiert auf allen Systemebenen der institutionellen Strukturleiter zugleich vollziehen – von der begrifflichen Reflexionsstruktur (z. B. ›pädagogisch-didaktische Begriffe‹) bis hinauf zur Gesellschaftsebene (z. B. ›starkes Interesse an der zukunftsgestaltenden Leistung der Schule‹). Zu einem tendenziell ähnlichen Schluss kommt auch Hans Brügelmann in der Zusammenfassung seines Buches über Qualität und Evaluation von Unterricht (Brügelmann 1999, S. 153). Die Frage, was dem gesellschaftsübergreifenden institutionellen Strukturierungsprozess eine innovative Tendenz verleiht, wird über das Strukturleitermodell leichter beantwortbar: Es ist die Verbindung der »egoistischen« Innovationsmotive jeder Systemebene (Schüler, Lehrer, Kollegium …) mit den gegenseitigen Interessen der benachbarten Ebenen aneinander und mit dem Interesse des außerinstitutionellen – traditionell ›gesellschaftlich‹ genannten – Umfeldes an Funktion und Fortbestand der Institution.

Als Beispiel kann die landesweite Einführung der flexiblen, integrativen und jahrgangsgemischten Schuleingangsphase in Thüringen dienen (Carle / Metzen 2009). BeSTe (»Begleitete Schuleingangsphase in Thüringen entwickeln«) sollte mit schulindividueller Unterstützung durch spezielle Schulentwicklungsberater (»Tandems«) und mit unserer wissenschaftlichen Begleitung die Gelingensbedingungen für die landesweite Implementation der Schuleingangsphase herausarbeiten. BeSTe war also ein zeitlich und funktional begrenztes Transferprojekt innerhalb eines langfristigen Schulentwicklungsvorhabens des Landes Thüringen. Die Entwicklung des Transferprojektes lässt sich in drei Phasen gliedern.

1. Phase 2005 – 2008: Wissenschaftliche Begleitung beim Aufbau eines Unterstützungssystems (»Tandems«), das in der Lage ist, die wesentlichen Erkenntnisse aus dem vorangegangenen Schulversuch »Veränderte Schuleingangsphase« bei der schulindividuellen Begleitung umzusetzen. Da die Kooperation zwischen Grundschullehrerinnen und Sonderschullehrerin an den Grundschulen eine zentrale Komponente einer integrativ arbeitenden Schuleingangsphase ist, wurden alle Teams im Projekt entsprechend zusammengesetzt. Zu Beginn wurde ein Projektleitungstandem (Grundschullehrerin und Sonderschullehrerin) gewonnen, dessen Aufgabe sich zunächst vornehmlich auf die Abstimmung zwischen den Ebenen Lehrerkollegien, Schulleitungen, Schulämter, Ministerien bezog, deren Rollenklärung im Transferprojekt und auf die Ausbildung von Schulentwicklungstandems. Es galt zunächst, auf allen Ebenen die gleiche Vorstellung über das Zielmodell der Schuleingangsphase zu verbreiten, damit alle an einem Strang ziehen können. Dabei stellte sich z. B. heraus, dass das Modell, welches in Thüringen seit 1997 erprobt wird, an einigen Schulämtern und in etlichen Schulen nicht bekannt war. Analog zur Projektleitung richtete das Kultusministerium gleich zu Beginn Schulentwicklungstandems an jedem Schulamt ein, bestehend aus einer Grundschul- und einer Förderschullehrerin. Sie begleiten als Schulentwicklungsteam die Schulen bei der Einführung der

Schuleingangsphase. Entscheidend erschien uns, dass diese Tandems die fachliche Glaubwürdigkeit in den Schulen haben und substanzreich beraten können, d.h. sie sollten selbst bereits in der Sache erfahren sein. Die Schulentwicklungswerkzeuge erwarben sie zusätzlich.

2. Phase 2008–2010: Thüringenweite Etablierung der Schuleingangsphase mit Begleitung durch die Tandems. Rein zahlenmäßig können die 14 Tandems ohne Ausweitung allenfalls 100 bis 120 Grundschulen in die Begleitung aufnehmen. Zusammen mit den Schulen, die ohne Tandems an der Schuleingangsphase arbeiten, waren 2010 ca. 200 der 440 Thüringer Grundschulen dabei, eine Schuleingangsphase zu etablieren. Es zeigt sich das erwartete Problem, dass das Modell ohne Begleitung verwässert. So entstanden neben vorbildlichen auch Varianten, in denen die Zielsetzung von BeSTe einer nicht mehr als organisatorischen Umsetzung wich. Es müsste also nun ein Unterstützungssystem schulnah geschaffen werden, das ein Ringen um Qualität in den Fokus nimmt. Hier zeigten sich einige Bereiche, die weiterentwickelt werden müssen: Die Kooperation im multiprofessionellen Team, die Entwicklung eines neuen Berufsverständnisses im Rahmen dieser Kooperation, die Elternarbeit und vor allem alles, was mit dem Lernen der Kinder zusammenhängt. Eingesetzt wurden »Projektverantwortliche Schuleingangsphase« in den Schulämtern und in allen Schulen. Sie erhielten eine Schulung.

3. Phase ab 2011: Erforderlich ist Aufrechterhaltung des Engagements auf allen Ebenen. Zugleich müssen die Qualifizierungsmaßnahmen sich ändern. Eine stärkere Regionalisierung und differenzierte Schwerpunkte für den Unterstützungsprozess sind notwendig: Von der organisatorischen Einführung über die Absicherung im Kollegium bis hin zur Entwicklung der Unterrichtsqualität in den hoch heterogenen Gruppen muss der Prozess unterstützt werden können.

Schulbegleitung erfordert in einem solchen Versuch, sich nicht auf eine vorgefasste Planung festzulegen, sondern flexibel auf das zu reagieren, was die Begleitstudie (z.B. organisiert in Rückmeldeschleifen) hervorbringt.

Giddens' Strukturierungstheorie (vgl. Giddens 1997) beschreibt die aktual-, onto- und phylogenetische Entstehung sozialer Strukturen als Folge alltäglichen reflexiven wie Routinehandelns, d.h. Des Re-Produzierens dieser Strukturen durch die individuellen und kollektiven Akteure. Sie erlaubt dadurch, diese Strukturgenese auf allen Strukturebenen sozialer Systeme und darin als hierarchischen Prozess darzustellen. Die Veränderung dieses Restrukturierungsverhaltens gelingt nur durch reflexive Aufgaben- und Handlungs-Redefinition. Daher steht im Zentrum schulischer

Reformbemühungen die Qualifizierung der Lehrerinnen und Lehrer für diese reflexiven Redefinitionsaufgabe und nicht so sehr die Umgestaltung formaler Organisationsstrukturen. Das Hauptwissensdefizit darüber, wie Lehrerinnen und Lehrer zu neuen Lösungen für alte Aufgaben finden können und welche Rolle dabei ihr Arbeitsumfeld spielt, trifft auch den Kern der LehrerInnen-Qualifikation: die noch weitgehend unerforschten Lernwege der SchülerInnen.

Organischer Wandel

Systemtheoretische Modelle und Gestaltungspraktiken fußen bzw. zielen in ihrem historischen Ursprung auf den Versuch, komplexe (komplizierte und eigendynamische) organische Prozesse zu verstehen und nachzubilden. Das hat zwei Konsequenzen. Erstens muss systemisches Denken und Handeln versuchen, der hohen Komplexität biologischer und sozialer »Lebewesen« und »Lebensgemeinschaften« gerecht zu werden. Zweitens muss systemisches Denken und Handeln sich immer ergebnisoffen verhalten. Lebendige Prozesse bergen immer Überraschungen und können nur tendenziell vorhergesagt werden. Diese Emergenz systemischer Vorgänge zwingt zu einer Doppelstrategie, die weit reichende Orientierung mit möglichst genauer Kurzfirst-Planung verbindet. Bei einem so großen Projekt wie einer landesweiten Einführung eines komplexen Schulentwicklungsvorhabens ist folglich zentral, dass die Ziele des Vorhabens in allen Entscheidungsebenen verankert sind (weit reichende Orientierung), und dass die unmittelbaren nächsten Akte vor Ort gut geplant sind.

Bei der Schulreform unterscheiden wir zwischen *horizontaler Komplexität* (Beteiligung vielfältiger sozialer, ökologischer, ökonomischer, technologischer und politischer Bereiche), *vertikaler Komplexität* (angesprochen sind verschiedenste Strukturebenen: Individuen, Familien, Quartier, Kommune, Organisationen und die die Kommune umfassenden Systeme) sowie *prozessualer Komplexität* (»Chronosystem« nach Bronfenbrenner – Entwicklung beschreibt danach ein sich signifikant veränderndes »Individuum« in einer sich nicht weniger beträchtlich verändernden Umwelt, dem Ökosystem des Menschen, wie etwa Familie, Schule, Beruf etc.). Alles dies soll in Schulentwicklungsvorhaben auf ein neues Niveau von Synergie befördert werden. Die Einzelakteure müssen in der Lage sein, diese äußeren Veränderungen mitzutragen und zu nutzen.

Die Beförderung des konstruktiven, synergetischen Miteinanders der beteiligten Bildungsakteure bedarf einer konzertierenden Steuerungsinstanz, die die gemeinsame Entwicklung der Akteure und des neuen Kooperationssystems mit gestaltungsrelevanten (zielführenden) Informationen versorgt und ihnen eine Plattform für den strategischen Entwicklungsdiskurs bietet (vgl. Carle 2000, S. 381ff.). Wir übernehmen für diesen Aspekt den ausgearbeiteten, bekannten und belegten Begriff der Projektsteuerung (im engeren Sinne: Projektmanagement[1)]). In der Logik Ashby's muss dieses Projektsteuerungssystem über eine Handlungsvarietät und Handlungskompetenz verfügen, die mindestens der des sich herausbildenden Netzwerkes entspricht, in einem Landesprojekt müsste sie also auf ministerieller Ebene angesiedelt sein.

Den öffentlichen Programm- und Projektverantwortlichen scheint es jedoch an der notwendigen Projekt-Gestaltungskompetenz zu mangeln. So urteilen Guy Lodge und Ben Rogers vom Londoner Institute for Public Policy Research (IPPR) in einer aktuellen Studie über die Qualität der weltweit renommierten englischen Regierungsbürokratie[2)] sinngemäß, dass die höchste Verwaltungsebene der Regierung immer noch zu amateurhaft und beschränkt arbeitet, unfähig hinsichtlich strategischem Denken, Führen und Leistungsmanagement. Insgesamt können nach Lodge und Rogers die Probleme der Regierung auf anachronistische und unangemessene Verantwortlichkeiten zurückgeführt werden. Für die deutschen Verwaltungen fiele das Urteil sicher nicht anders aus.[3)] Schließlich zum dritten, dem evaluativen (informativen) Feld in sozialen Vernetzungsvorhaben: Die informative Bestimmung der Akteursvernetzung (etwa Community Building, Aufbau des Stadtteils ...) ist sehr schwierig. Was sind etwa »gestärktes soziales Kapital«, »empowerte Nachbarschaften«, »kompetenzlich aufgeladene Quartiere« und woran erkennt man sie?

Systemische Schulbegleitung ist organisch, d.h. sie unterstützt die Verknüpfung des Netzwerkes, folgt aber der »natürlichen« Logik vorhandener Strukturen, Knoten, Beziehungen und Diskurse. Die Unterstützung und Förderung zielt dabei vor allem auf den Ausbau »autokatalytischer« (selbstverstärkender) Prozesse in dem anfangs naturgemäß nur ansatzweise vorhandenen Netzwerk (»losely coupled system«).

---

1) Als Standardwerk gilt: Madauss 2000, Handbuch Projektmanagement; eine abgespeckte Variante einschließlich Erfahrungen aus der Familienbildung bieten Thiel, Schiersmann 2000; im Internet präsentiert das Österreichische Bildungsministerium eine empfehlenswerte (Ein-) Führung in die Grundlagen der stadtteilbezogenen Projektgestaltung einschließlich Handbuch – siehe: Sudy 2001; mittlerweile gibt es ein erstes kleines Buch zum Projektmanagement in Schulen: Endler 2010.

2) Lodge / Rogers 2006: Whitehall's Black Box.

3) Metzen 1994, 1996, 1998; Carle / Metzen 2006c.

Zusammenfassung: Systemik macht Schulentwicklung leichter und zugleich schwieriger

Schule entwickeln wird leichter, weil erfolgswahrscheinlicher, wenn man sie als ein System betrachtet und behandelt, dessen Entwicklung sich nicht determinieren, wohl aber anstoßen und fördern lässt. Schule entwickeln wird dadurch sowohl leichter als auch schwieriger und anspruchsvoller. Leichter wird die Zielerreichung: Die Erfolgswahrscheinlichkeit der Schulentwicklungsvorhaben erhöht sich; viele Schwierigkeiten verschwinden; das Scheitern wird unwahrscheinlicher; glückliche Fügungen werden systematischer genutzt. Andererseits gestaltet sich die Vorbereitung sehr viel schwieriger: Systemik ist aufwendig, braucht viel Zeit und erfordert umfangreiche konzeptionelle Kompetenzen. Im Grunde müssen Schulentwickler in der Lage sein, den großen Blick mit dem kleinen Schritt, den langen Atem mit der Detailversessenheit zu verbinden; zum einen sollen sie das ganze System in zielgleiche Schwingungen versetzen und zum anderen jede Teilmaßnahme genauestens vorplanen, sich dann aber doch vornehmlich auf den Prozess einlassen.

»Planung ersetzt den Zufall durch den Irrtum« – dieses systemische Bonmot weist darauf hin, dass auch die beste Vorhabenplanung nur eine hypothetische Vorwegnahme, eine Modellierung des Ergebnisses und der Wege dorthin ist, jederzeit aber durch die reale Entwicklung modifiziert oder gar verworfen werden kann. Deshalb »lohnt« sich systemisches Vorgehen auch nur, wenn »systemische«, also tief greifende und nachhaltige strukturelle Veränderung einer Schule, einer Bildungsregion oder gar eines Landes beabsichtigt werden. Für die alltägliche Arbeit an der Verbesserung des eigenen Unterrichts braucht es kein systemisches Vorgehen und den dazugehörigen umfangreichen Instrumentenkoffer. Auch die Geschichte der Reformpädagogik und die erstaunliche Vielzahl »vorbildlicher« Schulen belegen, dass Schulwandel im Einzelfall sogar ohne bewusste systemische Gestaltungskompetenzen und -instrumentarien gelingen kann. Nur wer diese Glanzlichter überall im Land sehen möchte und sie auch nachhaltig entzünden will, braucht mehr als ein paar Fackelträger und eine gehörige Portion Glück: systemische Entwicklungskompetenz.

Literatur

Altrichter, H./Brüsemeister, Th./Wissinger, J. (2007): Einführung. In: Altrichter, H./Brüsemeister, Th./Wissinger, J. (Hrsg.): Educational Governance. Handlungskoordination und Steuerung im Bildungssystem. 1. Aufl. Wiesbaden: VS Verlag für Sozialwissenschaften, S. 9–13.

Ashby, W. R. (1990): Einführung in die Kybernetik. Aus dem Englischen von J. A. Huber. Frankfurt am Main: Suhrkamp (engl. Original 1956, An introduction to Cybernetics. New York: Wiley).

Bronfenbrenner, U. (1993): Die Ökologie der menschlichen Entwicklung. Frankfurt am Main: Fischer Taschenbuch (dt. Erstausg. 1981, Stuttgart: Klett-Cotta; engl. Orig. 1979: The Ecology of Human Development. Experiments by Nature and Design. Cambridge, MA: Harvard University Press).

Brügelmann, H. (1999): Was leisten unsere Schulen? Qualität und Evaluation von Unterricht in der Diskussion. Seelze: Kallmeyersche Verlagsbuchhandlung

Carle, U. (1995): Mein Lehrplan sind die Kinder. Eine Analyse der Planungstätigkeit von Lehrerinnen und Lehrern an Förderschulen. Weinheim: Deutscher Studien-Verlag. Kostenloser Download (Oktober 2010): www.grundschulpaedagogik.uni-bremen.de/archiv/Carle/1995/lehrplan.pdf.

Carle, U. (2000): Was bewegt die Schule? Internationale Bilanz, praktische Erfahrungen, neue systemische Möglichkeiten für Schulreform, Lehrerbildung, Schulentwicklung und Qualitätssteigerung (Grundlagen der Schulpädagogik, Bd. 34). Baltmannsweiler: Schneider Hohengehren.

Carle, U./Metzen, H. (2006a): So lassen sich Netzwerke (nicht) evaluieren – von der Netzwerkmetaphorik zur systemischen Organisationsgestaltung und Forschungsmethodik – erste Gehversuche bei Vernetzungsversuchen in der Familienbildung. Vortrag auf der DeGEval-Jahrestagung am 28. September 2006 in Lüneburg. AK Soziale Dienste. Download des Kongresspapiers (Oktober 2010): www.shopfloor.de/evaluation/lueneburg_artikel/camz_arbeitspapier.pdf; Download der Vortragsfolien (Oktober 2010): www.shopfloor.de/evaluation/lueneburg_artikel/camz_vortragsfolien.pdf

Carle, U./Metzen, H. (2006b): Regionale Netzwerke ›Frühes Lernen‹. In: Balgo, R./Lindemann, H. (Hrsg.): Theorie und Praxis systemischer Pädagogik. SYSIPHOS – Beiträge zur systemischen Pädagogik, Band 1 (Schriftenreihe der Deutschen Gesellschaft für systemische Pädagogik). Heidelberg: Carl-Auer-Systeme, S. 63–83.

Carle, U./Metzen, H. (2006c): Abwarten oder Rausgehen. Familienförderung und Elternbildung vor dem anstehenden und (un-) gewollten Perspektivenwechsel. Hamburg: Books on Demand. Kostenloser Download (Oktober 2010): www.familienbildung. uni-bremen.de/material/f4f_ab.html

Carle, U./Metzen, H. (2009): Die Schuleingangsphase lohnt sich! Erfolgsmomente für die bestmögliche Entwicklung des landesweiten Schulentwicklungsvorhabens ›Begleitete Schuleingangsphase‹ in Thüringen. Bericht der wissenschaftlichen Begleitung nach zweieinhalb Jahren ›BeSTe‹ (2005–2008). Beta-Version Stand November 2009 (Internetdokumentation). Universität Bremen, Arbeitsgebiet Elementar- und Grundschulpädagogik. Kostenloser Download (Oktober 2010): www.grundschulpaedagogik.uni-bremen.de/forschung/thueringen/index.html#PAB

Endler, S. (2010): Projektmanagement in der Schule. Projekte erfolgreich gestalten. Gelungenes Projektmanagement in der Schule! Klasse 1–13. Buxtehude: Aol im Persen Verlag.

Foerster, H. v. (2006): Wissen und Gewissen. Versuch einer Brücke. Herausgegeben von Schmidt, S. J. ; autorisierte Übersetzung aus dem Amerikanischen durch W. K. Köck. 7. Aufl. [Nachdr.]. Frankfurt am Main: Suhrkamp (1. Aufl. 1993).

Giddens, A. (1997): Die Konstitution der Gesellschaft. Grundzüge einer Theorie der Strukturierung. Frankfurt am Main: Campus (3. Aufl., zuerst 1995; engl. Orig. 1984: The Constitution of Society. Outline of the Theory of Structuration).

Holtappels, H. G. (1998): Gestaltungsautonomie und Schulprogramm – Perspektiven für die Schulentwicklung. In: Risse, E. (Hrsg.): Schulprogramm. Entwicklung und Evaluation. Neuwied: Luchterhand, S. 27 – 52.

Kahl, R. (1996): Die stille Revolution. Das Durham Board of Education, Ontario, Kanada. Gewinner des Carl Bertelsmann-Preises 1996 »Innovative Schulsysteme im internationalen Vergleich«. Dokumentarfilm, 45 min. Gütersloh: Bertelsmann Stiftung.

Lodge, G. / Rogers, B. (2006_08): Whitehall's Black Box: Accountability and performance in the senior civil service. London: Instititute for Public Policy Research. Kostenloser Download per Anmeldung (Oktober 2010): www.ippr.org.uk/publicationsandreports/publication.asp?id=486.

Madauss, B. J. (2000): Projektmanagement. Mit Handlungsanleitungen für Industriebetriebe, Unternehmensberater und Behörden. 6., überarbeitete und erweiterte Auflage. Stuttgart: Schäffer-Poeschel.

Malik, F. (1989): Strategie des Managements komplexer Systeme. Ein Beitrag zur Management-Kybernetik evolutionärer Systeme. Bern: Haupt (3. Aufl., Orig. Habil. St. Gallen 1977).

Metzen, H. (1994): Schlankheitskur für den Staat. Lean Management in der öffentlichen Verwaltung. Frankfurt am Main: Campus.

Metzen, H. (1996): The Mess is the Message. Why Simple Organisational Models Prevent Radical Changes. Applied Psychologie: An International Review, 45 (2), S. 142 – 146.

Metzen, H. (1998): Szenario-Planung im Non-Profit-Bereich – Konzepte und Erfahrungen. In: Gausemeier, J. / Fink, A. / Schlake, O. (Hrsg.): Grenzen überwinden – Zukünfte gestalten. 2. Paderborner Konferenz für Szenario-Management. 24. November 1998. Paderborn: Heinz Nixdorf Institut, S. 181 – 193.

Patton, M. Q. (2010): Developmental evaluation. Applying complexity concepts to enhance innovation and use: New York: Guilford Press.

Senge, P. M. (2006): Die fünfte Disziplin. Kunst und Praxis der lernenden Organisation. Aus dem Amerikanischen von Maren Klostermann. 10. Aufl. Stuttgart: Klett-Cotta.

Sudy, G. (2001): Einführung Projektmanagement. Online-Anleitung zur stadtteilbezogenen Projektgestaltung, einschließlich Projektmanagementhandbuch-Vorlage. Erstellt im Auftrag des Magistrats der Stadt Wien. URL (Oktober 2010): home.schule.at/teacher/sudy/projekt/

Thiel, H.-U. / Schiersmann, Chr. (2006): Projektmanagement in der Familienbildung. Dokumentation und Auswertung eines integrierten Fortbildungs- und Beratungskonzepts. 2. Aufl. (zuerst 2000). Bonn: Bundesarbeitsgemeinschaft Familienbildung und Beratung (Bestellungsmöglichkeit, Oktober 2010: www.familienbildung.de/shop/theorie-praxis.php).

Vester, F. (2008): Die Kunst vernetzt zu denken. Ideen und Werkzeuge für einen neuen Umgang mit Komplexität. Ein Bericht an den Club of Rome. 7. Aufl. München: Deutscher Taschenbuch-Verlag.

Inge Hirschmann

Mit Ergebnissen der Fremdevaluation umgehen

Schulentwicklung durch Schulinspektion

Schulentwicklungsprozesse, also auch die Konsequenzen, die jede Schule nach einer Schulinspektion ziehen soll, finden immer vor dem Hintergrund der Machbarkeit statt. Berlin hat sich wie viele andere Bundesländer mit der Einführung der Inspektion vor circa 5 Jahren ehrgeizige Ziele gesetzt:

> »Die Schulinspektion hat gemäß § 9 (3) Schulgesetz die Aufgabe, die Schulprogrammarbeit an den Berliner Schulen zu unterstützen sowie die Qualität von Unterricht und Erziehung, Schulorganisation und Schulleben durch die Implementierung der für die Schulen geltenden Standards zu sichern.«

Die Grundlage jeder Inspektion in Berlin bietet das »Handbuch Schulinspektion«. [1)]

Die Bewertung der Qualitätsmerkmale erfolgt auf einer Viererskala von »A« (stark ausgeprägt) bis »D« (schwach ausgeprägt). Auf der Grundlage der allen Berliner Schulen bekannt gemachten Qualitätsbereiche und 25 Qualitätsmerkmalen mit ca. 240 Indikatoren wird an zwei Inspektionstagen inklusive diverser Interviews und vieler Fragebögen eine Fülle von Daten erhoben. Die Inspektoren werten mit untereinander abgesprochenen Beobachtungsaufträgen 20-Minuten-Unterrichtssequenzen nach einem Zufallsprinzip aus. Aus allem leiten sie Stärken und Schwächen einer Schule ab, die in einem schriftlichen Bericht zusammengefasst werden. Der Bericht wird einigen schulischen Akteuren unmittelbar nach der Inspektion erläutert und dann einige Wochen später allen Interessenten schriftlich zur Verfügung gestellt.

Dieser Bericht mit all seinen Daten und Bewertungen soll nun die Basis für die weitere Arbeit beim Gestalten der Schule und beim Sichern der Qualitätsstandards sein. Mit der Einführung der Schulinspektion verknüpft sich die Hoffnung, dass der innerschulische Diskussions- und Entwicklungsprozess auf allen Ebenen mit allen potentiell Beteiligten gefördert wird und sich ganz allgemein die Leistungen der Schülerschaft insgesamt verbessern. Damit wird der Druck auf die Lehrer und Lehrerinnen erhöht, ihre Tätigkeit auf die Unterrichtsqualität – insbesondere auf Fragen der individuellen

---

1) Senator für Bildung, Wissenschaft und Forschung. Berlin 2009.

Förderung und des selbstständigen, lösungsoffenen Lernens – zu fokussieren. Mit der Rechenschaftslegung (u. a. regelmäßige Evaluationsberichte) soll mehr Verbindlichkeit der im Schulprogramm ausgewiesenen, gemeinsam beschlossenen Entwicklungsvorhaben erreicht werden.

Schulinspektion ist natürlich auch ein Kontrollinstrument, um eine größere Verbindlichkeit bei der Umsetzung rechtlicher Vorgaben zu erzielen. Die Weitergabe der Ergebnisse als Rückmeldung über den Entwicklungsstand der Einzelschule an die zuständige Schulaufsicht soll zu regelmäßig erneuerten Zielvereinbarungen zwischen der Schulaufsicht und der Schulleitung führen.

Auf der Systemebene erhofft sich die Berliner Bildungsverwaltung mehr Steuerungswissen, das in die Entscheidungen zur Weiterentwicklung der Berliner Schulen einfließen könnte.

Berliner Erfahrungen mit einer Schulinspektion

In diesen Tagen erreichte uns der Bericht »Schulinspektionen im Schuljahr 2008/9«. [2)]

Die Heinrich-Zille-Schule, also meine Schule, ist eine von den in diesem Zeitraum inspizierten 122 Berliner Schulen. Mit dem Jahresbericht in den Händen kann ich nun die von der Schulinspektion vor fast zwei Jahren diagnostizierten Stärken und Schwächen meiner Schule noch einmal im Vergleich zu allen inspizierten Schulen betrachten; es ist eine Gelegenheit für mich, auch zu reflektieren, was seit der Inspektion im Dezember 2009 so alles passiert ist. Was hat sich – u. a. auch durch mich als Schulleiterin initiiert – weiterentwickelt, was haben meine Kolleg/innen seither vorangebracht und vor allem, wie steht all dies im Zusammenhang mit unserer Schulinspektion?

Natürlich war ich als Schulleiterin unmittelbar nach dem Inspektionsbericht (Februar 2009) erleichtert (siehe auch Abb. 1 sowie Kasten auf Seite 32): Wir haben in den beiden Bereichen Unterrichtsprofil insgesamt zehn »As« (besonders stark ausgeprägt) und fünf »Bs« (eher stark ausgeprägt).

Die Zufriedenheit bei SchülerInnen und Eltern ist groß. Die interviewten Eltern hatten das bestätigt, was sich in den alljährlichen Anmeldezahlen zum Schulanfang, aber auch im Verbleib der Kinder bis zum Ende der sechsjährigen Berliner Grundschule – trotz der wachsenden Konkurrenz von grundständigen Gymnasien (Gymnasien ab Klasse 5) – ausdrückt: Unsere Schule ist im Stadtteil eine nachgefragte Schule. Ein mehr als sehr zufriedenstellendes Ergebnis: Zum Zeitpunkt der Inspektion hatten wir ein Minus von

2) Senator für Bildung, Wissenschaft und Forschung. Berlin 2010.

51 Lehrerstunden. Das hieß konkret, wir mussten mit einer Unterausstattung von nur 93,6 % ausgebildetem Lehrpersonal den Unterricht nach Stundenplan aufrecht erhalten. Die Turnhalle war wegen starken Schimmelbefalls monatelang gesperrt.

Die Verteilung der Bewertungen an Berliner Grundschulen aus insgesamt 20 674 Unterrichtsbeobachtungen der Schuljahre 2005/2006 bis 2008/2009 ist zu entnehmen, dass im Bereich Differenzierung, selbstständiges Lernen und kooperatives Lernen im Durchschnitt erheblich niedrigere Bewertungen erreicht wurden. [3)]

Natürlich haben mir auch all die vielen »As« gut gefallen, die sich in den Qualitätsbereichen »Schulmanagement« sowie »Ziele und Strategien der Qualitätsentwicklung« ergaben. Bewies das Ergebnis doch, dass wir uns intensiv mit dem Qualitätsrahmen Schulqualität auseinandergesetzt hatten und eine innovative, entwicklungsbereite und auf Qualität bedachte Schule sind. Unser Inspektionsbericht zeigte auch, dass das im Schulprogramm festgelegte Leitbild mit allen seinen konzeptionellen Festlegungen, wie u. a.

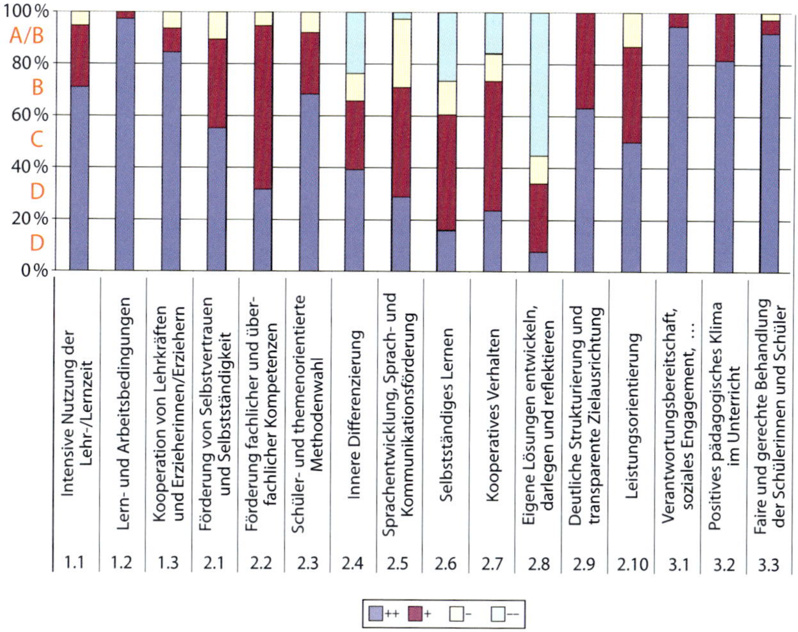

Abb. 1: Ergebnis der Unterrichtsbeobachtungen
(Quelle: Senator für Bildung, Wissenschaft und Forschung Berlin (2010): Bericht zur Inspektion an der Zille-Grundschule, S. 33)

3) Senator für Bildung, Wissenschaft und Forschung. Berlin 2010.

dem schulinternen Curriculum, gelebt wird und von den Schulinspektoren erfasst wurde.

Kürzer war erfreulicherweise die Liste der diagnostizierten Schwächen. Es gab allerdings einen Komplett-Ausrutscher: Die Schule erhält ihr einziges »D« (schwach ausgeprägt), weil nach Beobachtung der Inspektoren unsere SchülerInnen kaum die Möglichkeit hatten, eigene Lösungen zu entwickeln, unterschiedliche Lösungswege zu verfolgen, Lösungswege darzulegen und zu reflektieren.

Das einzige »C« erhielt die Schule für ihre Dokumentation im Schulporträt. Die Inspektoren hatten bemängelt, dass die Seiten der Senatsverwaltung für Bildung, Jugend und Sport, die von der Schule redaktionell betreut werden sollten, nicht gepflegt wurden. Auch ein Link vom Schulporträt zum Schulprogramm auf unserer Homepage fehlte.

Nur 38 % der im letzten Durchgang inspizierten Schulen waren dieser Pflicht nachgekommen. Auch ich hatte mich entschlossen, das in Berlin von der Senatsverwaltung veröffentlichte »Schulporträt« nicht auszufüllen. Der Widerstand vieler Schulleitungen, die gewünschten Informationen im Schulporträt zu veröffentlichen, begründet sich im Wesentlichen darauf, dass es der Schulverwaltung ihrerseits nicht gelingt, die Daten zur Personalversorgung immer wieder zu aktualisieren.

Die von der Schulbehörde und den Schulträgern zu verantwortenden Mängel wie fehlendes pädagogisches, aber auch technisches Personal, räumliche Unterversorgung bzw. mangelhafte fachbezogene Ausstattung etc. blei-

Auszug aus dem Inspektionsbericht der Heinrich-Zille-Grundschule:

Stärken der Schule

- Schulklima
- Im Unterricht:
  - Methodenwahl und Anwendungsbezug
  - Förderung von Selbstvertrauen und Selbstständigkeit
  - Innere Differenzierung
  - Leistungsorientierung
- Schulleitungshandeln
  - Schulentwicklungsarbeit
  - Konstruktive Arbeitsatmosphäre
  - Unterrichtsorganisation
- Schulprogramm
- Schulinternes Curriculum
- Realisierung des Inklusionskonzeptes
- Theaterarbeit
- Kommunikationskultur und Teamarbeit im Kollegium

Entwicklungsbedarf der Schule

- Im Unterricht:
  - Eigene Lösungen entwickeln
  - Systematische Einbindung moderner Medien
- Personalentwicklungskonzept
- Beteiligung der Schülerschaft an der Schulentwicklungsarbeit
- Pflege des Schulporträts

ben unerwähnt oder werden durch unzureichende Aktualisierung während der Schuljahre nur verschleiert. Konkret heißt das:

- Fehlende Fach- und Teilungsräume sowie
- nicht vorhandene Arbeitsplätze und Rückzugsräume für Erzieher/innen und Lehrer/innen,
- unzureichende sächliche Ausstattung in allen Bereichen, ob nun in den Räumen, an Schulbüchern, Lehr- und Verbrauchsmaterialien,
- oder die Verschmutzung durch unzureichende Reinigungsintervalle

bleiben ohne Konsequenzen.

Die oft unzureichenden Rahmenbedingungen, unter denen wir den Unterricht für fast 400 Kinder und die ganztägige Betreuung von mehr als 200 Kindern gestalten müssen, fanden kaum Erwähnung im Inspektionsbericht.

Auch das Gesundheitsmanagement ist eher Thema in politischen Zirkeln, als dass es schon sichtbare Konsequenzen im Zusammenhang mit Inspektionen hätte.

Die ganztägigen Lärmbelastungen für Kinder und Erwachsene in unseren sogenannten Ganztagsschulen in viel zu wenigen geeigneten Räumen, in oft mangelhaft auf die Bedürfnisse von Grundschulkindern ausgestatteten Schulgebäuden und auf viel zu kleinen Schulhöfen bleiben ebenso ohne Konsequenzen.

Eine Auseinandersetzung des Schulträgers mit den Mängeln bzw. mit Auflagen zur Mängelbeseitigung ist in Berlin nicht vorgesehen, die Inspektionsberichte werden den Schulträgern in den Bezirksämtern nur zur Kenntnis gegeben. Von unserem Schulträger kam bisher auch keinerlei Reaktion. Das bedeutet: Die im Rahmen der Inspektion festgelegten Zielvereinbarungen führen zu einseitigen Festlegungen auf der Seite der Einzelschule. Notwendige Sach-, Personal- und Organisationsfragen, die nur mit Unterstützung des Schulträgers ausgeführt werden können, werden angedeutet, ohne in konkret benannte notwendige Maßnahmen zu münden. Damit sind der Weiterentwicklung der Einzelschule engste Grenzen gesetzt.

Im vorliegenden Jahresbericht liest sich das so:

> »Dabei bringen die Schulen häufig in eigener Verantwortung und Regie finanzielle und sächliche Mittel sowie persönliches Engagement ein, um die Lern- und Aufenthaltsqualität für die Schüler und Schülerinnen zu erhöhen. Gleichermaßen ist festzustellen, dass die Arbeits- und Aufenthaltsqualität für die Lehrkräfte an vielen Schulen unter unzureichend vorhandenen Arbeitsplätzen leidet.« [4]

Wie wir nun im Bericht über die Ergebnisse der Inspektion 2008/9 lesen können, sind unsere Schwächen auch die Schwachpunkte der anderen Ber-

---

4) Senator für Bildung, Wissenschaft und Forschung. Berlin 2010, S. 7.

liner Schulen. »Die Schulqualität in Berlin ist, abgesehen von vereinzelten Ausnahmen, gekennzeichnet durch ein positives soziales Klima. Der überwiegende Teil der an den Schulen Beschäftigten legt Wert auf ein respektvolles und wertschätzendes Miteinander. … Die Möglichkeiten, Schülerinnen und Schüler partizipativ in die Gestaltung von Schule und Unterricht einzubinden, werden hingegen zu wenig genutzt.« [5)]

Akzeptanz und Konsequenzen der Befunde einer Schulinspektion

Unmittelbar nach der Inspektion

Die Inspektionstage und auch die Präsentation des Inspektionsergebnisses für das Kollegium fanden in angenehmer Atmosphäre statt. Mit dem Blick von »Schulfremden«, aber basierend auf einem datengestützten und weitgehend standardisierten Verfahren wurde uns ein Feedback über unsere Stärken und Schwächen gegeben. Unterrichtsbeobachtungsbögen, geleitete Interviews mit allen Beteiligten, die Auswertung des Schulrundgangs suggerieren eine Vergleichbarkeit der Schulen. Der Leiter des Inspektorenteams konnte uns überzeugen, dass ihm die grundschulpädagogischen Herausforderungen vertraut waren. Ich hatte Gegenteiliges in Gesprächen mit Schulleiter-Kolleg/innen erfahren müssen. Gerade bei der Einschätzung der Unterrichtsqualität waren große Zweifel aufgekommen, wenn das Inspektionsteam einseitig von Pädagogen mit Oberschulerfahrung geprägt war.

Hinweise und Hilfen, wie Schulen Schwächen bearbeiten können, waren und sind von den Berliner Inspektoren nicht zu erwarten. Es wird vielmehr erwartet, dass ein hoch motiviertes Kollegium – angestachelt durch das Feedback der Schulinspektoren – nun zu weiteren Höchstleistungen fähig und bereit ist, ohne dass entsprechende Rahmenbedingungen oder Unterstützungssysteme aufgezeigt werden.

Nach dem Erhalt des Berichtes der Inspektoren – oder besser bereits einige Tage nach dem Besuch der Inspektoren – ließ die spürbare Anspannung im Kollegium nach. Ein vordergründig zu beobachtendes Gefühl machte sich breit: Wir haben das, was wir können, gezeigt, die eine oder andere Schwachstelle geschickt kaschiert und können mit den benannten Schwächen gut weiterleben.

Für einiges sind wir alle auch gelobt worden – z. B. für das Evaluieren. Intern wissen wir aber, wir verdanken dieses Ergebnis sehr wenigen Kolleg/innen, die trotz des heftigen Widerstandes und allgemeinen Desinteresses am Evaluieren die geforderten Aufgaben erledigt haben. Wir wissen auch, dass unsere Selbstevalutionsversuche als eher dilettantisch, zeitraubend und

5) Senator für Bildung, Wissenschaft und Forschung. Berlin 2010, S. 6.

wenig hilfreich erlebt worden sind. In meiner Erinnerung waren die Reflexionsgespräche über die eigenen Erhebungen weitgehend davon geprägt, Argumente zu finden, warum das Selbstevaluieren unnötig und wenig aussagekräftig sei. Wie man für den schulischen Alltagsgebrauch sinnvoll evaluiert und dabei Aufwand und Nutzen ins richtige Verhältnis bringt, wissen wir noch immer nicht so recht.

Ich gönnte meinem Kollegium eine Ruhephase und beließ es bei wenigen Nachbesprechungen des Inspektionsberichtes in den Gremien, ohne auf konkrete Ergebnisse, wie weitergearbeitet werden soll, zu drängen.

Die zuständige Schulrätin gratuliert mir unmittelbar nach Erhalt des Inspektionsberichtes zum Ergebnis. Zu einer erneuten Zielvereinbarung zwischen ihr und mir als Schulleiterin fehlt die Zeit. Ich bin froh, dass hier kein zusätzlicher Druck entsteht.

Ein halbes Jahr nach der Inspektion

Aber nach der Inspektion ist auch immer vor der Inspektion. Der Termin (März 2012) – Berlin schreibt einen dreijährigen Rhythmus für alle Schulen im Berliner Schulgesetz vor – für den nächsten Evaluationsbericht naht. Überarbeitung, Aktualisierung und Fortschreibung des Schulprogramms gehen damit einher.

Je mehr ich aber als Schulleiterin erinnere und darauf dränge, dass das Schulprogramm aktualisiert und fortgeschrieben, die von der Gesamtkonferenz abgestimmten Schulentwicklungsvorhaben ausgewertet werden müssen, um so mehr stoße ich auf Widerstand in meinem Kollegium. Mal zeigt er sich leise und unterschwellig, mal direkt und offen in Konflikten. Die Fachkonferenzen diskutieren immer neue Themen, statt eines mal konsequent zu Ende zu denken, einige ziehen sich mit unterschiedlichen Vorwänden zurück, terminierte Zuarbeiten werden nicht eingebracht und die Diskussionen in den Gesamtkonferenzen verlaufen zäh und lustlos.

Mein Kollegium ist mehrheitlich innovationsfreudig, begeisterungsfähig und überdurchschnittlich hoch engagiert. Der gemeinsame Unterricht von behinderten und nichtbehinderten Kindern, die Ganztagsschule sowie der jahrgangsübergreifende Unterricht in den Klassenstufen 1 bis 3 wurde in den letzten Jahren mit dieser Grundhaltung erfolgreich implementiert. Die kontinuierliche und systematische Arbeit am Schulprogramm mit dem Kreislauf von Bestandsaufnahmen, neue Ziele setzen, Maßnahmen planen und umsetzen sowie einem abschließenden Evaluationsverfahren trifft auf breite Ablehnung in meinem Kollegium.

Warum ist das so?

- Einige Kolleginnen mit überwiegend ablehnender Grundeinstellung lehnen die top-down verordnete Schulentwicklung ab.
- Aus ihrer Sicht findet Schulentwicklung auch so statt,

- reflektieren Lehrer/innen auch so intensiv über den Unterricht und das Schulleben.
- Es bedarf aus ihrer Sicht nicht eines verordneten systematischen Schulentwicklungsprozesses, sondern vielmehr Unterstützung.
- Begriffe wie Qualitätssicherung, Evaluation, Output-Steuerung, Rechenschaftspflicht stoßen sie eher ab.
- Die Suche nach relevanten, für alle gleichermaßen bedeutsamen Themenfeldern, die langwierigen Diskussionen zur Konsensfindung
- und die in jeder Selbstevaluation impliziten Formen der gegenseitigen Kontrolle ist ihnen zuwider. [6)]

Das Dilemma ist offenkundig: Zu viele engagierte Lehrer/innen befürchten, dass sie ihre individuelle Autonomie verlieren. Die allgemein gepriesene Schulautonomie, die mit der neuen Outputorientierung – Schulprogramm, Evaluation und Rechenschaftspflicht – einhergehen soll, bietet ihnen für diesen Verlust kein Äquivalent.

Die Arbeit am Schulprogramm, langwierige Aushandlungsprozesse, die verordnete Verbindlichkeit im Kollegium und die mühsame Arbeit rund um die Selbstevaluation haben erhebliche Auswirkungen auf das Arbeitsbudget der Lehrer/innen. Bisher wurde die Unterrichtsverpflichtung innerhalb der Lehrerarbeitszeit nicht den neuen zusätzlichen Aufgaben entsprechend angepasst. Auch wissen die meisten Lehrer und Lehrerinnen inzwischen, dass eine Korrelation zwischen kontinuierlicher Arbeit am Schulprogramm und den Leistungen der Schülerschaft bisher noch nicht nachgewiesen wurde. [7)] Die Kluft zwischen theoretischem Anspruch – ein Schulprogramm als geeignetes Instrument der internen kontinuierlichen Unterrichts- und Schulentwicklung – und erlebtem Schulalltag ist groß.

Auch hierzu finde ich im vorliegenden Jahresbericht meine Erfahrungen bestätigt:

> »Schulentwicklung im Sinne einer kontinuierlichen Qualitätsentwicklung und -sicherung wird an zwei Drittel der inspizierten Schulen erfolgreich betrieben. Gleichwohl haben sehr viele Schulen weiterhin Schwierigkeiten im Umgang mit dem eigenen Schulprogramm. Das Schulprogramm wird an weniger als der Hälfte der Schulen als ein Arbeitsprogramm verstanden, das einer kontinuierlichen Fortschreibung bedarf. Hier fällt den Schulen die Verzahnung interner Evaluationsergebnisse mit der Schulprogrammarbeit schwer.« [8)]

---

6) Nachzulesen in: Peters/Hirschmann 2010, S. 96ff.).

7) Vergleiche: Altrichter/Maag Merki 2010.

8) Senator für Bildung, Wissenschaft und Forschung. Berlin 2010, S. 6/7.

Mehr als ein Jahr nach der Inspektion: Irrungen und Wirrungen

Diverse Gesamtkonferenzen und viele dezentrale Gespräche in Fachgruppen oder mit einzelnen Kolleg/innen wurden notwendig, um neue Entwicklungsschwerpunkte für die nächsten zwei bis drei Schuljahre zu identifizieren und die für die Planung, Umsetzung und Auswertung notwendigen Verantwortlichen zu finden.

Die im Schulinspektionsbericht angeführten Defizite gerieten dabei immer mehr in Vergessenheit, mein Kollegium wählte sich eigene Schwerpunkte: Im Kollegium wird immer wieder die größte Schwierigkeit in der fehlenden Sprachkompetenz unserer Kinder mit Migrationshintergrund aus bildungsfernen Elternhäusern gesehen. Wenn uns wirklich jemand einen Weg zeigen würde, wie wir ihnen erfolgreicher und wirkungsvoller die deutsche Sprache vermitteln könnten, wäre ein neues Schulentwicklungsprojekt schnell als gemeinsames Vorhaben akzeptiert. Irgendwann taucht in einer Konferenz so auch die »Sprachförderung durch Kontextoptimierung« auf, ein Begriff aus der Sprachheilpädagogik. Kaum jemand im Kollegium weiß genau, was sich dahinter verbirgt. Aber allen scheint einzuleuchten: Wir optimieren die begleitenden Unterrichtsumstände bei der Sprachvermittlung und haben ein wichtiges unterrichtsbasiertes Schulentwicklungsprojekt, dem einfach alle zustimmen werden.

Ohne sich wirklich über die machbaren Ziele verständigen zu können, werden zuerst Maßnahmen ergriffen: Eine Fortbildung für die Lehrer/innen wird gesucht, organisiert und durchgeführt. Anschließend sind alle enttäuscht. Kontextoptimierung im heilpädagogischen Sinn setzt voraus, dass die Gruppen klein sind. Auf große, heterogene Lerngruppen, wie wir sie an der Regelschule kennen, scheint sie nicht übertragbar.

Zum Glück regt ein Kollege, unser Evaluationsberater, an, sich trotz der sehr guten Beurteilung durch die Inspektoren noch einmal einen eigenen, schulinternen Überblick zur Sinnhaftigkeit und Umsetzung des vorliegenden schulinternen Curriculums zu verschaffen. In unserem Inspektionsbericht liest sich das folgendermaßen:

> »Ein schulinternes Curriculum liegt vor; es bildet den Rahmen für die Arbeit in der Schule mit dem Schwerpunkt der Förderung des selbstbestimmten und eigenverantwortlichen Lernens. Es berücksichtigt angemessen die Anforderungen des Bildungsganges und die Schülerzusammensetzung und nimmt Bezug zum Schulprogramm und seinen Entwicklungszielen, z. B. zum Umgang mit Hausaufgaben.« [9]

Das von der Schulinspektion mit A bewertete schulinterne Curriculum soll evaluiert werden, um daraus Anregungen für die Überarbeitung oder für eine nachhaltigere Umsetzung zu gewinnen. Mühsam und langwierig – auch

---

9) Inspektionsbericht der Heinrich-Zille-Grundschule, 2009 (unveröffentlichter Bericht).

nicht ganz ohne den ständigen Druck durch mich als Schulleiterin – war ein schulinternes Curriculum zum selbstständigen und eigenverantwortlichen Lernen entstanden, oder besser gesagt eine vermutlich viel zu umfangreiche Sammlung von wünschenswerten Kompetenzen, über die Kinder bis zum Übergang an die Oberschule verfügen sollten.

Unser Evaluationsberater wird in seinen Kompetenzen sehr im Kollegium geschätzt. Alle arbeiten gern mit ihm zusammen, und dank seiner Fähigkeiten, eine Fachgruppe klar anzuleiten, ist auch für alle Beteiligten sichergestellt, dass das Vorhaben nicht in unzähligen Sitzungen bis zur Unkenntlichkeit zerredet werden würde.

Die »Schulinterne-Curriculum-Evaluationsgruppe« kommt zügig voran, nicht so die Gruppe der »Kontext-Optimierer«. Noch euphorisch wurde die schulinterne Fortbildung organisiert, aber danach wird schnell klar, Kontextoptimierung ist nicht so einfach auf unsere Schule übertragbar. So verläuft das zweite in der Gesamtkonferenz abgestimmte Schulentwicklungsprojekt im Sande. Die unterschiedlichen Ideen, mit diesem Dilemma umzugehen, waren dann nicht mehr konsensfähig. Die Deutschfachkonferenz fühlt sich überfordert, auf dieser Basis ein neues Schulentwicklungsprojekt aufzubauen. Enttäuschung lähmt das Kollegium. Es gibt keine Passung mehr zwischen den Ideen, was bearbeitet werden könnte, und einer zuständigen Fachgruppe im Kollegium, die sich in der Lage sieht, dies als ein systematisches Entwicklungsprojekt zur Sprachförderung zu planen, umzusetzen und zu evaluieren.

Erst durch die vielfältigen Diskussionen zur Umsetzung der »Konvention der Vereinten Nationen über die Rechte von Menschen mit Behinderungen« (2009) wird ein neuer, weiterführender Impuls gesetzt, wie wir unsere Schule zukünftig gestalten wollen. Ohne einen einzigen Gedanken an Widerstand nehmen einige Kolleg/innen den Vorschlag unserer zuständigen Schulrätin an, sich als Schule für den Modellversuch »Inklusive Schule« zu bewerben. Die Weiterentwicklung einer integrativen Schule zu einer inklusiven Schule ist meinen Kolleg/innen ein echtes Anliegen. Wir wollen wirklich eine *Schule für alle* sein. Darunter verstehen wir das fortwährende Bestreben, jedem Kind die Teilhabe an unserer Schule zu ermöglichen, bestehende Barrieren zu identifizieren und durch eine individuelle Unterstützung abzubauen.

Das erkennen auch die Schulinspektoren:

> »Die angegebenen Schwerpunkte werden in beeindruckender Weise dem Anspruch einer Schule im sozialen Brennpunkt und den damit verbundenen Konsequenzen gerecht. Der im Leitbild festgeschriebene Grundsatz: ›Unsere Schule ist eine Schule für alle Kinder‹ wird durch diverse Maßnahmen zur Inklusion lernbehinderter, geistig behinderter, körperbehinderter oder schwerstmehrfach behinderter Kinder mit spürbarem Leben erfüllt.« [10)]

---

10) Inspektionsbericht der Heinrich-Zille-Grundschule, 2009 (unveröffentlichter Bericht).

In einer Arbeitsgruppe – die Schule erhält zum ersten Mal für die Arbeit an der Schulentwicklung ein Budget von 5 Lehrerstunden – wird ein fundierter, weitreichender Antrag erarbeitet. Kernstücke des Antrags sind:

- Aufnahme aller Schüler ohne Zuweisungsdiagnostik,
- Erarbeitung und Erprobung eines werkpädagogischen Unterrichts für Kinder mit massiven Verhaltensauffälligkeiten und
- die Verbesserung der Förderdiagnostik und
- Förderplanung sowie des Unterrichts in heterogenen Klassen, insbesondere in den Klassenstufen 4 bis 6, sowie
- ein klares Votum, alle Kinder, auch die mit schweren Behinderungen, vorbehaltlos aufzunehmen.

Wir wissen, wenn es uns gelingt, das Kollegium von diesem Antrag zu überzeugen, ist ein neues, hochgestecktes Ziel gefunden, für das sich zusätzliches Engagement lohnt. Und es gelingt! Die Mitglieder der Fachkonferenz Integration stellen in Gesamtkonferenzen den vorbereiteten Antrag vor, es findet eine intensive Auseinandersetzung mit dem Thema Inklusion statt. Zu unserer Überraschung: Widerstand, gefühlte und reale Überforderung treten in den Hintergrund. Fast einstimmig (mit nur einer Enthaltung) entscheidet sich mein Kollegium – Erzieher/innen und Lehrer/innen – für diesen Antrag.

Spätsommer 2010 – Ein Jahr vor der terminierten Abgabe des Evaluationsberichtes

Am Thema Inklusion hätten wir uns gerne weiterentwickelt. Unser Antrag liegt nun seit Monaten in der Senatsschulverwaltung. Es ist zu befürchten, dass die notwendigen Ressourcen für diesen Prozess der Umsteuerung von einem integrativen System zur inklusiven Schule nicht zur Verfügung gestellt werden können. Berlin hat im bundesweiten Vergleich eine sehr hohe Integrationsquote von Kindern mit Behinderung, da ist der politische Druck zur Inklusion nicht allzu stark.

Die »Schulinternes-Curriculum-Evaluationsgruppe« ist mit ihrem Vorhaben im Zeitplan. Viele Daten zur Einführung, Umsetzung der Kompetenzen und dem Schaffen von regelmäßigen Gelegenheiten zum vielfältigen Üben der Kompetenzen im Unterricht sind bereits erhoben worden. Spätestens um Ostern werden sie ausgewertet sein und dem Kollegium zur Interpretation zur Verfügung gestellt werden.

Aus dem großen Vorhaben der Sprachförderung im Regelunterricht für möglichst alle Kinder der Klassen 1 bis 6 sind inzwischen kleinere Vorhaben geworden. Zum einen soll es erstmalig in diesem Schuljahr einen Kurs zur basalen Förderung von Schulanfängern mit auffälligen Lernschwierigkeiten geben. Außerdem wird unter der Federführung der Fachkonferenz Deutsch die komplette Neuorganisation der Schülerbibliothek vorangetrieben. Die Hauptverantwortlichen haben in den letzten Wochen schon viel Zeit in das Vorhaben gesteckt. Noch ist leider kein Ersatz für die wegen Schwangerschaft im Herbst ausscheidende Leiterin der Fachkonferenz Deutsch gefunden. Von einer engagierten und kompetenten Leitung der Fachkonferenz wird aber abhängig sein, ob die bisher eher vagen Ideen, wie die neugestaltete Bibliothek ins Lesekonzept zu integrieren sei, umgesetzt werden. Auf keinen Fall wollen die aktiv Beteiligten aber, dass dieses Vorhaben ein verbindliches, im Schulprogramm ausgewiesenes Entwicklungsprojekt wird. Dahinter steckt sicherlich die Angst, dass sie für etwas verantwortlich sein könnten, was sie bisher in der gesamten Komplexität noch nicht überblicken. Noch bevorzugen sie das Lernen im Prozess. Auch halten sie sich damit offen, jederzeit die Vorhaben abzubrechen, wenn sie intuitiv erkennen, dass ihre Aktivitäten nicht die gewünschten Effekte im Kollegium haben oder mangels Ressourcen und Unterstützung zu belastend werden.

Fazit – Möglichkeiten und Grenzen gezielter Schulentwicklung

Allein der zunehmende datengestützte Vermessungsdruck wird aus sogenannten leistungsschwachen Schulen noch keine leistungsstarken Schulen machen. Aber auch in guten Schulen erhöhen sich nicht automatisch die Motivation und die Bereitschaft, noch besser werden zu wollen.

Wer Schulen helfen will, als lernende Organisation mehr Qualität zu entwickeln, wird zum einen alle Akteure – *eben auch die Schulträger und auch die Unterstützersysteme* – einbeziehen müssen. Und es müssen systemimmanente Widersprüche entwirrt werden.

- Der Zyklus von Bestandsaufnahmen, neuer Zielfindung, schulprogrammatischen Entscheidungen und Selbstvergewisserung durch datengestützte Evaluationsvorhaben entspricht nicht automatisch den Bedürfnissen der Praktiker in den Schulen. Streng reglementierte Abgabetermine, wie sie das Berliner Schulgesetz festlegt, passen nicht zur anspruchsvollen Aufgabenstellung.
- Gerade engagierte Schulen erleben die Top-down-Steuerung eher als störend. Es ist ein Dilemma, dass den Pädagog/innen in den Schulen nach den für Deutschland so enttäuschenden PISA-Ergebnissen immer wieder aufs Neue die Schuld an der Bildungsmisere und damit Unfähigkeit vorgeworfen wird, andererseits aber ein neues outputorientiertes Steuerungssystem installiert wird, das genau auf deren Fähigkeit, selbstständig und eigenverantwortlich zu handeln, baut.
- Noch fehlt es an flexibel abrufbaren Unterstützungssystemen, insbesondere im schulnahen Fortbildungsbereich. Die Professionalisierung der Lehrer/innen und Erzieher/innen wird nur gelingen, wenn den Schulen

bedarfsgerecht und flexibel gute Unterstützersysteme und Zeit für das Entwickeln von Schule zur Verfügung stehen.

- Allen Beteiligten fehlt es an Zeit zum Innehalten und Nachdenken. Zu viel Druck – allem voran auch Zeitdruck – erzeugt schnell Widerstand. Die Akteure in den Schulen – ob nun Lehrer/innen, Erzieher/innen oder Schulleiter/innen – brauchen viel Zeit und müssen ihr Arbeitstempo der konkreten Situation ihrer Schule, ihrem eigenen Können, aber auch der Komplexität der vom Kollegium selbst gewählten Entwicklungs- und Evaluationsvorhaben anpassen dürfen.
- Die neue Datengläubigkeit bei der Steuerung von Schulen führt leicht dazu, dass Schulen über die unzählig zu erstellenden Konzeptpapiere und die ständig sich ausdifferenzierenden Anforderungen an Schulprogramme mehr verwaltet als gestaltet werden. Es besteht die Gefahr, dass nur noch ins Schulprogramm kommt, was zielsicher in kurzer Zeit realisiert werden kann. Der Erkenntnisgewinn für die Akteure ist entsprechend gering, sie genügen allein einer sich verselbstständigenden, bürokratisierten Berichtspflicht.

Dazu abschließend zwei Zitate aus einem Interview der westfälisch-lippischen Direktoren-Vereinigung mit Professor Hilbert Meyer zur Qualitätsanalyse / Schulinspektion:

> »Schulinspektion führt nicht automatisch zur Qualitätssicherung, sondern nur dann, wenn die Inspektion in einen Kranz weiterer Maßnahmen *(die fast alle Geld kosten)* eingebunden ist. Es ist wie im Unterricht. Selbstreguliertes Lernen entsteht nicht nur von selbst, sondern nur dort, wo hoch qualifiziertes Personal eine ›*vorbereitete Umgebung*‹ sicherstellt.«

An anderer Stelle im Interview vergleicht Prof. Hilbert Meyer die Schulinspektion mit der Verkehrspolitik eines Entwicklungslandes:

> »Ein TÜV für Autos ist eingeführt, aber die Werkstätten und die Ersatzteile fehlen, um erkannte Mängel zügig zu beheben. Ich halte die Inspektion für eine sinnvolle Sache – aber wenn sie nicht mit dem Aufbau eines breit angelegten Unterstützungssystems gekoppelt wird, wird das Modell gegen die Wand fahren.« [11)]

11) Das Interview ist zu finden unter www.westfaelische-direktorenvereinigung.de/index.html.

Literaturliste

Altrichter, H. / Maag Merki, K. (Hrsg.) (2010): Handbuch Neue Steuerung im Schulsystem. Wiesbaden: VS.

Bericht der Schulinspektion der Heinrich-Zille-Grundschule Berlin, 2009 (unveröffentlichter Bericht).

Peters, S. / Hirschmann, I. (2010): Wege zur Schulentwicklung: Wie kann es gelingen, Schule besser zu machen? In: Bartnitzky, H. / Hecker, U. (Hrsg.): Allen Kindern gerecht werden. Aufgabe und Wege. Beiträge zur Reform der Grundschule Bd. 129. Frankfurt / M.: Grundschulverband.

Senator für Bildung, Wissenschaft und Forschung (Hrsg.) (2007): Handlungsrahmen Schulqualität in Berlin, Bildung für Berlin. http://bildungsserver.berlin-brandenburg.de/1085.html; abgerufen am 5. 4. 2011

Senator für Bildung, Wissenschaft und Forschung (Hrsg.) (2009): Handbuch Schulinspektion, Bildung für Berlin. www.berlin.de/imperia/md/content/sen-bildung/schulqualitaet/schulinspektion/handbuch_schulinspektion.pdf; abgerufen am 5. 4. 2011

Senator für Bildung, Wissenschaft und Forschung (Hrsg.) (2010): Schulinspektionen im Schuljahr 2008/9, Bildung für Berlin. www.berlin.de/sen/bildung/schulqualitaet/schulinspektion/; abgerufen am 5. 4. 2011

Schulinspektion führt nicht automatisch zur Qualitätssicherung. Interview der westfälisch-lippischen Direktoren-Vereinigung mit Prof. Hilbert Meyer zur Qualitätsanalyse / Schulinspektion in Nordrhein-Westfalen. www.westfaelische-direktorenvereinigung.de/PDF/Jahrestagung%202006/Interview%20 Schulinspektion.pdf; abgerufen am 5. 4. 2011

Hans Brügelmann

»Der fremde Blick« – Chancen und Risiken einer externen Evaluation von Schule[1)]

Nach einer kurzen Phase in den 1970er Jahren (vgl. etwa Wulf 1972) hat sich »Evaluation« erst in den letzten zehn Jahren im pädagogischen Sprachgebrauch durchgesetzt (vgl. zur Einführung Bartnitzky u.a. 2010, Kap. 2). Dabei suggeriert das Fremdwort zu Unrecht eine besondere Zuständigkeit von Spezialisten für die Erhebung, Auswertung und Interpretation von Daten. Wie so oft gilt auch hier: *Alle* tun es, aber keiner redet darüber.

Evaluation – eine Selbstverständlichkeit eines jeden Alltagshandelns

Jeder von uns bewertet ständig sein eigenes und fremdes Handeln aufgrund von Erfahrung – und das immer schon. In der Küche probieren wir neue Rezepte aus und anhand der Ergebnisse verfeinern wir unsere Kochkünste zunehmend; wenn wir umziehen, sammeln wir Informationen über die Handwerker und Ärzte vor Ort und bauen uns aufgrund von Empfehlungen eine neue Infrastruktur auf; vor dem Kauf eines neuen Autos reden wir mit Bekannten, werten wir Berichte im Internet aus, machen wir eigene Probefahrten bei verschiedenen Händlern; wenn wir nur zwei Bücher auf eine Wanderung mitnehmen können, wählen wir unsere Ferienlektüre gezielt nach den Erfahrungen der Vorjahre und den Empfehlungen aus Zeitschriften oder von Freunden aus.

Die Beispiele zeigen: Es stimmt schon, wir evaluieren ständig, wenn auch unsystematisch und nicht methodisch kontrolliert. Dabei greifen wir auch auf Evaluationen von *anderen* zurück. Und nicht nur von Laien, sondern auch von Spezialisten: vom ADAC über Computer-BILD bis zu den Rezensenten in literarischen Zeitschriften. Wir evaluieren also nicht nur unsere eigenen Handlungen und Erfahrungen, wir nutzen auch selbstverständlich die Möglichkeiten einer Fremdevaluation und damit externen Rat.

1) In Teilen dieses Beitrags greife ich zurück auf Elemente aus meinem Vortrag »Scharfe Brillen, wache Augen und ein freundlicher Blick«, den ich 2006 auf der Tagung des Schulverbunds »Blick über den Zaun« gehalten habe (vgl. Brügelmann 2007).

Schwierig wird dieses Verhältnis, wenn wir selbst Gegenstand einer externen Evaluation werden: mit unserem Auto beim TÜV, beim Amtsarzt im Verfahren für einen Kurantrag, im Abschlussexamen des Studiums oder beim Einstellungsgespräch in einer Schule. Beurteilungskriterien wie auch das Beurteilungsverfahren werden dann gerne in Zweifel gezogen. So auch bei den neu eingeführten Formen der Evaluation von Schule und Unterricht.

Einengung des Blicks, Oberflächlichkeit der Instrumente, Zufälligkeit der punktuellen Erhebungen, fehlende Vertrautheit mit dem Alltag, Vernachlässigung der unterschiedlichen Kontextbedingungen sind typische – und oft auch berechtigte Einwände.

Wer sich derart kritisch äußert gegenüber flächendeckenden Lernstandserhebungen oder einer standardisierten Schulinspektion, wird leicht verdächtigt, grundsätzlich »gegen externe Evaluation« zu sein. Wie ich im Folgenden zeigen möchte, ist dieses Missverständnis die Folge einer verengten Vorstellung von Evaluation. Schon die oben skizzierten Beispiele zeigen, wie unterschiedlich diese aussehen kann, wenn man den Blick auf unterschiedliche Bereiche und Traditionen in unserer Gesellschaft weitet. Davon können auch pädagogische Evaluationen profitieren.

Der Warentester als Modell einer »technischen« Evaluation

Das technische Verständnis von Evaluation kennen wir aus der Qualitätskontrolle im Rahmen industrieller Fertigungsprozesse, aber auch von Produkttests der Stiftung Warentest oder aus Fachzeitschriften für spezifische Bereiche wie Auto, Foto, Computer.

Das typische Instrument einer Anwendung dieses Paradigmas in der Bildungsforschung ist der Leistungstest. Aus dieser Tradition gibt es aber auch andere ergiebige Datenquellen: Erhebungen mit Fragebögen, Kostenrechnungen, Auswertungen von Examensnoten und Drop-out-Quoten usw.

Typisch sind zwei Merkmale

- die Standardisierung der Datenerhebung und -auswertung und
- die quantitative Auswertung in Form von statistischen Gruppenkennwerten.

Der Vorzug dieses Zugangs ist die Fokussierung der Beobachtung – wenn man sich ihrer Begrenztheit bewusst ist. Wie mit einer Lesebrille oder gar einem Mikroskop kann man kleine Ausschnitte sehr genau betrachten. Der Preis: Man sieht den Kontext nicht mehr. Wenn man eine neue Wohnung sucht, ist es sinnvoll, den Lack der Türen, die Tapete in den Zimmerecken mit einer Nahbrille genau zu prüfen. Aber ob das Haus ein gutes Zuhause wird, kann man nur entscheiden, wenn man durch die Wohnung geht, wenn man die Umgebung erkundet und das Haus mit Abstand betrachtet.

Je nach Interesse und Blickwinkel bekommen wir etwas anderes in den Blick: das »große Ganze« mit Verständnis für seine Bedeutung oder die einzelnen Elemente jeweils für sich und mit großer Detailgenauigkeit – aber nie beides gleichzeitig. Ich nenne dies das »Zoom-Dilemma« der Bildungsforschung, das sie mit den anderen Human- und Sozialwissenschaften teilt: Evaluation kann versuchen, Details genau zu erfassen – unter Verlust ihres Kontexts – oder aber ein Bild des Ganzen, aber mit Unschärfen im Detail. Oder sie kann beides versuchen, läuft dann aber immer Gefahr, an beiden Ansprüchen zu scheitern (alles mit allem erklären wollen).

Zurzeit erleben wir (wieder einmal …) die hohe Zeit des technischen Paradigmas. In der Tat ist die Komplexität der Instrumente zur Datenerhebung und der statistischen Verfahren zur Auswertung der Befunde beeindruckend. Diese Art von Forschung ist nicht nur legitim, sondern außerordentlich wichtig und fruchtbar. Mehr noch: Die Möglichkeiten ihrer Nutzung müssen noch viel breiter bekannt und verfügbar gemacht werden, aber auch ihre Grenzen.

Zurzeit erschrecken die Dominanz dieses Paradigmas in der geförderten Forschung und die Überschätzung ihrer Befunde in der Öffentlichkeit. Das Vertrauen auf die technische Qualität der Datengewinnung und -verarbeitung unterstellt dieser Forschung eine Aussagekraft, die ihren Kredit weit übersteigt (siehe Kasten auf der folgenden Seite).

Nun kann man sagen, diese Einwände seien puristisch, man müsse pragmatisch mit solchen Einschränkungen umgehen, und kein Forscher sei so naiv, diese Annahmen ernsthaft zu vertreten. Letzteres trifft in der Tat zu, wenn man mit den Bildungsforschern auf einer methodologischen Ebene diskutiert, aber das heißt nicht, dass die Forschungspraxis und -politik auch so aufgeklärt »pragmatisch« handeln. Das technische Paradigma hat genau deshalb ein so hohes Ansehen, weil die genannten Annahmen – zumindest unterschwellig – mitgedacht werden.

Scharfe Brillen – wie die standardisierten Instrumente sie uns bieten – sind wichtig. Aber jede Brille erschließt nur bestimmte Aspekte der Wirklichkeit und sie verschließt andere. Das ist der Preis, den wir für die Fokussierung zahlen. Und das zweite: Wie wir aus der Sinnesphysiologie wissen, nutzt eine Perfektionierung der Peripherie, also der Sinnesorgane gar nichts, wenn die Zentralverarbeitung im Gehirn nicht richtig funktioniert. Darum braucht man neben scharfen Brillen auch einen wachen Blick. Und wenn man an das Zoom-Problem denkt, wird deutlich, dass in manchen Situationen ein wacher Blick ohne Brille sogar mehr sieht – von dem, was wichtig ist.

Exkurs: Erkenntnistheoretische Fallen

Die Kernfrage: Von welchen erkenntnistheoretischen Bedingungen müssen wir ausgehen, wenn wir den Status von konkurrierenden Evaluations- und Daten-Typen vernünftig einschätzen wollen?

Sechs Missverständnisse des Status von standardisierter Evaluation

- **ihr Objektivitätsanspruch**, der ausblendet, dass eine jede Beobachtung, Befragung oder Testung verändert, was sie zu erfassen versucht; Beispiel: die »Verbesserung« von PISA-I auf PISA-II kann eine Veränderung der Fachleistungen spiegeln, kann aber auch eine Folge davon sein, dass sich die »Objekte« der Forschung besser auf das eingestellt haben, was man an Leistung von ihnen erwartet, und vor allem, wie sie ihre Kompetenz demonstrieren können;

- **die Illusion eines archimedischen Punkts**, d.h. die Unterstellung eines Bezugspunkts außerhalb der Forschung, an dem sich Instrumente validieren und damit ihre besondere Autorität begründen ließen; es ist schon paradox, dass man die Unzulänglichkeit von Noten durch die Einführung von Tests überwinden will, die man dadurch »validiert« hat, dass man ihre Ergebnisse mit den Noten korreliert, die sie doch ersetzen sollen (vgl. die Beispiele bei Rackwitz 2010);

- **die Spiegel-Illusion der Wahrnehmung**, basierend auf der Annahme, unsere Vorstellungen von der Welt oder von Ausschnitten aus ihr ließen sich mit technischen Mitteln so perfektionieren, dass sie als bloße Abbilder der externen Wirklichkeit gehandelt werden könnten; aber auch sog. »Daten« sind psychisch gefilterte Einheiten;

- **die Induktions-Falle von Verallgemeinerungen**, also die Unmöglichkeit, aus noch so vielen Beobachtungen von »X folgt aus Y« in der Vergangenheit zu folgern, dass auch in Zukunft »X aus Y« folgt;

- **die Deduktions-Falle der Normauslegung**, d.h. die Hoffnung, man könne allgemeine Kriterien oder Aussagen auf besondere Fälle anwenden, ohne dass persönliche Deutungsfolien wirksam würden; sprachliche Äußerungen sind immer mehrdeutig, ihre Bedeutung ist vom jeweiligen Kontext abhängig und der wird vor dem Hintergrund der individuellen Erfahrung unterschiedlich interpretiert;

- **die Konstanz-Annahme sozialer Verhältnisse**, die übersieht, dass keine zwei pädagogischen Situationen wirklich gleich sind; mit den Worten eines der bekanntesten Bildungsforschers aus den USA, G.V. Glass (1972, S. 11):
  »Wenn physikalische Gesetze in ihrer Reichweite so begrenzt wären wie die von Sozialwissenschaftlern bis heute entdeckten Regeln, würden wir morgens sehr zögerlich aus dem Bett kriechen, da wir nicht wüssten, ob wir zur Decke schweben oder auf den Boden krachen werden.« (Übers. brü)

Kunst-Kritik als Modell einer person-zentrierten Evaluation

Otto Seydel hat seinem Aufsatz »Hilfe! Der Inspektor kommt« über die Bremer Schul-Evaluation als Untertitel die Frage angefügt: »Sind Schulen Kunstwerke?« Und er antwortet: Ja, Schulen sind Kunstwerke. Es lohnt sich, seine Argumente noch einmal wortwörtlich nachzulesen:

»Sie sind

- *einmalig, nie vollständig reproduzierbar (weil jedes Kind einmalig ist, weil jeder Lehrer eine Geschichte durchlebt);*
- *in der kreativen Kombination der Gelingensbedingungen letztlich keinen (oder nur sehr wenigen) Gesetzen unterworfen*
- *flüchtig im zeitlichen Verlauf (Unterricht bleibt nie »stehen«!);*
- *störempfindlich – ein falscher Ton, eine zusätzliche Prise kann alles verderben*
- *subjektiv – die Schule, die für den einen Schüler genau die richtige ist, kann für den anderen eine Katastrophe sein.«*

Seydel ist da ganz nah bei Horst Rumpf (1976) und seiner Vorstellung vom Curriculum nicht als Blaupause, sondern als Partitur für eine je neue Inszenierung unter den spezifischen Bedingungen der einzelnen Lerngruppe. Didaktik als Regieanweisung, Unterrichten als Kunst, als eher implizite Fähigkeit zur situativen Interpretation von Drehbüchern – all diese Bilder erinnern an Polanyis Konzept der *tacit knowledge*, das u. a. Neuweg (2006) für das Verständnis des Lehrerhandelns wieder fruchtbar gemacht hat: Man kann oft mehr, als man weiß (sog. »implizites Wissen«). Menschliches Handeln lässt sich nur sehr begrenzt auf explizite Erklärungen zurückführen und durch explizite Anweisungen steuern. Aber bedeutet die Anerkennung dieser Aspekte pädagogischer Tätigkeit, dass wir auf Evaluation verzichten müssen?

Keineswegs, im Kunstbetrieb hat Evaluation nur einen anderen Namen: Kritik, z. B. in Form von Rezensionen. Kritik, ob in der Literatur, im Theater, in der Musik, setzt auf die Kultivierung der Person als Evaluationsinstrument. Deren Erfahrung, Sensibilität, Glaubwürdigkeit sind die Basis dafür, dass ihre Bewertungen Resonanz finden. Dass Kritiker-Urteile oft sehr umstritten sind, spricht nicht gegen sie. Dass ist bei PISA, IGLU und VERA nicht anders.

Seit langem ist »art criticism« ein gut etablierter Stil von Evaluation, in den USA in den 1970er Jahren beispielsweise durch – auch in der Bildungsforschung respektierte – Kollegen wie Eisner, Stake und Stufflebeam vertreten (vgl. Wulf 1972). Dieses Modell wird aber nicht nur in den Künsten genutzt. Man denke nur an die fünf »Wirtschaftsweisen« und ähnliche Expertengremien in anderen Politikbereichen. Analog gibt es im Bildungsbereich Kommissionen, die oft sogar nach ihren Vorsitzenden benannt werden, etwa die Klafki-Kommission Anfang der 1990er Jahre in Bremen oder die Baumert-Kommision zur Lehrerbildung in NRW 2007. Fachliche Kompetenz und persönliche Glaubwürdigkeit sind die Kriterien. Die »Jury für den Deutschen Schulpreis« der Robert-Bosch-Stiftung ist ein aktuelles Beispiel, und auch das Inspektoren-Modell der Schulbesuche folgt in einigen Ausprägungsformen der Einsicht, dass Wesentliches in pädagogischen Situationen und Prozessen nicht technisch gemessen, sondern nur durch persönliche Sensibilität wahrgenommen werden kann. Man versucht also nicht, Subjektivität als Störung auszumerzen, sondern als Potenzial zu kultivieren: Erfahrung als die Basis für eine Differenzierung des Urteils.

Die Abhängigkeit von einzelnen Personen, die Subjektivität ihrer Wahrnehmungen, Deutungen und Urteile ist zugleich eine grundsätzliche Schwäche dieses Ansatzes. Allerdings wird die Gefahr subjektiver Einseitigkeit in den meisten dieser Konzepte durchaus gesehen. Deshalb wird die persönliche Erfahrung und Autorität ja durch Teambildung relativiert – nicht nur im »Blick über den Zaun«, sondern auch in den Zweierteams der Bremer Evaluation oder der Jury beim Deutschen Schulpreis. Damit kommt ein sozialer Mechanismus hinzu, der aus einer ganz anderen Tradition stammt.

Rechtsprechung als Modell einer sozialen Strukturierung von Evaluation

Wer Schule als Konfliktfeld widersprüchlicher Werte und konkurrierender Wahrnehmungen kennt, dem erscheint das Gerichtsverfahren als Evaluationsmodell nicht fremd. Das juridische Verständnis der Streitschlichtung konzipiert Evaluation als sozialen Prozess, mit einem geregelten Verfahren. Juristen haben die Erfahrung machen müssen, dass es keinen inhaltlichen Maßstab für die Wahrheit von Aussagen über Sachverhalte und für die Richtigkeit ihrer Beurteilung gibt, dass man aber durch ein System von *checks and balances* die Wahrscheinlichkeit verringern kann, dass sich bewusste Manipulationen durchsetzen. Soziale Kontrolle statt technischer Präzision ist die Grundidee.

Sie wird realisiert über verschiedene konkrete Prinzipien, die auch für die Evaluationsverfahren im Bildungsbereich hilfreich sein können:

→ Mehraugen-Prinzip

Bei Prüfungen ist Teambildung im Bildungswesen schon lange selbstverständlich, und auch bei der Schulinspektion hat sie sich durchgesetzt. Im juridischen Prozess werden diese bewusst differenziert, z. B. in der Kombination von Volljuristen und Laienrichtern. Für die Evaluation kann das bedeuten, bewusst Personen mit unterschiedlichem Erfahrungshintergrund – und nicht nur Kollegen aus anderen Schulen – einzuladen. Interessant könnten Vertreter sein ...

- aus dem Schulausschuss der Stadt,
- von der IHK,
- für das Jugendamt,
- aus der Kirche.

Sie werden jeweils Unterschiedliches wahrnehmen und sie werden dasselbe evtl. unterschiedlich bewerten. Damit öffnen sie den Alltagsblick, der seine eigenen blinden Flecken hat.

→ Funktionale Trennung von Rollen

Im juristischen Prozess werden Zuständigkeiten und Rollen bewusst aufgefächert, z. B.

- Richter vs. Sachverständige
- Parteien vs. Zeugen
- Staatsanwalt vs. Verteidiger, Kläger- vs. Beklagten-Anwalt.

Eine solche Rollentrennung ist auch für Evaluationen aus ganz verschiedenen Gründen und auch in unterschiedlichen Formen sinnvoll.

Beispielsweise könnte man die Besucher der Schule in eine Pro- und eine Contra-Gruppe teilen: »Versetzt euch in die Rolle eines Kritikers bzw. eines Freundes der Schule und sucht systematisch nach Belegen für euer Vorurteil.« Die »Verkleidung« als Kritiker ist gerade für Sympathisanten eine Erleichterung, und sie reduziert die Beißhemmung unter Kollegen. Umgekehrt fällt es leichter, Kritik anzuhören, wenn sie aus einer entsprechend definierten Rolle formuliert wird – und wenn man weiß, dass die positive Seite auch zu ihrem Recht kommt.

Sinn macht aber auch die Aufgliederung des Evaluationsprozesses in Phasen, z. B. Erhebung und Analyse vs. Bewertung der Daten. Eine solche Trennung hätte z. B. bei den großen Testprogrammen wie PISA und IGLU von vornherein deutlich machen können, dass die empirischen Befunde mehrdeutig sind, dass die Zahlen nicht für sich sprechen, sondern interpretiert werden müssen.

Eine klare Definition von Rollen entlastet. Ihre Zuweisung zu glaubwürdigen Personen (z. B. im abschließenden Hearing ein Elternvertreter als Moderator des Verfahrens analog zum unabhängigen Richter im Gerichtsverfahren) steigert die Akzeptanz.

→ Instanzenzug

Das Gerichtsverfahren ist nach Instanzen gestuft, um Berufung oder Revision zu ermöglichen. Solche Appellationsmöglichkeiten sind für Evaluationen nur in Ausnahmefällen wichtig. Bedenkenswert ist aber die Stufung von Zuständigkeiten: Was VERA und andere Testprogramme auf der zentralen

Ebene für die Systemevaluation leisten, rechtfertigt deshalb noch lange nicht entsprechende Aktivitäten auf der Schul- oder gar Schülerebene. Schon die unterschiedliche Bedeutung von Messfehlern auf Gruppen- und Individualebene verweist auf die funktionale Begrenztheit von Instrumenten. Der Grundschulverband hat deshalb Vorschläge für ein nach Ebenen differenziertes Rechenschaftssystem gemacht (vgl. Bartnitzky u. a. 1999): Wir müssen im Bildungswesen Rechenschaftspflichten und -formen nach verschiedenen Ebenen und Funktionen differenzieren – und die besonderen Stärken verschiedener Traditionen und Stile aufgabenbezogen nutzen.

Method(olog)ische Kriterien für eine »gute« Evaluation

Aus der Einsicht in die Begrenztheit einer jeden Methode sind vier Anforderungen bei der Planung einer Evaluation und der Auswertung der Erhebungen zu berücksichtigen:

→ »Sicherung von Mehrperspektivität«
Befragung unterschiedlicher Personengruppen zu denselben Themen, z. B. Eltern *und* LehrerInnen, jüngere *und* ältere SchülerInnen; es gibt nicht nur eine Wirklichkeit und es gibt auch nicht die »richtige« Sicht.

→ »Kombination von komplementären Methoden«
Ergänzung standardisierter Items durch offene (Zusatz-)Fragen, um die Erwartungen / Kriterien der Befragten zu erfahren, die ihre Bewertungen bestimmen, z. B. indem sie verschiedene (soziale, fachliche, …) Ziele von Erziehung und Unterricht gewichten.

→ »Kontextbezug von Ereignissen durchsichtig machen«
Variation von Konstellationen, Erhebung der Leistungen über verschiedene Aufgaben, Beobachtung des Verhaltens in verschiedenen Situationen, Deutung der Daten mit Bezug auf die »Sub-Kultur« der Klasse oder Schule.

→ »Verdichtung *und* Differenzierung von Ergebnissen«
Darstellung der Ergebnisse nicht (nur) über bündelnde Mittelwerte, sondern durch bewusste Entfaltung der Streuung: ein Viertel hat sehr positiv, ein Drittel dagegen negativ geurteilt vs. die Mehrheit liegt im Mittelbereich.

Die forschungsmethodische Konzeption ist aber nur die eine Seite der Medaille. Zu bedenken ist auch:

Evaluation ist ein politischer Prozess

Der fremde Blick ist unverzichtbar – aber er ist auch auf sehr unterschiedliche Weise realisierbar. »Extern« bedeutet nämlich nicht, dass eine Evaluation hierarchisch organisiert sein muss, und sie verlangt auch keine Beschränkung auf standardisierte Instrumente.

Im Blick zu behalten ist außerdem, dass Information nicht per se positiv wirkt. Vor allem zwei Probleme sind ernst zu nehmen:

- die Verletzlichkeit der betroffenen Personen und damit ihre Sorge, das Gesicht zu verlieren;
- das politische Störpotenzial von Evaluation, deren Ergebnisse immer Einfluss haben auf die Balance von Macht im untersuchten Feld, denn bei Kontroversen stützen sie bestimmte Positionen und schwächen andere.

Diese Probleme erhalten ein unterschiedliches Gewicht – je nachdem, von wem die Evaluation verantwortet wird. Im Bildungswesen werden Evaluationsaufgaben schon heute von verschiedenen Rollenträgern wahrgenommen: von *Experten*, z. B. von Bildungsforschern wie bei PISA und VERA; von *Vorgesetzten*, z. B. von der Schulaufsicht oder Schulleitung; von den *Beteiligten* selbst, z. B. von LehrerInnen bzw. SchülerInnen im Unterricht.

Die Frage der Machtverteilung zwischen verschiedenen an der Schule Beteiligten ist heikel. Inhaltlich geht es bei Evaluationen immer um die Klärung von Differenzen – und damit auf der Beziehungs- bzw. auf der institutionellen Ebene um eine Intervention in Konflikten. Insofern sind die Werte, die für eine Evaluation Verantwortliche vertreten, von zentraler Bedeutung für deren Funktion und Ertrag. Konkret: Was für ein Selbstbild vertreten sie im Verhältnis zum Auftraggeber und in den Beziehungen zu anderen Beteiligten: z. B. einen Autoritätsanspruch dank Kompetenzvorsprung als »Experte« (»die Wahrheit vermitteln«); eine Aufklärungsidee als »critical friend« (»Informationen / Einschätzungen austauschen«) oder ein Hilfsangebot als Unterstützer (»Probleme lösen helfen«)?

Für die Konzeption und Durchführung einer Evaluation sind deshalb zwei Leitideen wichtig, die ich von englischen Kollegen übernommen habe (vgl. MacDonald / Walker 1976):

- »People own the facts of their lives«[2], d. h. Vertraulichkeit und Vertrauen sind forschungsethisch hohe Werte und zugleich sind sie Bedingung für eine effektive Durchführung von Evaluation.
- »Wissen gibt Macht«, und damit ist Evaluation in demokratischen Institutionen und Kontexten anders zu organisieren als in einem bürokratischen oder in einem expertokratischen Umfeld.

---

2) Heute würde ich vorsichtiger sagen: »at least *their views* on their lives«.

Es spielt insofern eine große Rolle für den Erfolg externer Evaluationen, in welcher Konstellation die Verantwortung für ihre Durchführung organisiert ist. Wie im Unterricht ist auch bei der Evaluation die Beziehungsebene mindestens ebenso wichtig wie die Inhalte und Methoden.

Konkret bedeutet das:

➔ VertreterInnen aller durch die Evaluation betroffenen Gruppen sollten an ihrer Planung und Durchführung beteiligt werden (z. B. durch Bildung einer Steuergruppe oder eines Beirats mit gewählten Delegierten).
➔ Gemeinsam mit den Evaluatoren sind klare und verbindliche Absprachen zu treffen über:
  - Auftrag / Funktion,
  - Fragestellungen,
  - Form der Berichterstattung.
➔ Die Betroffenen (oder VertreterInnen der wichtigsten Gruppen) sollten ein Kommentierungsrecht zu den Daten und ihrer Deutung haben: Es gibt nicht »die Wahrheit«.

Externe Evaluation muss insofern zwei konkurrierende Ansprüche ausbalancieren:

- *Distanz*, um die Selbstverständlichkeiten des Alltags, die blinden Flecke subjektiver Erfahrung und die Bequemlichkeit des Gewohnten in Frage zu stellen;
- *Vertrauen* als Voraussetzung für die Bereitschaft, Schwierigkeiten offen zu legen, sich auf Kritik einzulassen und Vorschläge von außen ernst zu nehmen.

Der Verbund der Reformschulen »Blick über den Zaun« hat zehn Prinzipien (siehe Backhaus in diesem Band).

Von der internen zur externen Evaluation

Hans Werner Heymann (2009) rät, dem Einstieg in eine Fremdevaluation erst eine Phase der Selbstevaluation vorzuschalten. Selbst gewählte Tests oder Fragebögen können den persönlichen Fremdblick simulieren und bieten durch Vergleichswerte aus Normstichproben die Möglichkeit, eigene Einschätzungen zu überprüfen, ohne gegenüber Dritten auf dem Prüfstand zu stehen. Der Fremdblick kann mit zunehmender Sicherheit weiter gestärkt werden: *»Der nächste Schritt wäre dann die Ausweitung der Selbstevaluation auf ein Tandem oder Team von KollegInnen, die ohnehin eng zusammenarbeiten und einander vertrauen. Man kann dann die entsprechenden Evaluationsinstrumente nicht nur gemeinsam auswählen und/oder weiterentwi-*

ckeln, sondern sich, unter Beachtung kollegialer Symmetrie, wechselseitig Rückmeldung geben. [...] Noch stärker wird der Innenblick herausgefordert, wenn externe Personen die Schule besuchen: KollegInnen anderer Schulen (und Schularten!), Inspektoren, Repräsentanten örtlicher Einrichtungen ...« (a. a. O., S. 74)

Produktiv wird dieser Fremdblick aber nur, wenn die Externen sich einlassen auf die Vorstellungen und Interpretationen derjenigen, die ihre Schule und ihren Unterricht tagtäglich aus eigener Erfahrung erleben. Eine externe Evaluation sollte sich deshalb an Fragen orientieren, die dialogisch angelegt sind und die Kompetenz vor Ort ernst nehmen (vgl. Brügelmann 2009, S. 69):

- *Was sind Ihre eigenen Ansprüche – und wie begründen Sie diese?*
- *Wie weit können Sie diese Ansprüche realisieren?*
- *Welche Bedingungen behindern Sie dabei?*
- *Welche Ansprüche sind noch zu wenig im Blick?*
- *Was könnten realistische nächste Schritte sein?*

Evaluation bezieht sich insofern auf zwei Ebenen:

- normativ ist zu diskutieren, ob die Ziele und Prinzipien überzeugen, und erst danach ist es sinnvoll,
- empirisch zu überprüfen, wieweit diese umgesetzt sind bzw. was ihre Umsetzung erschwert.

Nur wenn die externe Evaluation sich zunächst – wenn auch kritisch – auf das Selbstbild der Schule (oder einer einzelnen Lehrperson) einlässt, hat sie Chancen, ihre Praxis zu beeinflussen. Analog wäre der Ertrag landesweiter Vergleichsarbeiten wie VERA für Schulen höher, wenn diese zwar verpflichtet wären, regelmäßig auch standardisierte Instrumente einzusetzen, Aufgaben(sets) aber aus einem Pool auswählen und einsetzen könnten, nachdem sie die entsprechenden Unterrichtsinhalte tatsächlich bearbeitet haben. Die mit repräsentativen Stichproben erzeugten Normwerte aus dem System-Monitoring könnten dann hilfreiche Vergleichswerte liefern.

Externe Evaluation als kritisches Gegenüber, nicht als Autorität – das ist die Grundidee einer Peer-Review »auf Augenhöhe«: Schulen lernen von Schulen, Lehrpersonen von KollegInnen. Diese Form verändert nicht nur die soziale Rahmung der Außensicht und damit die Akzeptanz ihrer Ergebnisse, sondern fördert auch die Entwicklung der Evaluationskompetenz vor Ort – statt diese Aufgaben auf SpezialistInnen außerhalb zu verlagern. In der Art und Weise, wie der Verbund der Reformschulen des »Blick über den Zaun« das Verfahren der Peer-Review nutzt und *on the job* weiterentwickelt, sehe ich ein überzeugendes Beispiel für diesen Ansatz (vgl. Den Beitrag von

Axel Backhaus in diesem Band). Der Grundschulverband hat das Prinzip einer »dialogischen Evaluation« noch einen Schritt weiter getrieben: Bartnitzky u. a. (2005ff.) haben es bis auf die Ebene der Lernbeobachtung und Leistungsbeurteilung hin konkretisiert und mit den Materialien zur »Pädagogischen Leistungskultur« konkrete Hilfen für einen Unterrichtsalltag vorgelegt, in dem auch LehrerInnen und SchülerInnen ihre Arbeit »auf Augenhöhe« evaluieren. Wie auf der institutionellen Ebene der Nutzen der Evaluation für die Schul*entwicklung* ein zentrales Kriterium ist, kommt es auf der Ebene der Lehr- und Lernprozesse vor allem auf ihren Ertrag für die Förderung von Lernen an.

Literatur

Bartnitzky, H. u. a. (1999): Zur Qualität der Leistung – 5 Thesen zu Evaluation und Rechenschaft der Grundschularbeit. Frankfurt / M.: Grundschulverband – Arbeitskreis Grundschule e. V. (auch in: Schmitt 1999, S. 165 – 196).

Bartnitzky, H. u. a. (Hrsg.) (2005 / 2006 / 2007): Pädagogische Leistungskultur: Materialien für Klasse 1/2 und Klasse 3/4. Beiträge zur Reform der Grundschule, Bd. 119 / 121 / 124. Frankfurt / M.: Grundschulverband.

Bartnitzky, H. u. a. (Hrsg.) (2009): Kursbuch Grundschule. Beiträge zur Reform der Grundschule, Bd. 127/128. Frankfurt / M.: Grundschulverband.

Brügelmann, H. (2007): Scharfe Brillen, wache Augen und ein freundlicher Blick. Wie Reformschulen den fremden Blick kritischer Freunde am besten nutzen können: Zur Bedeutung von technischer Präzision und sozialer Kontrolle bei der Evaluation pädagogischer Standards. In: Schulverbund »Blick über den Zaun« (2007, S. 8 – 52). www.blickueberdenzaun.de/images/stories/page/publikationen/03_evaluation.pdf; abgerufen am 5. 4. 2011

Heymann, H. W. (2009): Evaluation von Unterricht. In: Bartnitzky, u. a. (2009, S. 72 – 74).

MacDonald, B. / Walker, R. (1976): Changing the curriculum. London: Open Books:.

Neuweg, G. H. (2006): Das Schweigen der Könner. Strukturen und Grenzen des Erfahrungswissens. Linz: Trauner Verlag.

Rackwitz, R.-Ph. (2010): Tests unter der Lupe: Können sie halten, was sie versprechen? In: Die Grundschulzeitschrift, H. 234, 24. Jg., S. 4 – 9. Seelze: Friedrich-Verlag.

Rumpf, H. (1976): Unterricht und Identität. Weinheim / München: Juventa (3. Aufl. 1987).

Schmitt, R. (Hrsg.) (1999): An der Schwelle zum dritten Jahrtausend. Bundes-GrundschulKongress 1999. Frankfurt / M.: Grundschulverband – Arbeitskreis Grundschule, S. 165 – 196.

Schulverbund »Blick über den Zaun« (Hrsg.) (2007): Beobachten, bewerten, beraten. Verfahren und Werkzeuge für eine andere Evaluation. www.blickueberdenzaun.de/images/stories/page/publikationen/03_evaluation.pdf; abgerufen am 5. 4. 2011

Wulf, C. (Hrsg.) (1972): Evaluation. Beschreibung und Bewertung von Unterricht, Curricula und Schulversuchen. München: Piper.

Axel Backhaus

Wie Schulen voneinander lernen können

Freunde und Verbündete suchen – Netzwerke schaffen

In der Zeit des Messens und Evaluierens ist eine der häufig gestellten Fragen an den Schulverbund »Blick über den Zaun«, wie wirksam sein Evaluationsverfahren – die Arbeitsform der gegenseitigen Peer-Reviews – denn nun wirklich sei. In dieser Frage schwingt Neugier, aber auch die Skepsis mit, ob ein solches Instrument, das von dieser zivilgesellschaftlichen Initiative als Alternative zu den staatlichen Evaluationsformen der Lernstandserhebungen und Schulinspektionen gesehen wird, produktiv sein könne. Das ist eine verständliche Frage, sind die gegenseitigen Besuche als zentrale Arbeitsform im Verbund doch mit nicht unerheblichem Aufwand verbunden, der sich lohnen muss. Sie ist allerdings nicht einfach und unmittelbar zu beantworten, da keine systematischen Evaluationsstudien zum Peer-Review-Verfahren des reformpädagogisch orientierten Schulverbunds vorliegen. Für das Verfahren spricht freilich, dass sich die Gründungsschulen des Schulverbunds ihm seit nunmehr 20 Jahren verpflichtet sehen – sie müssen dabei also einen Gewinn für sich erfahren.

Folglich ist es eine Frage, die sich den Schulen im Verbund so nicht stellt. Sie ziehen schlicht Motivation und Nutzen aus dieser Arbeit: Die Besucher einen persönlichen Gewinn, die Schulen – Gastgeber- wie Besucherschulen – einen institutionellen, indem sie Wissen und Anregungen für ihre eigene Weiterentwicklung erhalten. Die stets wachsende Zahl der Schulen im Verbund, aktuell bereits über 100, eröffnet die Chance, mit reformpädagogischen Konzepten vermehrt in die Breite zu kommen.

Hinweise und mögliche Gründe für diese Wirksamkeit der Evaluationsbemühungen des Verbunds sollen im folgenden Beitrag diskutiert werden.

Inwiefern nun ist diese Evaluation »wirksam«? Mangels harter Daten aus empirischen Studien[1] müssen andere Anhaltspunkte für die Bewertung herangezogen werden. Sie sind ebenfalls empirischer Natur, allerdings

---

1) Vgl. aber die positiven Befunde in einem ähnlichen Netzwerk in England bei Shirley / Hargreaves (2006).

Vorab dies zur Verdeutlichung: Der »Blick über den Zaun« und Evaluation

Die Schulen des Schulverbunds »Blick über den Zaun« – bekannte (deutsche)* Leuchtturmschulen neben vielen kleinen noch unbekannteren Leuchtfeuern – lehnen *Evaluation* nicht pauschal ab. Im Gegenteil, sie wissen: nur über die zielstrebige Prüfung, ob die Schule bereits so gut ist, wie sie sein soll, kann Schule weiterentwickelt werden. Der Schulverbund lehnt auch *externe* Evaluation nicht ab. Die Schulen wissen, dass eine interne Evaluation durch Blicke von außen ergänzt werden muss, um etwaige blinde Flecke aufzudecken. Ablehnend stehen sie durch Ankreuz-Raster operationalisierter oder durch Tests auf wenige fachliche Inhalte reduzierter Evaluation als *einziger* und den Schulalltag oft negativ beeinflussende Form gegenüber.

Der »Blick über den Zaun« ist ein Verbund reformpädagogisch orientierter Schulen, der seit 1989 besteht, um Schulentwicklung »von unten« zu betreiben. Ziel des »Blick über den Zaun« ist es, durch regelmäßige wechselseitige Besuche (»peer reviews«), durch Tagungen und das Anwerben weiterer Schulen dazu beizutragen, dass Schulen im direkten Erfahrungsaustausch von- und miteinander lernen: einander anregen, ermutigen, unterstützen.

Für diese Besuche hat der Verbund ein Verfahren entwickelt. Dazu bilden jeweils 7 bis 10 Schulen einen Arbeitskreis, in dem sich die unterschiedlichsten Schulen zusammenfinden. Jede Schule stellt zwei Vertreter/-innen, die an den Besuchen teilnehmen: eine aus der Schulleitung, eine aus dem weiteren Kollegium. Reihum werden die Schulen (und in der Regel zwei Schulen je Jahr) des jeweiligen Arbeitskreises besucht. Die gastgebende Schule gibt den Besuchern eine Fragestellung vor, der bei den Hospitationen und Gesprächen ein besonderes Augenmerk geschenkt werden soll. Diese Fragestellung ist in der Regel ein Themenfeld, an dem die Schule aktuell arbeitet. Am Ende geben die Besucher der Schulöffentlichkeit – der Schulleitung, den Mitarbeiter/-innen der Schule, ggf. auch den Eltern und Schüler/-nnen – eine Rückmeldung darüber, was sie gerne »mitnehmen«, was sie lieber »da lassen« würden – also zu positiven und problematischen Aspekten des Wahrgenommenen.

Der Schulverbund hat für die gemeinsame Arbeit eigene Prozessstandards entwickelt, die die Basis des grundlegenden Verständnisses von guter Schule darstellen und die Hintergrundfolie bei den gegenseitigen Besuchen sind. Eine Handreichung** hilft (neuen) Schulen, die Besuche auf Basis der langjährigen Erfahrungen des Verbunds zu planen. Sie kann folglich auch für Schulnetzwerke außerhalb des Verbunds hilfreich sein.

* Im Verbund sind bislang überwiegend deutsche – und das über alle Bundesländer hinweg – Schulen organisiert; Aber auch Schulen aus anderen deutschsprachigen Regionen sind vertreten (Schweiz, Italien [Südtirol], bald Österreich).

** Siehe dazu ausführlicher Backhaus u. a. (2009)

anders fundiert als statistische Kennwerte oder Auswertungen qualitativer Forschungsmethoden: Von den Schulen, die sich einmal für die Mitarbeit im Schulverbund entschieden haben, sind fast ausnahmslos alle dabei geblieben! Und dies, obwohl die Besuche mit hohem Aufwand verbunden sind (sowohl die Ausrichtung eines Besuchs wie die Vertretung der KollegInnen in den Schulen der Besucher wollen organisiert sein), erhebliche persönliche Kosten bedeuten (Anreisen, Unterbringung und Verpflegung) und ein starkes Engagement der KollegInnen erfordern, die sich in ihrer Freizeit auf teilweise weite Reisen begeben – zweimal pro Jahr jeweils drei Tage lang. Wer aber würde sich diese Mühen aufladen, wenn sie nicht mit Nutzen verbunden wären?

Genauso sprechen der Zulauf zum Verbund über Bundesländer und damit schulstrukturelle Unterschiede Bände und die positiven Rückmeldungen aus Fachkreisen: »Schulreform von unten« dadurch, dass Schulen von Schulen lernen ist ein wirksames Instrument.

Stellvertretend für viele Rückmeldungen aus den Arbeitskreisen sei auf die Darstellung des »›Blick-über-den-Zaun‹«-Besuchs in der Montessori-Schule Potsdam verwiesen. Ulrike Kegler stellt in ihrem Buch »In Zukunft lernen wir anders« (Kegler, 2009, S. 57f.) die Vorzüge des »Blick über den Zaun« dar im Vergleich zur Inspektion als der üblichen, in Deutschland – bei allen Unterschieden zwischen den Bundesländern – dominanten Evaluationsform:

> »Es gab noch weitere Erkenntnisse. Alle Rückmeldungen wurden im Kollegium mit großer Ernsthaftigkeit aufgenommen. Im Unterschied zu der landesüblichen Inspektion hatten unsere kritischen Freunde auch Ideen zur Veränderung. Sie sprachen aus ihrem eigenen Reformschulkontext und konnten sich aus der Distanz gleichwohl gut in ein fremdes und doch ähnliches System hineinversetzen.«

Dies gelingt sicher nicht immer gleichermaßen gut. Manche Besuche enden nicht zufriedenstellend, weil die Rückmeldungen zu punktuell oder zu oberflächlich ausfallen oder die Hospitationsphase zu kurz ist, als dass im Sinne der von der Schule formulierten Fragestellung robuste Rückmeldungen erfolgen könnten. Aber: Welches aktuell praktizierte oder angebotene Evaluationsverfahren ist davon frei? Evaluation ist kein technischer Prozess, sondern eine komplexe soziale Aktivität, deren möglicher Ertrag mit entsprechenden Risiken erkauft wird. [2)]

---

2) Zu diesen Schwierigkeiten und dem Umgang mit ihnen ausführlich: Brügelmann (2007) und in diesem Band.

Die Peer-Reviews im »Blick über den Zaun« werden an verschiedenen Stellen direkt und indirekt wirksam:

- *Direkter* Nutzen kann sich in den besuchten Schulen entfalten, weil die Rückmeldungen und Anregungen in der konkreten Situation, in der sich die Schule befindet, genutzt werden können oder helfen, eine bestehende Problemlage zu überwinden.
- *Direkt* können auch Berichte oder Ideen wirksam werden, die die Besucher in ihre Heimatschule mitbringen. Hier können sowohl Berichte von Strukturen und Lösungen als auch ganz konkrete, oftmals kleine Ideen bedeutsam sein.
- *Indirekt* können die Kontakte helfen, die man zu den Partnerschulen des Arbeitskreises herstellt. Eine Schule kann nicht in allen Bereichen exzellent sein. Durch das Netzwerk – im Arbeitskreis und im Verbund – werden Schulen zugänglich, die in Bereichen besondere Erfahrungen gesammelt haben, in denen die eigene Schule noch offene Baustellen hat.
- *Indirekt* schließlich – über einen *Sleeper-Effect* – können die Besuche und die Berichte dann wirksam werden, wenn sie schon fast vergessen sind: Wenn neue Themen auf die Tagesordnung einer Schule kommen, können alte Berichte (»Du hast doch damals aus der Schule in …«) wieder in den Köpfen lebendig werden oder Ideen (»Ich habe dazu damals in der Schule gesehen, wie …«) ihre Kraft entfalten – erst dann also, wenn sie tatsächlich benötigt werden.

Dies alles sind Gründe, die für die Wirksamkeit der Arbeitsform der Peer-Reviews im »Blick über den Zaun« sprechen. Ihre Wirkung entfaltet die Arbeitsform allerdings nicht wegen ihrer ständig weiterentwickelten Besuchsstruktur, sondern vor allem aufgrund der ihr zu Grunde liegenden Prinzipien.

Diese Prinzipien[3)] – Freiwilligkeit, Grundkonsens, Autonomie, Gleichrangigkeit, Vielfalt, Kontinuität, Wechselseitigkeit, Sensibilität, Nachhaltigkeit und Offenheit – stellen gemeinsam die Gelingensbedingung für eine erfolgreiche gemeinsame Arbeit dar. Die ausgefeilte und für den jeweiligen Termin angepasste Struktur der einzelnen Besuche tut sicherlich dann noch das ihre hinzu. Jedes Prinzip allein birgt jedoch auch Probleme und Risiken in sich. Diese sollen im Folgenden gemeinsam mit ihren Stärken dargestellt werden.

---

3) … formuliert im »Schreibgespräch« zwischen Mitgliedern der Koordinationsgruppe des Verbunds.

Die Prinzipien der Arbeit im Schulverbund »Blick über den Zaun«

Die Mitarbeit im Schulverbund wird nicht verordnet. Die Schule selbst entscheidet, ob sie am Verfahren des Peer-Review teilnimmt. Diese Freiwilligkeit ist der Schlüssel für die notwendige Offenheit und Bereitschaft, auch schwierige Rückmeldungen entgegenzunehmen.

Die Schwierigkeit dieser Aussage steckt im Wort »Schule«. Wer ist die Schule? Ist dies der Rektor oder die Schulleitung als Ganzes, die die Schule gern im Verbund sähe? Ist dies das ganze Kollegium, das vollständige pädagogische Personal oder in einem umfassenderen Verständnis auch die Eltern- und die Schülerschaft? Wie ist der Prozess der Meinungsbildung in der Schule zu gestalten, damit die notwendige Verbindlichkeit des Engagements auf möglichst breiter Basis gewährleistet ist?

Im »Blick über den Zaun« werden nicht von außen vorgegebene Ansprüche befolgt. Vielmehr ist mit dem selbst entwickelten »Leitbild« und den dieses Leitbild konkretisierenden »Standards« ein pädagogischer Anspruch festgelegt, den alle Mitgliedsschulen akzeptieren.

> Die Schulen des Verbunds unterscheiden sich sehr voneinander. Die Differenz zwischen Gymnasium und Gesamtschule im staatlichen Regelsystem mutet dabei, verglichen mit den Unterschieden zwischen einem Landerziehungsheim, einer Jenaplan-, Montessori- oder Waldorfschule und der Laborschule, eher gering an.
> Damit diese Schulen alle dieselben Standards akzeptieren können, waren zwei Wege denkbar: Entweder man suchte einen Minimalkonsens, der dann nur noch wenig wert gewesen wäre, oder man suchte qualitativ anspruchsvolle, aber offene Standards, die eine kontextabhängig unterschiedliche, aber jeweils ernsthafte Realisierung ermöglichen sollten.
> Dies ist beim »Blick über den Zaun« der Fall.

Dieser **Grundkonsens** ermöglicht eine auch in Konfliktfällen belastbare Zusammenarbeit im Rahmen von Schulbesuchen. Konsens besteht zudem darin, dass die Standards mit ihren weit reichenden Ansprüchen wohl die Entwicklungsrichtung bestimmen, nie aber von einer Schule ganz erfüllt werden können. Die Schulen verpflichten sich dazu, bei ihrer Schulentwicklung an der Realisierung der Standards im Sinne des Leitbilds zu arbeiten. Soll man aber eine »Einstiegshürde« vorgeben, über die alle Schulen gesprungen sein müssen? Welche Abweichungen sind aushaltbar, was ist eine noch zulässige Auslegung der offenen Standards?

Eine endgültige Antwort hierauf wird nicht zu finden sein, also gilt diesem Themenfeld die dauerhafte Aufmerksamkeit innerhalb des Verbunds.

Gleichwohl oder gerade weil ein solcher Grundkonsens gefunden worden ist, der sich über das pädagogische Leitbild (und die Form der Evaluation) erstreckt, arbeiten die Arbeitskreise autonom. Diese **Autonomie** ermöglicht es ihnen. im Rahmen der bestehenden Grundideen die optimale Passung zwischen Wünschen und Ansprüchen der konkret beteiligten Personen und Schulen herzustellen. Jeder Arbeitskreis verständigt sich also darauf, *wie* er im Rahmen des verabschiedeten gemeinsamen Programms seine Arbeit gestalten und organisieren will. Das Risiko ist hier ähnlich gelagert wie beim Stichwort Grundkonsens: Durch die Autonomie entstehen in den Arbeitskreisen unterschiedliche Interpretationen der gemeinsamen Überzeugungen. Um einem Auseinanderdriften entgegenzuwirken, veranstaltet der »Blick über den Zaun« Tagungen im Zweijahresrhythmus, bei denen alle Mitgliedsschulen zusammenkommen, um das Gemeinsame immer wieder zu reflektieren und zu stärken, aber auch, um die Standards aktuell lebendig zu erhalten, ohne die in ihnen enthaltenen Grundideen aufzugeben (vgl. zuletzt Groeben 2010).

Auf den folgenden **vier Grundüberzeugungen** bauen das Leitbild des Verbunds und die dieses Leitbild operationalisierenden pädagogischen Standards auf. Sie beschreiben – formuliert als Prozessstandards – die Eckpfeiler eines im »Blick über den Zaun« skizzierten Bildes einer guten Schule.

Den Einzelnen gerecht werden – individuelle Förderung und Herausforderung
Es geht in der Schule um einzelne Menschen, die Kinder und Jugendlichen.
Die Schule ist für sie da und nicht umgekehrt. Wir müssen sie in ihrer Unterschiedlichkeit annehmen und die Schule von ihnen und ihren Bedürfnissen her denken.

»Das andere Lernen« – erziehender Unterricht, Wissensvermittlung, Bildung
Lernen ist eine Sache der ganzen Person. Erfahrung und Erlebnis gehören ebenso dazu wie Belehrung und systematisches Üben.

Schule als Gemeinschaft – Demokratie lernen und leben
Werte müssen täglich gelebt werden, ebenso wie demokratisches Handeln.
Das ist keine Sache einzelner Fächer, sondern des Schullebens.

Schule als lernende Institution – Reformen »von innen« und »von unten«
Gute Schulen entstehen nicht von selbst und kommen nicht von »oben«.
Verantwortlich für eine Schule sind diejenigen, die sie gestalten.

Die Grundüberzeugungen verdeutlichen, dass Schule nur dann gelingen kann, wenn die einzelne Person in ihrer Besonderheit wahrgenommen wird. Die Unterschiedlichkeit der Kinder und Jugendlichen in einer Lerngruppe muss produktiv genutzt werden. Dies wird durch ein anderes Lernen ermöglicht, welches nicht nur die kognitive Dimension sieht, sondern einen Erziehungsauftrag der Schule betont. Schule findet nicht im luftleeren Raum statt. Deshalb betont die dritte Grundüberzeugung in Analogie zum ehemaligen BLK-Programm »Demokratie lernen & leben« die Bedeutung der Schulgemeinschaft, die demokratisch zu gestalten ist. Dies alles kann nur dann gelingen, wenn sich die Schule als lernende Einrichtung versteht, die bereit ist, sich weiterzuentwickeln und an dieser Weiterentwicklung zu arbeiten durch eigene, interne Evaluation und den Außenblick, wie er in den Schulbesuchen realisiert wird.

Ein Schlüssel, Kritik aufnehmen zu können, ist das Wissen um und die Erfahrung von **Gleichrangigkeit**. Im »Blick über den Zaun« wird niemand von einem Aufsicht führenden Inspektor der Schulverwaltung oder einem Experten der Universität evaluiert, sondern von KollegInnen, die sich gleich nach dem Besuch wieder denselben Aufgaben zuwenden wie die Besuchten. Bei den Besuchen begegnen sich folglich KollegInnen *auf Augenhöhe* und in dem Wissen, dass alle vor denselben Aufgaben und vor oftmals zumindest vergleichbaren Problemen stehen. Die Gäste können die Hürden, vor denen die besuchte Schule steht, deshalb anders und oftmals besser einschätzen und, wie Ulrike Kegler es beschreibt, eben deshalb sogar Ratschläge geben, ohne es selbst »besser zu wissen«. Gleichwohl besteht die Gefahr, dass es Schieflagen gibt, z. B. »Erfahrene« eine besondere Dominanz ausüben – selbst, wenn sie dies nicht wollen. Hier gilt es, die Situation im Arbeits-

Die **Standards** konkretisieren als empirisch überprüfbare Ist-Beschreibungen diese globalen Anforderungen. Dabei werden sie auf drei Ebenen entfaltet, die sich aufeinander beziehen, um weder die Last einseitig zu verteilen noch eine Strukturebene aus ihren Aufgaben zu entlassen.

Sie werden beschrieben als **Standards für das pädagogische Handeln**, also die konkreten Aktivitäten, die das pädagogische Personal initiieren kann, um eine gute Schule zu ermöglichen. Stimmen die Rahmenbedingungen aber nicht, so wird dies eine vergebliche Mühe bleiben. Deshalb werden auf einer zweiten Ebene **Standards für schulische Rahmenbedingungen** formuliert. Welche Bedingungen müssen im System Schule gegeben sein, damit der Einzelne darin produktiv tätig werden kann?

Schließlich beschreiben die **Standards für systemische Rahmenbedingungen**, wie das Schulsystem gestaltet werden muss, in dem die Einzelschule arbeitet, so dass die Arbeit vor Ort im Sinne der Grundüberzeugungen produktiv werden kann. Die Standards sind jedoch nicht hierarchisch von systemischen über die schulischen Rahmenbedingungen bis hin zum pädagogischen Handeln des Einzelnen zu sehen. So ist es nicht zulässig, dass die Einzelperson die Hände in den Schoß legt, solange die notwendigen Rahmenbedingungen nicht gegeben sind. Schließlich ist es auch möglich, dass geeignete Rahmungen bestehen, diese aber nicht von den Menschen ausgefüllt werden, die für die konkrete Umsetzung zuständig sind. Die Akteure einer jeden Ebene – PädagogInnen, Schulleitungen und Steuergruppen wie andererseits auch Schulverwaltungen und Bildungspolitiker – müssen also ständig an der Verbesserung ihrer Dimension arbeiten. Dass schließlich – trotz widriger Rahmenbedingungen – gute Schule zu machen ist, zeigen viele der Schulen des Schulverbunds »Blick über den Zaun« wie auch z. B. die Träger des Deutschen Schulpreises (vgl. Fauser u. a. 2007 – 2009).
Die Standards haben im Verbund vielfältige Bedeutung: Sie können als Instrument dienen, Schulen zu evaluieren: in der internen Prüfung, was auf den ersten beiden Ebenen zu verbessern ist, wie in der externen Evaluation über die Schulbesuche. Sie sind aber zuerst und vor allem ein Mittel der Selbstverständigung und Selbstverpflichtung im Verbund.

kreis zu reflektieren und so eine vorteilhafte Lösung für die Weiterarbeit zu erzielen.

Die Arbeit im Schulverbund bzw. in dessen Arbeitskreisen wird dadurch befördert, dass **Vielfalt** ein weiteres Prinzip ist. Oftmals wird bei Vorstellungen des »Blick über den Zaun« vermutet, dass sich in einem Arbeitskreis ähnliche Schulen (z. B. ausschließlich Grundschulen, Ganztagsschulen oder freie Schulen) miteinander verbinden. Der »Blick über den Zaun« aber hat gelernt, dass das Ziel des Verbunds: »voneinander lernen« auf hohem Niveau eher erreicht wird, wenn sich Schulen unterschiedlicher Schulformen, pädagogischer Traditionen und Regionen begegnen. Dies eröffnet verschiedene »fremde Blicke« und vermeidet (insbesondere bei regionaler Distanz) unproduktiven Konkurrenzdruck. Die Vielfalt kann die Arbeit allerdings auch erschweren, wenn es nicht gelingt, sich über verschiedene Traditionen hinweg zu verstehen und eine gemeinsame Sprache zu finden.

Wie oben beschrieben besuchen nicht »die Schulen« sich gegenseitig. Wie sollten sie auch? Schon organisatorisch ist es kaum vorstellbar, dass eine Großgruppe aus mehreren Schulen eine einzelne Schule besucht. [4)] Deshalb entsendet jede Schule je einen Vertreter aus der Schulleitung und aus dem weiteren Kollegium. Das soll zu möglichst stabilen Tandembildungen führen mit dem Ziel, **Kontinuität** herzustellen, die der verlässlichen und vertrauensvollen Zusammenarbeit dienlich ist. Über die mehrjährige Zusammenarbeit [5)] wächst aber nicht nur das Vertrauen, sondern auch das Verstehen und damit die Glaubwürdigkeit *von* und die Offenheit *für* Kritik. Das Risiko liegt darin, dass sich ein geschlossener Kreis entwickelt, der in die Schulen des betreffenden Arbeitskreises nicht mehr stark genug ausstrahlt. Darüber hinaus besteht in vielen Schulen auch das Interesse weiterer Kollegiumsmitglieder, an den Besuchen in den Partnerschulen teilzunehmen. Hier muss folglich ein praktikabler Ausgleich zwischen diesen beiden konkurrierenden Ansprüchen gefunden werden. [6)] Möglicherweise hilft dieser Ausgleich dabei, eine Beißhemmung zwischen nicht mehr hinreichend *kritischen* Freunden zu reduzieren und blinde Flecke in der gemeinsamen Arbeit abzubauen bzw. gar nicht erst entstehen zu lassen.

---

4) Bereits die Zahl von etwa 15 bis 20 BesucherInnen ist für kleine Grundschulen eine große Herausforderung. Hier wurden deshalb teilweise Lösungen gefunden, die Reduktion der Besucherzahl (z. B. nur eine RepräsentantIn je Schule) vorsahen.

5) Bei 10 Schulen je Arbeitskreis und einem Besuchsturnus von zwei Besuchen pro Jahr dauert die Arbeit in einem Arbeitskreis mindestens fünf Jahre.

6) In einigen Arbeitskreisen wurde dafür ein Reißverschlussmodell entwickelt, welches die Kontinuität zumindest jeweils einer Person sichert, aber weiteren Personen den direkten Zugang zu den Besuchen ermöglicht.

Wechselseitigkeit ist eines der originären Prinzipien des »Blick über den Zaun«: Die Arbeitskreise leben vom Geben des Feedbacks an die jeweilig besuchte Schule und vom Nehmen im Sinne einer gezielt organisierten und gerne akzeptierten »Betriebsspionage«. Ohne die Beherzigung dieses Prinzips (ausnahmslos jede Schule und darin beinahe alle Lerngruppen erklären sich bereit, für die Gäste ihre Tore zu öffnen) wäre die von hohem Engagement geprägte Arbeit im »Blick über den Zaun« nicht denkbar. Um »Schildersammler und Abstauber« deshalb noch vor der Eingangsschwelle abzufangen, wird im Aufnahmeverfahren die Bereitschaft zu dieser wechselseitigen Unterstützung explizit eingefordert.

Aufnahmevoraussetzungen für eine Mitgliedschaft im »Blick über den Zaun«

Es gibt vier Voraussetzungen, auf die interessierte Schulen sich bei der Bewerbung verpflichten müssen:

- Akzeptanz des »Leitbilds einer guten Schule« und der »Standards«.
- Bereitschaft zur durchgängigen Teilnahme an den halbjährlich stattfindenden Schulbesuchen sowie die Bereitschaft, die anderen Schulen des Arbeitskreises in die eigene Schule einzuladen.
- Benennung einer Schule/Person aus dem »Blick über den Zaun« als Referenz (»Bürge«).
- Stützung des Verbunds: Der Verbund und seine Mitglieder arbeiten ehrenamtlich. Die damit verbundene Koordinationsarbeit erfolgt durch eine Arbeitsstelle. Die Mitgliedsschulen haben sich deshalb auf eine jährliche Spende zu deren Finanzierung verständigt.

Auch wenn über Kontinuität Vertrauen hergestellt ist und die Voraussetzungen gegeben sind, dass man als kritischer Freund tätig werden kann, bleibt es doch weiterhin eine hohe Kunst für jeden Arbeitskreis, zu jedem Zeitpunkt die notwendige **Sensibilität** in der Rückmeldung zu finden. Gesprächsführung und Feedback müssen von dem Ziel bestimmt sein, die besuchte Schule zu verstehen und sie so zu beraten, dass sie ihre *eigenen* Ziele besser verwirklichen kann. Dabei gilt, dass die Wirkung der Aussagen wichtiger ist, als schonungslos »die Wahrheit« zu sagen. Dies soll kein Plädoyer für eine in Watte gepackte Botschaft über eine zu kritisierende Situation sein, jedoch deutlich machen, dass Wirkungen von Aussagen mitbedacht werden müssen.

Bereits die Anlage der Rückmeldung, in der positive Aspekte (»Was nehme ich gern von hier mit?«) in jedem Fall gleichrangig neben kritischen Anmerkungen stehen (»Was lasse ich lieber hier?«), und die Vorbereitung der Rückmeldung in der Gruppe der Gäste helfen, erfolgreich zu arbeiten. Doch wir alle wissen es: Kritik wird leicht als kränkend empfunden. Sie muss deshalb konstruktiv sein und zudem als konstruktiv wahrgenommen werden können, darf nicht besserwisserisch daherkommen und muss offen sein: Man *findet* keine *Lösungen* für die Schulen, sondern kann nur *Anregungen* geben. Den nächsten Schritt muss jeweils die beratene Schule selbst gehen.

Wenn es gelingt, Ergebnisse der Besuche über geeignete Arbeitsformen in den Alltag der Schulen des jeweiligen Arbeitskreises zu transportieren, profitieren beide Seiten – GastgeberInnen wie BesucherInnen. Dieses Prinzip der **Nachhaltigkeit** gehört zum Grundverständnis des »Blick über den Zaun«. Die Schulen hätten nichts von den Besuchen, wenn diese nicht Folgen für alle Beteiligten hätten. Also gilt es, immer wieder daran zu arbeiten, dass der Transfer in die Schulen gelingen kann und dass unterstützt und tatsächlich Realität wird, was Anspruch ist: Schulen lernen von Schulen.

Schließlich gilt es, **Offenheit** zu bewahren. Die Arbeit in den Arbeitskreisen lebt von der Konzentration auf gemeinsame Aktivitäten und Ideen, ist also zunächst nach innen gerichtet. Eine Gefahr besteht darin, dass es zu einer exklusiven Inselbildung kommt, die andere ausschließt und den Blick auf anderes verschließt. Aufgabe ist es deshalb, das eigene Verständnis, die Verständigung auf Leitlinien, die gesammelten Erfahrungen zu dokumentieren und in Publikationen anderen zugänglich zu machen. Die Tätigkeit der Mitgliedsschulen in anderen Netzwerken, das Engagement von EinzelkollegInnen außerhalb des »Blick über den Zaun« ist unverzichtbar, um die notwendige Offenheit zu bewahren.

Die Bestandsaufnahme der Grundprinzipien des »Blick über den Zaun« zeigt, dass es sich nicht bloß um eine Methode oder Technik des gegenseitigen Besuchens handelt, die beliebig übertragen und »angewandt« werden kann. Die Betrachtung der Grundprinzipien verdeutlicht, welche Bedingungen gegeben sein müssen, damit dieses Verfahren seine Wirkung entfalten kann, und welche Probleme und Risiken dabei immer wieder bedacht und bearbeitet werden müssen. Gelingt die Realisierung der gegenseitigen Besuche unter Einhaltung der Prinzipien, so steht einer wirkungsvollen Arbeit auch außerhalb des Verbunds nichts im Wege.

Literaturverzeichnis

Backhaus, A. / Brügelmann, H. / Harder, W. / Seydel, O. (2009): »Blick über den Zaun« Schulen lernen von Schulen. Vorschläge zur Planung und organisatorischen Ausgestaltung von Peer-Reviews durch kritische Freunde: Universität Siegen.

Brügelmann, H. (2007): Scharfe Brillen, wache Augen und ein freundlicher Blick. Wie Schulen über die Qualität ihrer Arbeit Rechenschaft ablegen können: Zur Bedeutung von technischer Präzision und sozialer Kontrolle bei der Evaluation pädagogischer Standards. In: Schulverbund »Blick über den Zaun« (Hrsg.) (2007): Beobachten, bewerten, beraten. Verfahren und Werkzeuge für eine andere Evaluation (2007, S. 8 – 52); siehe auch www.blickueberdenzaun.de/broschuerenbestellung.html

Fauser, P. u. a. (Hrsg.) (2007): Was für Schulen! Porträts der Preisträgerschulen und der nominierten Schulen des Wettbewerbs 2006. Stuttgart: Klett Kallmeyer.

Fauser, P. u. a. (Hrsg.) (2008): Was für Schulen! Profile, Konzepte und Dynamik guter Schulen in Deutschland. Porträts der Preisträgerschulen und der nominierten Schulen des Wettbewerbs 2007. Stuttgart: Klett Kallmeyer.

Fauser, P. u. a. (Hrsg.) (2009): Was für Schulen! Wie gute Schule gemacht wird – Werkzeuge exzellenter Praxis. Der Deutsche Schulpreis 2008. Stuttgart: Klett Kallmeyer.

Groeben, A. v. d. (2010): Individualisierung des Lernens – Unsere Standards als bleibende Herausforderung. Vortrag anlässlich der Tagung der »Blick über den Zaun«-Schulen vom 2. – 4. Mai 2010 in Bensberg.
Online unter www.blickueberdenzaun.de (Abruf Juli 2010).

Kegler, U. (2009): In Zukunft lernen wir anders. Wenn die Schule schön wird. Weinheim: Beltz.

Shirley, D. / Hargreaves, A. (2006): Data-driven to distraction. Why American educators need a reform alternative – and where they might look to find it. In: Education Week, Vol. 26, No. 6, S. 32 – 33.

Weitere Informationen zum Schulverbund »Blick über den Zaun« auf der Website www.blickueberdenzaun.de sowie in der Streitschrift des Verbunds »Wir wollen Schule machen!«, welche Annemarie von der Groeben für den Verbund vorgelegt hat.

2 Neue Aufgaben für LehrerInnen

Heike de Boer

Wie Kooperation gelingen kann

Frau Alt: Wenn eine mal ein bisschen mehr Zeit oder mal eine Idee hatte, hat sie halt etwas entwickelt und zusammengestellt und: Zack, mal eine E-Mail an die andern geschrieben: »Hey was haltet ihr davon?« Dann kam das überarbeitet wieder zurück und irgendwo war's dann erst ein Lernzirkel, dann ist irgendwann eine Unterrichtseinheit entstanden oder eine Klassenarbeit.

Kooperation, so die Äußerung dieser Lehrerin, kann gelingen und effektiv sein. Gemeinsam mit ihren drei Fachkolleginnen beurteilt sie ihre schulinterne Kooperation im Fach Mathematik positiv. Weiter erklärt sie:

Frau Alt: Wir haben ganze Einheiten geplant. Das ist natürlich schon intensiv gewesen: Mal einen Nachmittag oder mal einen Sonntagmorgen Brunch gemacht, es war aber ein Spaßfaktor dabei. Also und ich fand's halt auch effektiver, wie wenn da jeder alleine vor sich brütet. Die Referendarin hat ja auch wieder profitiert und sie hat uns da diesen Lernzirkel z.B. dann wieder gemacht und Ideen vom Reallehrerseminar mitgebracht.
Also auch dieser Austausch, dieses Lernen dabei, das fand ich nur bereichernd.

Kooperation und Teamarbeit gehören zu den grundlegenden Kompetenzen im Lehrberuf. Doch was genau muss passieren, damit die Kooperation zwischen verschiedenen Lehrpersonen, wie das Zitat zeigt, als produktiv wahrgenommen wird? In diesem Beitrag wird dieser Frage nachgegangen. Dazu wird im Folgenden zunächst die Bedeutung von Kooperation für Schulentwicklungsprozesse dargestellt. Am Beispiel eines Gesprächsausschnittes werden anschließend die Ergebnisse eines Forschungsprojektes zur fachdidaktischen LehrerInnenkooperation diskutiert und Überlegungen vorgenommen, unter welchen Bedingungen Kooperation gelingen und zu Schulentwicklungsprozessen führen kann.

Lehrerkooperation als Chance für Schulentwicklungsprozesse?

Der in den letzten Jahren etablierte Blick auf Schule als Organisation, die sich entwickeln soll, fokussiert seit längerem die Schulprogrammarbeit und nimmt die Einzelschule als ganze, integrativ zusammenhängende Einheit in den Blick. Die Einzelschule als »pädagogische Handlungseinheit« soll zum »Motor der Schulentwicklung« (Fend 2008) werden, Prozesse der kollegialen Kooperation spielen hierbei eine entscheidende Rolle. Der schulischen Praxisgemeinschaft als Ort des schulinternen Professionalisierungsprozesses werden enorme Leistungen zugeschrieben, die als normative Bestimmungskriterien einleuchtend klingen. Die Zusammenarbeit von LehrerInnen in Fach-, Jahrgangs, Projekt- oder Schulleitungsgruppen wird in der Schulentwicklungsliteratur als grundlegend für den Entwicklungsprozess der Einzelschule angesehen. Schulentwicklung beinhaltet damit auch Personalentwicklungsprozesse. Überfachliches Lernen, Methodentraining, problem- oder projektorientiertes Lernen, all diese Ansätze überschreiten die Planungs- und Ausführungsmöglichkeiten einer Lehrperson und sind eben mit Personal- und Organisationsentwicklungsfragen verbunden. Personalentwicklungsfragen werden besonders hinsichtlich der Förderung von Kommunikations- und Kooperationsprozessen in der Schule diskutiert.

Hervorgehoben wird, dass der kommunikative Austausch in schulischen Lerngemeinschaften
- zum reflektierenden Dialog über Unterrichtserfahrungen
- und damit zur De-Privatisierung der Unterrichtspraxis führe.
- Der Austausch produziere wichtiges Erfahrungswissen und
- führe zur Entwicklung gemeinsamer, handlungsleitender Ziele,
- die den Fokus des Unterrichtens stärker auf das Lernen als auf das Lehren richten (Bonsen / Rolff 2006, S. 179).

Verkürzt steht folgende Hypothese dahinter: Fachliche Zusammenarbeit professionalisiert durch Kommunikation und Reflexion und provoziert Unterrichtsentwicklungsprozesse, die wiederum die Steigerung von Schülerleistungen bewirken können.

Trotz der enormen Bedeutung, die der Zusammenarbeit von professionellen Lerngemeinschaften hinsichtlich der Reflexion und Veränderung von Unterricht zugeschrieben werden, wird wiederholt eine eklatante Diskrepanz zwischen den normativen Erwartungen einerseits und der in der Praxis selten über den arbeitsteiligen Austausch hinausgehenden Kooperation andererseits festgestellt. Während der Austausch von Materialien zu einem gängigen Kooperationsmuster gehört, werden gemeinsame Reflexionsprozesse und die Entwicklung gemeinsamer Unterrichtsziele und -einheiten nur selten nachgewiesen (vgl. Gräsl 2007, Holtappels 2007; Bonsen / Rolff 2006, Terhart / Klieme 2006; Steinert / Klieme / Maag Merki / Döbrich 2006).

LehrerInnenkooperation und fachdidaktische Zusammenarbeit – Ergebnisse einer Untersuchung in Baden-Württemberg

Wie kooperieren Lehrer und Lehrerinnen in der schuleigenen Praxisgemeinschaft und welche individuellen und kollektiven Vorstellungen von schulinterner Kooperation werden sichtbar, so lauten die Leitfragen zu einer Untersuchung, in der die Zusammenarbeit von Lehrenden im Fach Mathematik im Mittelpunkt steht.

Zu den beteiligten LehrerInnen gehören circa 40 Personen aus ganz Baden-Württemberg von Grund-, Haupt- und Realschulen, die sich in schulbezogenen Gruppen an einem Forschungsprojekt zum Thema Lehrerkooperation beteiligt haben. [1)] 13 Schulen mit jeweils 2- bis 4-Personen-starken Lerngemeinschaften wirkten daran mit.

Zwei im Rahmen des Projektes geplante Impulsveranstaltungen und eine Bilanztagung sahen ein Angebot von methodisch-inhaltlichen Inputs sowie anschließenden Phasen der Besprechung und des Austauschs in den einzelnen Schulteams vor. Jede Veranstaltung war zweigeteilt: Vormittags wurde ein mathematisch ausgerichteter Impuls zum Thema »Methoden problemorientierten Mathematikunterrichts« angeboten, mit einer anschließenden Aufgabe für eine Gruppenarbeitsphase. Nachmittags erhielten die schulischen Arbeitsgruppen Aufgaben zur Planung und Gestaltung ihres Kooperationsprozesses.

Nach Abschluss des Projektes im Herbst 2008 zeigt sich, dass es nur eine Kooperationsgruppe gab, die ihrer Selbsteinschätzung nach im Vergleich zu den 12 anderen beteiligten Schulen die gemeinsame Arbeit als besonders produktiv bewerteten und ihre Kooperation in der Zeit »nach dem Projekt« bereits weiter geplant hatten. Die eingangs zitierte Aussage stammt von einer Lehrerin dieser Kooperationsgruppe. Der nun vorzustellende Gesprächsausschnitt fand im Rahmen der Bilanztagung statt und stammt aus der nachmittäglichen Gruppenarbeitsphase, in der drei KollegInnen unterschiedlicher Schulen zusammen ihren zurückliegenden Kooperationsprozess reflektieren.

Frau Runkel: Bei uns war es so, dass wir in unterschiedlichen Klassen waren und an unserer Schule ist aber parallel dazu noch so viel anderes gelaufen. Es ist aus der Grund-, Haupt- und Realschule eine Schule gegründet worden, weil der Rektor der Hauptschule in Pension gegangen ist. Das ist einfach bestimmt worden, es kam kein neuer Schulleiter für die Hauptschule. Gleichzeitig ist ein Ganztagskon-

---

1) Ergänzend zu einem von der Landesstiftung Baden-Württemberg geförderten Projekt »Serelisk – Selbstreflexives Lernen im schulischen Kontext« (2007 – 2009) wurde ein Teilprojekt entwickelt, in dessen Mittelpunkt die Analyse kooperativer Gruppengespräche steht.

zept entwickelt worden für die Realschule, weil an der Grund- und Hauptschule ab diesem Jahr schon ein Ganztagsbetrieb eingeführt worden ist und das hieß dann, es ist relativ wenig Zeit geblieben für dieses Projekt insgesamt.

Herr Hack: Wir sind eine Zweiergruppe und die Kollegin hatte letztes Jahr eine achte und ich eine siebte Klasse und dann haben wir uns sehr selten getroffen, weil wir völlig unterschiedliche Zielsetzungen hatten. Ich hab' meine siebte im Blickfeld gehabt und sie ihre achte.

Frau Alt: Ah, da muss ich auch noch dazu sagen, wir haben natürlich schon im Schuljahr davor geplant. Es war auch eine Intention von unserem Chef zu sagen: »Hey Leute, ich möcht' da welche dabei haben in dem Projekt.« Wir haben natürlich noch vorher Optionen gehabt, also unsere Wünsche geäußert, wer mit wem in welcher Klassenstufe unterrichten möchte. Es war schon im Schuljahr davor festgelegt: Okay, die wollen an dem Projekt teilnehmen, die kriegen natürlich Parallelklassen. Es war schon von vornherein die Intention, dass jeder Parallelklassen hat und Kollegen hat zum Sich-Austauschen.

Herr Hack: Interessant! Sie haben praktisch vorher schon mit dem Chef gesprochen

Frau Alt: Ja, ja klar! (Transkript, Bilanzgespräch, Gruppe I)

Das Gespräch zwischen den drei KollegInnen zeigt, dass die Voraussetzungen an den jeweiligen Schulen sehr unterschiedlich waren:

Frau Runkel stellt dar, dass die Zusammenführung von Grund-, Haupt und Realschule, die Einführung des Ganztags sowie die Einarbeitung der neuen Schulleitung das Schulleben bestimmt haben. Das durch die Pädagogische Hochschule initiierte Projekt zur Kooperation im Mathematikunterricht hat schulintern keine weitere Beachtung gefunden und war im Kollegium weiter nicht verortet. An anderen hier nicht dokumentierten Gesprächen wird deutlich, dass sich an dieser Schule mit äußerster Not drei Personen für das Projekt finden ließen. Dies führte dazu, dass die beteiligten Lehrerinnen nun in unterschiedlichen Klassenstufen arbeiten und enorme Probleme haben, gemeinsame Zeitfenster zu finden.

Die Äußerung von Herrn Hack verweist ebenfalls auf organisatorische Schwierigkeiten. Seine Kooperationskollegin vor Ort arbeitet nicht nur in einer anderen Schulstufe, sondern ist zudem sehr beschäftigt damit, das soziale Miteinander in ihrer Klasse zu regeln. Beide haben nicht die gleichen Zielsetzungen und finden keine gemeinsamen Themen für ihre Kooperation.

Die Äußerung von Frau Alt verweist hingegen darauf, dass die Kooperationsarbeit an ihrer Schule personell und organisatorisch abgesprochen war. Bereits in der Vorbereitungsphase nehmen die Kolleginnen Kontakt mit der Schulleitung auf und klären organisationale Fragen. Ihre Vorbereitungsüberlegungen gehen über inhaltliche Überlegungen hinaus und nehmen die personellen, zeitlichen und organisatorisch zu klärenden Aspekte mit in den Blick. Sie kommunizieren erfolgreich mit der Schulleitung und erreichen die für sie notwendigen Voraussetzungen, um ihre Kooperationspläne umsetzen zu können. Aus weiteren hier nicht zitierten Gesprächsausschnitten wird ersichtlich, dass sich die Kooperationsgruppe selbstständig und auf eigenen Wunsch zusammengefunden hat. Zwei der drei Kolleginnen sind kooperationserfahren und sehr positiv eingestellt; anders die Gruppen von Frau Runkel und Herrn Hack, die sich aus einzelnen interessierten Lehrpersonen zusammengesetzt haben und erst zu einer Gruppe werden mussten.

Aus der Analyse von Gruppenbildungsprozessen ist bekannt, dass Gruppen verschiedene Phasen durchlaufen:
- die Orientierungs-,
- Konflikt-,
- Organisations-
- und Integrationsphase (Schley 1999, S. 128).

Gruppenbildungsprozesse können durch gegenseitige Sympathie und gemeinsame Vorerfahrungen beschleunigt werden.

Die Kooperation der Lerngemeinschaft, so zeigt sich, hat damit mehrere Anforderungsebenen. Sie wird zu einer doppelten Herausforderung an die Gruppe, denn sie muss ihre gemeinsame Zusammenarbeit *innerhalb der Gruppe organisieren* und auch die Organisation struktureller Fragen *über Klassengrenzen hinweg kommunizieren.* Damit wird eine Koordination der Handlungen im Mehrebenensystem Schule notwendig. Mit Handlungskoordination sind die Abstimmung und das Zusammenwirken verschiedener Systemebenen gemeint. Drei Ebenen sind entscheidend: Die Makroebene (Kultusministerien), die Mesoebene der Einzelschule (Schulleitung Fachgremien) und die Mikroebene (Unterricht, Lehrerkommunikation usw.). Die Lerngemeinschaft von Frau Alt verlässt für die Planung ihrer Kooperation die Mikroebene des Unterrichts und begibt sich auf die Mesoebene der Einzelschule. Dort erreichen sie mit der Unterstützung des Schulleiters einen Teil der von ihnen gewünschten Voraussetzungen, mit speziellen Kolleginnen in Parallelklassen eingesetzt zu werden. Die Entwicklung gemeinsamer Einheiten, Klassenarbeiten und das gegenseitige Vertreten sind ein kooperatives Ergebnis dieser organisationalen Voraussetzung. Dennoch zeigen weitere Gespräche im Rahmen des Projektes, dass auch in dieser Arbeitsgruppe die Problematik der fehlenden Klassenlehrerstunde sowie der inhaltliche Druck durch anstehende Vergleichsarbeiten diskutiert wurde. Warum führen diese Fragen in der einen Gruppe zum Scheitern der Kooperationsarbeit und in der anderen Gruppe nicht?

Exkurs: Handlungskoordination im Mehrebenensystem – Strukturfaktoren für Kooperation

Im vorangegangenen Beispiel wird erkennbar, dass nicht nur die kooperative Zusammenarbeit in der LehrerInnengruppe, sondern darüber hinaus auch die Kooperation mit der Schulleitung zum Gelingen der Arbeit beigetragen hat. In der Schulforschung rückt in diesem Kontext die notwendige Handlungskoordination von Akteurskonstellationen im Mehrebenensystem Schule in den Blick. [2] Denn: Das Verfügungsrecht des für die Planung der Kooperation notwendigen Umgangs mit den Ressourcen Personal, Zeit, Stundenplanung, Räume liegt nicht in der Hand der Lehrerinnen, sondern in der des Schulleiters (Mesoebene) und des Weiteren der Schulverwaltung (Makroebene). Frau Alts Argumentation zeigt, dass ihr bewusst ist (im Gegensatz zu Herrn Hack) über den Schulleiter Einfluss auf organisationale Bedingungen ihrer Arbeit nehmen zu können.

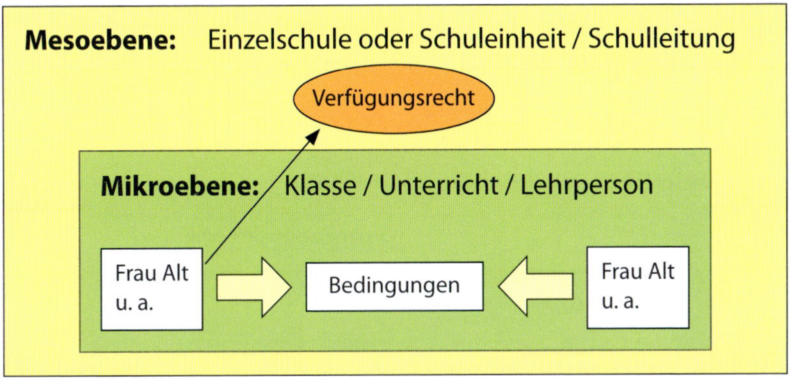

Die Qualität dieser Perspektive [3] zeigt sich darin, dass das Zusammenspiel und auch die Abhängigkeiten der einzelnen Akteure auf den unterschiedlichen Ebenen erkennbar werden. Denn: während auf der Makroebene überwiegend Organisationen miteinander kommunizieren und dezidierte Steuerungsabsichten bestehen, gibt es auf der Mikroebene eine Unzahl einzelner Akteure und entsprechende interne Kommunikationsdynamiken, die einen Einfluss auf Entwicklungsprozesse der Einzelschule haben.

2) Die Educational Governanceforschung beschäftigt sich mit diesen Zusammenhängen.

3) Während sich die klassische Governance-Perspektive auf die Wirkung von Steuerungsmaßnahmen auf der Makroebene konzentriert, z. B. die Wirkung von Schulinspektionen auf die Einzelschule, möchte ich diese Perspektive nun umdrehen und fragen: Wie agieren die Akteure auf der Mikroebene und wie verhalten sie sich zur Meso- und Makroebene?

Die im Mehrebenensystem als pädagogische Handlungseinheit betrachtete Einzelschule zerfällt bei näherer Beachtung in verschiedene Akteure: LehrerInnen, SchülerInnen, Eltern, Schulleitung – jede Person hat genau genommen in diesem Kontext eine eigene Wahrnehmung auf die Einzelschule und eigene Interessen, die von den jeweiligen Absichten, Rollen und Funktionen innerhalb der Schule beeinflusst werden und das eigene Handeln steuern.

Dies bedeutet, dass die KooperationspartnerInnen zunächst ihre eigenen Interessen und Absichten austauschen und bündeln müssen. Heinrich spricht hier von Individuallogiken (Heinrich 2008, S. 130), in denen sich subjektive Interessen äußern, und unterscheidet davon eine Organisationslogik, die der Organisation Schule als Ganzes dient. Der Kooperationsprozess der Gruppe von Frau Alt zeigt, dass sie zu einer Klärung ihrer Einzel- sowie einer Formulierung ihrer Gruppeninteressen gekommen sind und eine »Übersetzungsleistung« dieser individuellen in eine organisationale Logik vorgenommen haben. Denn: Die Schulleitung verwaltet die Ressourcen Zeit, Personalplanung und Stundenplanung, auf die sie einen Zugriff benötigen.

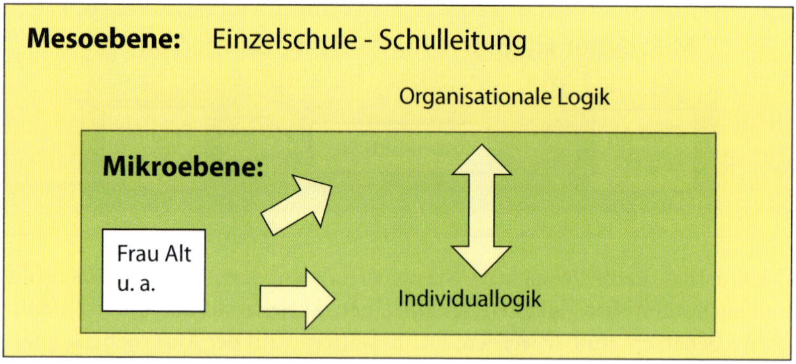

Die im weiteren Verlauf des Kooperationsprozesses von den Kolleginnen und ebenfalls vom Schulleiter gewünschte Deputatstunde für Kooperation wird allerdings nicht bewilligt, auch die geforderte zusätzliche Klassenlehrerstunde nicht. Es bleiben Wünsche offen, die laut Aussage des Schulleiters daran scheitern, dass ihm ein entsprechendes Zusatzstundenkontingent nicht zur Verfügung stehe. Hier ist der Schulleiter auf die Handlungskoordination mit der Makroebene angewiesen, die die Verfügungsrechte über die Stundengesamtkontingente hat. Damit werden die Grenzen des Einflusses der Schulleitung sichtbar. Ein typisches Merkmal von Schulentwicklungsprozessen, so Kussau und Brüsemeister, sei, dass im Rahmen von Kostenneutralität, vor allem »endogene Potenziale« ausge-

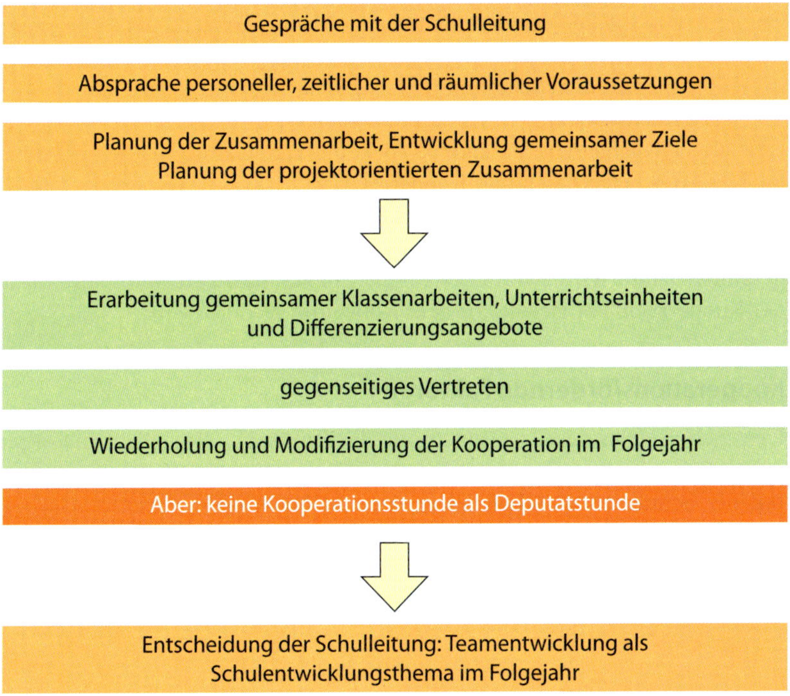

schöpft werden (Kussau / Brüsemeister 2007, S. 18). Dies könnte auch dazu führen, dass Schul- und Unterrichtsentwicklungsprozesse ausgehöhlt und verhindert werden. Der offensichtlich gelungene Kommunikationsprozess an der Schule von Frau Alt bewirkt nun trotz fehlender Ressourcen eine Weiterentwicklung. Wie ist dies zu erklären? Die Kommunikation zwischen Schulleitung, Kooperationsgruppe und auch Fachgruppen [4] führt zu einem *hohen Maß an Informationsfluss* und damit auch *Transparenz* innerhalb der Schule. Schulleitung und schulinterne Arbeitsgruppen pflegen einen intensiven Austausch, der zur *gemeinsamen Reflexion von Chancen und Grenzen* führt. So erreichen die Lehrerinnen zwar keine optimalen Bedingungen, erfahren aber ein gewisses Maß an Entgegenkommen. Die Kolleginnen erreichen außerdem im weiteren Prozess, dass alle im Projekt gewonnenen Erfahrungen im neuen Schuljahr gefestigt und modifiziert werden können.

4) Frau Alt ist in der Fachgruppe Mathematik Schule und zugleich auch Mathematikausbildnerin in der zweiten Ausbildungsphase. Alle Aufgaben, die in der Kooperationsgruppe entwickelt werden, binden die Kolleginnen an das schuleigene fachdidaktische Mathecurriculum an und sichern sich auf diese Weise inhaltlich ab.

Zugleich entscheidet der Schulleiter, das Thema Lehrerkooperation zum neuen Schulentwicklungsthema zu machen. [5] Für das neue Schuljahr hat er in Absprache mit dem Schulamt pädagogische Tage mit Referenten für das Thema Teamentwicklung beantragt und geplant.

Hier zeigt sich ein bedeutender Aspekt der zum Gelingen des Kooperationsprozesses beigetragen hat. Kooperation ist nicht nur das Thema einzelner engagierter und interessierter Kolleginnen, sondern erlangt auf der Einzelschulebene eine breite Basis, indem es zum Schulentwicklungsthema der gesamten Schule wird. Damit besteht die Chance, dass sich eine Schulkultur der Kooperation entwickelt, die vom Kollegium getragen wird.

Kooperationsfördernde Faktoren

Dennoch wäre es verkürzt, entstünde der Eindruck, dass allein die organisationalen Voraussetzungen (Raum, Zeit, Kontinuität, Zusammenarbeit mit der Schulleitung) schon allein zum Gelingen der Kooperationsarbeit beiträgt. Empirische Untersuchungen zur Kooperation (Reh 2008, 2009) machen sichtbar, dass kooperative Prozesse auch unter positiven Rahmenbedingungen scheitern können, wenn die Zusammenarbeit in der Gruppe selbst nicht gelingt. So lassen sich weitere wichtige Faktoren ausdifferenzieren, die zum Gelingen der Kooperation beitragen.

Pröbstel (2008, S. 65) sieht in einer *gemeinsamen Zielsetzung* die zentrale Vorraussetzung für das Gelingen von Lehrerkooperation. Auch Bauer und Brindt (1996) sehen im Einigungsprozess der Kooperationsmitglieder auf Aufgaben und Ziele, die sie gemeinsam oder arbeitsteilig, mit einer *verbindlich geklärten Aufgabenteilung* umsetzen, eine entscheidende Voraussetzung.

Schöler (1997, S. 15) konstatiert, dass die Kooperationspartner ein *positives Verhältnis aufbauen*, wenn es ihnen gelingt, nicht wertend miteinander zu kommunizieren, sich an den zu bearbeitenden Fragen zu orientieren, sich authentisch und einfühlend zeigen und partnerschaftlich miteinander umgehen; das bedeutet z. B., eigene Fehler eingestehen und korrigieren zu können. Grundlegend seien vor allem *gegenseitige Wertschätzung und Respekt*. Philipp (1998, S. 28) betont zusätzlich die Bedeutung der *Symmetrie zwischen den PartnerInnen*. Rüegg (2000, S. 255ff) macht ein Kooperation förderndes Klima an dem *Aufbau von Toleranz, Vertrauen, Offenheit und gegenseitiger Unterstützung* fest. Sympathie spielt in diesem Kontext eine wichtige Rolle; Lehrpersonen, die sich verstehen und einander sympathisch sind, arbeiten besser zusammen (ebd.). Sich gut zu verstehen schließt dennoch nicht aus,

5) Beides wurde von Frau Alt gemeinsam mit dem Schulleiter auf der Abschlusstagung des Projektes im Herbst 2008 berichtet.

dass Konflikte entstehen. Die Bereitschaft, *Konflikte zuzulassen und miteinander aushandeln* und lösen zu können, wird zu den grundlegenden Voraussetzungen für gelingende Kooperationsprozesse gezählt. Kelchtermann (2006, S. 234) fasst diese unterschiedlichen Aspekte mit dem Begriff der Kooperationskultur der Lerngemeinschaft zusammen und verweist auf die ebenso notwendige Entwicklung einer mikropolitischen Kultur im Umgang mit Macht, Einflüssen Einzelner und unterschiedlichen Interessen.

Schlussbemerkung

Der Ausschnitt des dargestellten Bilanzierungsgesprächs verweist nicht nur auf die Komplexität und Störanfälligkeit kooperativer Prozesse, sondern auch auf ein vielfältiges Bedingungsgefüge. Der durch Frau Alts Äußerungen repräsentierte gelungene Kooperationsprozess zeigt verschiedene Facetten: Zum einen setzt sich diese Gruppe aus kooperationserfahrenen Lehrerinnen zusammen, die sich als Gruppe selbstständig und freiwillig konstituiert hat. Ihnen gelingt (dies zeigen die Gesprächsausschnitte verschiedener aufgezeichneter Arbeitsphasen im Forschungsprozess), einen kooperativen Kommunikationsprozess zu führen, Interessen zu klären und gemeinsame Ziele mit verbindlich festgelegten Aufgaben zu setzen, die sie miteinander und auch arbeitsteilig erarbeiten. Zum anderen suchen sie das Gespräch mit der Schulleitung, nehmen die Rückkopplung mit der Fachkonferenz vor und besprechen notwendige Voraussetzungen und Bedingungen für die fachdidaktische Zusammenarbeit. Auch wenn nicht allen Wünschen Rechnung getragen werden kann, gelingt es ihnen, günstige Voraussetzungen für ihre Zusammenarbeit zu etablieren und den Schulleiter für ihr Anliegen zu gewinnen und einzubinden. So zeigt sich nicht nur innerhalb der Kooperationsgruppe ein konstruktiver Arbeitsprozess, sondern darüber hinaus eine kooperative Zusammenarbeit auf der Mesoebene. Die Schulleitung respektiert die Anliegen der Kolleginnen und macht aus dem Pilotprojekt der einzelnen fachdidaktischen Lerngemeinschaft ein Thema der gesamten Schule. Hier setzt sich die Zusammenarbeit der Kolleginnen von der Unterrichtsebene auf der Schulebene fort und zeigt, wie entscheidend Informationsfluss, Transparenz, Zusammenarbeit und Dialog im »Mehrebensystem« Schule sind.

Die Forderung innerhalb von Schulentwicklungsprozessen, verbindliche Kooperationsformen einzurichten, schränkt die mancherorts noch tradierten individuellen Lern- und Vorbereitungs- und internen Kommunikationskulturen der Lehrenden ein und durchbricht eingespielte Muster. Vor diesem Hintergrund erhalten schulinterne Kommunikation, Informationsfluss und Transparenz für das Gelingen kooperativer Arbeitsprozesse eine enorme Bedeutung und werfen abschließend die Frage auf, ob es nicht eines sehr viel höheren Zeit-, Raum- und Personalaufwandes zur Initiierung kooperativer Prozesse bedarf, als bislang realisiert wurde, um tradierte Muster durchbrechen zu können.

Literatur

Bauer, K.-O. (1997): Pädagogische Professionalität und Lehrerarbeit. In: Pädagogik, 4, S. 22–26.

Bonsen, M. / Rolff, H.-G. (2006): Professionelle Lerngemeinschaften von Lehrerinnen und Lehrern. In: Zeitschrift für Pädagogik, 2, S. 167–184.

Fend, H. (2008): Schule gestalten: Systemsteuerung, Schulentwicklung und Unterrichtsqualität. Wiesbaden.

Gräsel, C. / Fußnagel, K. / Parchmann, I. (2006): Lerngemeinschaften in der Lehrerfortbildung. Kooperationserfahrungen und -überzeugungen von Lehrkräften. In: Zeitschrift für Erziehungswissenschaft, 4, S. 545–561.

Heinrich, M. (2008): Wechselseitige Rationalitätsunterstellungen von Schulleitungen und Lehrkräften – zur Potenzierung von Ambivalenz in Schulentwicklungsprozessen. In: Langer, R. (2008) (Hrsg.): »Warum tun die das?« Governanceanalysen zum Steuerungshandeln in der Schulentwicklung. Wiesbaden.

Holtappels, H.-G. (Hrsg.). (2007): Ganztagsschule in Deutschland. Ergebnisse der Ausgangserhebung der Studie zur Entwicklung von Ganztagsschulen (STEG). Weinheim und München.

Kelchtermanns, G. (2006): Teacher collaboration und collegiality as workplace conditions. In: Zeitschrift für Pädagogik, 2, S. 220–237.

Kussau, J. / Brüsemeister, Th. (2007): Educational Governance: zur Analyse der Handlungskoordination im Mehrebenensystem Schule. In: Altrichter, H. / Brüsemeister, Th. / Wissinger, J. (Hrsg.): Educational Governance. Handlungskoordination und Steuerung im Bildungssystem. Wiesbaden.

Philipp, E. (1998): Teamentwicklung in der Schule. Konzepte und Methoden. Weinheim und Basel.

Pröbstel, Ch. H. (2008): Lehrerkooperation und die Umsetzung von Innovationen. Eine Analyse der Zusammenarbeit von Lehrkräften aus Perspektive der Bildungsforschung und der Arbeits- und Organisationspsychologie. Berlin.

Reh, S. (2008): »Reflexivität der Organisation« und Bekenntnis. Perspektiven der Lehrerkooperation. In: Helsper, W. / Busse, S. / Hummrich, M. / Kramer, R.-T.: Pädagogische Professionalität in Organisationen. Wiesbaden, S. 163–183.

Rolff, H.-G. (2007): Studien zu einer Theorie der Schulentwicklung. Weinheim und Basel.

Rüegg, S. (2000): Weiterbildung und Schulentwicklung. Eine empirische Studie zur Zusammenarbeit von Lehrerinnen und Lehrern. Bern.

Schley, W. (1998): Teamkooperation und Teamentwicklung in der Schule. In: Altrichter, H. / Schley, W. / Schratz, M. (Hrsg.): Handbuch zur Schulentwicklung. Innsbruck, S. 111–159.

Schöler, J. (1997): Leitfaden zur Kooperation von Lehrerinnen und Lehrern – nicht nur in Integrationsklassen. Heinsberg.

Steinert, B. / Klieme, E. / Maag Merki, K. / Döbrich, P. / Halbheer, U. / Kunz, A. (2006): Lehrerkooperation in der Schule: Konzeption, Erfassung, Ergebnisse. In: Zeitschrift für Pädagogik, 2, S. 185–204.

Marina Bonanati / Annette Richter-Göckeritz

Kompetenzorientierte Lernprozessbegleitung

»We have a dream ...«

Mit diesem Motto hat sich die Regenbogenschule in Schalkenbach auf den Weg gemacht, eine neue Kultur des Lernens und Leistens in ihrer Schule zu etablieren. Ihrem Ziel, eigenständiges und individualisiertes Lernen in einem rhythmisierten, fächerübergreifenden Schulalltag in altersgemischten Lerngruppen zu ermöglichen, ist sie seit 2006 ein großes Stück näher gekommen. Im Rahmen der Neustrukturierung des Lernens mit dem Ziel, eine notenfreie Schule zu schaffen, wandelte sich auch die Leistungskultur. Das Kollegium erarbeitete ein hochstrukturiertes System, in dem Lernziele transparent sind, Lerninhalte dokumentiert, Lernnachweise gesammelt, Kompetenzen formuliert sowie Leistungen reflektiert und gewürdigt werden.

Partizipation und Lernen

Welche Idee von Lernen verbirgt sich hinter einer solchen Zielsetzung und Schulkonzeption?

Lernen in diesem Sinne setzt die Partizipation der Kinder in der Schule voraus. [1] Denn die Beteiligung an der Planung und Gestaltung von Lernprozessen fordert und fördert Selbstständigkeit und Verantwortungsübernahme.

Ergebnisse empirischer Forschung machen deutlich, dass die Mitbestimmungsmöglichkeiten in der Schule besonders aus der Sicht von Kindern noch zu gering ausfallen (vgl. u. a. Coelen 2010). Echte Beteiligung kann nur gelingen, »[...] wenn Schüler(innen) nicht als Adressaten von Belehrung gesehen, sondern als Experten für ihr eigenes Lernen in die Gestaltung von Unterricht und Schule integriert werden« (Bastian 2009, S. 3). [2]

---

1) Partizipation in der Grundschule soll verstanden werden als Mitbestimmung, Mitsprache und Mitverantwortung an Entscheidungen, die für die jeweiligen Kinder bedeutsam sind (vgl.de Boer / Schröter / Schwietzer 2010, S. 163).

2) Diese Forderung kann unter anderem von Beutel (2008) gestützt werden. Mit Hilfe von Interviews konnte sie zeigen, dass Kinder eine bessere Kenntnis ihrer Lernfortschritte und -defizite haben, als im Allgemeinen (im pädagogischen Alltag) angenommen wird.

Um fähig zu sein, ihren individuellen Lernweg mitzubestimmen und mitzugestalten, müssen Kinder wissen, wohin dieser führen soll, wo sie aktuell stehen und wie sie den Weg erfolgreich fortführen können. Ohne die Fähigkeit, eigene (schulische) Ziele entwickeln und formulieren zu können, entstehen Abhängigkeiten; Macht und Ohnmacht werden konstituiert. Lernen hingegen soll ein Prozess von der Abhängigkeit in die Unabhängigkeit und Selbstbestimmung sein (Müller 2006, S. 6). Für selbstständiges Lernen ist der Erwerb von Planungskompetenzen essentiell. Die Anforderungen an Kinder, Verantwortung für ihr Lernen zu übernehmen (planen, eigene Ziele verfolgen und reflektieren), sind hoch. Sie benötigen unterstützende Lernarrangements, in denen erkennbar wird, was, wann, wie und wo gelernt werden kann und wie die Qualität von Lernprozessen und -ergebnissen einzuschätzen ist. Müller (2006) formuliert treffend: »Lernende müssen wissen, was individuell gesehen ›gut‹ ist, damit sie ›gut‹ sein können« (Müller 2006, S. 5).

Strukturierung der Lernzeit

Welche Strukturen können das Lernen von Kindern unterstützen?

An der Regenbogenschule in Schalkenbach ist das Lernen in Blöcke strukturiert (vgl. Abb. 1). Phasen des individuellen Arbeitens an Lerninhalten oder zu einem Interessensschwerpunkt sollen sich mit Arbeiten an gemeinsamen Vorhaben abwechseln.

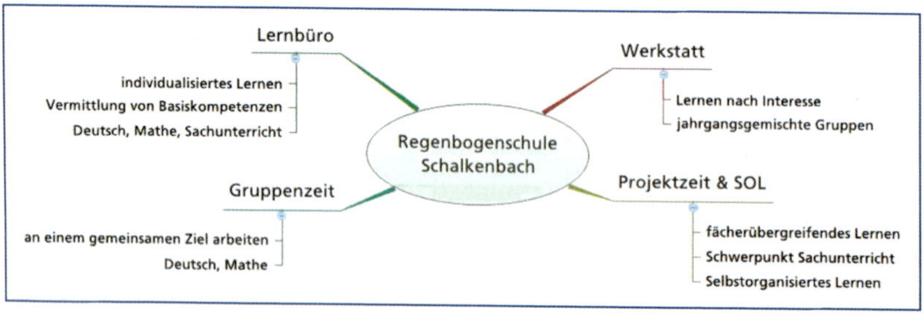

Abb. 1: Lernblöcke an der Regenbogenschule

Innerhalb dieser Strukturierung benötigen Schülerinnen und Schüler geeignete Instrumente, mit denen sie ihr Lernen zielgerichtet planen können: In Logbüchern können die Lernaktivitäten der Kinder dokumentiert werden. Lernbegleiter unterstützen die Schülerinnen und Schüler, nicht die Orientierung zu verlieren, was sie lernen (vgl. Abb. 2 und 4). In einem Portfolio können Lernbeweise gesammelt werden, und zusammen mit Checklisten können sie die Grundlage von Lernzielgesprächen bilden (vgl. Abb. 3).

Die Kinder der Regenbogenschule können in ihrem Logbuch nach Wochen, Tagen und Arbeitsphasen strukturiert festhalten, woran sie arbei-

Richtig schreiben
Ich kann Wörter mit Konsonantenhäufung richtig durchgliedern und schreiben.
Ich kann Wörter mit ähnlich klingenden Lauten durch Verlängern richtig schreiben. Ich kann Wörter mit ähnlich klingenden Lauten durch Ableiten schreiben.
Ich kann Nomen und Satzanfänge groß schreiben.
Ich kann Texte sauber und fehlerfrei abschreiben.
Ich kann kurze und lange Vokale unterscheiden.

Abb. 2: Ausschnitt aus einem Lernbegleiter

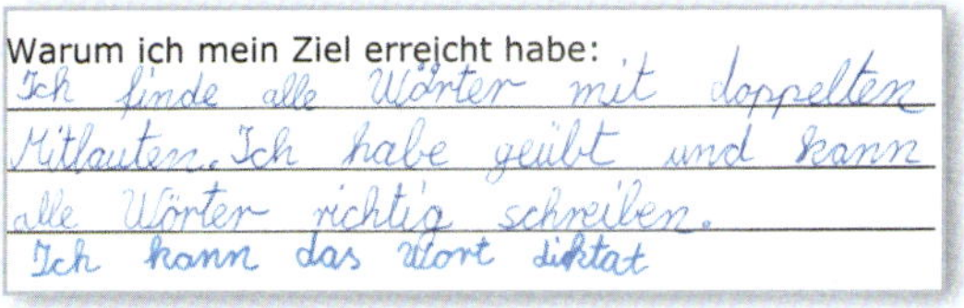
Warum ich mein Ziel erreicht habe: Ich finde alle Wörter mit doppelten Mitlauten. Ich habe geübt und kann alle Wörter richtig schreiben. Ich kann das Wort diktat

Abb. 3: »Geschafft!« »Gelernt!«

Abb. 4: Ausschnitt aus einem Lernbegleiter

ten. Im Kreisgespräch zu Beginn des Tages formulieren die Kinder ihre Vorhaben für den Tag. Symbole helfen am Ende des Schultages dabei, auf der Logbuchseite zu veranschaulichen, mit welcher individuellen Zufriedenheit ein Kind seine Vorhaben umgesetzt hat. In den Logbüchern der Schalkenbacher Kinder findet sich darüber hinaus Platz für das Notieren der Lernziele und Arbeitspläne. Die Formulierung der Ziele soll zunehmend selbstständig erfolgen. [3] In den ersten beiden Jahrgängen orientieren sich die Kinder noch stärker an den Formulierungen ihrer Lehrerin.

Damit Kinder ihrer Kompetenz entsprechend Ziele formulieren können, die ihre Lernphasen strukturieren oder wissen, welches Vorhaben sie als

3) Der Schwierigkeit, eigene Ziele zu formulieren, begegnet Müller (2006) mit dem Instrument »Smarties«. SMART (S = spezifisch; M = messbar; A = ausführbar; R = relevant; T = terminiert) formulierte Ziele sind so formuliert, dass sie zu einem Lernbeweis führen (vgl. Müller 2006, S. 6 – 8).

nächstes in Angriff nehmen wollen, ist ein Orientierungsrahmen hilfreich, in dem sie ihre Arbeit verorten können. Wenn Kinder und Lehrerin sich dabei am Kompetenzbegriff orientieren, eröffnet dies eine systematische Sicht auf das Können der Schülerinnen und Schüler. [4] »Es geht um die Frage, wie sie ihre Kenntnisse, Fähigkeiten und Bereitschaften zur Bearbeitung herausfordernder und flexibler Aufgaben einsetzen« (Feindt 2010, S. 85).

In den Lernbüros der Grundschule Schalkenbach arbeiten die Kinder weitestgehend selbstständig an einem Arbeitsplan. Diese entstehen auf der Grundlage gemeinsam formulierter Lernziele. Pläne werden für das Üben und Trainieren eines individuellen Schwerpunktes oder die Arbeit an einem gemeinsamen Ziel auf verschiedenen Niveaus geschrieben.

Kompetenzraster können in diesem Prozess zur Orientierung und Transparenz beitragen.

Kompetenzraster

Wie können Kompetenzraster gestaltet werden?

Kompetenzraster beschreiben, was ein Kind in einem bestimmten Lernbereich können kann. Sie bilden die inhaltliche Basis und den Referenzwert, mit dem individuelle Leistungen in Beziehung gesetzt werden. Inhalte und Qualitätsmerkmale eines Lernbereichs können detailliert dargestellt werden (Müller 2006, S. 4). Kinder können so an der Planung und Strukturierung mitwirken.

Das (Schul-)Curriculum wird nach Inhalten von Lernbereichen geordnet, in Form einer Matrix und nach Kompetenzstufen gerastert dargestellt. Die einzelnen Kompetenzen werden als »Ich-kann-Formulierungen« beschrieben. In einem Kompetenzraster sind Kompetenzen kriterienorientiert hierarchisch geordnet. In der Vertikalen führen sie inhaltliche Kriterien des Lernbereichs auf: Was kann gelernt werden? Horizontal werden Niveaustufen der Inhalte definiert: Wie (gut) kann gelernt werden? Einzelne Felder des Rasters stellen Lernergebnisse auf dem Weg zum Kompetenzerwerb dar (Martin 2008, S. 170f.) (vgl. Abb. 5).

Welche Schritte auf dem Weg zum kompetenzorientierten Lernen kann eine Grundschule gehen?

Die Grundschule Schalkenbach hat vor einigen Jahren einzelne Bausteine ihrer Schul- und Unterrichtsentwicklung zu einem Gesamtkonzept vereint. Eine wichtige Säule des Konzepts ist individualisiertes Lernen. Dieser Bau-

---

4) In Anlehnung an Weinert wird Kompetenz als Zusammenspiel von Wissen, Können und Wollen definiert, das für die Bearbeitung komplexer Anforderungen erforderlich ist (vgl. Weinert 2001, S. 27f.).

Kriterien	Stufe 1	Stufe 2	Stufe 3	Stufe 4
Phonologische Bewusstheit	Ich kann Silben hören	Ich kann Silbenbögen schreiben	Ich weiß, dass jede Silbe einen Vokal hat	
	Ich kann Reimwörter finden	Ich kann Reimwörter schreiben	Ich kann Reime finden und schreiben	
Laut – Buchstabenzuordnung (LB)	Ich kann die Anlaute den richtigen Buchstaben zuordnen	Ich kann Anlaute und Endlaute richtig zuordnen	Ich kann alle Buchstaben richtig zuordnen	Ich kann Rechtschreibmuster anwenden
Vokale (Königsbuchstaben)und Konsonanten	Ich kenne die Vokale	Ich weiß, dass jede Silbe einen Vokal hat	Ich kann Vokale und Konsonanten unterscheiden	Ich kann die Wortstrukturen (Einfach, Mitlaut, Selbstlauthäufung) zuordnen
Regelhafte Besonderheiten (sch, ng, sp, st, ei, au,)	Ich kann erste Rechtschreibmuster anwenden	Ich schreibe mehrere Wörter mit Besonderheiten richtig	Ich bemühe mich um richtiges Schreiben und frage oder schlage nach	Ich kann erste Rechtschreibstrategien (Ableiten und Verlängern)nutzen
Lautdurchgliederung (LD)	Ich kann Wörter mit Einfachstruktur (KVKV) richtig schreiben	Ich kann Wörter mit Konsonantenhäufung richtig durchgliedern	Ich kann die Wörter in Silben richtig schreiben	Ich kann lauttreue Wörter richtig durchgliedern

Abb. 5: Kompetenzraster, 1./2. Schuljahr

stein wird Schritt für Schritt weiterentwickelt. So war die Unzufriedenheit der Lehrerinnen mit dem Rechtschreiblernen beispielsweise Ausgangspunkt, um Fortbildungen zu besuchen. Das Wissen um sprachwissenschaftliche Modelle der Rechtschreibentwicklung, gepaart mit den Forderungen des Rahmenplans und der Bildungsstandards der Kultusministerkonferenz, diente als Grundlage für die Erstellung von Kompetenzrastern. Dabei wurden die Jahrgänge eins und zwei sowie drei und vier als Einheit gesehen. Die Schalkenbacher Kompetenzraster bieten einen Überblick über die Kompetenzentwicklung in zentralen Lernbereichen. Sie können dem Lernen eine Richtung geben.

Damit die Kompetenzen für Schülerinnen und Schüler verständlich und transparent sind, formulieren die Kolleginnen die Kompetenzen mit Hilfe von »Ich-Kann-Formulierungen«. Auf sogenannten Lernbegleitern werden sie nach Halbjahren aufgegliedert dargestellt (vgl. Abb. 5). Kinder und Eltern finden hier differenzierte Indikatoren für den Kompetenzerwerb. Zu Beginn jedes Schulhalbjahres werden diese Übersichten sowohl den Kindern im Unterricht als auch den Eltern auf Elternabenden transparent gemacht. Wenn die Lernbegleiter beispielsweise im Logbuch aufbewahrt werden, sind sie im Unterrichtsalltag für Lerngespräche schnell zur Hand.

Anstelle von Lernbegleitern können auch Checklisten die Felder eines Kompetenzrasters ausdifferenzieren. [5)]

Die Arbeit mit Kompetenzrastern befördert eine selbstbestimmte Lernkultur. [6)] Kinder können sich als autonome Gestalter ihres Lernens erfahren.

---

5) Andreas Müller bezeichnet Kompetenzraster als »Adventskalender« (vgl. Müller 2004). Hinter jedem Türchen (= Feld im Raster) verbergen sich weiter ausdifferenzierte Teilkompetenzen (Lernziele, ...), die den Weg weisen bis zum Erreichen (lat. adventus = Ankunft) der angestrebten Kompetenz.

6) Ein Mensch gilt nach Deci und Ryan (1993) dann als selbstbestimmt, wenn er sich als autonom, kompetent und sozial eingebunden empfindet. Forschungen der Psychologen ergaben, dass intrinsische Motivation durch die Unterstützung von Kompetenz- und Autonomieerfahrung hergestellt und aufrechterhalten werden kann (Deci/Ryan 1993, S. 229).

Das Bewusstsein über den aktuellen Lernstand macht Kompetenzerleben möglich. Deshalb ist es notwendig, Kindern Reflexionsanlässe zu bieten. Kompetenzraster bieten dafür eine strukturierende Grundlage.

Reflexiv lernen: Kompetenzraster als systematische Reflexionsgrundlage

Damit Lernende aktiv Verantwortung für ihr Lernen übernehmen und selbstbestimmt handeln können, ist der Aufbau von Kontextwissen [7)] notwendig. In Lernphasen nutzen Schülerinnen und Schüler bestimmte Strategien und können Erfolge verzeichnen. Diese müssen ebenso bewusst gemacht werden wie individuelle Hürden und Herausforderungen im Lernprozess (Feindt 2010, S. 86).

Auch Kliemann (2010) plädiert dafür, das Wissen der Kinder über ihr eigenes Lernen zu nutzen, »[...] denn wer seine Kompetenzen und Fähigkeiten selbst reflektiert und seine Stärken und Schwächen kennt, wird eher dazu bereit sein, sich aktiv mit seinem Lernprozess auseinander zu setzen, Selbstvertrauen zu entwickeln und Verantwortung für das eigene Lernen zu übernehmen (Kliemann 2010, S. 47).

Um die Selbsteinschätzung von Kindern zu fördern, können sie dazu angeregt werden:

- Erreichtes mit ihren Vorhaben zu vergleichen (vgl. Abb. 6 auf S. 86),
- verwendete Lernmethoden und -strategien zu reflektieren,
- sich ihre Gefühle im Lernprozess bewusst zu machen,
- hemmende und fördernde Faktoren zu analysieren,
- sich Konsequenzen für das weitere individuelle Lernen zu überlegen (vgl. Kliemann 2010, Hilzensauer 2008).

»Wenn wahrgenommene Denkprozesse, die beim Lernen auftreten, im Unterricht verbalisiert werden sollen, dann bedarf dies einer Lernkultur, die den Reflexionen der Schüler eine didaktische Aufmerksamkeit zukommen lässt« (Fink 2010, S. 62).

Die Strukturierung des Lernens durch Kompetenzraster kann eine systematische Grundlage für reflexives Lernen bilden. [8)] Auf der Grundlage

7) Häcker (2007) unterscheidet die direkte Förderung von Selbstbestimmung beim Lernen durch interessengeleitetes Lernen und den Aufbau von Kontextwissen durch die Förderung der Reflexion bezüglich der Lernbedingungen. Kontextwissen beinhaltet förderliche und hinderliche Aspekte von Lehr-Lern-Arrangements und integriert auch den institutionell gesellschaftlichen Kontext (vgl. Häcker 2007, S. 292).

8) Reflexivität erlaubt es Lernenden, »[...] die Lernprozesse eingehend und evaluativ zu beobachten und diese entsprechend der Relevanz hinsichtlich der eigenen Ziele hin zu bewerten« (Fink 2010, S. 51). So kann das eigene Lernen verantwortungsvoll geplant, durchgeführt und beurteilt werden.

klar und transparent formulierter Standards können Lernende individuell und differenziert Kompetenzen entwickeln.

Kompetenzraster können ...

- Kinder an der Planung und Gestaltung ihrer Lernwege beteiligen.
- ein Orientierungsrahmen sein, da sie helfen, den Lernstand zu klären und Ziele zu formulieren.
- Lernprozesse strukturieren, indem sie Entwicklungsschritte nachvollziehen.
- Reflexion befördern. Kinder können ihre Leistung in Beziehung setzen.
- Transparenz bieten durch Einblicke in das Lernen für das Kind, die Lehrerin und die Eltern.
- ein gemeinsames Qualitätsverständnis aller Lernpartner ermöglichen.

Die Kinder der Regenbogenschule sammeln Lernbeweise, um ihren Lernfortschritt zu demonstrieren. Diese können individuell, in Form von Tests oder Präsentationen gestaltet sein. Am Ende jedes Halbjahres findet in jeder Klasse eine »Portfoliowoche« statt. Im Rahmen dieser Woche werden möglichst viele Unterrichtssituationen geschaffen, in welchen Gespräche zwischen einzelnen Kindern und der Lehrerin stattfinden können. In diesen Lernzielgesprächen werden die Lernbeweise gesichtet und die erreichten Kompetenzen auf dem Lernbegleiter markiert. Die Qualität des Lernbeweises wird im Lernbegleiter (beispielsweise durch ein Farbsystem) visualisiert (vgl. Abb. 4 auf S. 81). Diese Visualisierung weist auf relevante Entwicklungsschritte hin und ist somit die Grundlage jedes Lerngesprächs. [9]

Lerngespräche sollen dazu beitragen, dass Kinder sich ihres Könnens bewusst werden und in naher Zukunft zu bewältigende Lerninhalte mit ihrer Lehrerin absprechen. Wildemann (2009) konstatiert, dass das Lernen der Kinder in der Schule zu selten zur Sprache kommt (Wildemann 2009, S. 24). Gespräche eignen sich, um auf die Gedanken der Kinder über ihr Lernen einzugehen. Lerngespräche sind Gespräche auf Metaebene über das Lernen der Kinder. Sie können in Form von Kinder-Sprechstunden zum Beispiel im Rahmen einer Portfoliowoche stattfinden. Um Gespräche in den Unterrichtsalltag zu integrieren, besteht die Möglichkeit, an einem Tag in der Woche Raum für Gespräche zwischen Lehrerin und dem einzelnen Kind zu schaffen (vgl. Bartnitzky u. a. 2005, 2006, 2007, 2009). Auf der Basis

9) Andreas Müller und das Kollegium vom Institut Beatenberg in der Schweiz nutzen das Referenzieren als Modell der Leistungsbeurteilung in einer auf Selbststeuerung setzenden Lernkultur. Der methodische Ansatz sieht vor, dass individuelle Leistungen mit Referenzwerten von Kompetenzrastern in Beziehung gesetzt werden (Müller 2010).

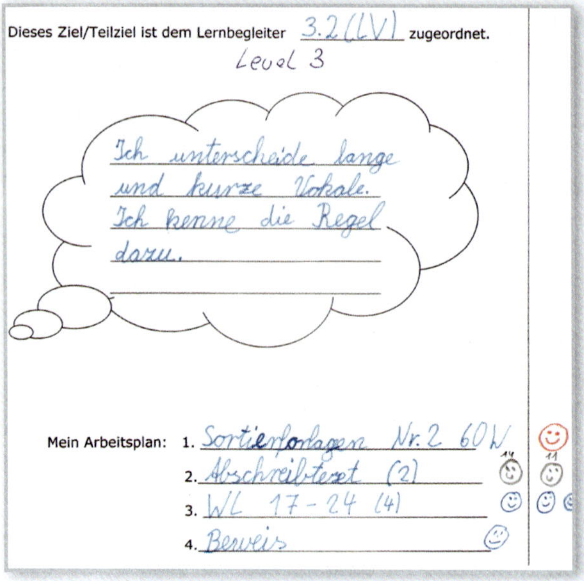

Abb. 6: Lernziel mit Arbeitsplan

der Reflexion des Gelernten und des Lernweges sowie der Verortung auf dem Lernbegleiter formulieren die Schalkenbacher Kinder mit ihrer Lehrerin neue Ziele (vgl. Abb. 6). [10)]

Eine Reflexion der Lernprozesse und -ergebnisse mit Kompetenzrastern verbindet Selbst- und Fremdeinschätzung. Standards – zum Beispiel auf einem Lernbegleiter kindgerecht formuliert – helfen Lernenden, sich beim Einschätzen an ihrer Leistung zu orientieren. Sie können ihre Leistungen mit klaren Referenzwerten in Beziehung setzen. Gleichzeitig kann die Selbsteinschätzung mit der Wahrnehmung anderer (Kinder, Lehrerin) abgeglichen werden. An der Regenbogenschule dienen Reflexionsbögen, die in Anlehnung an die Lernbegleiter entwickelt werden, als Grundlage für halbjährliche Gespräche zwischen Eltern, Kinder und Lehrerin. Auf den Bögen schätzen sowohl das Kind als auch die Lehrerin ein, inwieweit eine Kompetenz erreicht wurde. [11)]

10) Die Pädagoginnen der Regenbogenschule orientieren sich beim Lernen mit Zielen am Qualitäts-Kreis (vgl. u. a. Bostelmann 2006, S. 15).

11) Es wird zwischen »Ich kann es«, »Ich bin auf dem Weg«, »Ich muss noch üben« differenziert.

Partizipation durch Transparenz

Sind aktueller Lernstand und Lernziele den Schülerinnen und Schülern transparent, sind sie auch von ihrer Leistungsbeurteilung nicht lediglich betroffen, sondern aktiv beteiligt. Voraussetzung hierfür sind die Anpassung der Ziele an die individuelle Situation des Kindes und ein begleitender Dialog zwischen Kind und Lehrerin (Müller 2006, S. 5). Beutel (2008) weist darauf hin, dass Leistungsstandards nicht zu einer Vereinheitlichung von Rückmeldungen führen sollen, sondern dass durch Strukturierungen die Individualität und SchülerInnennähe erhöht werden kann (Beutel 2008, S. 206). Die Anwendung von Standards als Merkmale für Beurteilungen dient als Instrument individueller Lernförderung und nimmt die Qualität von Lernprodukten und -prozessen in den Blick (Beutel 2008, S. 205f.).

Die Anforderungen an Kinder, ihr Lernen selbstbestimmt zu gestalten, sind hoch. Sie können in einer individualisierenden und kompetenzorientierten Lernkultur eingelöst werden. Die Arbeit der Regenbogenschule zeigt auf, welche Möglichkeiten und Chancen die Arbeit mit Kompetenzrastern bietet. Sie zeigt auch, dass die Verankerung von Instrumenten, die eine kompetenzorientierte Lernprozessbegleitung ermöglichen können, sowohl auf Schul- als auch auf Unterrichtsebene notwendig wird. Die Erstellung eines nach Kompetenzen gegliederten Schulcurriculums ermöglicht ein an transparenten Zielen orientiertes Lernen der Kinder. Die Entwicklung eines produktiven Systems, in dem Lernprozesse kompetenzorientiert begleitet werden können, ist komplex. Sie stellt Kollegien vor individuelle und kooperative Herausforderungen, deren Bewältigung im Sinne einer langfristig erfolgreichen Entwicklung ressourcenorientiert gestaltet sein muss.

Literaturverzeichnis

Bastian, J. (2009): Schülerbeteiligung. In: Pädagogik, Jg. 61, H. 7 – 8, S. 3.

Beutel, S.-I. (2008): Das Wissen der Kinder über die Schule und ihr Lernen einbeziehen. Neuere Forschungen zur Leistungsbeurteilung. In: Breidenstein, G. / Schütze, G. (Hrsg.): Paradoxien in der Reform der Schule; Ergebnisse qualitativer Sozialforschung. 1. Aufl. Wiesbaden: VS, S. 201 – 217.

Bostelmann, A. (2006): Das Portfolio-Konzept in der Grundschule. Individualisiertes Lernen organisieren. Mülheim an der Ruhr: Verlag an der Ruhr.

Coelen, Th. W. (2010): Partizipation und Demokratiebildung in pädagogischen Institutionen. In: Zeitschrift für Pädagogik, Jg. 56, H. 1, S. 37 – 52.

de Boer, H. / Schröter, P. / Schwietzer, W. (2010): Partizipation in der Schule. In: Bartnitzky, H. / Hecker, U. (Hrsg.): Allen Kindern gerecht werden. Aufgabe und Wege. Frankfurt / M.: Grundschulverband.

Deci, E. L. / Ryan, R. M. (1993): Die Selbstbestimmungstheorie der Motivation und ihre Bedeutung für die Pädagogik. In: Zeitschrift für Pädagogik, Jg. 39, H. 2, S. 224 – 236.

Eller, U. / Grimm, W. (2008): Individuelle Lernpläne für Kinder. Grundlagen, Ideen und Verfahren für die Grundschule. Weinheim und Basel: Beltz.

Feindt, A. (2010): Kompetenzorientierter Unterricht – wie geht das? Didaktische Herausforderungen im Zentrum der Lehrerarbeit. In: Friedrich Jahresheft, S. 85 – 89.

Fink, M. C. (2010): Lernkultur und reflexives Lernen. Das didaktische Potenzial der ePortfolio Arbeit zur Förderung von Reflexivität im Lernen. In: Hartung, O. (Hrsg.): Lernen und Kultur. Kulturwissenschaftliche Perspektiven in den Bildungswissenschaften. 1. Aufl. Wiesbaden: VS (Reihe Schule und Gesellschaft, Bd. 46), S. 49 – 65.

Häcker, Th. H. (2007): Portfolio: ein Entwicklungsinstrument für selbstbestimmtes Lernen. Eine explorative Studie zur Arbeit mit Portfolios in der Sekundarstufe I. 2. Aufl. Baltmannsweiler: Schneider-Verl. Hohengehren.

Hilzensauer, W. (2008): Theoretische Zugänge und Methoden zur Reflexion des Lernens. Ein Diskussionsbeitrag. (Bildungsforschung).

Kliemann, S. (2010): Nachdenken über das eigene Lernen. In: Kliemann, S. (Hrsg.): Diagnostizieren und Fördern. Kompetenzen erkennen, unterstützen und erweitern. Beispiele und Anregungen. Für die Jahrgänge 1 bis 4. 1. Aufl. Berlin: Cornelsen Scriptor, S. 47 – 58.

Konrad, Kl. / Traub, S. (2010): Selbstgesteuertes Lernen. Grundwissen und Tipps für die Praxis. 2., unveränd. Aufl. Baltmannsweiler: Schneider-Verl. Hohengehren.

Martin, Chr. (2008): Kompetenzraster aus Beatenberg (CH). In: Clement, U. / Piotrowski, A. (Hrsg.): Kompetenz zwischen Potenzial und Standard. Stuttgart: Franz Steiner, S. 167 – 177.

Müller, A. (2006): Das Lernen gestaltbar machen. Herausgegeben von Andreas Müller. Institut Beatenberg.

Müller, A. (2010): Kompetenzraster – eine neue Form der Leistungsbeurteilung. Herausgegeben von Andreas Müller. Institut Beatenberg. Online verfügbar unter www.toolbox-bildung.de/Kompetenzraster_eine_neue_Form_der_Leistungsbewertung.1388.0.html, zuletzt geprüft am 13.01.2011.

Wildemann, A. (2009): Von sich selbst ausgehen. Lerngespräche als Mittel zur Selbst- und Fremdeinschätzung. In: Grundschule Deutsch, H. 22, S. 24 – 26.

Susanne Peters

Ein Blick in die Niederlande: Natürliches Lernen an der Schule »De Klaverweide«

Überall in der Welt findet man Schulen, die sich reformpädagogischen Ansätzen verpflichtet fühlen und in denen Übereinstimmung in vielen Grundüberzeugungen besteht. In der Praxis entwickeln sie unterschiedliche Schwerpunktsetzungen und sehr vielfältige Möglichkeiten der Umsetzung von Ideen, die von den regionalen Gegebenheiten, den bildungspolitischen Vorgaben und Rahmenbedingungen sowie den Ideen und dem Einsatz der konkreten Individuen abhängen. In den Niederlanden wird seit etwa zehn Jahren das Konzept des Natürlichen Lernens propagiert, an etwa 30 Schulen unterschiedlicher Schulformen umgesetzt und ständig weiterentwickelt. Die Schule De Klaverweide (übersetzt Kleewiese, vgl. www.deklaverweide.nl) ist eine staatliche Grundschule mit der in den Niederlanden üblichen achtjährigen Zuständigkeit für Kinder im Alter von vier bis zwölf Jahren. Sie liegt in Almere, der mit knapp 200 000 Einwohnern siebtgrößten Stadt der Niederlande, in einem Stadtteil, der multikulturell geprägt ist. Im Jahr 2003 entschied sich die Schule nach einem Schulleitungswechsel, als erste Grundschule in den Niederlanden nach dem Konzept des Natürlichen Lernens zu arbeiten und strukturierte die Schule in einem zwei Jahre andauernden Prozess um. Damit einher gingen zahlreiche Veränderungen wie die Entwicklung eines ganz neuen schulinternen Curriculums oder umfangreiche Umbaumaßnahmen, welche die Bedingungen erleichtert haben. In der Zwischenzeit hat es einen erneuten Schulleitungswechsel gegeben, und wie jede Schule entwickelt sich auch die Schule De Klaverweide weiter. Über die aktuellen Entwicklungstendenzen, die Schlussfolgerungen aus der Schulevaluation erfahren Sie mehr auf der Homepage der Schule – in niederländischer Sprache.

An der Schule De Klaverweide kann man sehen, wie innerhalb von nur wenigen Jahren in besonders konsequenter Weise ein pädagogisches Konzept umgesetzt worden ist, das das Kind in den Mittelpunkt des Lernens stellt, dabei auf die Selbststeuerung des Lernprozesses und die Lernbegleitung durch die Lehrkräfte setzt.

Was ist Natürliches Lernen?

Der Ansatz des Natürlichen Lernens geht davon aus, dass Kinder bessere Leistungen erzielen und nachhaltiger lernen, wenn sie Verantwortung für ihre eigene Lernentwicklung übernehmen und sich selbst bzw. gegenseitig etwas beigebracht haben. Lernentwicklung beschränkt sich dabei nicht nur auf die Kernkompetenzen im Lesen, Schreiben und Rechnen, sondern umfasst die gesamte Persönlichkeitsentwicklung. Jedes einzelne Kind wird ernst genommen und beobachtet, um herauszufinden, was es braucht, um sich weiter zu entwickeln. Das Kind steuert seinen Lernprozess weitgehend selbst. Die zentrale Aufgabe der Lehrkräfte besteht darin, zu erkennen, worin die Stärken und Interessen jedes einzelnen Kindes liegen, welches der nächste Schritt der Lernentwicklung sein wird, ihm hierzu die entsprechenden Lernangebote zu machen und Probleme dabei zu analysieren. Ausgehend von den Stärken und den persönlichen Interessen jedes einzelnen Kindes entwickeln die Lehrkräfte ein Lernarrangement, das auf die Schwierigkeiten des Kindes eingeht. Wenn sich ein Kind beispielsweise für ein bestimmtes Thema interessiert, aber Probleme beispielsweise im Schriftspracherwerb hat, versuchen die Lehrkräfte ausgehend von diesem Lieblingsthema des Kindes Anlässe zu schaffen, mit denen das Kind an seinem Thema arbeiten kann, aber auch im Bereich Schriftsprache gefördert wird. Jedes Kind lernt dabei nach seinem eigenen Tempo.

Wie das Konzept des Natürlichen Lernens in einer Lerngruppe mit 25 oder gar 28 Kindern funktioniert und in welcher Form das individualisierte Lernen konsequent umsetzt wird, kann man an der Schule De Klaverweide sehen. Wesentlich sind zunächst organisatorische Festlegungen wie eine veränderte Raumstruktur in Zusammenhang mit der Einführung von jahrgangsgemischten Lerngruppen, ein auf das einzelne Kind abgestimmtes Curriculum und eine individuelle Leistungsrückmeldung mit Zielvereinbarungen zwischen Kind und Lehrkraft.

- Dem Besucher fallen als erstes die **Räumlichkeiten** auf: keine Klassenräume, sondern unterschiedlich große und kleine Räume, die multifunktional genutzt werden. Wände wurden herausgerissen und Glasfenster eingesetzt, um offene Räume und weitläufige Flächen zu erhalten, die Mobilität und Kommunikation ermöglichen. Bücherregale und Materialschränke werden als Raumteiler genutzt. Überall verstreut sieht man kleinere oder größere Gruppen von Schülerinnen und Schülern mit vielen Dingen beschäftigt.
- Mit der Einführung der **Jahrgangsmischung** wurde auf die Heterogenität der Kinder eingegangen. Sie trägt dazu bei, dass die Lehrkraft nicht die alleinige Ansprechpartnerin der Kinder bei Fragen ist. Ältere Kinder erklären jüngeren die Aufgaben, geben ihnen Tipps zur Verwendung von Hilfsmitteln und beraten sie als erfahrene Lerner. Die acht Schuljahre

der Grundschule hat die Schule in drei Stufen aufgeteilt, die Unterstufe »onderbouw« (Alter 4 bis 7), die Mittelstufe »middenbouw« (Alter 7 bis 10) und die Oberstufe »bovenbouw« (Alter 10 bis 12), in denen die Schülerinnen und Schüler jeweils altersgemischt unterrichtet werden. Diese drei Stufen sind prinzipiell in verschiedenen Bereichen des Gebäudes untergebracht. Außerdem gibt es eine Gruppe für Kinder mit sonderpädagogischem Förderbedarf, die einen Raum im Bereich des Mittelbaus hat. Alle Räume des wabenartig angelegten ebenerdigen Gebäudes gehen ineinander über, so dass die Schülerinnen und Schüler zwischen den Räumen wechseln können, dabei auch Kinder anderer Lerngruppen oder Stufen sehen, hören und wahrnehmen können bzw. mit ihnen bei Bedarf kommunizieren können.

- Der Besucher nimmt sofort die entspannte Atmosphäre wahr, in der die Schülerinnen und Schüler arbeiten: Einige lesen, andere arbeiten am Computer, wieder andere arbeiten an Lernkarteien. Eine Gruppe hat sich um einen Lehrer gruppiert, der auf ihren Wunsch hin einen Vortrag hält. Niemand wirkt gehetzt, gestresst oder angespannt. Alle arbeiten aber leise, konzentriert und selbstständig – alleine, zu zweit oder in Kleingruppen. Die Lehrkräfte widmen sich überwiegend einzelnen Kindern oder Kleingruppen, die sie beraten, während alle arbeiten. Einige Kinder führen Einzelgespräche mit ihrer betreuenden Lehrerin oder ihrem Lehrer, um ihr Portfolio zu besprechen und dabei neue **individuelle Vereinbarungen über ihre Lern- und Entwicklungsziele** zu treffen. Auch die

Klassenraum für die Unterstufe »onderbouw«

Lernen in der Mittelstufe

ganz kleinen Kinder »spielen« nicht oder toben, sondern »arbeiten« und beschäftigen sich ernsthaft mit einer Aufgabe, die sie sich jeweils individuell für den Vormittag oder den Nachmittag vorgenommen haben. Alle bewegen sich frei im ganzen Gebäude und gehen von Raum zu Raum, um sich die entsprechenden Lernmaterialien zu holen, aber niemand rennt. Alle sprechen leise miteinander, aber niemand schreit oder ruft laut.

Wodurch entsteht diese Atmosphäre? Es muss am Konzept des Natürlichen Lernens liegen, demzufolge Lernen als ein Prozess verstanden wird, der aus dem inneren Wunsch heraus entsteht, sich selbst weiterzuentwickeln und keinen Druck von außen erfordert.

Was sind nun die wesentlichen Elemente des Natürlichen Lernens?

Lern- und Entwicklungslinien als Grundlage für selbstgesteuertes Lernen

Im Mittelpunkt des Ansatzes steht das Kind, das selbstgesteuert seinen Lernprozess gestaltet und dabei von den Lehrkräften auf vielfältige Weise unterstützt wird: durch die Bereitstellung der entsprechenden Materialien, vor allem aber durch die Beratung und Begleitung in Bezug auf selbstgesteckte Ziele und den Umgang mit auftauchenden Problemen. Dabei setzt sich das Kind in Absprache mit der Lehrkraft Ziele aufgrund von **Lern- und Entwicklungslinien**. Diese stellen das eigentliche Curriculum der Schule dar. Sie bilden Ziele und Entwicklungsmöglichkeiten im Bereich von kognitiven, sozialen und personalen Kompetenzen ab. In einer Loseblattsammlung, die etwa 40 Seiten umfasst, haben die Lehrkräfte die zu erwerbenden Kompetenzen beschrieben. Dabei haben sie sich einerseits an den Kompetenzniveaus der nationalen Tests orientiert, andererseits aber sehr deutlich ihre eigenen pädagogischen Überzeugungen zu Papier gebracht. Von einem Kompetenzraster zu sprechen, wäre an dieser Stelle falsch – die niederländischen Pädagoginnen würden niemals den Lernprozess rastern: Sie gehen davon aus, das ein Kind sich auf natürlichem Wege mit der entsprechenden Unterstützung und Ermutigung den beschriebenen Kompetenzen annähert – ohne dass dabei ein einziger Inhalt festgelegt werden müsste. Sowohl die Ausgangssituation, die ein Kind als »Starter« mitbringt, als auch die erwartete Kompetenz als »Experte« am Ende eines unter Umständen langen Prozesses werden auf jeweils einer Seite in zwei Spalten beschrieben. Jeweils die linke Spalte beschreibt die Ausgangslage als Starter, die rechte Spalte das, was ein Experte kann. Diese Lern- und Entwicklungslinien sind in kindgemäßer Sprache von den Lehrkräften formuliert.

Die **Lernlinien** beschreiben kognitive Kompetenzen und beziehen sich auf konkrete Dinge, welche die Schülerinnen und Schüler durch Wiederholung und Training lernen können, wie beispielsweise
- das Führen eines Telefongesprächs,
- das Schreiben eines offiziellen Briefes,
- die Präsentation eines Themas vor einer Lerngruppe.

Die **Entwicklungslinien** beschreiben Kompetenzen der Persönlichkeitsentwicklung wie
- Kommunikationsfähigkeit,
- Zusammenarbeit mit anderen,
- Selbstständigkeit,
- Problemlösefähigkeit,
- Durchsetzungsvermögen,
- Verantwortungsübernahme,
- Entscheidungsfähigkeit.

Die 40 Blätter mit der Beschreibung der zu erreichenden Kompetenzen bilden die Grundlage für die regelmäßigen Portfoliogespäche des Kindes mit seiner betreuenden Lehrkraft. Durch die konkrete Beschreibung dessen, was ein »Experte« kann, und die Zeitleiste, auf der die Lehrkraft festhält, wie weit das Kind auf dem Weg zum Experten ist, hat das Kind eine Zielklarheit, weiß, wie weit sein Weg zum Ziel noch ist, und lernt so, sich immer konkrete und erreichbare Ziele zu setzen.

Entwicklungslinien: **Verantwortung übernehmen**

Metapher: Vom Mitmachen zum Organisieren

Denk an:
- Verantwortung für die eigene Arbeit übernehmen
- Einbezogen sein
- Verantwortlich sein für den eigenen Lernprozess
- Verantwortlich sein für die Materialien
- Verantwortlich sein für andere

Starter	Experte
o Ich mache, was mir gefällt. o Wenn ich an etwas mitgearbeitet habe, lasse ich es hinterher liegen.	o Ich mache, was ich wichtig finde. o Ich gehe sorgfältig mit den Materialien um. o Ich erinnere andere an getroffene Verabredungen o Ich fühle mich mitverantwortlich für die Atmosphäre in der Gruppe. o Ich weiß, wann ich um Hilfe bitten muss.

Starter **Experte**

Entwicklungslinien: **Eigene Entscheidungen treffen**

Denk an:
- Folgen erkennen
- Hinter eigenen Entscheidungen stehen
- Abwägungen machen können
- Sich entscheiden können
- Etwas selbst machen
- Emanzipation

Starter	Experte
o Ich entscheide mich nicht. o Jemand anderes entscheidet für mich. o Ich wähle das Gleiche, das mein Freund wählt. o Ich entscheide mich für das, was ich bereits kann.	o Ich kann meine Entscheidung erklären. o Ich entscheide mich für das, was MIR gut gefällt. o Ich begreife die Folgen meiner Entscheidung. o Ich wähle das, was ich wichtig finde.

Starter **Experte**

Wie werden die Kinder in ihrem Lernprozess begleitet?

Gemeinsam entscheiden das Kind und die Lehrkraft, an welchen und wie vielen Lern- und Entwicklungslinien gleichzeitig gearbeitet wird. Aus einer Sammlung von etwa 40 Blättern wählen sie aus, welche Lern- und Entwicklungslinien zum aktuellen Zeitpunkt für das einzelne Kind sinnvoll sind. Auch als »Starter« werden zuvor zu erwerbende Kompetenzen vorausgesetzt. So prüft ein Kind, das Lesen lernen möchte, zunächst gemeinsam mit der Lehrkraft ab, ob es weiß, was ein Buch ist, ob es sich gerne vorlesen lässt und bei einer kurzen Geschichte zuhören kann. Erst wenn es nach eigener Einschätzung und der Einschätzung der Lehrkraft diese Starter-Voraussetzungen erfüllt, kommt das Lernziel »Lesen lernen« für dieses Kind in Frage.

Entwicklungslinien: **Respekt**

Denk an:
- Jeder ist wichtig
- Einander helfen
- Absprachen treffen und sie erfüllen
- Sich einfühlen in andere
- Umgang mit der Umgebung

Starter	Experte
o Ich habe immer Recht. o Wenn ich wütend bin, schlage ich andere. o Wenn ich jemand nicht nett finde, will ich nicht neben ihm/ihr sitzen. o Wenn du nicht mit mir einer Meinung bist, bist du nicht mein Freund. o Wenn ich etwas möchte, muss das passieren. o Wenn ich mit irgendetwas gespielt habe, lasse ich es anschließend liegen.	o Wenn ich wütend bin, kann ich erklären, warum. o Ich kann neben allen aus meiner Klasse sitzen. o Ich begreife, dass andere nicht immer mit mir einverstanden sind. o Wenn du nicht die gleiche Meinung hast, bist du trotzdem immer noch mein Freund. o Wenn ich mit etwas fertig bin, räume ich auf. o Ich kann etwas tun, obwohl ich es nicht möchte, wenn dies für andere wichtig ist. Wenn ich etwas wirklich nicht möchte, sorge ich dafür, dass es nicht passiert. o Ich halte mich an Absprachen und erwarte das auch von anderen.

Starter — Experte

Beispiele aus der Schule De Klaverweide (Übersetzung ins Deutsche: Maxie Eckert)

Lernlinien: **Forschen 2**

Denk an: – Forscherfragen
– Informationen suchen
– präsentieren

Starter	Experte
o Ich kann mir eine Frage ausdenken.	o Ich kann mir eine Frage ausdenken, von der ich die Antwort sehr gerne wissen möchte.
o Ich warte ab.	o Ich habe eine aktive Haltung beim Forschen.
o Ich entnehme meine Information einer Quelle.	o Ich beziehe meine Information aus mehreren Quellen.
o Ich finde zufällig Informationen.	o Ich kann mit Registern und Suchmaschinen arbeiten.
o Ich sammle Informationen.	o Ich sammle Informationen, die für meine Forschungsfrage wichtig sind.
o Ich behalte die Informationen für mich selber (und gebe sie nicht an andere weiter).	o Ich präsentiere anderen meine Informationen.
o Ich bin fertig mit meiner Untersuchung. Ich höre auf.	o Ich bin fertig mit meiner Arbeit. Ich blicke zurück, wie ich die Arbeit erledigt habe.

Starter Experte

Wichtige Schritte:

- Das Kind bittet die Lehrkraft um einen Termin für ein Gespräch – nicht umgekehrt!
- Das Kind möchte in einem Bereich »Experte« werden und wird von der Lehrkraft beraten, ob dies die richtige Entscheidung ist.
- Die individuellen Fortschritte werden regelmäßig gemeinsam eingeschätzt und auf einer Skala mit dem Datum des Entwicklungsgesprächs festgehalten.
- Dabei geht es nicht darum, prozentgenau Entwicklungsfortschritte festzuhalten oder in einem bestimmten Zeitraum Ziele zu erreichen.
- Wichtig ist den Pädagoginnen und Pädagogen hierbei, den Weg zum Ziel zu dokumentieren und Anhaltspunkte für auftretende Schwierigkeiten im Lernprozess zu erhalten, den Kindern regelmäßig die Möglichkeit zur Selbsteinschätzung zu geben und ihnen gleichzeitig durch die Rückmeldung der Lehrkraft die Außensicht anzubieten.
- Im Mittelpunkt der Gespräche zwischen Kind und Lehrkraft steht nicht der Lerninhalt, sondern die Frage, wie die Eigensteuerung des Lernpro-

zesses unterstützt werden kann: Was und wieviel nehme ich mir vor? Wie gehe ich dabei vor? Welche Hilfsmittel brauche ich oder muss ich mir beschaffen? Wie organisiere ich mir die benötigte Zeit? Brauche ich Hilfe, von wem kann ich sie bekommen?

- Durch den Vergleich seiner aktuellen eigenen Fähigkeiten und den als Ziel angestrebten Kompetenzen im Expertenstadium kann das Kind den eigenen Lernprozess, die bisherigen Lernfortschritte und die aufgetretenen Probleme dabei jeweils kritisch reflektieren.
- Die Seiten mit den Lern- und Entwicklungslinien sammelt das Kind in seiner Portfoliomappe.
- Das Kind und die Lehrkraft erhalten durch die Dokumentations- und Reflexionspraxis auch einen Überblick darüber, wie viel Zeit für bestimmte Entwicklungsschritte benötigt wird, welche Teilerfolge gefeiert werden können und können gemeinsam Möglichkeiten für eine Unterstützung bei Problemen im Lernprozess erörtern.

Lernlinien: **Messen und Tabellen**

Starter	**Experte**
Messen:	Messen:
o Ich kann einen Umfang messen.	o Ich kann einen Umfang berechnen.
o Ich kann eine Oberfläche messen.	o Ich kann eine Oberfläche berechnen.
o Ich kann einen Inhalt ablesen.	o Ich kann einen Inhalt berechnen.
	o Ich kann Messungen in verschiedenen Situationen anwenden.
o Ich kann Koordinaten lesen.	o Ich kann mit Hilfe von Koordinaten einen Standort bestimmen.
o Ich kann spiegeln.	
o Ich kann Kreisdiagramme lesen und integrieren.	o Ich kann Grafiken lesen und interpretieren.
o Ich kann mit einem Maßstab umrechnen.	o Ich kann Gelerntes in komplizierten Situationen anwenden.
o Ich kann sowohl eine Uhr mit Zeigern als auch eine digitale Uhr lesen.	o Ich kann Fahrpläne lesen (z.B. Um wie viel Uhr fährt der Zug nach Utrecht los?)
o Ich kann eine Zeitspanne bestimmen (messen).	o Ich kann eine Zeitspanne einschätzen.
o Ich kann Preisunterschiede berechnen.	o Ich kann Preislisten lesen.
o Ich kann Beträge bis 1000 multiplizieren.	o Ich kann mit Wechselkursen rechnen.
o Ich kann Wechselgeld bis 1000 geben.	

Starter — Experte

Beispiele aus der Schule De Klaverweide (Übersetzung ins Deutsche: Maxie Eckert)

Die Rolle der Lehrkräfte

Durch die Aufhebung der traditionellen Wochenstruktur mit »Fächern«, durch die projektorientierte und kursorientierte Arbeitsweise sowie die freien Wahlmöglichkeiten im Laufe des Tages und der Woche arbeitet das einzelne Kind mit vielen verschiedenen Lehrkräften zusammen, die jeweils unterschiedliche Rollen wahrnehmen und Aufgaben übernehmen. Dabei wird zwischen »Werkmeistern« und »Lehrmeistern« unterschieden. Jede Lehrkraft übernimmt sowohl die Rolle des Werkmeisters als auch die des Lehrmeisters und wechselt ständig zwischen diesen beiden Rollen hin und her.

In der Rolle des **Werkmeisters** ist die Lehrkraft zuständig für die ordnungsgemäße und fachgerechte Erledigung von Arbeitsaufträgen. Entsprechend fühlt sich jede Lehrkraft

- für ein Fach / einen Lernbereich und
- für einen festgelegten Zeitraum für eine »Prestatie« oder einen »Workshop«

verantwortlich.

In der Rolle des »Werkmeisters« berät die Lehrkraft die einzelnen Kinder täglich während ihrer Arbeit an ihren Werkaufgaben oder hilft einzelnen Kindern mit ganz praktischen Tipps zu Lern- und Arbeitstechniken, während sie an den Basiskompetenzen arbeiten. Auch die Vermittlung von Wissen im Rahmen der Workshops gehört zu den Aufgaben des Werkmeisters. Daneben trägt der Werkmeister auch die Verantwortung für die Dokumentation der Schülerleistungen und bescheinigt dem Kind erfolgreich erbrachte Leistungen in Form von Zertifikaten oder Testergebnissen.

- In seiner Portfoliomappe sammelt jedes Kind seine »Beweise«, also Zertifikate über die erbrachten Leistungen.
  - Hierzu gehören die Ergebnisse von Tests, denen sich das Kind zu einem frei gewählten Zeitpunkt unterzogen hat,
  - aber auch Bescheinigungen über erfolgreiche Präsentationen oder Dokumentationen über die Ergebnisse von Prestaties.

Als **Lehrmeister** betreut die Lehrkraft die etwa 20 bis 25 Kinder einer Stammgruppe über ein Schuljahr oder auch mehrere Schuljahre hinweg und begleitet jedes einzelne dieser Kinder als Tutor oder Lernbegleiter in seinem Lern- und Entwicklungsprozess. Sie beobachtet und unterstützt das Kind über einen längeren Zeitraum seiner Entwicklung und sorgt für die Kontinuität der Lernbegleitung und das Coaching. Das Kind führt in regelmäßigen Abständen während des Schulalltags ein Einzelgespräch mit »seiner« zuständigen Lehrkraft über seine kognitive und seine persönliche Entwicklung anhand der Lern- und Entwicklungslinien.

Innerhalb des Achtwochenzeitraums versteht sich die betreuende Lehrkraft für die Kinder ihrer Stammgruppe in der Rolle des »Lehrmeisters« als Coach für das Kind, berät sie bei auftauchenden Problemen. Diese Gespräche finden täglich anlassbezogen während der Stammgruppenzeit statt. Alle acht Wochen findet darüber hinaus eine Gruppendiskussion mit der Lehrkraft und der Stammgruppe statt. Die Gruppe diskutiert dann,

- an welchen Stellen einzelne mehr Unterstützung und Beratung brauchen und
- ob noch andere Lehrkräfte der Schule zur Unterstützung einzelner Kinder oder bestimmter Gruppen herangezogen werden sollten.

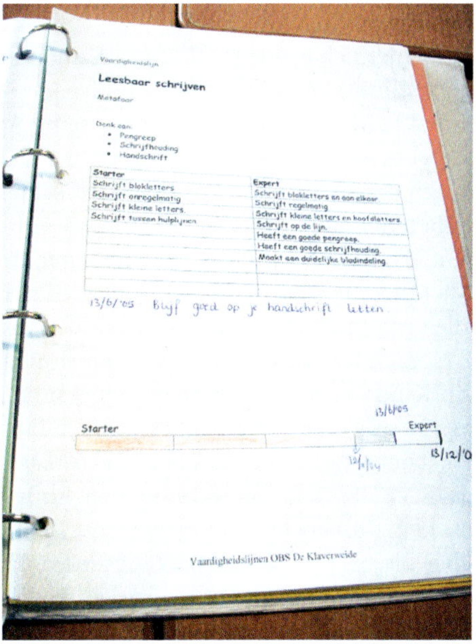

Portfoliomappe mit Lern- und Entwicklungslinien

Leistungsdokumentation und Portfoliogespräche

Jedes Kind dokumentiert seine Leistungen in einer Portfoliomappe, einem Ringbuch, für das es selbst verantwortlich ist und in dem alle Leistungsnachweise dokumentiert werden. Hier sind sowohl die Blätter mit den Lern- und Entwicklungslinien abgeheftet als auch »Beweise« geleisteter Arbeit. Bevor ein Dokument in die Portfoliomappe aufgenommen werden kann, wird es von der betreuenden Lehrkraft des Faches, des Projektes oder der Aufgabe – dem Werkmeister – überprüft und abgezeichnet. Dies geschieht in der Regel am Ende eines Achtwochenblocks, in die das Schuljahr aufgeteilt ist. Die achte Woche ist stets die Erntewoche, in der die Präsentationen der Ergebnisse stattfinden, sich alle Schülerinnen und Schüler Tests unterziehen, um ihre Leistungen zu dokumentieren, und in der auch die Erfolge mit einem Schulfest oder Ausflug gefeiert werden. Die in den Niederlanden regelmäßig und häufig stattfindenden nationalen Tests zur Überprüfung der Lernstände liegen ebenfalls in dieser Zeit. Auch das Portfoliogespräch zwischen Kind und der betreuenden Lehrkraft – dem Lehrmeister – findet immer in der Erntewoche statt.

Das Kind

- meldet sich bei der Lehrkraft an und macht einen Termin aus,
- bestimmt den Inhalt des Gesprächs,
- hat beim Gespräch Beweise für seine Arbeit in der vergangenen Periode bei sich und erzählt darüber,
- schätzt selbst ein, wo es sich auf seinen Lern- und Entwicklungslinien befindet und
- setzt sich neue Ziele für den nächsten Achtwochenblock.

Nach dem Portfoliogespräch füllt die Lehrkraft eine Übersicht aus, auf der alle Lernlinien und Entwicklungslinien untereinander stehen. Durch die im Gespräch festgehaltenen Wachstumslinien kann die Lehrkraft angeben, ob ein Kind in seinem Lernverhalten gesunken, gewachsen oder gleich geblieben ist und ob es auf einer bestimmten Linie ein Experte geworden ist. Diese Übersicht sagt nichts darüber, *wieviel Lernzuwachs* der Schüler hat, oder wo der Schüler genau auf der Linie steht. Einige Male im Jahr nehmen die Kinder ihre Portfoliomappe mit nach Hause, damit die Eltern sich einen Überblick über die Lern- und Entwicklungsfortschritte ihres Kindes machen können. Zweimal im Jahr finden Eltern-Lehrer-Kind-Gespräche statt, in denen die Portfolios als Ganzes betrachtet werden und die Entwicklungsfortschritte gemeinsam erörtert werden.

Im Vergleich zu deutschen Lehrkräften investieren die Lehrkräfte der besuchten Schule wenig Zeit in die Dokumentation der Leistungen, die Korrektur von Tests oder die Bewertung von Leistungen. Sie haben auch nicht den Anspruch, den kompletten Überblick über den Leistungsstand eines Kindes zu haben. Da das Kind selbst die Verantwortung für seinen Lernprozess trägt, zeigt sich alle acht Wochen bei der Präsentation vor der Lerngruppe oder durch die erfolgreiche Bewältigung eines »prestatie«-Auftrags, ob es seinem eigenen Anspruch gerecht geworden ist. In den Dokumentationsblättern zu den Lern- und Entwicklungslinien sind verschiedene Kompetenzen als klare Ziele definiert, mit denen das Kind und die Lehrkraft den Lernfortschritt beurteilen können. Die Lehrkräfte erhalten außerdem über die Ergebnisse der nationalen Tests die Rückmeldung darüber, ob die Lernleistungen der einzelnen Kinder dem Standard der Altersgruppe entsprechen und erhalten so Entscheidungshilfen, ob zusätzliche Hilfen erforderlich sind.

Strukturgebende Elemente

Wie vielleicht bereits deutlich geworden ist, legt die Schule De Klaverweide gleichzeitig Wert auf die Herstellung von Strukturen und einer Wahrnehmung der Individualität jedes einzelnen Kindes. Die klare zeitliche Strukturierung trägt – verstärkt durch die Altersmischung – wesentlich dazu bei, dass jedes Kind sehr schnell eine Orientierung erhält und sich für die Lehrkräfte eine Rhythmisierung der Arbeitsbelastung ergibt, die auch ihnen einen Wechsel von Spannung und Anspannung ermöglicht:

- Das Schuljahr ist eingeteilt in Achtwochenperioden.
- Auf sieben Wochen Arbeit folgt jeweils eine Erntewoche.
- In dieser Zeit präsentieren die Schülerinnen und Schüler ihre Ergebnisse, absolvieren Tests und führen Portfoliogespräche mit ihrer Bezugslehrkraft.
- In dieser Erntewoche werden auch regelmäßig die Eltern eingeladen zu Vorführungen und Darbietungen, um sie an den Erfolgen der Kinder Anteil nehmen zu lassen.
- Auch Feste und Ausflüge sind in der Erntewoche angesiedelt.

Die Schule De Klaverweide stellt außerdem vier organisatorische Elemente in den Mittelpunkt ihrer pädagogischen Bemühungen, die den Tagesablauf und den Wochenplan strukturieren:

- »Prestaties«, was man mit Werkaufgaben oder Projektaufgaben übersetzen könnte,
- Lerntrainings, in denen die Kinder intensiv an den Basiskompetenzen arbeiten,
- Forscherfragen, mit denen Kinder die Welt erkunden,
- Workshops, in denen neue Fähigkeiten erlernt werden können.

»Prestaties«

Die »Prestaties«, Werk- oder Projektaufgaben, stehen im Mittelpunkt der täglichen Arbeit. An fast jedem Tag gibt es einen längeren Unterrichtsblock, in dem sich die Kinder der Bearbeitung der selbstgestellten Aufgabe widmen. Die Schülerinnen und Schüler sollen in dieser Zeit an Aufgaben arbeiten,

- die einen Bezug zum Alltag haben und
- bei denen sie Lösungen für reale Probleme finden müssen.

Die Aufgaben werden von den Lehrkräften formuliert, entwickeln sich aber häufig aus Ideen und Vorschlägen der Schülerinnen und Schüler. Auftraggeber können die Schulleitung oder einzelne Lerngruppen sein, gelegentlich treten auch externe Auftraggeber auf, wie beispielsweise Einrichtungen aus dem Stadtteil. Die Aufgaben bzw. Arbeitsaufträge sind relativ knapp gehalten und ermöglichen den Kindern, die Probleme, die in Zusammenhang stehen, selbst zu analysieren, zu erörtern und Lösungen zu finden. Während unseres Besuchs bearbeiteten Kleingruppen beispielsweise Arbeitsaufträge zur Planung eines Schulausflugs, zur Organisation einer Versteigerung oder zur Betreuung von Besuchern der Schule.

Dabei geht es dann darum, die Kosten, die Wünsche der Mitschüler und Lehrkräfte oder der Kunden im Blick zu haben, Angebote einzuholen, Verhandlungen zu führen und ggf. auch Verträge abzuschließen. Aufgabe der Lehrkräfte ist es, Werkaufgaben zu entwickeln, bei denen sie den Schwierigkeitsgrad der Aufgabe mit den vorhandenen Kompetenzen der Schülerinnen und Schüler zu einer Passgenauigkeit bringen, so dass keine Über- oder Unterforderung für das einzelne Kind entsteht. Darüber hinaus stehen sie für Fragen und Rat als Ansprechpartner zur Verfügung und bieten ggf. einen Workshop an, der passgenau Kompetenzen vermittelt, die zur Bewältigung einer Aufgabe erforderlich sind. Dies können beispielsweise Rechenverfahren sein, mit denen sich die Preise der Angebote vergleichen lassen, und die Anwendung von Software zur Tabellenkalkulation, um das Finanzmanagement zu dokumentieren und Rechenschaft abgeben zu können. Die erfolgreiche Aufgabenbewältigung ergibt sich aus der Rückmeldung der Auftraggeber. Nach der Auftragserledigung wird ein Zertifikat ausgestellt.

Auftraggeber: Hermann (Schulleiter)
Werkmeister: Trudi
Aufgabe: Organisiere eine Führung durch unsere Schule für Eltern, die ihr Kind hier anmelden möchten. Berichte über unsere Arbeitsweise und lass sie alle Räume sehen. Die Führung kann eine halbe Stunde dauern. Sorge auch für Kaffee und Tee für diese Eltern.

Auftraggeber: Die Schule
Aufgabe: Eine Versteigerung organisieren
Viele Menschen kaufen Kunst auf einer Versteigerung. Wenn beispielsweise eine Uhr verkauft werden soll, können die Menschen sagen, wie viel Geld sie dafür bezahlen wollen. Derjenige, der am meisten bezahlen will, kann die Uhr schließlich kaufen. Am Donnerstag, dem 10.2. ist eine Portfolioausstellung. An diesem Tag soll eine Versteigerung stattfinden. Es wird ein Workshop angeboten. Er heißt: »So organisiere ich eine Versteigerung.«

Beispiele für zwei Prestatie-Aufgaben der Schule De Klaverweide

Lerntraining

Das Lerntraining spielt im Vergleich zu den »Prestaties« im Schulalltag eine untergeordnete Rolle und soll die Grundfertigkeiten trainieren. Im Lerntraining haben die Schülerinnen und Schüler die Möglichkeit, sich in einem Zeitraum von jeweils sieben Wochen für einige Stunden pro Woche intensiv mit dem Training von Basiskompetenzen zu beschäftigen. Im Lerntraining arbeiten die Kinder gezielt an der Verbesserung ihrer Rechtschreibung, dem Leseverstehen, dem Training des Einmaleins, dem Erlernen einer Fremdsprache oder dem Erwerb geografischer Kenntnisse. Die Bereiche, in denen sie trainieren möchten, wählen die Schülerinnen und Schüler nach Absprache mit der sie betreuenden Lehrkraft im Portfoliogespräch selbst für einen Achtwochenzeitraum aus. Mit Lernkarteien, Lernprogrammen oder Arbeitsblättern können sie gezielt an einzelnen Bereichen arbeiten. Am

Ende des Sieben-Wochen-Zeitraums ist Erntewoche: Das Kind macht einen Test auf seinem Lernniveau und erfährt durch das Ergebnis, wie erfolgreich es gelernt hat. Auf diese Weise können sich die Kinder so auch mit Anforderungen, die von außen an sie gestellt werden, auseinandersetzen – etwa mit den nationalen Tests, die an dieser Schule genauso wie an allen anderen niederländischen Schulen regelmäßig durchgeführt werden.

Forscherfragen

Forscherfragen entwickeln sich aus den Interessen der Kinder heraus und stellen den Zusammenhang zur Welt dar: »Warum gibt es so viele verschiedene Sprachen in der Welt?«, »Was ist Hinduismus?« »Warum gibt es Jahreszeiten?« sind Beispiele für Fragen, welche einzelne Schülerinnen und Schüler aufwerfen, in der Lerngruppe ansprechen und die sie dann entweder alleine oder in Kleingruppen über einen längeren Zeitraum bearbeiten. Die Lehrkraft überlegt ausgehend von der Fragestellung gemeinsam mit dem Kind den Umfang der Forschungsarbeiten und die Art der Präsentation der Ergebnisse vor der Klasse. Sie bespricht regelmäßig mit dem Kind, was es erreichen will und kann. Einen Leistungsnachweis erbringen die Kinder zum Abschluss ihrer Forschungstätigkeit mit einer Ausstellung, einer PowerPoint-Präsentation, einer schriftlichen Dokumentation oder einem Plakat. Häufig werden auch die Ergebnisse mit einem Workshop oder Vortrag anderen interessierten Schülerinnen und Schülern vorgestellt.

Workshops

In Bildungs- und Kreativ-Workshops wird den Kindern angeboten, über einen begrenzten Zeitraum hinweg neue Fertigkeiten zu erlernen oder auch neue Möglichkeiten für kreative Aktivitäten kennenzulernen. Workshops werden zu vielen verschiedenen Themen angeboten, die dem Lebensalltag der Kinder entstammen oder auf ihr Interesse stoßen. Wichtige Grundsätze sind, dass die Workshops für die Bildung der Kinder sinnvoll und nützlich sind und dass die Kinder frei wählen können, an welchem Workshop sie teilnehmen wollen. Einige der Workshops werden von Lehrkräften der Schule angeboten, andere von Künstlern oder Menschen aus dem Stadtteil. Workshops können sich daher sowohl mit traditionell schulischen Themen beschäftigen wie Rechtschreibung, Lesen, Sport oder Fremdsprachen, beschäftigen aber auch mit Improvisationstheater, afrikanischer Musik, vegetarischem Kochen oder Bildhauerarbeiten. Weil die Kinder frei entscheiden, für welchen Workshop sie sich einschreiben, sind sie in der Regel hoch motiviert.

Ausschnitt aus dem Wochenstrukturplan der Mittelstufe

Coaching schon von klein auf

Selbst die ganz jungen Schülerinnen und Schüler, die ja erst vier Jahre alt sind, arbeiten von Anfang an

- nach dem Prinzip der Selbststeuerung,
- der Festlegung von eigenen Lernzielen
- und der täglichen Selbstreflexion.

Wie das funktioniert, wenn die Kinder noch nicht lesen und schreiben können? Während die Größeren sich in Listen für Workshops eintragen, klemmen die Kleinen eine Wäscheklammer an die Aktivität, die sie sich für den Tag vorgenommen haben, sei es das Bauen mit Lego oder geometrischen Materialien, das Malen eines Bildes oder dem Rollenspiel mit anderen.

Freundlich fragt die Lehrkraft das Kind, was es erreichen will, was sein Ziel bei der gewählten Aktivität ist. »Wie hoch soll der Turm werden?« »Was möchtest du mit deinem Bild ausdrücken?«

Am Ende jeder Aktionsphase am Ende eines Vormittags oder eines Nachmittags steht eine Präsentations- und Reflexionsphase. Keine Aktivität scheint beliebig, jede Tätigkeit wird am Ende eines Unterrichtsblocks durch eine Präsentation vor der Lerngruppe gewürdigt und mit Applaus wie auch mit kritischen Rückmeldungen der anderen Kinder beendet. Jedes Kind demonstriert in seiner Stammgruppe sein Ergebnis, sei es ein Bauwerk aus Lego, ein gemaltes Bild oder eine Bastelarbeit. Im Anschluss an die Präsentation bittet die Lehrerin regelhaft die übrigen Kinder, zu kommentieren, was ihnen daran gefällt und ob sie Verbesserungsvorschläge haben. Regelhaft fragt sie zum Abschluss das präsentierende Kind: Bist du zufrieden mit deinem Ergebnis? Möchtest du noch etwas verändern? Was hast du heute gelernt? Was nimmst du dir als Nächstes vor?

Auch Kinder mit besonderen Schwierigkeiten im Lernen oder einem sonderpädagogischen Förderbedarf lernen an der Schule De Klaverweide. In Kleingruppen, die zusätzlich zu den Lehrkräften noch mit Assistenzpersonal ausgestattet sind und in denen jedes Kind mehr Aufmerksamkeit erhält, arbeiten sie in ähnlicher Weise wie die übrigen Kinder und mitten unter ihnen. Dabei sind sie aber den altersgemischten Stammgruppen zugeordnet und haben immer die Möglichkeit, phasenweise an allen Aktivitäten oder Workshops teilzunehmen und die Pausen und Sportstunden gemeinsam mit den schneller lernenden Kindern zu verbringen. All dies wird individuell auf das einzelne Kind abgestimmt und kann durch das offene Raumkonzept auch spontan variiert werden.

Wie ist die Schule dazu gekommen?

Das Konzept des Natürlichen Lernens bezieht sich auf humanistische Psychologen wie Abraham Maslow (1908 - 1970), den Ansatz des Sozialkonstruktivismus, vor allem der Lerntheorie von Lev Vygotsky (1896 - 1934), neurowissenschaftlichen Erkenntnissen von Howard Gardner (geb. 1943) und den niederländischen Hochschullehrer Luc Stevens (geb. 1941). Nachdem im Jahr 2000 zunächst die berufsbildenden Schulen begonnen haben, nach dem Konzept des Natürlichen Lernens zu arbeiten, gibt es in den Niederlanden inzwischen Schulen aller Schulformen, die so arbeiten (vgl. www.natuurlijkleren.net).

Begleitet wurde die Schule De Klaverweide von APS, einem unabhängigen Non-Profit-Beratungsunternehmen, das Angebote für Schulen, Behörden und einzelne Lehrkräfte in Fragen der Unterrichtsentwicklung macht. APS begleitet und unterstützt Schulentwicklungsprozesse und stellt Trainer und Coaches für Schulleitungen, Kollegien und Lehrkräfte zur Verfügung. Ziel der Arbeit ist eine nachhaltige Veränderung des Lernens und des Erfolgs von Schulen. Hierfür werden auch Strategien aus der Unternehmensberatung herangezogen, um Schulleitungen darin zu unterstützen, eine strategische Ausrichtung der Schule vorzunehmen, die Schule als Organisation nachhaltig weiterzuentwickeln und systematisch Personalentwicklung zu betreiben. Dabei gehen sie von der Schule als lernende Organisation aus, in der eine Unternehmenskultur etabliert ist, die sowohl alle Beteiligten in ihrer persönlichen beruflichen Entwicklung fördert als auch die Schule als Ganzes (vgl. www.aps.nl). Durch regelmäßige schulinterne Fortbildungsangebote, Supervision, Intervision und Coaching und methodische Kurse zu einzelnen

Fächern, Lernmethoden oder zur Gesprächsführung lernen die Lehrkräfte ganz im Sinne des Ansatzes des »Natürlichen Lernens«, sich mit ihren eigenen Problemen auseinanderzusetzen und sich selbst ständig weiterzuentwickeln.

Die Schule hat sich im Jahr 2003 entschieden, einen radikalen und konsequenten Weg einzuschlagen. Der Beschluss wurde gefasst, die Schule als Ganzes und sofort umzuwandeln und nicht etwa schrittweise oder in Teilen mit der Methode des Natürlichen Lernens zu beginnen. Zu dieser Konsequenz gehörte auch die Umbauphase des Gebäudes ganz am Anfang des Prozesses, die den Wandel symbolisierte und allen Schulbeteiligten den Beginn von etwas Neuem verdeutlichte. Alle Lehrkräfte, die zunächst gegen den pädagogischen Ansatz des Natürlichen Lernens waren, konnten sich über einen Zeitraum von zwei Jahren überlegen, ob sie diesen Weg mitgehen wollten oder ob sie die Schule wechseln wollen. Von den etwa 30 Lehrkräften sind bis auf zwei alle geblieben.

Selbstevaluation und Weiterentwicklung

Die Schule Klaverweide scheut sich nicht, das Konzept und den Alltag kritisch zu hinterfragen und Elemente auch immer wieder zu modifizieren. Seit dem Besuch im Jahre 2007 hat es einen erneuten Schulleiterwechsel gegeben. Im Jahr 2008 hat sie sich systematisch einer Selbstevaluation unterzogen. Die Eltern der Schule haben auf Wunsch der Schule an einer Befragung zu ihrer Zufriedenheit teilgenommen, die allen niederländischen Schulen zur Verfügung steht (www.bvpo.nl). So konnte die Schule De Klaverweide nicht nur die Antworten der Eltern zu ihrer Zufriedenheit mit der Entwicklung ihrer Kinder, der Begleitung durch die Lehrkräfte und der Organisation des Schulalltags auswerten, sondern auch die Ergebnisse ihrer Schule mit den Ergebnissen von 1200 anderen Schulen vergleichen, die als Referenzschulen dienten, und feststellen, in welchen Bereichen die Eltern sich besondere Unterstützung von ihrer Schule wünschen. Die Schule scheut sich nicht, die Befragungsergebnisse auf ihrer Homepage im Downloadbereich allen Interessierten zugänglich zu machen. Sie setzt sich auch mit Schwächen und Entwicklungsbedarfen in einigen Bereichen auseinander: So wie sie die Selbstreflexion des Kindes in den Mittelpunkt des Lernens stellt, so versteht sie sich selbst als lernende Organisation.

Links

Homepage der Schule De Klaverweide: www.deklaverweide.nl;
Homepage zum Natürlichen Lernen: www.natuurlijkleren.net/
Homepage der Fortbildungsagentur APS: www.aps.nl
Homepage des Bureau voor praktijkgericht onderzoek: www.bvpo.nl
– alle zuletzt abgerufen am 5.4.2011 –

Edgar Bohn

Schulen lernen von und mit Eltern

Ansätze dialogischer Elternarbeit

Das Projekt

Auslöser ist ein Elternabend in einer ersten Klasse. Von 21 Kindern sind nur zehn beim ersten Treffen vertreten. Dies war Anlass, dass sich sowohl in der aktiven Elternschaft als auch im Kollegium der Schule die Erkenntnis durchsetzt: Hier muss etwas geschehen. Nur: was? Dies soll eine Arbeitsgruppe, bestehend aus Eltern, einer Kollegin, dem Schulleiter und zwei »Freunden der Schule« auf den Weg bringen.

Da dieses Problem nicht nur in der Anne-Frank-Grundschule in Freiburg auftaucht, sucht diese Arbeitsgruppe zunächst Schulen mit ähnlichen Erfahrungen in der Stadt und findet diese in einer weiteren Grundschule, der Lortzingschule, der Albert-Schweitzer-Schule III (einer Förderschule) und der Mooswaldschule (einer Sonderschule für Erziehungshilfe). Gemeinsam suchen die vier Schulen nach Wegen, die das Ziel haben, die Zusammenarbeit zwischen Elternhaus und Schule wieder auf eine deutlich breitere Basis zu stellen.

Schnell wird deutlich, dass folgende zwei Aufgaben dabei zu bewältigen sind:

- Bestätigung derjenigen, mit denen diese Zusammenarbeit gelingt.
- Aktivierung bislang eher der Schule fern stehender Eltern.

Gerade letztgenannte Aufgabe erfordert eine spezielle Sichtweise auf die Elternarbeit: Wenn bislang eher bildungsferne Eltern zur Zusammenarbeit gewonnen werden sollen, so müssen zunächst einmal deren Einstellungen und Erwartungen deutlich und verständlich werden. Nur darauf aufbauend kann es gelingen, Wege der Zusammenarbeit zu finden.

Entsprechend wird ein gemeinsames Projekt entwickelt: »Schulen lernen von und mit Eltern – aktivierende und unterstützende Elternarbeit«. Der Grundgedanke dahinter ist, dass sich Schulen auf den Weg in einen Lernprozess mit Eltern begeben und so erfahren, welche Einstellungen und Erwartungen, welche Hoffnungen und Ängste die Eltern mitbringen, die für sie bedeutsam und wirksam sind. Dies soll der Ausgangspunkt sein, um schließlich – gemeinsam mit ihnen – Wege der Zusammenarbeit zu finden und zu erproben.

Sehr schnell wird in den unterschiedlichen Schulen deutlich, dass die jeweiligen Wege – gemäß den dort vorgegebenen Bedingungen – unterschiedlich sein müssen. Dennoch ist der regelmäßige Austausch der Schulen – auch und gerade über die unterschiedlichen Schularten hinweg – sowie die Einbeziehung von außerschulischen Experten (beispielsweise der Volkshochschule (VHS), der Kirchengemeinden, des Sozial- und Jugendamtes, des Migrantenvereines Südwind und von Elternvertretern) äußerst gewinnbringend für den Erfolg des Unternehmens.

Was ist der Gewinn aus der Zusammenarbeit in diesem Netzwerk?

- Die Schulen probieren – unabhängig voneinander, aber in engem Kontakt – unterschiedliche Zugänge zur Elternarbeit aus, tauschen sich darüber aus und profitieren von der Erfahrungen der anderen. (Bsp.: das Elterncafé – in der Lortzingschule als »Café Global« mit Erfolg ausprobiert – wird von allen Schulen, wenn auch in abgewandelter Form, übernommen. Weniger erfolgreiche Ansätze, die es natürlich auch gibt, müssen an den anderen Schulen nicht wiederholt werden.)
- Die Beratung durch schulfremde Personen ergibt immer wieder neue Perspektiven, Ansätze und Möglichkeiten und wird dadurch ein wesentliches Element der Projektentwicklung. Neue Ideen und neue Wege werden eröffnet. So kann in der Anne-Frank-Grundschule die längst angestrebte »Elternschule« in Zusammenarbeit mit der VHS endlich realisiert werden.
- Der Einbezug von Migrantenorganisationen im Beirat hat zur Folge, dass auch und gerade in diesem Gremium deren Perspektive immer wieder deutlich zur Sprache kommt und die Gruppe auch dadurch nahe an den besonderen Fragestellungen ist.

Im Folgenden beschränke ich mich bei meinen Ausführungen auf den Weg, den wir an der Anne-Frank-Grundschule gingen.

Die Anne-Frank-Grundschule im Kurzporträt

Im Westen der Stadt Freiburg gelegen, 1971 erbaut und in Betrieb genommen, fühlt sich die Schule seit ihrer Eröffnung reformpädagogischen Grundsätzen verpflichtet. Rund 230 Schülerinnen und Schüler werden von 19 Kolleginnen und Kollegen (davon drei mit vollem Deputat) unterrichtet. Neben den Regelklassen gibt es in der Schule seit 1994 jahrgangsgemischte Familienklassen. Von 2001 bis 2009 wurden Kinder mit Behinderungen in der Schule unterrichtet. Ab dem Schuljahr 2010/11 werden wir wiederum eine solche Klasse einrichten können.

Etwa 2/3 der Familien der Kinder haben eine Zuwanderungsgeschichte, etwa 1/3 der Kinder kommen aus einkommensschwachen Familien.

Der Projekteinstieg

In Elternbeirat und Gesamtlehrerkonferenz wird das eingangs dargestellte Phänomen dargelegt und schließlich diskutiert. Beide Gremien führen ein Brainstorming durch und werben für einen neu zu gründenden Arbeitskreis »Elternprojekt«. Der Schulleiter lädt zu einem ersten Treffen dieses Arbeitskreises ein und nützt dafür auch die Schulzeitung »Lesewurm«. So entsteht der erwähnte Arbeitskreis, der schnell den Namen »AK Elternprojekt« erhielt und seit April 2007 Dauereinrichtung an der Schule ist. In der ersten Sitzung wird – auf der Grundlage der Ergebnisse von Elternbeirat und GLK – ein erweitertes Brainstorming durchgeführt, die Arbeitsstruktur des Projektes festgelegt und es werden die ersten konkreten Schritte in die Wege geleitet.

Die ersten Schritte

Wenn die Teilnahme an den Elternabenden zu wünschen übrig lässt, so die erste Überlegung, dann muss die Frage nach der Zielgruppenorientierung dieser Elternabende gestellt werden: was hindert Eltern an der Teilnahme?

Mögliche Hinderungsgründe

- schriftliche Einladung wird nicht verstanden
- Unkenntnis der Bedeutung von Elternabenden
- Schwierigkeiten mit der »Staatsautorität« Schule
- Vermutung, dass Eltern sich von Schule fern halten sollen
- Schichtarbeit
- fehlende Kinderbetreuung
- mangelnde Deutschkenntnisse
- ungünstige Zeiten
- Form der Darbietung (monologisierende Lehrervorträge)

Hier schlagen wir zwei Wege ein: durch eine gemeinsame Fortbildung der Klassenlehrer/innen zusammen mit ihren Elternvertreter/innen sollen diese Elternabende dialogischer werden. Dieser Schritt lässt sich schnell umsetzen, weil sowohl bei Eltern als auch in der Lehrerschaft das Interesse an einer solchen Fortbildung vorhanden ist und entsprechende Referentinnen bereitstanden. Im September 2008 – vor den Wahlen zu den Elternvertreter/innen der Klassen – findet diese Fortbildung statt und kann somit sofort umgesetzt werden.

Angesprochen werden damit zunächst die eingangs genannte erste Zielgruppe, also jene Eltern, mit welchen die Zusammenarbeit bereits schon gelang.

Wie aber sollen wir die zweite Zielgruppe erreichen?

Um festzustellen, was Eltern an der Teilnahme von Elternabenden hindert, wird weiterhin festgelegt, dass der Schulleiter nach den durchgeführten ersten Elternabenden im neuen Schuljahr Kontakt zu denjenigen Eltern aufnimmt, die nicht teilnahmen, und bei diesen – ohne Druck auszuüben – die Gründe für deren Nichtteilnahme erfragt. Das Ergebnis dieser Befragung fließt dann in weitere Überlegungen (so zum Beispiel zur zeitlichen Lage von Elternabenden) ein.

Um der Schule eher fernstehenden Eltern den Schritt in die Schule zu ebnen, sind Elternabende wohl eher nicht besonders geeignet. Wie, so die weitere Frage, konnte Eltern – und gerade solchen mit Zuwanderergeschichte – ein niederschwelliger Zugang zur Schule ermöglicht werden?

Ein Erfolgsmodell der Lortzingschule scheint uns der richtige Ansatz zu sein: Familien mit Zuwanderergeschichte stellen in einem schulöffentlichen Rahmen einen Ausschnitt aus ihrer persönlichen Geschichte vor, das Ganze in einem offenen Café und damit in ungezwungener Atmosphäre an einem späten Nachmittag. So wird das Elterncafé auch für unsere Schule übernommen.

Dies führt unmittelbar zu einem weiteren Beschluss: Wenn wir mit den Menschen mit Migrationshintergrund in einen intensiven Dialog kommen wollen, so müssen wir hierfür eine weitere Plattform schaffen. Die Idee des »AK Migration« entstand und wird in der Folge auch umgesetzt.

Dialogischer Elternabend – was ist das?

In seinem Lied »Elternabend« skizziert Reinhard Mey das Gegenteil eines dialogischen Elternabends. Dem setzen wir unser Ziel entgegen: wir wollen vom Vortragen zum Miteinander-ins-Gespräch-Kommen.

Dies setzt voraus, dass im Vorfeld des Elternabends alle Informationen – soweit dies möglich ist – geflossen sind, so dass während des Elternabends die so gewonnene Zeit für Nachfragen genutzt werden kann.

Es setzt weiter voraus, dass die Eltern die Möglichkeit erhalten, in kleinen Gruppen ihre Fragen, Anregungen und Wünsche zu formulieren und zu Gehör bringen können.

Dies wiederum hat zur Folge, dass der Lehrer/die Lehrerin sich darauf einlassen muss, nicht auf alle Belange der Eltern sofort eine Antwort bereitzuhaben. Solche Punkte werden jedoch beim nächsten Treffen bearbeitet (z.B. wollten Eltern einer Klasse das Thema »Taschengeld« bearbeiten; in einer anderen Klasse war ein zentrales Anliegen die Frage nach vertretbarem Konsum von Bildschirmzeiten und möglichen begrenzenden Erziehungshandlungen; andere Eltern wollten wissen, was in Freiarbeit passiert und wie die Kinder dabei lernen).

Dialogische Elternabende werden von Eltern und Lehrern gemeinsam vorbereitet und durchgeführt. Hilfreich ist ein breites Repertoire von Möglichkeiten, die Eltern zu aktivieren.

Damit diese Form der Elternarbeit gelingen kann, muss zwischen den Eltern selbst sowie zwischen Eltern und Schule eine offene Atmosphäre und ein vertrauensvolles Verhältnis bestehen. Dies zu entwickeln ist gerade in einer Stadt von besonderer Bedeutung. (Unsere 55 Erstklässler des Jahres 2009 kamen aus 17 verschiedenen Kindertageseinrichtungen, deren Eltern kannten sich zum großen Teil nicht aus dem vorschulischen Bereich.)

Was seither geschieht

Im April 2007 nimmt der AK Elternprojekt seine Arbeit auf. Im September 2009 wird das Projekt der beteiligten Schulen offiziell beendet. Was wird in dieser Zeit umgesetzt und auch nach Beendigung des Projektes weitergeführt?

Der **AK Elternprojekt** selbst: eine Arbeitsgruppe von sechs bis acht Personen, darunter die Schulleitung, tagt sechsmal pro Schuljahr. **Aufgabe** des AK ist es, die Weiterentwicklung des Elternprojekts kritisch-konstruktiv zu begleiten und als kontinuierlichen Prozess zu gestalten.

Auf Initiative des AK Elternprojekt ist Folgendes zurückzuführen:

- der AK Interkultur;
- das Elterncafé,
- die gemeinsame Fortbildung von Eltern und Lehrer/innen zum Thema: Elternabende dialogisch gestalten,
- Elternkurse im Herbst (in Zusammenarbeit mit der VHS),
- Vorträge im Spätsommer (in Zusammenarbeit mit dem Förderverein),
- »Mama (auch Papa) lernt Deutsch«, ABC der Anne-Frank-Grundschule (eine Grundinformation für alle Eltern),
- eine Jahresplanung für die Elternarbeit, die an der Schule geltenden Leitgedanken zur Elternarbeit.

Der **AK Interkultur**: 2008 wurde dieser AK vom Elternprojekt initiiert und zunächst als AK Migration betitelt. Aus zwei Teilnehmerinnen ist inzwischen ein fester Stamm von sechs bis acht Personen (incl. Schulleitung) geworden. Schnell wurde auf Anregung der Teilnehmerinnen der Name in AK Interkultur abgeändert. Auch diese Gruppe tagt sechsmal im Schuljahr. **Aufgabe** dieses AK ist es, mit Eltern mit Migrationshintergrund ins Gespräch zu kommen und im Gespräch zu bleiben, deren besondere Belange aufzunehmen und Lösungen sowie Möglichkeiten zu deren aktiven Einbindung in die Schule zu finden.

Beispiele aus der Arbeit des AK Interkultur:

- Planung und Organisation des **Elterncafés**: vier Mal im Schuljahr trifft sich die Schulgemeinde im Foyer der Schule im Rahmen eines Cafés. Dabei erhält jeweils eine Familie mit Migrationshintergrund die Möglichkeit, etwas von ihrer Indentität vorzustellen. »Ein deutscher Berber aus Nordafrika« eröffnete diese Veranstaltungsreihe; zuletzt – beim mittlerweile zehnten Elterncafé – erfuhren wir erstaunliche Dinge über Sri Lanka.
- Ein **Sprachführer**: in der Schule werden Wörter benützt, die in keinem Wörterbuch zu finden sind. Der AK stellte eine Liste von etwa 100 solcher Wörter zusammen. Deren Erklärungen in Deutsch – und wo möglich mit

Foto versehen – wurden ergänzt durch die Übersetzung in mittlerweile elf unterschiedliche Sprachen. Dieses Wörterbuch erhalten auf Wunsch alle interessierten Eltern in der jeweils gewünschten Sprache.
Eine jährlich wiederkehrende Informationsveranstaltung zum Schulsystem in Baden-Württemberg (im Jahresplan der Elternarbeit fest verankert).
(Zum Sprachführer siehe folgende Seite. Dort habe ich exemplarisch einige Begriffe in unterschiedlichen Sprachen zusammengefasst.)

Aus dem Flyer des AK Interkultur:

Warum es den AK Interkultur gibt

Die Eltern unserer Schule und deren Kinder sprechen über 40 unterschiedliche Sprachen. Sie kommen damit aus vielen unterschiedlichen Kulturen mit ebenso vielen unterschiedlichen Vorstellungen. Wir verstehen diese Situation als Chance, miteinander und voneinander zu lernen. Dazu müssen wir mehr voneinander und übereinander erfahren. Wir müssen ins Gespräch miteinander kommen. Aufgabe des AK Interkultur ist es, diesen Dialog in Gang zu bringen und zu halten. Ziel ist es, mehr über die Eltern der Kinder unserer Schule zu erfahren, deren Interessen zu Gehör zu bringen und – wo immer möglich und notwendig – gemeinsame neue Wege und Lösungen zu finden.

Was der AK Interkultur unternimmt

Der AK Interkultur trifft sich in regelmäßigen Abständen mit der Schulleitung und Vertretern aus dem Elternbeirat. Dabei werden Themen bearbeitet, die aus dem AK Interkultur entstehen. Die Sitzung wird geleitet von der Schulleitung, die auch jeweils ein Protokoll der Sitzung erstellt und an alle Teilnehmer/innen und Interessent/innen verteilt. Die Sitzungen werden eröffnet mit der Bitte an die Teilnehmer/innen, folgende Liste zu ergänzen:

- Was mir an der Schule gefällt
- Was ich mir für die Schule / die Kinder wünsche
- Was ich nicht verstehe

Folgende Anregungen wurden bereits umgesetzt:

- Erstellung eines Wörterbuchs der Schule
- Übersetzung in mittlerweile zehn Sprachen
- Elterncafé ins Leben gerufen
- Betreuung und Organisation des Elterncafés
- Mitarbeit beim Schulfest

Wer der AK Interkultur ist

Der AK Interkultur wird am 3. April 2008 ins Leben gerufen. Inzwischen nehmen regelmäßig bis zu 10 Personen teil.
Der AK Interkultur trifft sich in der Regel am Dienstag oder Montag, zwischen 17.00 Uhr und 18.30 Uhr im Lehrerzimmer der Schule.
Damit die Mütter und Väter auch teilnehmen können, sind deren Kinder in der Kinderbetreuung an der Schule gut aufgehoben. Neben dem Schulleiter und einer Person aus dem Elternbeirat nimmt ein inzwischen fester Stamm von Müttern mit Migrationshintergrund teil. Auch Väter sind herzlich willkommen! Eingeladen sind jeweils alle interessierten Eltern und Lehrer/innen der Schule.

AUB, die (= außerunterrichtliche Betreuung)	Nach Unterrichtsschluss bis um 13 Uhr wird ihr Kind in der AUB betreut. Sie müssen Ihr Kind dazu anmelden. Bitte fragen Sie nach.		When school ends at 1 p.m., your child will be under the supervision of the AUB. You must register your child for this service. Please ask for more information.
Arbeitsmaterialien, die	Zur Arbeit in der Klasse benötigt das Kind bestimmte Dinge: Hefte. Bleistift, Lineal, Farben … Alles, was das Kind zur Arbeit benötigt, ist das Arbeitsmaterial.		لوازم تحرير Lava:zeme tahrir
Bildende Kunst, die BK	BK ist ein Unterrichtsfach. Hier haben die Kinder die Gelegenheit, ihren bildnerischen Ausdruck zu üben.		Art: L'art est une des matières scolaires. Les enfants y ont l'occasion d'exercer leur expression créative.
Einschulung, die	Der erste Tag, an dem die Kinder der ersten Klasse in die Schule aufgenommen werden.		Il primo giorno di scuola: i bambini vengono accolti nella scuola.
Elterncafé, das	Eltern und ihre Kinder treffen sich in der Schule. Sie sitzen mit den Lehrern zusammen, trinken Kaffee oder Tee und sprechen miteinander. Dabei wird jeweils ein Land vorgestellt, aus dem Kinder der Schule und deren Eltern kommen.		الأهالي والأطفال يجتمعون في المدرسة ... ويتم التحدث مع المعلمة .. ويمكن شرب القهوة أو الشاي والتحدث مع بعض ... ويتم التعريف على بلد معين الذي جاء منه الطفل وعائلته ...
Elternprojekt, das	Eltern treffen sich in der Schule und überlegen, was da ganz gut läuft und was verbessert werden könnte. Sie arbeiten zusammen mit der Schule daran diese Verbesserungen umzusetzen.		Встречи родителей, во время которых обуждаются достоинства и недостатки в работе школы.
Fastnacht, die	Fest im Frühling (Februar / März): Die Menschen verkleiden sich und sind fröhlich.		Mackare

Sprachführer mit für die Schule wichtigen Begriffen in unterschiedlichen Sprachen (siehe S. 111f.)

Aus unserer Schulzeitung »Lesewurm« vom Juli 2010:

Elterncafé Sri Lanka

Am 19.05.2010 fand das 4. Elterncafé in diesem Schuljahr in unserer Schule statt. An diesem Tag erzählte uns Familie Srikanthan etwas über ihr Heimatland Sri Lanka. Da die Familie nicht sicher war, ob ihre Deutschkenntnisse ausreichen würden, wurde der Vortrag von einem Freund der Familie gehalten, der als Dolmetscher arbeitete. Auf einem Tisch standen verschiedene Gewürze, die in Sri Lanka verwendet werden, und ein Räucherstäbchen erfüllte die Luft mit seinem – für die meisten von uns fremden – Geruch.

Wir lernten einige geographische Fakten, erfuhren von der Bevölkerung, der Sprache, den unterschiedlichen Glaubensrichtungen (unter anderem wurden die verschiedenen Hochzeitszeremonien der unterschiedlichen Glaubensrichtungen vorgestellt) und den verschiedenen Gebräuchen in Sri Lanka. So bedeutet die Farbe des Punktes, den die Frauen auf der Stirn tragen, Unterschiedliches. Trägt eine Frau einen roten Punkt, so bedeutet es, dass sie verheiratet ist. Auch der traditionelle Tanz wurde erläutert. Bei diesem Tanz hat jede Handbewegung eine bestimmte Bedeutung, so dass es sehr kompliziert ist, den Tanz zu lernen. Beim Essen gibt es einen entscheidenden Unterschied: neben den vielen verwendeten Gewürzen wird in Sri Lanka auch deutlich schärfer gegessen als in Deutschland. Interessant war auch zu hören, dass es 2 unterschiedliche Sprachen in Sri Lanka gibt, Sinhala und Tamil, die beide nicht miteinander verwandt sind, so dass die unterschiedlichen Gruppen der Bevölkerung, die diese Sprachen sprechen, sich nicht verstehen. Dies führte dazu, dass die beiden anwesenden Familien aus Sri Lanka sich aufgrund der unterschiedlichen Sprachen auf Deutsch unterhielten. Seinen Höhepunkt fand das Elterncafé, als der Sari, das traditionelle Kleidungsstück, vorgestellt wurde. Anhand einer Freiwilligen (vielen Dank an Frau Morath-Bühler!) wurde die doch sehr komplizierte Art, den Sari zu wickeln, demonstriert – das Ergebnis sah umwerfend aus.

Beendet wurde das Elterncafé mit einem fantastischen Essen; es wurden verschiedene Spezialitäten serviert, die alle sehr gut schmeckten und deutlich machten, wie unterschiedlich das Essen im Vergleich zu unserem ist.

Vielen Dank für den gelungenen Abend!

Birgit Schumann

- Mitarbeit bei **Schulfesten**: aus dem AK Interkultur stammte die Idee, die Gäste beim Schulfest in unterschiedlichen Sprachen zu begrüßen, Spiele aus den Herkunftsländern mit Kindern und Erwachsenen zu spielen und zudem ein Ausstellungszimmer einzurichten, in dem Bilder und Fotos, Kleidungsstücke, Bücher, Alltagsgegenstände aus unterschiedlichsten Herkunftsländern – wie in einem Museum – besichtigt werden können.
- Immer wieder kommen in diesem AK **interkulturelle Missverständnisse** zur Sprache. Diese zu sammeln, auszuwerten und öffentlich zu machen ist eine Daueraufgabe, die sich der AK stellt. In einem vielbeachteten Elterncafé berichteten die AK-Mitglieder auf amüsante Art und Weise von solchen Missverständnissen und ernteten dafür viel Beifall und Verständnis.

Beispiele:

Unterschiedliche Begrüßungsformen

- in Japan begrüßt man sich durch Verbeugung. Was nun, wenn ein Europäer einen Japaner trifft und beide keine Ahnung von diesen unterschiedlichen Begrüßungsformen haben?
- in bestimmten Kulturen sollte eine Frau keinen Körperkontakt zu einem »Fremden« haben, also auch nicht die Hand geben. Was, wenn der »fremde« Lehrer dies aber erwartet, die Frau jedoch den Handschlag verweigert?

Unterschiedliche Bedeutung des Blickkontaktes

- in bestimmten Kulturen gilt es als unhöflich, sich in die Augen zu schauen. Was, wenn wir bei einem Gespräch genau dies erwarten, unser Gegenüber jedoch nicht darauf eingeht?

Aufgabe der Schule

- in bestimmten Kulturen ist es alleine Aufgabe der Schule, sich um die Bildung der Kinder zu kümmern. Ein Einmischen der Eltern wird von der Institution mit Nachdruck als unzulässig zurückgewiesen. Was, wenn Eltern dies verinnerlicht haben, wir jedoch deren Mitarbeit erwarten?

Stellung der Schulleitung

- in bestimmten Kulturen ist es unvorstellbar, dass eine Schulleitung sich mit solch profanen Dingen wie Mitarbeit beim Schulfest beschäftigt. Was, wenn Eltern sehen, wie ein Schulleiter bei einem solchen Fest Geschirr spült?

- Einbringung weiterer **Interessen**: auf Initiative des AK geht zurück, dass an der Schule zunächst türkischer muttersprachlicher Unterricht eingeführt wird. Derzeit überlegen wir, solchen Unterricht in weiteren Sprachen anzubieten. Eine weitere Initiative wird inzwischen von Gesamtlehrer- sowie Schulkonferenz jeweils einstimmig befürwortet und der Antrag auf die Einrichtung von islamischen Religionsunterricht an der Schule gestellt.

Zusammengefasst bestehen für die Eltern der Anne-Frank-Grundschule folgende Möglichkeiten der dialogischen Elternmitwirkung:

Auf der Schulebene

Schulkonferenz, Elternbeirat (verfasste Elternschaft), Pädagogische Tage, Fortbildung: »Elternabende dialogisch gestalten«, AK Elternprojekt, AK Integration, Förderverein und Trägerverein Außerunterrichtliche Betreuung (= AUB) (dies sind die zwei Vereine der Schule), Lesewurm (Schulzeitung), Energiespargruppe, AG-Leitung, Erstellung und Aktualisierung des Schulprogramms, Gestaltung der Homepage, Jahresplanung, Schulfest und Herbstfest, Einschulungsfeier

Auf der Klassenebene

gemeinsame Vorbereitung und Durchführung von Elternabenden, Leseeltern, Begleitung bei außerunterrichtlichen Aktivitäten, Planung und Begleitung von Ausflügen, Planung und Begleitung von Klassenfahrten, Planung und Durchführung von Festen und Feiern in der Klasse, Mitarbeit im Unterricht (Basteln, Kochen, HuS-Themen)

Auf der Einzelfallebene

Gespräche mit Fachlehrkräften, Gespräche mit Klassenlehrkräften, Gespräche mit der Schulleitung, Begleitung im Unterricht, Begleitung bei besonderen pädagogischen Maßnahmen

Begleitung bei besonderen pädagogischen Maßnahmen

In besonderen Situationen stoßen wir bei einzelnen Kindern mit unseren institutionellen und pädagogischen Möglichkeiten an Grenzen. Gut, wenn wir an diesem Punkt in konstruktiver Zusammenarbeit mit den Eltern sind und gemeinsam auch ungewöhnliche Lösungen finden können.

Eine möglichst sinnige Abstimmung über die Maßnahmen der Schule und die der Eltern hilft, auch schwierige Situationen zu bewältigen.

Beispiel: H., ein Junge in unserer dritten Klasse, ist aufgrund einer besonderen Situation nicht mehr in der Lage, dem Unterricht gemäß dem Stundenplan der Klasse zu folgen. Er ist schlicht überfordert.

Die zuvor ergriffenen abgestimmten Maßnahmen führen zu keiner Verbesserung der Situation. Gemeinsam beschließen wir, den Stundenplan dem Kind anzupassen und nicht umgekehrt.

Der Junge besucht den Unterricht zunächst täglich lediglich zwei Stunden und wird dann von den Eltern abgeholt. Er erhält knapp bemessene, aber zu leistende Hausaufgaben.

Nach der vereinbarten Frist von vier Wochen wird der Erfolg der Maßnahme überprüft.

Wir sind uns einig, dass das Kind wieder freier wird und zunehmend lieber in die Schule kommt.

Die Maßnahme wird verlängert, bis der Junge selbst darauf dringt, seinen Stundenplan zu erweitern. Dies geschieht in enger Abstimmung, bis er wieder in der Lage ist, dem gesamten Stundenplan seiner Klasse zu folgen.

In Bezug auf die beiden Hauptziele des Projektes ergaben sich folgende Ansätze:

Eltern in der Mitarbeit stärken

Vortragsveranstaltungen, Elternkurse, gemeinsame Fortbildungen, gemeinsame Pädagogische Tage, gemeinsame Planung und Durchführung von dialogischen Elternabenden, Elternbeteiligung in allen Bereichen ermöglichen, Verbesserung des Informationsflusses (»Lesewurm«, Homepage, zunehmende E-Mail-Benachrichtigung)

Vortragsveranstaltungen und Elternkurse

Vortragsveranstaltungen und Elternkurse sind eng aufeinander bezogen. In der Regel starten wir vor den Herbstferien mit einem Vortrag, dem nach den Herbstferien ein Elternkurs folgt, in welchem die Inhalte des Vortrags in Hilfen zu konkretem Erziehungshandeln vertieft werden. Die Themen entstehen in Absprache zwischen Eltern und Schule. Ziel ist es, aktuelle Anliegen der Eltern aufzugreifen und Hilfen zu bieten. Bei der Durchführung werden wir nach wie vor von der VHS unterstützt. Sie schlägt passende Referent/innen zu den Themen vor und übernimmt die gesamte organisatorische Durchführung. Die Kurse finden an der Schule statt.

Beispiele:

Lernlust statt Lernfrust: Vortrag mit Diskussion, anschließend Elternkurs (3 Abende)

Wege aus der Brüllfalle: Anschauen des Filmes mit Aussprache, anschließend Elternkurs (2 Abende)

Halt geben – halt sagen – Grenzen setzen im Erziehungsalltag: Vortrag mit Aussprache, anschließend Elternkurs (3 Abende)

Neue Eltern für die Zusammenarbeit gewinnen

AK Elternprojekt, AK Migration, Elterncafé, klare Formulierung der Erwartungen (der Eltern und der Schule), »Mama (und Papa) lernt Deutsch«, bei Formulierungen (so z. B. bei der Einladung zu Elternabenden) auf Klarheit achten, durch verbesserte Kommunikation Transparenz schaffen (Beispiel Wörterbuch, ABC der Schule, »Lesewurm«), Verbesserung der Einzelfallarbeit, Schaffen von Standards der Elternarbeit

Woran wir derzeit arbeiten

Die oben genannten Vorhaben sind verstetigt, sie müssen lediglich jedes neue Schuljahr im Jahresplan der Schule eingebracht werden. Diesen Stand gilt es zu halten und die beiden Arbeitskreise konstant weiter zu führen.

Drei größere Vorhaben sind derzeit weiterführend in Arbeit:

Erziehungsvereinbarung zwischen Eltern und Schule: Hier werden erste Überlegungen angestellt und Eckpunkte festgelegt. Ziel ist es, grundlegende Leistungen von Seiten der Eltern und auch der Schule in einer Vereinbarung festzuhalten, auf welche sich beide Seiten verlassen und beziehen können.

Beschwerdemanagement: auch hierzu liegt ein erster Entwurf vor. Ziel ist es, in Beschwerdefällen für Eltern und Lehrkräfte einen klaren und hilfreichen Handlungsvorschlag zu erarbeiten.
Und schließlich soll aus den einzelnen getroffenen Vereinbarungen ein **Handbuch für Elternarbeit** an der Anne-Frank-Grundschule entstehen.

Schlussbemerkung

Ob sich der Einsatz lohnt? Die Antwort ist ein klares und eindeutiges »Ja!« Eine ständig größer werdende Zahl von Eltern setzt sich aktiv und selbstbewusst für ihre Kinder und die Schule ein. Das ist – aus Sicht der Schule – nicht immer bequem, und das Austarieren der Interessen und Möglichkeiten erfordert eine ständige Kommunikationsbereitschaft. Dies vorausgesetzt, entsteht eine »Win-Win-Situation«: die kritisch-konstruktiven Eltern begleiten die Schulentwicklung mit Engagement und Ausdauer. Dies schafft die Basis für eine vertrauensvolle Zusammenarbeit, in welcher Konflikte niederschwellig gelöst werden können. So jedenfalls das Ergebnis von Evaluationen: die Schule genießt ein hohes Ansehen bei den Eltern, die sich in hohem Maße mit der Schule identifizieren. Die Lehrkräfte empfinden die Zusammenarbeit mit den Eltern als hochgradig stressfrei und damit wenig belastend. Beide Seiten profitieren. Die Schule wird diesen Weg der dialogischen Elternarbeit weiter verfolgen.

Conni Kastel / Petra Stumpf

Schule als lernende Institution – Der Geist macht's

Leitgedanken …

- Wir wissen: Lernen findet nur statt, wenn das Kind aktiv wird.
- Wir wollen: Kinder für ein eigenständiges lebenslanges Lernen motivieren.
- Wir können: die dafür notwendige positive und anregende Lernatmosphäre bieten.

Alles, was ein Kind lernt, lernt es selbst – oder gar nicht. Wir können den Kindern zwar beim Lernen helfen, wir können sie anregen, sie motivieren, aber wir können den Lernerfolg nicht anordnen und nicht garantieren. Jedes Kind hat seine persönlichen Stärken und Schwächen, seine Vorlieben und Abneigungen, seine guten und seine schlechten Tage. Ein Unterricht, der dem Kind ein Optimum an Entwicklungs- und Lernchancen bieten will, muss daher ein individualisierter Unterricht sein.

… und wie sie in der Schule Rellinger Straße gelebt werden …

Alle diese Sätze kann sicher jede und jeder unterschreiben – typisch für die Einstellung eines Kollegiums an einer staatlichen Grundschule sind sie so erst einmal nicht. Auch die Schule Rellinger Straße hat ein »normales« Kollegium, es arbeiten hier Menschen mit einem Interesse an Unterricht, Bildung und Erziehung.

Gemeinsam ist allen die Bereitschaft und die Fähigkeit, über den berühmten »Tellerrand« hinauszuschauen, Anregungen aufzunehmen, und der Mut, die kindliche Lernfähigkeit und vor allem den Lernwillen ernst zu nehmen. Diese Voraussetzungen bei den Kindern gilt es zu erhalten und zu fördern. Das Kollegium ist sich einig in dem Willen, dies nicht zu stören durch »didaktisches Bedrängen«.

Kolleginnen und Kollegen setzen sich immer wieder mit dem auseinander, was als »Haltung zum Kind« verstanden wird – schaffen so eine gemeinsame Grundlage und Verständnis für die tägliche Arbeit. Fortbildungen, Zielklärungen, Herstellung von Unterrichtsmaterialien u. v. m. führen zu einer besonderen erkennbaren Identität – wir nennen es hier den »Relli«-Geist. Der hilft uns auch bei Belastungssituationen, sei es im ganz normalen Alltagsstress oder bei Anforderungen von außen, die als Überforderungen oder Rückschläge (Schulreform in Hamburg) erlebt werden. Langjährigen Mitarbeiterinnen fällt er gar nicht auf, neue bemerken und erwähnen ihn immer wieder lobend bis bewundernd.

Der lange Weg zum selbstständigen Lernen

In der Schule Rellinger Straße mussten die Erwachsenen erst lernen, sich praktisch und didaktisch zurückzuhalten. Den Wechsel von der klassischen Lehrerinnenrolle hin zur Lernbegleiterin zu vollziehen, fiel nicht so leicht. Immer wieder schlug die Verunsicherung zu, denn alle KollegInnen hatten eine Ausbildung durchlaufen, die sie in den Stand versetzte, Kindern Wissen zuzuteilen, und zwar in einem Tempo, das an einem fiktiven Durchschnittskind, vermessen von Schulbuchverlagen, orientiert war. Und doch zeigte sich überraschend schnell, dass es sich lohnte, Vertrauen in die Kinder zu setzen und sich als Lehrkraft tatsächlich mehr und mehr in den Hintergrund zu begeben. Sichtung, Aufbereitung und Bereitstellung von zum Denken herausfordernden Materialien, gemeinsame Planung von Werkstätten bekamen für das Kollegium immer größere Wichtigkeit.

Das Vertrauen in die Kompetenzen der Kinder wuchs in dem Maße, in dem sie in immer mehr Entfaltungsspielräumen positiv auffielen. Feste organisieren, über die Verwendung von Geldern entscheiden, Pausenaufsichten stellen – alles kein Problem. Die zunehmende Beteiligung an Entscheidungen, die die Schule betreffen, führt bei manchen Erwachsenen zu Erstaunen. »... dass Kinder das können ...«

Am Anfang stand die Arbeit am Schulprogramm ...

Wie diese intensive Zusammenarbeit entstanden ist, lässt sich aus der Rückschau vielleicht am einfachsten aufzeigen. Ausgehend von der Arbeit am Schulprogramm kam es 1997 erstmals zur Aussprache und Auseinandersetzung über wesentliche persönliche und fachliche Einstellungen zur Schule. Es zeigten sich dabei ganz unterschiedliche Standpunkte, die nur schwer aufgegeben werden wollten.

Die Arbeit am Schulprogramm war etwas ganz Neues für das Kollegium. Sprechen und Denken über Unterricht und Schule, die Klärung von Zielen, die Erarbeitung der Wege dorthin und das Schaffen von Verbindlichkeiten waren wichtig für die Erfahrung von Gemeinsamkeit. Veränderungen in den persönlichen Einstellungen und Haltungen der einzelnen Lehrkräfte waren zunächst noch wenig sichtbar.

Nachdem das Schulprogramm verabschiedet war, gab es neue Projekte, für die sich das Kollegium interessierte: »Lernen mit neuen Medien« (1999), die Teilnahme am »Projekt zur Budgetierung interner Kollegiumsfortbildung« (2001), Antrag auf Mitgliedschaft im Netzwerk der Club-of-Rome-Schulen (2004), Teilnahme am Schulversuch »Selbstverantwortete Schulen in Hamburg« (2004) – allen Vorhaben gemeinsam war die Idee, dass es mehr Autonomie für die Gestaltung der Schule und des Unterrichts geben solle.

Systematische Zusammenarbeit im Kollegium

An der Schule Rellinger Straße werden heute Unterrichtsvorhaben, -materialien und Projekte in kollegialer Zusammenarbeit entwickelt. Jede Kollegin, jeder Kollege ist darin eingebunden durch die Beteiligung in Teams und Arbeitsgruppen. Auch dies hat sich allerdings nicht von hier auf jetzt, sondern über Jahre entwickelt.

Konsens-Kunststück

Für das Kollegium war ein wichtiger Schritt in die Zusammenarbeit, dass immer wieder der Stand und die Qualität der eigenen Arbeit reflektiert und eingeschätzt wurde. Aus den Ergebnissen dieser Betrachtungen wurden allmählich Pläne und Visionen entwickelt. Im Fokus war stets, bestmögliche Voraussetzungen und Angebote für alle Kinder zu bieten mit dem Ziel selbstständigen Lernen und Handelns.

Ein wertvoller Baustein für das gemeinsame Fundament war und ist die langjährige, regelmäßige Supervision. Bei der Bearbeitung und Auseinandersetzung mit Situationen und Personen aus dem Schulalltag wurden unterschiedliche Handlungsmöglichkeiten erfahren – oder gemeinsam entwickelt. Es war hilfreich, über belastende, aber auch über erfreuliche Vorgänge zu sprechen, das Verständnis, den Beistand und die Unterstützung aller KollegInnen zu spüren – eine neue und besonders positive Qualität in der Zusammenarbeit wurde immer greifbarer.

Was braucht es, um eine solche Zusammenarbeit verbindlich zu etablieren?

Angefangen hat es mit pädagogischen und methodischen Gesprächen, weder geplant noch moderiert und daher vom Interesse und der Bereitschaft der einzelnen Lehrperson abhängig. Dies hatte noch den Charakter des Freiwilligen und Unverbindlichen. Mit der Zeit weitete sich diese Diskussion aus. In Folge wurden schulübergreifende Unterrichtsvorhaben geplant und durchgeführt.

Beispiel für ein verbindendes und gelungenes Beispiel von Werkstattarbeit aus der Anfangszeit sind die »15 Briefe vom Weihnachtsmann«. In allen Klassen führten die Kolleginnen den Unterricht durch und erlebten, wie die SchülerInnen sich dem Weihnachtsthema auf eine ganz andere

Art näherten, immer mehr selbstständige Arbeiten übernahmen und zum Schluss sogar das Adventsfest organisierten – inklusive Dekoration und Aufräum-Organisation. Für eine Zeit lang war das Thema »Weihnachtsmann« bestimmend für den Unterricht und die Atmosphäre in der Schule. Mit Spannung wurden die täglichen Briefe des Weihnachtsmanns erwartet, die größten Zweifler kamen über seine Existenz ins Grübeln. Die LehrerInnen erlebten eine so große Motivation und Leistungsbereitschaft, dass sie sich selbst in allen Pausen begeistert über ihre Beobachtungen in den Lerngruppen austauschten. Es ging sogar so weit, dass die Kinderkonferenz zu einer Besprechung zum Adventsfest einlud. KollegInnen und Eltern nahmen daran teil – die Kinder legten den Rahmen der Feier fest und steuerten originelle Ideen bei, wie das »Wettbacken der Väter«.

Zum ersten Mal war die ganze Schule – alle Kinder, LehrerInnen und Eltern – an einem gemeinsamen Thema, und das Kollegium erlebte, dass trotz des Verzichts auf herkömmliche Strukturen alle Kinder lernten, und zwar mit deutlich mehr Freude.

Immer mehr KollegInnen erlebten die positive Wirkung eines Unterrichts, der auf die Eigentätigkeit, Kreativität und Selbstständigkeit der Kinder setzt. Erfahrungen und Beobachtungen wurden ausgetauscht und auch Pannen ließen sich gemeinsam reflektieren und behandeln. Gleichzeitig – fast beiläufig – schärfte sich das Ziel des pädagogischen und didaktischen Handelns jeder Kollegin, jedes Kollegen.

Entwicklung eines neuen Schulprofils

Bald ging es nicht mehr nur um Einzelvorhaben, sondern um die Entwicklung eines zukunftsorientierten und passgenauen Profils der Schule. Diese Entwicklung vollzog sich wie bereits aufgezeigt vor dem Hintergrund äußerer und innerer Ereignisse. Mittlerweile kann eine gute Unterrichtsentwicklung allein aus ökonomischen Gründen nicht mehr in Einzelarbeit vollzogen werden. Es braucht die Zusammenarbeit des ganzen Kollegiums, auch wenn nicht alle in allen Bereichen auf demselben Niveau agieren. Daher ist es außerordentlich wichtig, dass die unterschiedlichen Qualitäten innerhalb eines Kollegiums gesehen und eingebracht werden können.

Von Zeit zu Zeit werden dann die Ergebnisse aus den ständig tagenden Arbeitsgruppen vorgestellt und einer kritischen Betrachtung unterworfen. Das ist nicht immer ganz einfach, da es hier neben sachlicher Bewertung auch auf Fingerspitzengefühl ankommt. Dazu kommt, dass es für Lehrkräfte nicht selbstverständlich ist, sich in die eigene Unterrichtsgestaltung durch gemeinsame Vorhaben und Materialien eingreifen zu lassen. Einmal erstellte Lernpakete und -angebote werden nach einer Verabschiedung durch das Kollegium für alle verbindlich eingesetzt, aber auch immer wieder neu betrachtet und ggf. überarbeitet.

An die Zusammenarbeit im Kollegium ist neben der Frage der inhaltlichen Festlegung auch die Frage der zeitlichen Organisation geknüpft. Es bedarf eines gut durchdachten Einsatzes von Lehrerarbeitszeiten. An der Schule Rellinger Straße wurden dazu schon verschiedene Modelle erarbeitet und erprobt, die aber bisher alle noch nicht vollkommen gerecht erschienen und zufrieden stellten. Immerhin gibt es mittlerweile ein sehr ausgeklügeltes System, das dem Bedürfnis nach Austausch, der Erwartung von brauchbaren Ergebnissen für den Unterricht weitgehend entgegenkommt. Ein akzeptiertes Abrechnungsmodell, das den geleisteten Aufwand »vergütet«, ist es nicht.

Integration neuer Kolleginnen und Kollegen

Für die »Neuen« bedarf es einer umfassenden Unterstützung – besonders, wenn sie nicht mehr ganz »neu« im Unterrichtsgeschäft sind –, denn »Umlernen ist schwieriger als Neulernen«. Die »Haltung zum Kind«, die Arbeit mit Werkstätten und die ständige Absprache mit KollegInnen, begleitet von der Möglichkeit, zu festgelegten Terminen erfahrenen KollegInnen »ein Loch in den Bauch« zu fragen, führt ziemlich schnell zu einer Integration in das schulische System. Von Anfang an sind neue KollegInnen an der Arbeit in den Teams und Arbeitsgruppen beteiligt – also in Schulentwicklung eingebunden. Dabei kommt es auch immer wieder zur Reflexion des schulinternen Curriculums, das so ständig bei allen präsent bleibt.

Reflexion mit Hilfe von Externen: Kooperationen mit Institutionen und Personen

Wichtige Anstöße für die Auseinandersetzung mit Zielen und Inhalten liefern bis heute die Kontakte und die Zusammenarbeit mit anderen Institutionen. Mit der Universität Hamburg wurden mehrere Projekte im Bereich Medienerziehung, zum »Gender doing« und zur Raumnutzung durch Kinder durchgeführt. Eine langjährige Verbindung mit der Medienpädagogin und Trainerin Yvonne Vockerodt unterstützt das Kollegium in der Beteiligung von Kindern. Dieses wirkt sich besonders fruchtbar für die Arbeit und die Akzeptanz der »SchülerInnenkonferenz« als einem ernsthaften Gremium an der Schule Rellinger Straße aus.

Kritischer Freund als Impulsgeber

Über viele Jahre hat uns Dr. Jürgen Reichen als Freund und Mentor begleitet, der sich auch bei schwierigsten Themen nicht scheute, klare Worte zu sprechen. Damit löste er im Kollegium Irritationen bis hin zu Verunsicherungen aus. Oft führte das zu lebhaften Kontroversen, manchmal zu emotionalen Verwirrungen – letztlich immer aber zur Konkretisierung dessen, was wir wollten: Kinder stärken und ihre individuelle Entwicklung fördern! Bis heute wirken seine Ideen und Materialien positiv in unserem Unterricht weiter.

Elemente des selbstständigen Lernens an der Schule Rellinger Straße

Delegation von Verantwortung an Kinder – das ChefInnensystem

Selbstständigkeit ist nicht zu lehren, sie lernt sich bei selbstständigem Tun – auch und gerade beim Lernen. In den geöffneten Unterrichtsformen der Schule Rellinger Straße organisieren sich die Lerngruppen mit dem »ChefInnensystem« (vgl. Reichen 2001), übernehmen so Verantwortung für Organisation und Lernen. SchülerInnen erleben sich als kompetente Beteiligte. Sie werden herausgefordert zur Selbstständigkeit, arbeiten in ihrem Tempo und kontrollieren sich selbst. Sie bestimmen selbst über die Auswahl der Lernangebote und die Zusammenarbeit mit anderen.

Kinder können viel – häufig sogar mehr, als wir gedacht haben. Im schulischen Alltag gibt es viele Gelegenheiten, diese Kenntnisse und Fertigkeiten sinnvoll einzusetzen. Gleichzeitig müssen LehrerInnen sehr viele Aufgaben im Schulalltag erfüllen, die sich gut delegieren lassen. Es liegt also nahe, bestimmte Bereiche in die Verantwortlichkeit der SchülerInnen zu übergeben, sie zu »ChefInnen« zu machen. ChefInnen bestimmen darüber, welche Aufgaben andere Kinder zu erledigen haben, beantworten Fragen, kontrollieren Arbeitsergebnisse und geben Rückmeldungen. Beispiel: Ein Raumchef und eine Raumchefin fegen am Ende des Schultags nicht etwa selbst. Ebenso wischen TafelchefInnen die Tafel nicht selbst. MaterialchefInnen ordnen Plättchensätze oder Würfel nicht selbst. Sie haben, wie alle ChefInnen, eine Liste, auf der sie von ihnen beauftragte Kinder – nach Kontrolle der ordentlichen Durchführung – abhaken. Sie führen genau Buch, damit es nicht zu lästigen Diskussionen oder gar zu Ungerechtigkeiten kommt.

Chef oder Chefin wird jedes Kind einer Lerngruppe. So ist es in die Lage versetzt, Aufträge zu vergeben – muss aber seinerseits von anderen ChefInnen ohne Widerspruch welche annehmen. So lernen alle Kinder, Anordnungen zu geben – aber auch die anderer anzunehmen.

ChefInnen sind immer zu zweit, im Idealfall ein Junge und ein Mädchen. Gemeinsam entscheiden sie, welche Kinder für eine Arbeit ausgewählt werden. Im Werkstattbetrieb wird nicht ein einzelnes Kind u. U. durch Nachfragen überlastet, die Verantwortlichkeit wird gemeinsam getragen.

Im Rahmen von Werkstattangeboten befassen sich die ChefInnen mit »ihrem« Arbeitsblatt oder ihrer Aufgabe als erste – und stehen dann den anderen Kindern mit Rat und Tat zur Seite. Erst, wenn beide ChefInnen nicht mehr weiterkommen, wird die Lehrkraft angesprochen.

Grundlage für ein erfolgreich laufendes ChefInnensystem ist Chancengleichheit. Jedes Kind muss die Möglichkeit haben, für einen Bereich ChefIn zu werden, niemand darf ausgeschlossen sein. Mit der Übernahme von Verantwortung entwickeln sich Pflichtbewusstsein und Stärkung des Selbstbewusstseins.

Die Lehrkräfte der Schule Rellinger Straße schätzen das ChefInnensystem, weil es ihnen selbst viele Vorteile bietet: Sie gewinnen Zeit und können sich wichtigeren Aufgaben widmen. So sind während der Unterrichtszeit immer wieder Einzelgespräche mit SchülerInnen möglich, individuelle Hilfestellungen oder Hilfe bei der Internetrecherche.

Differenziertes Unterrichtsmaterial mit Selbstkontrolle

Die Schule Rellinger Straße hat – wie alle Schulen in Hamburg – den Auftrag, aus dem vorliegenden, verbindlichen Rahmenplan ein eigenes Curriculum zu entwickeln. Die gemeinsame Arbeit an den Zielsetzungen und die Auseinandersetzung mit einem erweiterten Kompetenzbegriff führten zu einer genauen Betrachtung der vorliegenden Materialien und den Lernmöglichkeiten für jahrgangsübergreifendes Lernen.

Ziemlich schnell wurde dem Kollegium klar, dass die herkömmlichen Unterrichtsmaterialien wenig brauchbar waren. Für die verschiedenen Alters- bzw. Entwicklungsstufen war ein differenziertes und herausforderndes Angebot nötig, versehen mit der Möglichkeit zur Selbstkontrolle. Gleichzeitig sollte es aber übersichtlich bleiben, damit die LehrerInnen den Lernfortschritt der SchülerInnen im Blick behalten konnten. Schließlich ist auch die »Relli« an Rahmenpläne und Standards gebunden. Das Kollegium einigte sich in vielen Sitzungen auf ein System, das diese Anforderungen erfüllen sollte.

In Arbeitsgruppen wurden zunächst die Materialien für die Fächer Deutsch und Mathematik erstellt. Zu allen Themen wurden eine Vielzahl typischer Aufgaben und Arbeitsaufträge erarbeitet und dargeboten im bewährten Stil der sicher allen bekannten »Karteien«, versorgt in geräumigen Hängeregistraturwagen. Einfach beschriftet und nummeriert war der Umgang mit den Arbeitsaufträgen schnell zu begreifen.

In ihnen werden Aufträge und Materialien organisiert, mit deren Hilfe die individuellen Ziele erreicht werden können, im jeweils eigenen Tempo. Einige Arbeitskarten können nach den individuellen Interessen und dem Zeitplan eines Kindes bearbeitet werden. Manchmal bauen die Aufträge auch aufeinander auf und müssen der Reihenfolge nach behandelt werden – so liegt die Eroberung des Hunderter- vor dem des Tausenderraums.

Arbeit mit der Hängekartei

Unterstützung des selbstständigen Lernens durch Computer

Zum Konzept der »Relli« gehört, dass in jedem Lernraum Medienecken mit Computern untergebracht sind. So ist gewährleistet, dass jedes Kind schnell Zugang zu Lernprogrammen und dem Internet haben kann. In jeder Lerngruppe sind mindestens fünf vernetzte PCs vorhanden, so entstehen keine Wartezeiten oder Engpässe.

Gerade im Anfangsunterricht nutzen alle Lerngruppen das Basisprogramm »Erstes Verschriften«[1], auch als Rechtschreibtraining, der »Mathematikus«[2] und auch »Blitzrechnen«[3] stehen allen zur Verfügung.

Später sind die »Blinde Kuh« (www.blinde-kuh.de) oder andere Internetadressen unverzichtbar bei der Bearbeitung persönlicher Forscherthemen. Selbstverständlich sorgt ein Filterprogramm dafür, dass die Kinder nicht plötzlich auf »schlechte« Seiten gelangen. Für die Präsentation ihrer Ergebnisse arbeiten Kinder gern mit PowerPoint oder LAssi (Learner's Assistent). Sie gehen dabei überlegt, sehr kreativ und adressatenbezogen mit ihren Themen um.

Dokumentation der Lernfortschritte mit der Planungsmappe

In der Planungsmappe jedes Kindes sind die Arbeitskarten gesammelt, die einen Aufschluss geben, welcher Bereich bearbeitet wird. Die Arbeitskarten dienen als strukturgebendes Element, mit dem quasi ein »Leitfaden« durch das umfangreiche Angebot gegeben wird. Sie dienen auch einem qualifizierten und fundierten Rückmeldeverfahren. Zu jeder Zeit können Kinder und Erwachsene mit dieser Dokumentation den Lernfortschritt des Kindes belegen und gemeinsam über die nächsten Schritte beraten und entscheiden.

Für den genauen Überblick entwickelten wir Arbeitskarten zu jedem Themenbereich. Mit ihnen können SchülerInnen und LehrerInnen zu jeder Zeit dokumentieren, welche Aufgaben bearbeitet worden sind. Sobald ein Bereich (eine Arbeitskarte) durchgearbeitet ist, bekommt das Kind von der Lehrkraft einen Test, mit dem es ein Können zeigen kann. Individuelles Arbeitstempo, Interessen und (Vor-) Kenntnisse bestimmen die Auswahl der Themenbereiche.

Erfahrungen mit der Planungsmappe

Im Laufe mehrerer Jahre sammelte das Kollegium Erfahrungen im Umgang mit der Planungsmappe: Im ersten Durchgang bekam jedes Kind eine Mappe, in der alle Arbeitskarten abgelegt waren. So war von Anfang an ein Überblick vorhanden, welche und vor allem wie viele Aufträge vorhanden

---

1) Reichen 2004.

2) siehe Literaturangaben.

3) siehe Literaturangaben.

waren. Der Arbeitseinsatz war also planbar. Interessant war der Umgang der Kinder mit der Planungsmappe: Einige arbeiteten konsequent Auftrag um Auftrag ab, andere fühlten sich durch die große Anzahl der Arbeitskarten eher abgeschreckt und reagierten z. T. mutlos.

Letztere Beobachtung führte zu einem veränderten Umgang mit der Planungsmappe: Die Arbeitskarten werden an einzelne Kinder immer dann ausgegeben, wenn sie sich für einen bestimmten Bereich interessieren. Auch hier zeigt sich, dass einige SchülerInnen sehr darauf achten, möglichst schnell viele Karten in ihrer Planungsmappe anzusammeln, bei anderen fällt das langsame Tempo deutlich auf – weil nur vereinzelte Arbeitskarten in der Mappe sind.

Das Kollegium ist im ständigen Austausch über diese Beobachtungen. Wie soll mit besonders langsam arbeitenden Kindern umgegangen werden? Was soll mit Kindern geschehen, die den Test nicht bestanden haben? Welche zusätzlichen Maßnahmen oder Hilfen können unterstützend eingezogen werden? Diese und andere Fragen beschäftigen das Kollegium, führen zu immer wieder modifizierten Lernangeboten.

Eigenständige Formulierung von Lernzielen mit dem Logbuch

Im Zuge der geplanten Neuordnung des hamburgischen Schulwesens hat sich das Kollegium entschieden, ab 2010 als »Starterschule« für die Primarschule zwei Lerngruppen der Stufen 4 / 5 / 6 einzurichten. Für diese Altersstufe ist ein anderes strukturgebendes Instrument entwickelt worden, das »Logbuch«. In diesem wird am Anfang der Woche das persönliche Lernziel des Kindes formuliert und notiert, täglich vermerkt das Kind in einer entsprechenden Rubrik seinen Arbeitsfortschritt.

Nach Hospitationsbesuchen in der Schweiz und in Reformschulen in Hamburg war klar: Das Logbuch soll den SchülerInnen einen reflektierten Umgang mit ihrem persönlichen Lernen ermöglichen. Dies setzt eine Auseinandersetzung mit eigenen Lernzielen und die Dokumentation des Lernweges voraus. Die kontinuierliche Information und Einbindung der Eltern wird durch eine wöchentlich abzuzeichnende Eltern-Informations-Rubrik gewährleistet.

Das Kollegium der Schule Rellinger Straße hat bei der Entwicklung des Logbuchs berücksichtigt, dass die SchülerInnen durch die Arbeit in den Lerngruppen 1 / 2 / 3 bereits daran gewöhnt sind, ihre Lernprozesse zu strukturieren, zu beobachten, zu reflektieren und zu optimieren. Die Umstellung zur eigenständigen Formulierung individueller Lernziele soll ihnen daher nach kurzer Zeit möglich sein. Der Prototyp des Logbuchs wird im Augenblick (Schuljahr 2010/2011) erprobt, es liegen noch keine aussagekräftigen Erfahrungen vor.

Individuelle Leistungsrückmeldung

Die meisten KollegInnen waren unzufrieden mit dem herrschenden System der Leistungsrückmeldung. Zwar gab es bereits seit langem den Eltern-Kind-Sprechtag, bei dem die schulische Entwicklung des Kindes Thema war. Zweimal im Jahr gab es dieses Angebot, im Sommer verbunden mit der Zeugnisausgabe.

Das Kollegium hat sich für einen weiteren Eltern-Kind-Sprechtag entschieden, um schneller und genauer auf die Entwicklung jedes Kindes eingehen zu können. Es werden im Rahmen des Gesprächs auch Vereinbarungen getroffen, welche Bereiche ein Kind intensiver bearbeiten soll, wo evtl. Veränderungen im Arbeits- oder Sozialverhalten nötig sind und wie die Eltern ihr Kind unterstützen können. Spätestens Mitte Jahrgang 3 wird dazu eine mehrseitige Dokumentation angelegt.

Das Rückmeldesystem unserer Schule beinhaltet mehrere Stufen. Es finden so häufig wie möglich Einzelgespräche mit den SchülerInnen statt, informelle Tests und Vergleichsarbeiten geben weiter Aufschluss über den erreichten Lernstand. Die Freitagsrunde verbindet Selbsteinschätzung und die Wahrnehmung anderer zu einem Eindruck des eigenen Lernverhaltens und -tempos. Zum Jahresabschluss gibt es weiterhin eine schriftliche Zusammenfassung der Leistungen innerhalb eines Schuljahres: das Zeugnis.

Selbstreflexion des Lernprozesses in der Freitagsrunde

In allen Lerngruppen findet die »Freitagsrunde« statt. Dazu hat sich das Kollegium vorher mit den Begriffen »Feedback« und »Rückmeldung« befasst und sich aus den Ergebnissen dieser Auseinandersetzungen auf den neutraleren Begriff geeinigt. Ziel der Freitagsrunde ist, gemeinsam über die Lernziele und die Lernwege (natürlich auch den -erfolg) zu reflektieren. Dies hilft bei der realistischen Einschätzung der Potenziale. Durch die ritualisierte Form der Rückschau klärt sich für die Kinder zunehmend die eigene Leistungsbereitschaft und -fähigkeit. »Selbstbestimmung und Eigenkontrolle sind sehr wesentlich für die Entwicklung von Lernstrategien und Selbstwertgefühl!«[4)]

In der Schule Rellinger Straße ist daher der Wochenabschlusskreis ein ganz entscheidender Punkt für die Einschätzung und Optimierung des Lernverhaltens. Es werden im Wesentlichen drei Fragen beantwortet: Was wollte ich in dieser Woche erreichen? Was habe ich geschafft? Was fehlt mir, um mein Ziel zu erreichen? Wurden Ziele nicht erreicht oder Fehler gemacht? Nachdem sich alle Kinder geäußert haben, erfolgen Gespräche darüber, ob und welche Hilfe ein Kind benötigt, wo Kinder und / oder LehrerInnen unterstützen können – was es selbst tun kann oder muss.

---

4) Largo 2008.

Spannend ist immer wieder, wie souverän bereits die jüngsten Kinder Erfolge und auch Stolpersteine benennen können. Der Umgang mit Misserfolg oder Fehlern ist eine wichtige Grundlage für selbstbestimmtes Lernen. Ein Kind, das sein Handeln und Lernen selbst kontrolliert, geht das Risiko ein, Fehler zu machen. Es sind seine »eigenen« Fehler, die es bearbeiten und korrigieren kann. Es übernimmt im besten Sinne die Verantwortung für sein Tun – und wird nicht von erwachsenen Profis gehindert, die es gut mit ihm meinen. Die eigene Anstrengung führt zum Ziel – und darauf kann ein Kind mit Recht stolz sein – Erwachsene übrigens auch. Nebenbei: Auch Frustrationstoleranz will gelernt sein. Aus unseren Fehlern lernen wir alle, jeden Tag. Es kommt auf den konstruktiven Umgang mit ihnen an.

Beispiel: Immer wieder äußert Kurt im Freitagskreis, dass er seine Aufgaben nicht geschafft habe. Auch den Grund kann er sehr gut benennen: Er habe zu viele »Privatgespräche« geführt. Von den anderen Schülerinnen und Schülern bekommt er an mehreren Freitagen den Tipp, nicht mehr so viel zu reden, sondern erst einmal seine Aufgaben zu bearbeiten. Immer wieder nimmt sich Kurt diesen Rat zu Herzen – kann ihn aber nicht befolgen. Am vierten Freitag kommt es zu einem Eklat: Einige Kinder stöhnen, als Kurt schon wieder »zu viel gequatscht« hat, andere rollen mit den Augen – andere teilen mit, dass sie in der nächsten Woche während der Arbeitszeiten nicht mehr mit ihm sprechen werden. »Wenn du uns ansprichst, antworten wir nicht mehr! Wir wollen dich nicht beleidigen, aber so kannst du vielleicht endlich mal deine Arbeit schaffen.« Erwachsene hätten dieses Vorhaben vielleicht diplomatischer formuliert – dennoch zeigte es seine Wirkung: Kurt fand keine GesprächspartnerInnen mehr und hatte am Ende der Woche sein gewähltes Pensum geschafft. Mehrere Wochen lang »schützten« die Kinder so diesen Schüler, dann konnte er Gesprächsbedarf und -zeiten selbst regulieren.

Dieses Beispiel zeigt noch einmal auf, wie die SchülerInnen sich und ihren Lernprozess selbst beobachten und reflektieren können. Dabei sehen sie nicht nur sich, sondern übernehmen auch Verantwortung für den Lernprozess anderer. Individualisiertes Lernen in der Gemeinschaft ist an der Schule Rellinger Straße die Grundlage für erfolgreiches Lernen.

Das Kollegium hat sich mit den Prinzipien und Abläufen der Freitagsrunde intensiv befasst und sich zur Pflicht gemacht, diesen Wochenabschluss verbindlich durchzuführen. Dadurch ist gewährleistet, dass die differenzierte Betrachtung des eigenen Lernfortschritts verbalisiert und kommentiert wird. Außerdem gibt es den Lehrkräften einen tiefen Einblick in die Lernstrategien und -wege jedes Kindes. So können Hilfestellungen, Ermutigungen und Lob fundiert gegeben werden.

Umsetzung des Curriculums im Alltag

Lernen miteinander und voneinander

Im Morgenkreis berichten Kinder zunächst über die Dinge, die sie beschäftigen, stellen mitgebrachte Dinge vor und geben bekannt, womit sie sich heute beschäftigen werden. Und dann geht es auch gleich los: Ava und Elsa schreiben fünf Wörter in ihre »Wörterhefte«. Sie nutzen die Buchstabentabelle und lautieren sich gegenseitig halblaut ihre wichtigen Wörter für heute vor – beim Verschriften machen sie sich auch gleich auf Fehler aufmerksam. Wenn sie nicht weiterkommen, fragen sie ein älteres Kind. Manchmal können sie aber nicht stören – eine wichtige Mathematikaufgabe wird bearbeitet, im ungünstigsten Falle eine, bei der es keine eindeutige Lösung, aber viele verschiedene Denkanreize gibt. Da sind Buchstabenfragen natürlich sehr lästig. Freundlich werden die beiden weiterverwiesen, denn meist ist doch jemand da, der sich Zeit nehmen kann, weil beispielsweise die Arbeit an einem Text am Computer leichter unterbrochen werden kann.

Andere Kinder bauen ein großes Riesenrad mit Fischertechnik – und müssen dafür auch den Antrieb konstruieren –, auch eine kniffelige Angelegenheit, die viel vorausschauendes Denken und Raumvorstellungsvermögen verlangt. Einige arbeiten sich durch »Lesespur«-Hefte, bei denen es auf genaues Lesen ankommt. Eine kleine Melodie ertönt aus dem Computer – ein Kind hat »100 %« geschafft und bekommt von vielen Seiten ein Lob für diesen Erfolg. Es hat, meist nach einigen schwierigen Übungsphasen, alle im Verschriftungsprogramm geforderten Begriffe korrekt geschrieben.

Alle SchülerInnen arbeiten intensiv, alleine oder mit anderen. Ja, und was macht denn eigentlich die Lehrerin? Sie sitzt neben einem Kind und erklärt etwas. Manchmal steht sie auch mit einigen SchülerInnen an der Tafel und führt die Rechenverfahren ein, die diese jetzt gerade brauchen. Andere stehen dabei und schauen zu – vielleicht brauchen sie diese Erklärungen in der nächsten Woche, das hängt ganz davon ab, welche Arbeitskarte sie gerade bearbeiten. Klassische »Einführungsstunden« gibt es kaum noch im altersgemischten Unterricht mit individualisierten Lernformen. Erklärungen zu einer neuen Werkstatt, gemeinsame Besprechungen oder Singen, Präsentationen von Kindern für Kinder …, nur zu solchen Anlässen sind alle gleichzeitig beim gleichen Thema.

Verschiedene Formen selbstständigen Lernens

Das System der Unterrichtsangebote zum selbstständigen Lernen lässt sich im Bereich des Sachunterrichts nur bedingt umsetzen. Neben den Werkstätten zu bestimmten Sachunterrichtsthemen und den von den Kindern selbst gewählten Forscherthemen führt die Schule Rellinger Straße bereits seit mehreren Jahren zweimal im Jahr schulübergreifende Projekte durch. Diese werden von KollegInnen in einer Arbeitsgruppe detailliert vorbereitet und dann in allen Lerngruppen, zum Teil in neu zusammengestellten Forschergruppen, durchgeführt. Hier werden vor allem natur- und gesellschaftswissenschaftliche Themen aufgegriffen durch z. B. Projekte zum »Schwimmen und Sinken« oder zum Thema »Luft« oder es wird der Stadtteil erkundet und Wissenswertes über Tiere im Zoo entdeckt.

Der besondere Reiz dieser Projekte liegt neben interessanten Phänomenen, die es zu entdecken gibt, darin, dass ein Großteil der Schule mit der Thematik befasst ist, sich viele Gespräche auch nach Unterrichtsschluss ergeben, eine Vielzahl von Ergebnissen zusammenkommt und sich das Grundwissen insgesamt erweitert.

Neben den ausgewählten Projektthemen haben die Kinder auch die Möglichkeit, zu selbstgewählten Themen zu forschen. Sie tun dies gern und zunehmend mit Strukturiertheit und erstaunlichen Ergebnissen. Dazu gehört, dass sie hingeführt werden zu einer Vorbereitung und Planung der Arbeit. Es werden Fragen zur Thematik gesammelt, Recherchen durchgeführt und ausgewertet, Arbeitsaufträge in den Gruppen verteilt, Zeitpläne erstellt und alle Ergebnisse zu einer gemeinsamen Präsentation zusammengestellt. Das Ergebnis kann ein Plakat zu einem Tier sein oder auch eine Präsentation mit dem Smartboard.

Auf jeden Fall lässt sich beobachten, dass immer mehr Plakate zu Sachthemen im ganzen Haus ausgehängt werden, Kinder selbstständig Gelegenheiten schaffen, ihr Wissen vorzutragen und die fachkundige Nutzung von Computer, Internet und Smartboard selbstverständlich zum Schulalltag gehört. So haben Till und Pablo, zwei Jungen aus dem Jahrgang 2 der Lerngruppe der Delfine, nach dem Projekt »Sonne, Mond und Sterne« die Gelegenheit ergriffen, den BesucherInnen des Adventsfestes einen Vortrag über Raumfahrt anzubieten. Dazu bereiteten sie alles selbst vor von der Bekanntmachung bis zur Vorbereitung des Raumes. Was sie vortrugen, war sachlich richtig, fundiert und hatte einen logischen Aufbau. Sie bekamen reichlich Applaus und das, weil sie durch eine echte Leistung überzeugten.

Neben den Projekten und freien Forscherthemen werden in den Lerngruppen immer wieder Unterrichtswerkstätten zu Sachthemen durchgeführt. Wichtig hierbei ist, dass die Kinder einer echten Sachfrage nachgehen und nicht das, was sie ohnehin schon wissen, auf verschiedenerlei Arten wiederholen. Das können Fragen sein wie »Was braucht eine Pflanze zum Wachsen?« oder »Was ist draußen los, wenn ich nachts schlafe?« usw. Gerade das zuletzt erwähnte Thema hat für die Kinder viele interessante Fragen aufgeworfen. Und die nächtliche Fahrt durch Hamburg mit einem Vater, der bei den Hamburger Verkehrsbetrieben als Busfahrer arbeitete, bleibt unvergessen.

Die Frage, die uns im Kollegium im Zusammenhang mit der Behandlung von Sachthemen immer wieder bewegt ist, wie viel Freiraum braucht der kindliche Forschergeist und wie viel Anregung und Lenkung ist notwendig, damit eine bewusste Auseinandersetzung mit der Umwelt und ihren Phänomenen stattfindet?

Schulweite fächerübergreifende Projekte

Ein gemeinsamer Entschluss, um das Dilemma zwischen »Papierlage« und »Handlungsorientierung« zu lösen, war die Etablierung schulweiter Projekte. Diese mussten den Anspruch erfüllen, für die altersgemischten Lerngruppen passende Angebote bereit zu stellen mit einem relevanten Thema.

Das Projekt »Wasser« erlaubte den Kindern, Alltagsphänomenen auf den Grund zu gehen. Dazu konnten sie sich Zeit nehmen und sich in einer Vielzahl von praktischen Versuchen gründlich mit vorhandenen Erfahrungen auseinandersetzen.

Der im Wasser nach oben schnellende Ball war beispielsweise für alle Altersgruppen von großem Anreiz. Immer wieder schoss der Ball nach oben, viele Gespräche über die Beobachtungen wurden geführt, Schlussfolgerungen gezogen, kommentiert – und dann gemeinsam verschriftlicht.

Der Reiz dieser Projektzeit liegt für die Kinder vor allem in der Betonung des praktischen Tuns. Dies schafft den Anreiz für das Kind, sich selbst noch ausführlicher mit dem Thema zu befassen, und so wurden in einigen Haushalten die Experimente zum »Schwimmen und Sinken« in der Badewanne fortgesetzt.

Am Ende eines Projektes steht die Präsentation aller Ergebnisse. Dazu werden die Eltern natürlich eingeladen, die erstaunt zur Kenntnis nehmen, wie ernsthaft und überlegt die Kinder an den Themen gearbeitet haben.

Räumliche Voraussetzungen schaffen

Bei der Auslastung der räumlichen Kapazitäten hat die Schule in den letzten Jahren eine rasante und deutliche Veränderung erfahren. Waren noch vor einigen Jahren ganze Flure ungenutzt, so ist nun jeder Winkel belegt, und für den Fachunterricht in Musik und Kunst wurden kürzlich Container aufgestellt. Diese Entwicklung ergibt sich aus der zunehmenden Zahl der angemeldeten Kinder und macht uns grundsätzlich sehr froh. Mittlerweile brauchen wir ein ausgeklügeltes Raumkonzept, damit ein differenziertes Angebot in allen Lerngruppen gemacht werden kann und die Kinder sich wohl fühlen.

Enge führt zu Unruhe, Unzufriedenheit und macht aggressiv. Daher haben wir bei der Neueinrichtung von Lerngruppen vorhandene Räume wenn möglich zusammengelegt. Aber das allein reicht noch nicht. Eine klare und übersichtliche Raumstruktur ist erforderlich, die verschiedene Aktivitäten zulässt, weder steriles Labor noch »wuseliges Raritätenkabinett«.

Die Gestaltung und Einrichtung eines neuen Klassenraumes ist ein schwieriges Geschäft, insbesondere unter Einhaltung der behördlichen und sonstigen Vorschriften. Davon können viele geplagte Lehrkräfte ein Lied singen. Umso mehr macht es Sinn, hier im Kollegium zusammen ein Konzept zu entwickeln, sich die Arbeit zu teilen und gegenseitig zu unterstützen. Bei der letzten Ausgestaltung neuer Räume wurde der Rat einer Fachperson hinzugezogen, was sich sehr bewährte. Innenarchitekten können sehr hilfreiche Hinweise geben, und nicht alle sind mit Kosten verbunden. Wie positiv es sich auf die Lernatmosphäre auswirkt, lässt sich jetzt seit einigen Wochen feststellen.

Obwohl es noch kein offizielles verbindliches Raumkonzept an unserer Schule gibt, lassen sich bestimmte »Standards« erkennen: Lese- und Medienecken, Regale mit vielen verschiedenen Materialien, Hängemappenwagen mit Aufgabenangeboten, Bauecke und der »runde Teppich«. Ohne diese geht es einfach nicht.

Sollten wir demnächst in die Situation der ganztägigen Nutzung kommen, sind sowohl ein abgestimmtes Ausstattungs- als auch Nutzungskonzept notwendig und eigentlich noch mehr Raum …

Schlussbetrachtung / Ausblick

„Ein guter Lehrer hat nur eine Sorge – zu lehren,
wie man ohne ihn auskomme« (Andre Gide)

Was für die Kinder gilt, ist auch für die Erwachsenen an der Schule Rellinger Straße von entscheidender Bedeutung: In hohem Maße verantwortungsbewusst, handeln sie weitgehend selbstständig, lernen, Potenziale und Stolpersteine einzuschätzen. Sie erfahren in der täglichen Arbeit Selbstwirksamkeit in einer Gemeinschaft, in der sie die Akzeptanz bei der Mitgestaltung der meisten Bedingungen haben.

Hilfreich dafür ist sicher, dass das Profil der Schule klar und eindeutig ist. Die Ziele sind erkennbar und auch nach außen kommuniziert. Die Leitgedanken und das ihnen zu Grunde liegende Menschenbild werden von immer mehr Menschen geteilt. Der selbstständige, verantwortungsbewusste, interessierte, lebenslang in der Gemeinschaft lernende Mensch soll sich im Rahmen unserer Arbeit entwickeln können.

Daraus erwächst ein hoher Grad an Identifizierung mit den Zielen und Ideen, die für die Schule Rellinger Straße bedeutend sind. Der »Relli«-Geist ist auch bei den Eltern vorhanden – nicht nur bei den in der Schule arbeitenden Menschen. Die stetige Weiterentwicklung der Zielsetzungen hin zur immer stärker beachteten Individualisierung ist ein wesentlicher Faktor für die erfolgreiche Arbeit der Schule Rellinger Straße.

Inzwischen kommt auch der Zeitgeist der Idee des Kollegiums entgegen, dass Kinder in veränderten Unterrichtsformen und -strukturen günstigere Lernbedingungen haben. In vielen Jahren hat sich im Kollegium eine Einstellung gefestigt, die die Selbstständigkeit von Kindern ernst nimmt und zulässt. Die Erfahrungen zeigten, dass das Loslassen der traditionellen LehrerInnenrolle zu einem interessanten und herausfordernden Arbeitszusammenhang und mehr Zufriedenheit führt.

Literatur

Largo, R. H. (2008): Kinderjahre. München, 16. Auflage: Piper Verlag.

Mathematikus, Klasse 1, 2, 3, 4: Lehrwerk mit Software (2008). Braunschweig: Verlag Westermann.

Programm Mathe 2000, Blitzrechnen, Teil 1 und 2. Lernsoftware. Stuttgart: Ernst Klett Verlag.

Reichen, J. (2001): Hannah hat Kino im Kopf. Die Reichenmethode LESEN DURCH SCHREIBEN und ihre Hintergründe für LehrerInnen, Studierende und Eltern. Hamburg: Heinevetter Verlag.

Reichen, J. (2004): Lesen durch Schreiben. Rechtschreibtraining I. Lernsoftware. Hamburg: Heinevetter Verlag.

Reichen, J. (2007): Was ist »Lesen durch Schreiben«? Textsammlung ab 1981. Hamburg: Heinevetter Verlag. www.heinevetter-verlag.de/10/lds_00.pdf; abgerufen am 5. 4. 2011

Homepage der Schule Rellinger Straße: www.hh.schule.de/relli; abgerufen am 5. 4. 2011

Steffa Bajew-Beck

Vom Qualitätsprogramm zur Unterrichtsqualität

Efficiency is doing things right;
effectiveness is doing the right things.
Peter F. Drucker (1909 – 2005)

Ausgangslage

Im Schuljahr 2002/2003 wurden alle Allgemeinbildenden Schulen in Rheinland-Pfalz verpflichtet, ein schuleigenes Qualitätsprogramm zu schreiben. Es gab neun verbindliche Bestandteile, die von der Kooperation im Kollegium über die Elternarbeit, individuelle Förderung bis hin zu Verbesserung der fachlichen Kompetenzen im Lesen und in den Naturwissenschaften quasi das gesamte schulische Feld umfassten. Schwerpunkt und Ziel sollte explizit die Verbesserung der Unterrichtsqualität sein. Überdies war auch die Evaluation ein verbindlicher Bestandteil. Ein großes Problem trat gleich zu Beginn der Arbeit in den Schulen auf: Genauere Kriterien oder Indikatoren für die vorgeschriebenen Bestandteile oder für die Evaluation gab es nicht.

Trotz dieser schwierigen Ausgangslage erschien uns die Grundidee, ein Qualitätsprogramm zu schreiben, sehr interessant und vielversprechend. Ein auf unsere Schule zugeschnittenes Konzept, das uns kontinuierliches Arbeiten und Verbesserung der Unterrichtsqualität ermöglicht, macht Sinn.

Formulierung eines Leitbildes für unsere Schule

In Gesamtkonferenzen haben wir uns gemeinsam mit den Eltern darauf geeinigt, zunächst ein Leitbild für unsere Schule zu entwickeln, in dem wir alle bereits vorhandenen Bausteine unserer pädagogischen und fachlichen Arbeit integrieren konnten.

Dieses Leitbild umfasst als übergeordnetes Ziel »**Entwicklung und Erhalt einer positiven Lernkultur**«.

Eine solche Lernkultur umfasst eine ganzheitliche Sicht des Unterrichtens und beschränkt sich nicht ausschließlich auf fachliche Ziele. Ausdrücklich stimmen wir darin überein, dass gerade an unserer Schule, an der es einen hohen Migrationsanteil und darüber hinaus noch zahlreiche Kinder aus schwierigsten Familienverhältnissen gibt, es nicht ausreicht, die Schule als Lebensraum zu definieren, in dem sich die Kinder nur wohl fühlen. Die Aneignung von sozialen, personalen *und* fachlichen Kompetenzen eröffnet diesen Kindern tatsächliche Teilhabe an der Gesellschaft und am Berufsleben. Eine in diesem Sinne verstandene Lernkultur verbessert die Lebenschancen aller Kinder, indem sie Lernen als etwas Bereicherndes vermittelt, das Möglichkeiten einer positiven und selbstbestimmten Lebensgestaltung eröffnet.

Eine **positive Lernkultur** entsteht durch:
- Erwerb von Wissen und Kompetenzen
- Stärkung des Ich
- Stärkung des Wir
- Entwicklung einer positiven Wertehaltung

Ein weiterer wichtiger Schritt war die Konkretisierung dieser Zielvorstellung. Im Folgenden beschränke ich mich auf eine exemplarische Auswahl, um einerseits die Vorgehensweise zu verdeutlichen, andererseits nicht zu sehr ins Detail gehen zu müssen.

Der **Erwerb von Wissen und Kompetenzen** gliedert sich beispielsweise folgendermaßen auf:

- Bereich: Sprache und Sprechen
  - Hörverständnis als Grundvoraussetzung schulen (mit allen Sinnen)
  - Sprachvermögen nutzen und weiterentwickeln (Wortschatzarbeit / Grammatik)
  - Artikulationsfähigkeit verbessern
  - Erziehung zur Kommunikation

- Bereich Lesen
  - Lesemotivation und Leseinteresse aufbauen
  - Lesestrategien und -techniken beherrschen
  - Leseverständnis erlernen im Sinne von »reading literacy«
  - Sprachliche Handlungsfähigkeit durch das Lesen entwickeln (bewerten, argumentieren)
  - Lesekompetenz konsequent und planvoll in alle Bereiche des Lernens integrieren (fächerübergreifender Aspekt)

- Bereich Schreibkompetenz
  - Rechtschreibgespür, -bewusstsein und -strategien entwickeln
  - Schreiben als persönliche Ausdrucksform erlernen
  - Schreiben als Gestaltung

- Bereich: Förderung des Denkens
  - Entwicklung des Vorstellungsvermögens (Grundlage von Denken)
  - Arbeiten an herausfordernden Situationen (hinterfragen, staunen ...)
  - Entdeckendes Lernen ermöglichen
  - Versprachlichung von Lösungs- und Lernwegen, aus Fehlern lernen
  - Fragehaltung aufbauen

- Bereich: Erwerb von Methodenkompetenz
  - Beherrschen und Anwenden verschiedener Arbeitstechniken (kontrollieren, präsentieren etc.)
  - Kooperationsfähigkeit entwickeln (Partner- und Gruppenarbeit, Helfersystem etc.)
  - Sachgerechtes Umgehen mit Material und Medien
  - selbst gesteuertes Lernen entwickeln (planen, einschätzen etc.)

Als weiteres Beispiel sei hier genannt die **»Stärkung des Ich«**, die wir auf der folgenden Seite konkretisiert haben. Alle beschriebenen Bausteine der positiven Lernkultur haben wir auf diese Weise konkretisiert.

An dieser Stelle wurde im Kollegium deutlich, wie viel wir an unserer Schule bereits planmäßig getan haben (z. B. durchführung des Klassenrates oder Arbeit mit offenen Unterrichtsformen), und wie wichtig eine systematische Konzeption ist, um sich nicht an einzelnen Baustellen zu verzetteln und den Blick für das Ganze zu verlieren. Ebenso klar wurde die Erkenntnis, dass eine einzelne Maßnahme, wie beispielsweise der Klassenrat, vielen verschiedenen Zielen dient.

Wahl des Arbeitsschwerpunktes

Angesichts der Fülle der einzelnen Bausteine, durch die wir eine positive Lernkultur erreichen wollten, ergab sich ganz klar, dass wir uns Schwerpunkte setzen mussten und nicht jeden einzelnen Baustein bearbeiten können.

Wir haben darauf gesetzt, dass sich durch die konkrete Arbeit an *einem* Punkt viele andere automatisch mit diesem vernetzen. In einer Gesamtkonferenz berieten das Kollegium und Eltern über die Wahl des Schwerpunktes für die Arbeit im kommenden Schuljahr.

Ergebnis: Erwerb von Lesekompetenz als zentrale Basiskompetenz

Unsere Begründung war:

- Lesekompetenz fördert und verbessert die Sprachkompetenz. Dies bedeutet wiederum eine gute Vernetzungsmöglichkeit mit den Zielen im

ZIELE	Das bedeutet für uns	So erreichen wir es
1. Selbstkompetenz	• Selbsteinschätzung • Kritikfähigkeit • Fehlerkultur • Freiräume für vielfältiges Arbeiten • Selbstbewusstsein	• auswahlfreies Arbeiten • differenziertes Arbeiten • Transparenz der Leistungskriterien (individuelle Leistungskriterien) • Selbstkontrolle • Klassenrat • Rollenspiele • Individuelle Förderung
2. Selbstständigkeit	• beim Arbeiten • beim Einholen von Informationen, beim Erwerb von Wissen • durch Ausdrucksfähigkeit Hemmungen überwinden • Verantwortung für das eigene Handeln übernehmen • Konflikte lösen • individuelle Einteilung der Arbeitszeit • Entscheidungen treffen und verantworten	• Selbstkontrolle • Tages- und Wochenplan • auswahlfreies Arbeiten / Lerntheke / Stationenlernen • Schreib- und Mathekonferenzen • Kleingruppenarbeit • fächerübergreifender. und projektorientierter Unterricht • differenziertes Arbeiten (individuelle Lern- und Leistungshilfen) • Helfersystem • Klassenämter und -dienste • Zugang zum Internet • Rituale gemeinsam vereinbaren • Übernahme von Aufgaben (Feste, Theater, AGs) • Ausstellung / Präsentation der Unterrichtsergebnisse
3. Verlässlichkeit	• Erarbeiten, Einhalten und Reflektieren von gemeinsam aufgestellten Regeln und Vereinbarungen	• Hausordnung von Kindern für Kinder • Klassenregeln von Kindern für Kinder • Klassenrat • individuelle Ziele • Tages- und Wochenziele • Gesprächsregeln • Rituale
4. Kommunikationskompetenz	• Sprachfertigkeit fördern • Zuhören lernen • andere Meinungen zulassen und überprüfen • eigene Meinung vertreten und überprüfen • Metakommunikation	• Vielfältige Kommunikationsanlässe schaffen, z. B.: – Morgenkreis – Klassenrat – Schreibkonferenz – Gruppenarbeit – Präsentation – Rollenspiele – Lerngespräche

Konkretisierung der »Stärkung des Ich«

pädagogisch-erzieherischen Bereich (Klassenrat, Streitkultur etc.) und auch im fachlichen Bereich (Mathe, Sachunterricht, BTW ...).

- Lesekompetenz ermöglicht eigenständiges, selbst gesteuertes Lernen, da die SchülerInnen sich Inhalte aus allen Fachbereichen selbst erschließen können und weniger Hilfe durch die Lehrerin benötigen.
- Lesekompetenz ist Voraussetzung zur Partizipation in der modernen Informationsgesellschaft und ist deshalb besonders für die Kinder mit Migrationshintergrund (mehr als 40 % an unserer Schule) besonders wichtig.
- Hohe Lesekompetenz motiviert zum Lesen, ist somit also eine konkrete Alternative zu der einförmigen audio-visuellen und rezeptiven Freizeitgestaltung der überwiegenden Zahl der Kinder aus unserem Einzugsbereich.

In verschiedenen Arbeitsgruppen beschäftigte sich das Kollegium im Anschluss an die Gesamtkonferenz mit der inhaltlich-fachlichen Seite des Erwerbs von Lesekompetenz. Daraus resultierten Leitziele, die folgendermaßen konkretisiert worden sind:

Leitziele

1. Aufbau und Förderung der Lesemotivation auf allen Klassenstufen

2. Erwerb und Anwendung folgender Lesetechniken und Bearbeitungsmöglichkeiten von Texten:
   - überfliegendes Lesen (Skimming und Scanning) mit dem Ziel einer Orientierung im Text, und um bestimmte Wörter, Begriffe oder Aussagen im Text zu finden
   - intensives Lesen mit dem Ziel, den gesamten Text, dessen Inhalt, Aussagen, Struktur etc. zu erfassen

3. Kennenlernen, Üben und Beherrschen folgender Lesekompetenzstufen:
   - Erkennen und Wiedergeben explizit angegebener Informationen
   - einfache Schlussfolgerungen ziehen
   - komplexe Schlussfolgerungen ziehen und begründen, Interpretation des Gelesenen
   - Prüfen und Bewerten von Sprache, Inhalt und Textelementen

4. Entwicklung von sprachlicher Handlungsfähigkeit durch Lesekompetenz

Aus diesen Leitzielen wählten wir die ersten beiden aus, um sie konkret unterrichtlich umzusetzen. Gleichzeitig wollten wir mit der Ist-Analyse zur

Beherrschung der 4 Lesekompetenzstufen die weitere Arbeit am 3. Leitziel vorbereiten. Konkret einigten wir uns auf einen Zeitplan:

Leitziel »Erwerb und Anwendung von Lesetechniken und Bearbeitungsmöglichkeiten von Texten«

Teilziele für die 2. bis 4. Klassen	Zeitplan / Arbeitsform
Entwicklung und Zusammenstellung von Übungsangeboten zum Erlernen von Skimming und Scanning	bis zu den Herbstferien 1. Schritt: Gesamtkonferenz am 10. 9. 03 2. Schritt: Arbeit im Team und in Kooperation der jeweiligen Klassenstufenlehrerinnen
regelmäßige, planvolle Übung nicht nur im Deutschunterricht, sondern ausdrücklich auch unter Einbeziehung der übrigen Fachbereiche	ab Herbstferien fortlaufend
Erarbeitung einer Ist-Analyse zu den 4 Lesekompetenzstufen (Wo stehen die Schüler/innen, worauf können wir aufbauen?)	ab November 1. Schritt: Geamtkonferenz am 5. 11. 03 2. Schritt: Arbeit im Team und in Kooperation der jeweiligen Klassenstufenlehrerinnen

Logischerweise kann in den ersten Schuljahren noch nicht an diesem Leitziel gearbeitet werden. Durch die gemeinsame Arbeit im Kollegium konnten die jeweiligen Klassenlehrerinnen jedoch dann einsteigen, wenn die SchülerInnen die erforderlichen Lesekenntnisse erworben haben.

Leitziel: »Förderung der Lesemotivation«

Teilziele für die 1. Klassen	Zeitplan / Arbeitsform
• Vorlesen als grundlegendes Prinzip im Anfangsunterricht einbauen, d. h. Vorlesen verschiedener Textsorten zu verschiedensten Themenbereichen • Anbieten / Einrichten von Leseräumen und Lesezeiten • Einbeziehung der Kinder, die schon lesen können und Einbeziehung der Patenklasse zum Vorlesen	durchgängig von Beginn an
• Elternabend zum Thema Lesemotivation, -freude und -kompetenz, Hilfen für häusliche Unterstützung anbieten	innerhalb der ersten 4 Wochen

Um eine Evaluation des Prozesses und der Ergebnisse durchführen zu können, erhielt jede Kollegin eine Mappe, in der sie die Arbeit an den Leitzielen in ihrer Klasse schriftlich dokumentierte und kommentierte. In gemeinsamen Konferenzen wollten wir dann die Arbeitsergebnisse sichten, besprechen und das weitere Vorgehen planen.

Ergebnisse und Evaluation der Arbeit

Nach einem Schuljahr standen die Evaluation und die Einschätzung über die geleistete Arbeit an. Hier zeigte sich, dass wir uns trotz der vielen Arbeit und der Bemühungen um möglichst konkrete Zielformulierungen in einer Sackgasse befanden.

Unser Zeitplan war völlig unrealistisch.

Die Ist-Analyse zu den Lesekompetenzstufen war nicht möglich gewesen, da zum einen die Zeit dazu fehlte und zum anderen gar nicht klar war, wie eine solche Ist-Analyse im Detail auszusehen hatte.

Die Dokumentation der Lehrerinnen über die Arbeit an den gewählten Schwerpunkten war ebenfalls weitgehend unbrauchbar, da auch hier keine einheitliche Struktur für die Dokumentation gewählt worden war und so die Aussprache darüber nur oberflächlich und in Allgemeinplätzen möglich war.

Wir mussten uns eingestehen, dass das ganze Kapitel »Evaluation« für uns ein Buch mit sieben Siegeln war. Logischerweise galt es nun, das ganze Vorgehen noch einmal in Ruhe zu durchdenken und anzugehen.

Neuorientierung

Die eingetretene Krise forderte neues Denken heraus. Wir einigten uns darauf, dass wir zunächst unsere Kompetenzen in Bezug auf aussagekräftige und zielführende Formen der Evaluation erweitern mussten. Eine Gruppe von vier Kolleginnen und die Schulleiterin nahmen daher an einer mehrteiligen Fortbildung zum Thema »Interne Evaluation« teil und kommunizierten ihr Wissen mit den Kolleginnen und Eltern in Gesamtkonferenzen. Es wurde uns klar, dass unsere Zielsetzungen viel zu wenig konkret und überprüfbar waren und dass wir uns auf zu viele Ziele gestürzt hatten. Daraus folgte ein weiterer Versuch, die Arbeit kleinschrittiger und überprüfbarer darzustellen.

Wir setzten nun den Fokus ausschließlich auf den »Erwerb von Techniken des *Überfliegenden Lesens*, nämlich des *Skimming* und *Scanning*« und setzten unsere neu gewonnenen Erkenntnisse zur Internen Evaluation um. Wir formulierten Qualitätsziele, -kriterien und -indikatoren, auf der folgenden Seite dargestellt am Beispiel des *Scanning*.

Qualitätsziel (Qz): Erwerb der Lesetechniken des überfliegenden Lesens

Qualitätskriterien (Qk):
Texte scannen (Qk1)
Texte skimmen (Qk2)

Qualitätsindikatoren (Qi) zu **Texte scannen**:
Qi 1: S erlesen Texte still.
Qi 2: S finden wenige gezielte Informationen in angemessener Zeit:
kurze Texte: maximal 2 Fragen
längere Texte: maximal 4 Fragen
Qi 3: S beantworten Textfragen durch Benennen, Aufschreiben oder Markieren.
Qi 4: S können Informationen aus verschiedenen Textsorten entnehmen (z. B.: Tabellen, Grafiken, Prosatexte, Gedichte etc.).
Qi 5: S können wichtige von unwichtigen Informationen unterscheiden.

Über den Zeitraum von einem halben Jahr gab es für jede Kollegin folgenden Arbeitsauftrag:
Planen Sie die kontinuierliche Arbeit am Themenschwerpunkt »Texte scannen« bis zum Ende des 1. Halbjahres.
Gehen Sie dabei ganz genau vor, d. h. klären Sie beispielsweise Fragen wie
- Wie oft übe ich das Scannen in der Woche?
- Arbeite ich mit meiner Stufenkollegin zusammen?
- Wenn ja, wann treffen wir uns?
- Welche verschiedenen Textsorten wähle ich aus?
- Wie überprüfe ich den Ist-Stand und im Weiteren die Lernfortschritte der Kinder?
- In welcher Form fließt die Beherrschung dieser Lesetechnik in die Deutschnote mit ein?
- Wie dokumentiere ich die planvolle Arbeit am Schwerpunkt, damit sie erkennbar und nachvollziehbar wird?

Qualitätsziele, - kriterien und -indikatoren am Beispiel des Scanning

Am Ende des Halbjahres berieten wir über die geleistete Arbeit und stellten fest, dass die exakt definierten Kriterien zum einen eine gezielte Arbeit am gewählten Schwerpunkt ermöglichten und zum anderen zu einem sinnvollen Austausch sowohl auf der Stufe als auch stufenübergreifend führten.

Mit neuer Zuversicht gingen wir nun an die Aufgabe, den Erwerb der verschiedenen Lesekompetenzstufen planmäßig aufzubauen. Mittlerweile waren über drei Jahre ins Land gegangen und wir mussten feststellen, dass eine nachhaltige Qualitätsarbeit Zeit, Geduld und eine optimistische Grundeinstellung erforderte.

Auf zu neuen Ufern

Während der Arbeit an den Lesekompetenzstufen breitete sich mehr und mehr eine gewisse Unzufriedenheit aus, obwohl wir eigentlich die größten Schwierigkeiten erfolgreich gemeistert und mittlerweile gelernt hatten, Ziele inhaltlich konkret zu formulieren und auf die Handlungsebene herunterzubrechen.

Die sich anschließenden Diskussionen ergaben, dass der Wunsch bestand, die einzelnen Komponenten des Zieles »Aufbau der Lesekompetenz als zentrale Basiskompetenz« zusammenzuführen und als festen Baustein des Unterrichts zu verankern.

So entstand die Idee, für jede Lehrerin ein **Lesetagebuch** zu entwickeln, also eine Art Portfolio, in dem die Arbeit während des Schuljahres dokumentiert wird.

Im Folgenden stelle ich den Anfang des Lesetagebuches vor, um den Lesern die Grundidee und die Ziele darzulegen.

Definition: Das Lesetagebuch ist die systematische Dokumentation der Arbeit am Aufbau der Lesekompetenz. Die einzelnen Bausteine dieser Arbeit sind im Qualitätsprogramm dargestellt und finden sich im Lesetagebuch wieder. Das Lesetagebuch wird von der Lehrkraft im Fach Deutsch über ein Jahr hindurch geführt und von Fachlehrkräften ggf. ergänzt.

Ziel: Es dient der Rückmeldung (Evaluation)
- für die Lehrerin (Was habe ich im Bereich »Aufbau der Lesekompetenz« in meiner Klasse gearbeitet?)
- für die Schule (kollegialer Austausch über die Arbeit im Bereich »Lesen«: Teilen von Informationen, Wissen und Erfahrungen, Definition neuer Ziele, Verlagerung von Schwerpunkten etc.)

Merkmale: Es enthält
- Verbindlichkeiten
- Anregungen und Hilfen

Es ist klassenbezogen.

Es gliedert sich in 5 verschiedene Bereiche
- Lesemotivation
- Skimming und Scanning
- Lesekompetenzstufen
- Lesen eröffnet individuelle Perspektiven
- Elternarbeit

Das Lesetagebuch enthält alle für uns wichtigen Ziele in Bezug auf den Erwerb der Lesekompetenz. Die Lehrerin trägt hier ein, was sie in den einzelnen Teilbereichen während eines Schuljahres bearbeitet hat, wo sie ihre Schwerpunkte gesetzt hat, was noch aussteht und welche Erkenntnisse oder Erfahrungen es gab. Es gibt Punkte, die wir verbindlich festgelegt haben, z. B. die Durchführung von mindestens einem Elternabend pro Schuljahr, der sich ausschließlich mit dem Lesen beschäftigt und die Eltern aktiv informiert und in den Lernprozess ihrer Kinder mit einbezieht. Es wurde auch verbindlich festgelegt, dass Skimming und Scanning geübt wird, Freiräume hat jede Lehrerin aber in der Wahl der Textsorten oder auch der Häufigkeit der Übungen.

Die Entwicklung dieses Lesetagebuches hat insgesamt zwei Jahre gedauert. Ein langer Zeitraum, an dessen Ende jedoch ein für uns sehr zufriedenstellendes und motivierendes Ergebnis stand. In diesem Schuljahr steht nun die Evaluation an. Wir werden besprechen, was sich bewährt hat, was zu verändern ist, welche neuen Ideen während der Arbeit entstanden sind. Im

Laufe der zwei Jahre sind schon einige neue interessante Vorschläge entwickelt worden, wie beispielsweise die Herstellung eines Flyers für die Eltern, der in verständlicher Form und mit Fotos angereicherter Präsentation die Eltern für die Arbeit an der Lesekompetenz gewinnen soll. Des Weiteren haben wir mittlerweile einen Leseraum für unsere Kinder geschaffen, der gemütlich und kindgerecht eingerichtet ist, in dem eine kleine hauseigene Bücherei das individuelle und selbstvergessene Lesen ermöglicht, ohne dass irgendwelche Fragen oder Arbeitsaufträge zu erledigen sind. Wir haben spezielle Literatur für Jungen angeschafft und werden im nächsten Halbjahr Elternabende zum Thema »Jungen lesen anders« veranstalten.

Blickt man auf die vergangenen sieben Jahre zurück, so sind für mich als Schulleiterin und für mein Kollegium einige zentrale Erkenntnisse deutlich geworden:

- → Schulentwicklung braucht **Zeit**. Es lässt sich nichts von oben überstülpen und durchpeitschen. Die Arbeit muss für die Beteiligten, die die Experten für ihre eigene Schule sind, Sinn machen,
- → Schulentwicklung erfordert **fachliches Arbeiten** in jedem einzelnen Kollegium. Dazu gehört die Bereitschaft zur Auseinandersetzung mit fachlichen Themen und das gemeinsame fachliche Lernen. Es reicht nicht, dass man das Studieren nur auf die Zeit an der Uni und im Studienseminar beschränkt.
- → Schulentwicklung erfordert **eigenständiges Denken und Handeln**. Heute ist es sehr einfach, aus dem Internet ganze Schulprogramme zu kopieren, weil »… es gut zu unserer Schule passt …« oder »… man das Rad doch nicht jedes Mal neu erfinden muss.« Ich bin der festen Überzeugung, dass jede Schule »ihr Rad« selbst erfinden muss, Anregungen, Ideen und Hilfen sind wichtig und bereichernd, aber sie ersetzen nicht die eigenständige Arbeit an Themen oder Problemstellungen.
- → Schulentwicklung braucht **Mut zu Fehlern und Irrwegen**. Gute Pädagogen erklären ihren Schülern, dass Fehler Lernchancen sind und keine persönlichen Katastrophen. Ebenso verhält es sich mit der Arbeit an schulischen Zielen. Durch Fehler oder Krisen entstehen neue Chancen und Wege. Die gilt es zu nutzen.
- → Schulentwicklung funktioniert nur, wenn alle aktiv mitmachen. Das englische Wort »**commitment**« verdeutlicht dies am besten. Wenn die Qualitätsarbeit nur vom Schulleiter oder von der Schulaufsicht eingefordert und gestaltet wird, lässt sich keine nachhaltige Entwicklung anbahnen. Besonders Lehrkräfte und Eltern haben das Recht und die Pflicht, das Schulleben zu gestalten. Sie müssen sich ihre Ziele im Einklang mit den schulrechtlichen Vorgaben selbst setzen und nicht von anderen bestimmen lassen.

- → Schulentwicklung erfordert **kritisches Denken**. Neuen Erkenntnissen aus der Forschung sollten wir interessiert und wohlwollend begegnen. Wir sollten aber nie, ohne selbstkritisch nachzudenken, auf neue Züge aufspringen und unser eigenes Erfahrungswissen über Bord werfen. So macht ein Lehrer, der ab sofort nur noch offene Unterrichtsformen anstatt Frontalunterricht praktiziert, nicht zwangsläufig besseren Unterricht. Leider ist oft sogar das Gegenteil der Fall.

Zum Schluss möchte ich nochmal auf das Zitat am Anfang meiner Ausführungen kommen. »*Doing things right*« ist wichtig, aber »*Doing the right things*« macht unsere Arbeit wertvoll und bedeutsam.

Angelika Fiedler

LehrerInnen und Diagnostik – Das Projekt ELLI

Rückblick: Integrative Regelklassen in Hamburg – ein Modell

Im Jahre 2008 hat die Bundesrepublik Deutschland die UN-Konvention für die Rechte behinderter Menschen mitunterzeichnet. Die inzwischen allgemein bekannteste Passage in diesem Text lautet:

> Die Vertragsstaaten anerkennen das Recht von Menschen mit Behinderungen auf Bildung. Um dieses Recht ohne Diskriminierung und auf der Grundlage der Chancengleichheit zu verwirklichen, gewährleisten die Vertragsstaaten ein integratives (im Originaltext inklusives) Bildungssystem auf allen Ebenen und lebenslanges Lernen (Übereinkommen für die Rechte von Menschen mit Behinderungen, Art. 24. [1])

Auch als bekannt vorausgesetzt werden kann wohl die Tatsache, dass nicht alle Bundesländer diese Konvention als Aufforderung zum politischen Handeln verstehen. Weniger bekannt ist dagegen, dass Hamburg bereits im Jahre 1993 mit den »integrativen Regelklassen«, ein bundesweit einmaliges Modell entwickelt hat, ein Modell, das den damals noch nicht bekannten Grundsatz der »inklusiven Schule« am radikalsten und aus meiner Sicht überzeugendsten umgesetzt hat. In den integrativen Regelklassen von insgesamt 35 Hamburger Grundschulen wurden (und werden noch) alle Kinder des Einzugsgebietes der jeweiligen Schule aufgenommen. [2] Mit ande-

---

1) Das 2006 bei der UNO-Generalversammlung in New York verabschiedete und 2008 in Kraft getretene Übereinkommen über die Rechte von Menschen mit Behinderungen (auch: Behindertenrechtskonvention, BRK) ist ein bis 2010 von 97 Staaten und der EU ratifizierter völkerrechtlicher Vertrag, der Menschenrechte für die Lebenssituation behinderter Menschen konkretisiert, um ihnen die gleichberechtigte Teilhabe an der Gesellschaft zu ermöglichen. Im Übereinkommen finden sich neben grundlegenden Teilen der allgemeinen Menschenrechte, wie z. B. dem Recht auf Leben oder dem Recht auf Freizügigkeit, viele spezielle Bestimmungen, die auf die Lebenssituation behinderter Menschen eingehen.

2) Ausnahme bilden nur diejenigen Kinder, die bereits vor Eintritt in die Schule einen langfristigen Unterstützungsbedarf bezüglich ihrer geistigen und körperlichen Entwicklung erkennen lassen und solche, die durch mangelnde Seh- oder Hörkraft langfristig Unterstützung für eine Teilhabe an schulischer Bildung benötigen. Diese Kinder finden wie in anderen Bundesländern nach einem entsprechenden Feststellungsverfahren eine Aufnahme in eine Integrationsklasse oder in die entsprechenden Sonderschulen.

ren Worten, auch so genannte »lernbehinderte«, »sprachbehinderte« und in ihrer emotionalen und sozialen Entwicklung gefährdete Kinder werden aufgenommen und dürfen während der gesamten Schulzeit an der integrativen Regelschule nicht an eine Sonderschule überwiesen werden. Wenn man so will, gibt es an einer integrativen Regelschule keine lernbehinderten, sprachbehinderten oder verhaltensgestörten Kinder, denn die Schule betreibt keine Feststellungsdiagnostik bis zum Halbjahr des vierten Schuljahres, bevor das Kind an eine weiterführende Schule angemeldet werden soll. Im Idealfall stellt sich die integrative Regelschule auf eine Pädagogik für eine heterogene Schülerschaft ein und strebt an, für jedes Kind, das die Schule besucht, ein ihm gemäßes Lernangebot bereitzuhalten. Für diese Aufgabe stehen der Schule zusätzliche Ressourcen zur Verfügung: Pro Zug anderthalb Sonderpädagogen- und eine Dreiviertel-Erzieherstelle, eine Ressource für angenommene zwei Kinder mit sonderpädagogischem Förderbedarf pro Klasse.

Das Modell der »integrativen Regelklassen« hatte allerdings einige »Schönheitsfehler«, die immer wieder zu Auseinandersetzungen im politischen Raum führten: Nur 36 von insgesamt fast 200 Grundschulen durften integrative Regelschulen werden, es gab keine Fortführung in weiterführenden Schulen und es konnten am Anfang auch Schulen integrative Regelschulen werden, die in sozial eher besser situierten Stadtteilen liegen und in denen die angenommene Zahl von zwei Kindern mit sonderpädagogischem Förderbedarf pro Klasse in der Regel zu hoch angesetzt war. Hinzu kam, dass die Schulen selbst erst lernen mussten, sich wirklich auf eine veränderte Schülerschaft einzustellen und konzeptionell auf die Heterogenität der Lernanforderungen und -bedürfnisse der Kinder zu reagieren. Dies belegte unter anderem eine Evaluationsstudie, die aufzeigte, dass in einer Reihe von integrativen Regelschulen die Sonderpädagoginnen und -pädagogen ausschließlich oder vorwiegend für die Kinder mit dem inoffiziellen Status »IR-Kinder« zuständig waren, also jene, die langsam lernten, Schwierigkeiten im sprachlichen Bereich hatten, und ganz besonders gern jene, die Mühe hatten, sich in die schulischen Strukturen einzuordnen. Die Grundschulpädagogin arbeitete indes mit den anderen Kindern wie bisher, so als hätte sie nun wieder eine homogene Gruppe vor sich mit annähernd gleichen Lernvoraussetzungen und Lernbedürfnissen. In dieser Anfangszeit wurden immer wieder Kinder im allseitigen gemeinsamen Einverständnis, dies sei das Beste für das Kind, aus integrativen Regelklassen doch an die jeweilige Sonder-/Förderschule überwiesen.

Stolpersteine: Vom Modell zur Regeleinführung

Kurz vor dem Ende der SPD-Regierung (2001) in Hamburg sollten alle diese »Schönheitsfehler« behoben werden. Der Schulversuch »integrative Regelklassen« sollte beendet werden und in die Fläche gehen. Dazu mussten die Schulen, die bereits integrative Regelschulen waren, ein pädagogisches Konzept erstellen und in der Behörde einreichen. Den übrigen Grundschulen wurde in Aussicht gestellt, mit einem entsprechenden Antrag und einem pädagogischen Konzept ebenfalls langfristig integrative Regelschulen werden zu können. Gleichzeitig wurden zunehmend vor allem an Gesamtschulen Kinder aufgenommen, die eine integrative Regelschule besucht hatten und auch nach Klasse vier am Regelunterricht nur mit besonderer Unterstützung teilnehmen konnten (so genannte »Rucksackkinder«). Das Interesse der Schulen an der Ausweitung des Angebots integrativer Regelschulen war riesig: 69 Schulen bekundeten sofort ein Interesse daran, integrative Regelklassen einzurichten. Inzwischen hatten sich auch die meisten integrativen Regelschulen weiterentwickelt:

- Teamarbeit und gemeinsame Verantwortung für jedes Kind einer Klasse, jahrgangsübergreifende Klassen;
- Arbeit mit Förderplänen;
- spezielle Konzepte für die Unterstützung im emotional-sozialen Bereich;
- psychomotorische Angebote;
- aber vor allem ein auf individuelle Lernbedürfnisse und -voraussetzungen abzielender Unterricht

waren Bestandteile des besonderen Konzeptes dieser Schulen.

Und gerade auch Eltern mit hohem Bildungsanspruch stellten zunehmend fest, dass ihre Sorge, ihre Kinder könnten in einer Schule, die alle Kinder aufnimmt, zu wenig lernen, nicht nur unbegründet war, sondern dass ihre Kinder in gewisser Weise mehr und anderes lernten als erwartet.

Gleichzeitig kam aus der politischen Opposition (vor allem aus der CDU), aber auch aus dem VDS (Verband der Sonderpädagogen) heftige Kritik an dem Konzept der integrativen Regelklassen. Zu teuer, ungerecht, da ja dem System und nicht dem (diagnostizierten) Förderkind die Ressource zugewiesen sei, die Ressource im System versickere (z. B. in Vertretung von Grundschulpädagogen) und nicht jedes Kind die Chance habe, in einem integrativen System gefördert zu werden. Je stärker die Diskussion um die Integration von Kindern mit sonderpädagogischem Förderbedarf in die allgemeine Schule geführt wurde, desto mehr kristallisierte sich das Konzept des »Förderzentrums« als Alternative der politischen Opposition zum Konzept der integrativen Regelschule heraus.

Als daher Ole von Beust und Ronald Schill die Regierung in Hamburg übernahmen, waren im schulischen Bereich sofort die integrativen Regelklassen von der Abschaffung bedroht, zunächst noch einmal ohne eine Alternative für die integrative Beschulung von lernbehinderten, verhaltensauffälligen und sprachbehinderten Kindern. Seit dem Schuljahr 2007/2008 gab es dann ein politisches Konzept, so genannte integrative Förderzentren einzurichten und gleichzeitig die integrativen Regelklassen abzuschaffen. Dass dies nicht gelang, war dem Druck der integrativen Regelschulen und der Eltern, die ihre Kinder in integrative Regelklassen eingeschult hatten, aber auch der GEW und der anderen (noch) nicht integrativen Grundschulen geschuldet. Dennoch blieb die Auseinandersetzung und wurde jedem neu eingesetzten Bildungssenator (insgesamt drei) sofort bei Amtsantritt von Befürwortern und Gegnern der integrativen Regelschulen ans Herz gelegt. Dabei schien den Gegnern der integrativen Regelschulen das Ergebnis der KESS-Studie, eine Variante der IGLU-Studie, nur für Hamburg Recht zu geben: Konnte man doch, wenn man die Ergebnisse der integrativen Regelklassen ohne genaue Prüfung betrachtete, zu der Auffassung gelangen, dass diese nicht besser bzw. sogar schlechter »abgeschnitten« hatten als andere Grundschulen ohne die zusätzlichen Ressourcen der integrativen Regelschulen, aber mit einer ähnlich zusammengesetzten Schülerschaft.

So wurde ein Vortrag von Ulrich Vieluf, damals Leiter der Abteilung Qualitätssicherung am Landesinstitut für Lehrerbildung interessiert aufgenommen. In diesem Vortrag wies er nach, dass bestimmte Faktoren,

- wie etwa die ursprüngliche Lernausgangslage der Schülerinnen und Schüler,
- die Anzahl der Kinder, die aufgrund von Lernschwierigkeiten in die integrativen Regelschulen umgeschult wurden
- und die Anzahl der Kinder, die – anders als in Vergleichsklassen und -schulen – nicht in eine Förder- bzw. Sonderschule umgeschult worden waren und in ihrer Grundschulklasse an den Erhebungen teilgenommen hatten,

großen Einfluss auf die erhobenen Zahlen hatten.

Kurz gefasst, dass die KESS-Untersuchungen keine verlässlichen Aussagen über die tatsächlichen »Leistungen« der integrativen Regelschulen machen könnten. Zu diesem Zeitpunkt hatten die Schulleitungen der integrativen Regelschulen wiederholt gemeinsame Treffen durchgeführt. Bei diesen Treffen, auf denen natürlich das zentrale Thema die Erhaltung und Ausweitung integrativer Beschulung im Sinne der integrativen Regelschulen war, erkannten die Schulleitungen, dass an den 36 Schulen sehr unterschiedliche Konzepte realisiert wurden. Daher waren sie daran interessiert, die konzeptionelle Weiterentwicklung der Schulen (nicht nur) im Sinne der integrativen Regelschule anzustoßen. Auch wenn die Daseinsberechtigung der integrativen Regelschulen aus Sicht der Schulleitungen (und im Sinne der UN-Konvention) sich nicht in erster Linie durch messbare und quantifizierbare Lernerfolge im Lesen, Schriftspracherwerb und in der Mathematik ergibt, wollten die Schulleitungen zeigen, dass die integrativen Konzepte ihrer Schulen auch in diesen Bereichen Erfolge vorweisen könnten.

In der Folge dieses Vortrages beschlossen die Schulleitungen der integrativen Regelschulen daher, das Landesinstitut für Qualitätsentwicklung (LIQ) in Hamburg mit einer Langzeiterhebung zu beauftragen, die die Lernausgangslage und die Lernentwicklung der Schülerinnen und Schüler für drei aufeinanderfolgende Schülerjahrgänge von ihrem Schuleintritt in Klasse 1 bis zu ihrem Übergang in eine weiterführende Schule erheben und darstellen sollte.

- Ziel dieser Untersuchung sollte es sein zu zeigen, dass die integrativen Regelschulen sehr wohl leistungsförderliche Lernbedingungen für alle Kinder auch in den »quantitativ messbaren« Bereichen schaffen könnten.
- Neben diesem – politisch ausgerichteten – Ziel war ein zweites Ziel, eine datengestützte Basis für die schulinterne Weiterentwicklung der integrativen Konzepte der beteiligten Schulen zu schaffen.
- Bedingung für die Teilnahme der Schulen war es, dass die erhobenen Daten ausschließliches Eigentum der Schulen bleiben sollten und nicht ohne deren Zustimmung für andere behördliche Zwecke genutzt werden konnten.
- Die Schulen ihrerseits verpflichteten sich, bestimmte Erhebungen und Testungen vorzunehmen, die als Grundlage für die Lernausgangslage und Lernentwicklung der Kinder notwendig waren.

Diese Vereinbarung war für alle Beteiligten ein absolutes Novum. Gerade die integrativen Regelschulen hatten sich bis dahin eher gegen formale Erhebungen verwehrt, deren Durchführung wurde im besten Falle als notwendiges Übel angesehen. Dass Schulen selbst Datenerhebung in Auftrag gaben und sich gleichzeitig die Deutungshoheit über ihre Daten sicherten, hatte es bis dahin nicht gegeben. Glücksfall für die Schulen war, dass sie mit Ulrich Vieluf einen außerordentlichen Experten im Umgang mit Statistiken und deren Deutung als Unterstützer gewonnen hatten.

ELLI: Erhebung der Lernausgangslagen und der Lernentwicklung von Kindern in integrativen Regelklassen

Als Bindeglied zwischen den Schulen als »Zulieferern« und dem LIQ wählten die beteiligten Schulleitungen eine »Steuergruppe«, die einerseits das Vertrauen der beteiligten Schulen in das Verfahren und den Umgang mit den Daten sicherstellte und andererseits Veranstaltungen vorbereitete, Fortbildungen begleitete und bei der Entwicklung für die Schulen relevanter

Fragestellungen unterstützte. Die erste Aufgabe, der sich die Steuergruppe widmete, war, ein geeignetes Untersuchungsinstrument für die Erhebung der Lernausgangslage zu finden. Schließlich einigten wir uns auf das Instrument der Individuellen Lernstandsanalyse (ILEA) aus Brandenburg, da es zum einen nicht nur ein Test, sondern auch ein Beobachtungsverfahren ist, und

- weil es auch zur Datenerhebung der psychosozialen Situation der Kinder bei ihrer Einschulung herangezogen werden kann,
- weil die Brandenburger geeignete Materialien entwickelt hatten, das jeweilige Kind in seinem jeweiligen Lern- und Leistungsstand gezielt zu fördern und nicht zuletzt,
- weil es sich um ein kompetenzorientiertes und nicht ein defizitär orientiertes Erhebungsinstrument handelt.

Für die Untersuchung in Hamburg wurde es weiterentwickelt und modifiziert. Schnell wurde der Name der Erhebung aus der Taufe gehoben: ELLI (Erhebung der Lernausgangslagen und der Lernentwicklung von Kindern in integrativen Regelklassen) (Informationen unter: www.li-hamburg.de/projekte/projekte.liq.daten/projekte.liq.daten.elli/index.html)

Bereits aus der ELLI-Erhebung des ersten Jahrganges, mit der die Lernausgangslage von insgesamt 2188 neu eingeschulten Kindern erhoben wurde, ergaben sich für uns wichtige und teilweise neue Erkenntnisse, die sich in der Untersuchung des Folgejahres bestätigten: Der prozentuale Anteil von Jungen in den integrativen Regelklassen war mit 54,4 % um fast 9 Prozent höher als der der Mädchen und ebenfalls höher als in den Klassen der anderen Hamburger Grundschulen.

- Mit die wichtigste Erkenntnis aus den Ergebnissen war allerdings, dass die überprüften Kinder sowohl im Bereich Lesen / Schriftspracherwerb als auch im Bereich der mathematischen Kompetenzen bis zu drei Lernjahre auseinanderlagen.
- Und nicht nur die einzelnen Kinder, sondern ebenso die Schulen. Die »beste« Schule lag im Durchschnitt in den Ergebnissen zu Beginn der Lernarbeit in der aufnehmenden Schule um zwei bis drei Lernjahre weiter als die »schlechteste« Schule.
- Nicht erstaunlich, aber dennoch von Bedeutung war dabei, dass die Lernausgangslage von Kindern in Schulen in sozial eher belasteten Gebieten in der Regel im Durchschnitt mindestens ein Lernjahr »niedriger« war als solche in sozial gemischten Gebieten.

In der Konsequenz heißt dies, dass nicht nur in der Einzelschule ein auf die Heterogenität der Schülerinnen und Schüler ausgerichteter Unterricht unabdingbar wird, sondern auch, dass Schulen in unterschiedlichen sozialen Gebieten unterschiedliche Unterstützung brauchen und unterschiedliche Lernangebote (auch in Form von Lernbüchern und anderen Materialien) für die Schulanfänger(innen) bereithalten müssen.

Deutlich wurde aber auch, dass die phonologische Bewusstheit als Vorläuferfähigkeit zur Rechtschreibfähigkeit eine hohe Relevanz besitzt. Einmal mehr beweist sich damit, dass Kinder in prekären Lebenssituationen bereits lange vor Schuleintritt (gezielte) Unterstützung zur Ausbildung ihrer phonologischen Bewusstheit brauchen, um das schulische Bildungsangebot gewinnbringend nutzen zu können. Anders ausgedrückt, eine gezielte und professionell aufbereitete sprachliche Förderung ist lange vor Schuleintritt eine unabdingbare Aufgabe von Kitas, um Kindern eine erfolgreiche Teilhabe am Schriftspracherwerb (und eine spätere erfolgreiche gesellschaftliche Teilhabe) zu ermöglichen.

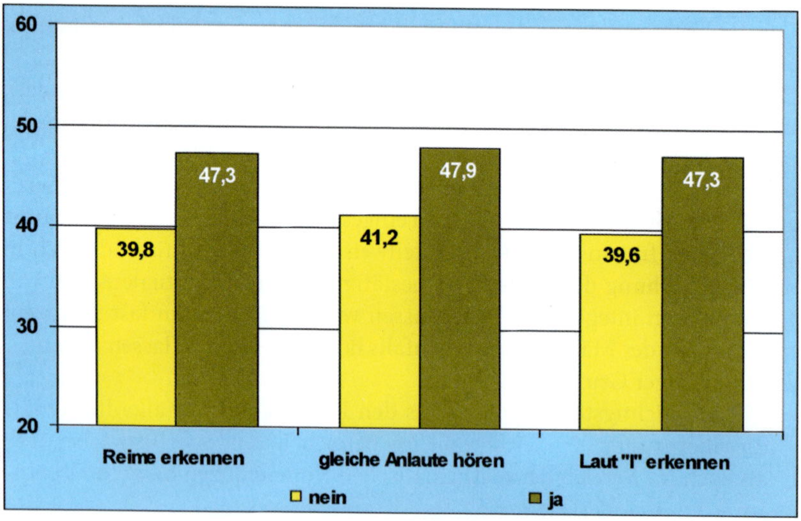

Vorläuferfähigkeiten (Phonologische Bewusstheit) Anfang Klasse 1 und Rechtschreibleistung (HSP) Ende Klasse 1

Im abgebildeten Diagramm werden mit den Balken die Leistungen der Schülerinnen in der »Hamburger Schreibprobe« (HSP) am Ende von Klasse 1 dargestellt. Kinder, die bei ILEA bereits am Anfang von Klasse 1 Reime erkennen konnten (grüne Balken), erzielten am Ende von Klasse 1 im Schnitt ca. 7 Prozentpunkte mehr bei der HSP als Kinder, die dies noch nicht konnten (gelbe Balken).

Die gelben Balken stellen jeweils die durchschnittlichen Rechtschreibleistungen (Prozentpunkte) der Kinder dar, die bei ILEA am Anfang des ersten Schuljahres noch keine Reime zu vorgegebenen Wörtern finden konnten, gleiche Anlaute hören und den Laut »l« erkennen konnten.

Die grünen Balken beschreiben die durchschnittlichen HSP-Ergebnisse (Prozentpunkte) am Ende von Klasse 1 von denjenigen Kindern, die bei ILEA Reime finden, Anlaute bzw. den Laut l innerhalb von Wörtern erkennen konnten.

Eher noch deutlicher besteht ein Zusammenhang zwischen phonologischer Bewusstheit zu Schulbeginn und Leseleistung ein Jahr später.

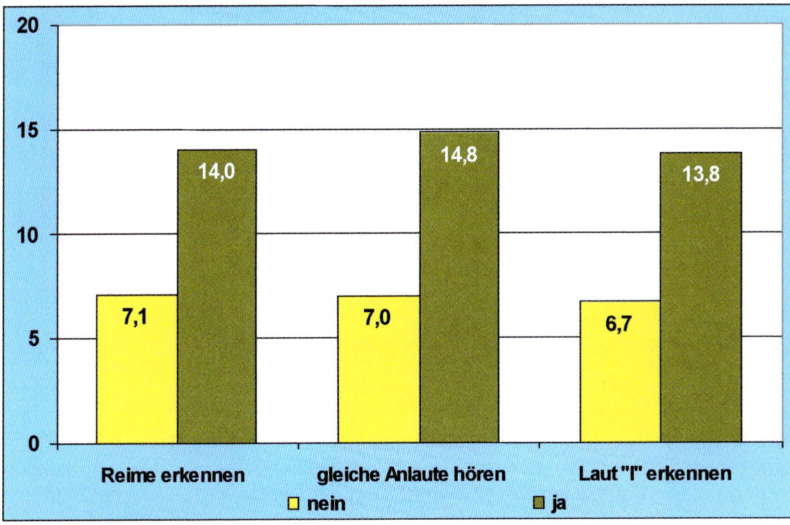

Vorläuferfähigkeiten (Phonologische Bewusstheit) Anfang Klasse 1 und Leseleistung (Stolperwörter) Ende Klasse 1

Im abgebildeten Diagramm werden mit den Balken die Leistungen von Kindern im Stolperwörtertest dargestellt. Im Schnitt konnten Kinder, die bei ILEA zu Beginn des 1. Schuljahres Reime erkennen konnten, fast doppelt so viele richtige Sätze beim Stolperwörtertest bilden wie die Kinder, die bei ILEA noch keine Reime erkennen konnten.

Die gelben Balken stellen jeweils die durchschnittlichen Ergebnisse (Anzahl der richtigen Sätze) am Ende des 1. Schuljahres derjenigen Kinder dar, die bei ILEA am Anfang des ersten Schuljahres noch keine Reime zu vorgegebenen Wörtern finden konnten, keine gleichen Anlaute herausgehört hatten oder den Laut »l« erkannt hatten.

Die grünen Balken beschreiben die durchschnittlichen Stolperwörter-Ergebnisse am Ende von Klasse 1 von denjenigen Kindern, die bereits bei ILEA zu Beginn des Schuljahres Reime finden, Anlaute hören bzw. den Laut »l« innerhalb von Wörtern erkennen konnten.

Auch in der Mathematik gibt es einen deutlichen Zusammenhang zwischen der Entwicklung der Vorläuferfähigkeiten zum Beginn der Schulzeit und den mathematischen Kompetenzen der Kinder am Ende von Klassenstufe 1 (vgl. Abb. auf der folgenden Seite).

Bedeutsam für schulische und soziale Verantwortungsträger sollten auch die folgenden Ergebnisse der Lernausgangslagenuntersuchung sein. Während Kinder, die den Hort besuchen, eine berufstätige Mutter haben oder in Einelternfamilien leben, in etwa auf dem gleichen Entwicklungsstand sind wie Kinder, die zu Hause betreut werden, in Zweielternfamilien leben und deren Mütter nicht berufstätig sind, sind Kinder, die bei Schuleintritt mit

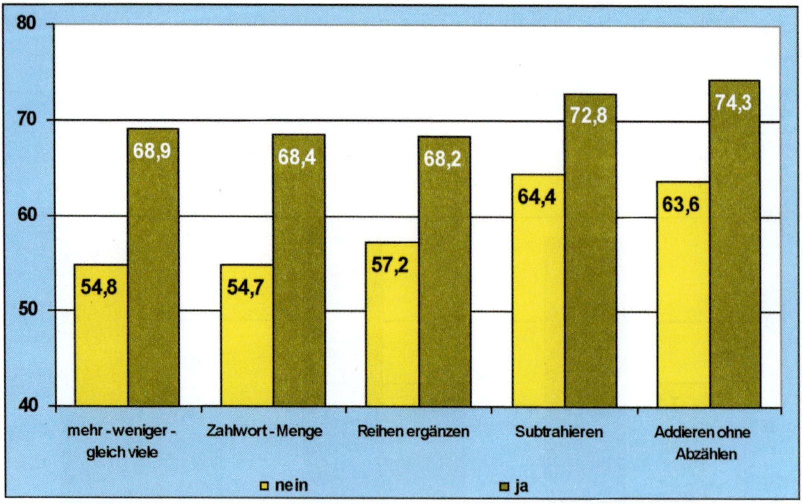

Vorläuferfähigkeiten und Mathematikleistungen (HaReT 2) Anfang Klasse 2
Im abgebildeten Diagramm werden mit den Balken die Leistungen der Kinder im »Hamburger Rechentest HaReT« zu Beginn von Klasse 2 dargestellt. Kinder, die bereits zum Zeitpunkt von ILEA zu Beginn des 1. Schuljahres über mathematische Vorläuferfähigkeiten verfügten, erzielten zu Beginn des 2. Schuljahres im Schnitt 14 Prozentpunkte mehr beim HaReT als diejenigen Kinder, für die dies zum Zeitpunkt von ILEA nicht zutraf.
Dabei stellen die gelben Balken jeweils die durchschnittlichen Ergebnisse (Prozentpunkte) derjenigen Kinder dar, die bei ILEA am Anfang des ersten Schuljahres noch keine mathematische Vorstellung in folgenden Bereichen hatten: mehr – weniger – gleich, Zahlwort und Menge, Reihe ergänzen, Subtrahieren, Addieren ohne Abzählen.
Die grünen Balken beschreiben die durchschnittlichen HaReT-Ergebnisse (erzielte Prozentpunkte) zu Beginn von Klasse 2 derjenigen Kinder, die zum Schulbeginn bereits mathematische Vorläuferfähigkeiten in den genannten Bereichen hatten.

einem arbeitslosen Vater zusammen leben oder die von den Pädagogen als vernachlässigt beschrieben werden, am Ende des ersten Schuljahres in ihrer Lernentwicklung sowohl im Rechtschreiben als auch in den mathematischen Kompetenzen erheblich hinter den anderen Kindern zurückgeblieben.

Es liegt nahe, einen (verpflichtenden) Kindergartenbesuch vor Schulbeginn und ein ganztägiges Bildungsangebot zu fordern, um auch diesen Kindern Chancen für einen erfolgreichen Schulbesuch zu ermöglichen.

Ein kleines »Nebenergebnis« der Lernausgangslagenuntersuchung im Rahmen von ELLI zeigte den beiden teilnehmenden Schulen mit jahrgangsübergreifenden Klassen, dass vom Konzept auf jeden Fall die Kinder profitieren, die bereits als Vorschulkinder in die Schule gekommen sind. Sie zeigten erwartungswidrig hohe Lernentwicklungsstände zur Zeit der Lernausgangs-

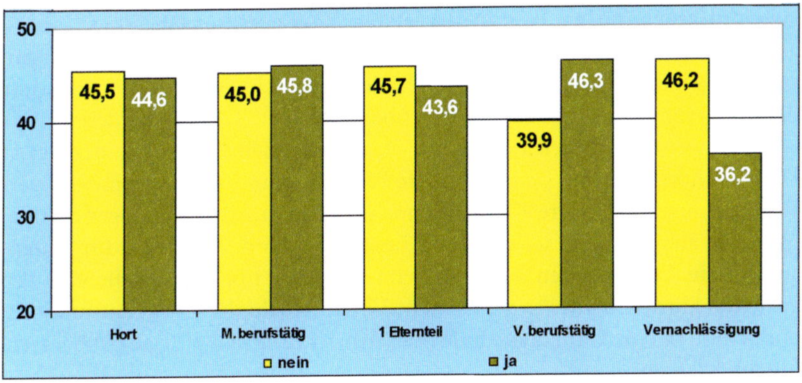

Soziale Hintergrundmerkmale und Rechtschreibleistung (HSP) Ende Klasse 1
Im abgebildeten Diagramm werden mit den Balken die durchschnittlichen Ergebnisse (erzielte Prozentpunkte) der Hamburger Schreibprobe am Ende von Klasse 1 mit den jeweiligen sozialen Merkmalen in Beziehung gesetzt. Wenig unterscheiden sich die durchschnittlich erzielten Prozentpunkte von Kindern, die einen Hort besucht haben (grün) und solchen, die keinen Hort besucht haben (gelb). Durchschnittlich deutlich schlechtere Ergebnisse z. B. zeigen dagegen die Kinder, die als vernachlässigt wahrgenommen werden (grün) gegenüber jenen, auf die dies nicht zutrifft (gelb).

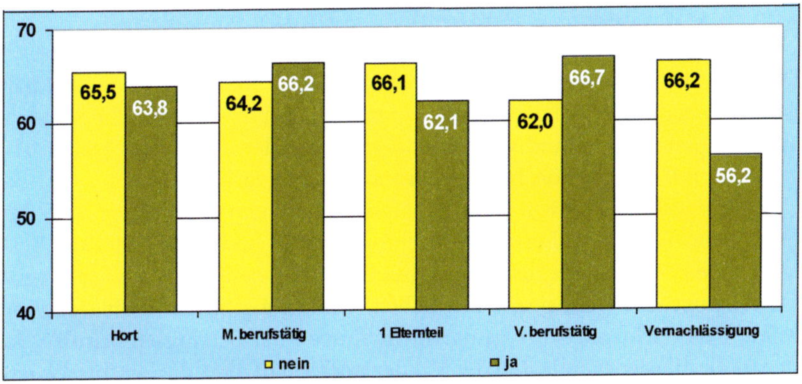

Soziale Hintergrundmerkmale und Mathematikleistung (HaReT 2) Anfang Klasse 2
Im abgebildeten Diagramm werden mit den Balken die durchschnittlichen Ergebnisse (erzielte Prozentpunkte) des Hamburger Rechentestes (HaReT) zu Beginn von Klasse 2 mit den jeweiligen sozialen Merkmalen in Beziehung gesetzt. Wenig unterscheiden sich die durchschnittlich erzielten Prozentpunkte von Kindern, die einen Hort besucht haben und solchen, die keinen Hort besucht haben. Durchschnittlich deutlich schlechtere Ergebnisse z. B. zeigen dagegen die Kinder, die als vernachlässigt wahrgenommen werden gegenüber jenen, auf die dies nicht zutrifft.

lagenuntersuchung zu Beginn der ersten Klassenstufe. Die Frage, ob es gelungen ist, diesen Lernvorsprung für die Kinder zu erhalten oder sogar auszubauen, kann aufgrund der noch nicht abgeschlossenen Interpretation der über vier Jahre erhobenen Daten noch nicht beantwortet werden.

Auch wenn es zurzeit noch keine abschließenden Ergebnisse der ELLI-Untersuchung gibt, hat sie bereits erste Folgen gezeigt. Viele der integrativen Regelschulen haben ihre Konzepte noch stärker auf ihre heterogene Schülerschaft ausgerichtet, sei es durch besondere Förderkonzepte für unterschiedliche Lerngruppen, engere Zusammenarbeit mit Kitas im Bereich der gezielten Förderung der so genannten »Vorläuferfähigkeiten«, Umwandlung der Schule in eine Ganztagsschule oder Einrichtung von jahrgangsübergreifenden Klassen.

Eine wichtige Erkenntnis hat ELLI unter anderem auch gebracht: Es reicht nicht, Daten zu erheben, mindestens ebenso wichtig sind auch die richtigen Fragen an die erhobenen Daten und deren »richtige« Interpretation. Leider hat die ELLI-Untersuchung und die Schulleitungen der integrativen Regelschulen mit Herrn Vieluf (von 2008 bis 2010 Staatsrat der Bildungsbehörde Hamburg) einen hervorragenden Interpreten von statistischen Erhebungen verloren, noch ist ein qualifizierter Nachfolger nicht gefunden.

Fazit

Das eigentliche Ziel von ELLI ist bisher noch nicht erreicht, aber feststellbar ist: Die Datenhoheit bei den Schulen zu lassen, ist sinnvoll, denn die Schulen arbeiten ganz anders und viel verbindlicher mit den erhobenen Daten, als wenn sie Teil einer behördlich angeordneten Untersuchung wären.

Zumindest ein Ziel von ELLI haben die beteiligten Schulen erreicht: Sie haben zum Teil ihre bisherigen Konzepte überprüft und verändert. Zum Beispiel haben Schulen, die bisher ausschließlich oder hauptsächlich mit Fibeln im Anfangsunterricht gearbeitet haben, stärker als bisher individualisierende Unterrichtsangebote gemacht, In einigen der beteiligten Schulen, in denen der überwiegende Teil der Kinder noch nicht über die beschriebenen Vorläuferfähigkeiten verfügte, wurde besonders in der Vorschule der Unterricht stärker als bisher auf den Erwerb dieser Fähigkeiten ausgerichtet.

Sehr deutlich hat die Untersuchung zeigen können, dass Schulen eine heterogene Schülerschaft haben und daher in ihren Unterrichtskonzepten besonders beim Schuleintritt der Kinder auf diese Heterogenität reagieren müssen. Ebenso zeigt sie, dass Schulen in unterschiedlichen sozialen Lagen unbedingt unterschiedliche Konzepte entwickeln müssen, um den unterschiedlichen Lernausgangsbedingungen ihrer Schülerschaft gerecht zu werden.

Außerdem haben die Erhebungen gezeigt, dass es mehr braucht als Schule, um Kindern in etwa gleiche Chancen zu verschaffen, in der Schule erfolgreich zu werden. Mindestens dazu gehören gesellschaftliche Angebote zum Nachteilsausgleich für arme und/oder vernachlässigte Kinder wie Frühförderung und ganztägige Bildungsangebote, aber auch andere Angebote zur Kompensation wie beispielsweise kleinere Klassen in Schulen in sozial belasteten Gebieten.

Noch kann nicht abschließend festgestellt werden, ob es schulische Konzepte an IR-Schulen gibt, die den Kindern größere Lernerfolge ermöglichen als andere. Noch kann nicht festgestellt werden, ob es den integrativen Regelschulen gelungen ist, Kinder ihrer Schulen erwartungswidrig positiv in ihrer Lernentwicklung zu unterstützen. Zum jetzigen Zeitpunkt sind die Lernausgangslagen und die Lernentwicklung des ersten Schülerjahrganges vom Schuleintritt bis zu ihrem Übertritt in die weiterführende Schule über die gesamten vier Lernjahre erfasst worden. Nun wird es Aufgabe der Steuergruppe sein, die erfassten Daten entsprechend zu interpretieren.

Das ursprüngliche Ziel von ELLI, die Leistungsfähigkeit der integrativen Regelschulen für die Lernentwicklung der ihr anvertrauten Kinder nachzuweisen und so ihre flächendeckende Einführung zumindest in Hamburg als politische Alternative zu Förderzentren zu begründen, ist in Hamburg zurzeit überholt. Durch die Neuwahlen 2011 ist die Diskussion in Hamburg allerdings erneut eröffnet worden, ob die zurzeit angestrebten Bildungszentren und die ausschließlich aufgrund einer Feststellungsdiagnose dem einzelnen (als behindert ausgewiesenen) Kind zugewiesene Förderung Hamburgs Weg der Umsetzung der UN-Konvention sein wird. Möglich ist auch, dass es ein Umsetzungskonzept der UN-Konvention im Sinne der integrativen Regelschulen mit einer systemischen Zuweisung und der Verpflichtung, jedes Kind (ob behindert oder nicht) seinen Möglichkeiten entsprechend zu fördern, geben wird. Wie auch immer Hamburg sich entscheiden wird, die ELLI-Untersuchung und ihre Ergebnisse werden für die deutschlandweite Diskussion um die »richtige« Umsetzung der Forderungen der UN-Konvention hoffentlich wichtige Impulse geben können.

Literatur

Bos, W. / Gröhlich, C. / Pietsch, M. (Hrsg.) (2007): KESS 4 – Lehr- und Lernbedingungen an Hamburger Grundschulen, HANSE Hamburger Schriften zur Qualität im Bildungswesen, Münster.

Landesinstitut für Lehrerbildung und Schulentwicklung Hamburg, Abteilung Qualitätsentwicklung und Standardsicherung: www.li-hamburg.de/projekt; abgerufen am 5. 4. 2011.

Landesinstitut für Lehrerbildung und Schulentwicklung Hamburg, Abteilung Qualitätsentwicklung und Standardsicherung: Materialien zu diagnostischen Verfahren des ELLI-Projekts. www.li-hamburg.de/projekte/projekte.liq.daten/projekte.liq.daten.elli/projekte.liq.daten.elli.mat/index.html; abgerufen am 5. 4. 2011.

Landesinstitut für Schule und Medien Berlin-Brandenburg (Hrsg.): Individuelle Lernstandsanalyse (ILEA) 1 – 6; http://bildungsserver.berlin-brandenburg.de/ilea.html; abgerufen am 5. 4. 2011.

Übereinkommen für die Rechte von Menschen mit Behinderungen (UN-Behindertenrechtskonvention), Übersetzung in deutscher Sprache, als pdf unter: www.institut-fuer-menschenrechte.de/de/menschenrechtsinstrumente/vereinte-nationen/menschenrechtsabkommen/behindertenrechtskonvention-crpd.html; abgerufen am 5. 4. 2011.

Martina Keller / Monika Knopp-Vater / Margit Theis-Scholz

Netzwerk E(rziehungshilfe)

Ein Koblenzer Schulentwicklungsprojekt zur »Intensivierung der Integrierten Förderung verhaltensauffälliger Kinder in der Grundschule«

Grundlagen und Entstehungsgeschichte des Projektes

Das »Netzwerk E« wurde von der Leiterin einer Koblenzer Förderschule mit dem Schwerpunkt Lernen und sozial-emotionale Entwicklung initiiert. In den letzten Jahren war bereits in den Grundschulen der Anstieg von Schülerinnen und Schülern mit erheblichen Schwierigkeiten im Bereich der sozial-emotionalen Entwicklung deutlich.

Diese Feststellung veranlasste die Schulleitungen mehrerer Schulen, gemeinsame Überlegungen und konzeptionelle Vorschläge zur Weiterentwicklung der bisherigen Kooperation im Kontext der Integrierten Förderung anzustellen. Daraus erwuchsen der Zusammenschluss und die engere Zusammenarbeit im »Netzwerk E«.

Ziel des Projektes ist die Intensivierung der Förderung von Kindern mit Problemen im Bereich der sozial-emotionalen Entwicklung in der Grundschule statt der Umschulung dieser Schüler an Förderschulen. Damit diese Aufgabe gelingen kann, ist ein breites Spektrum an Zielen und Maßnahmen erforderlich.

Das Konzept

Leitgedanken des Projekts

- Präventives und zeitnahes Handeln ermöglicht eine positive Entwicklung von Kindern und verhindert eine Eskalation von Problemen.
- Kindern, die bereits in der Grundschule Verhaltensauffälligkeiten zeigen und in ihrer Entwicklung gefährdet sind, soll ein **Verbleib in der Regelschule** ermöglicht werden.

Gesellschaftliche Umbrüche und Benachteiligungssituationen für Kinder und Jugendliche zeigen sich in Erhöhung von Risikofaktoren als Entwicklungsgefährdung. Unterschiedlich bedingte Risikofaktoren in den Lebens- und Erziehungsbedingungen wirken immer stärker und beobachtbar auf Kinder und Jugendliche ein.

In der Stadt Koblenz besteht bereits das »Fördermodell Worms / Daun«: Die beiden Stammschulen Diesterweg-Schule und Hans-Zulliger-Schule beauftragen Förderschullehrkräfte mit dem stundenweisen Einsatz an Grundschulen, um dort präventiv schulischen Problemlagen von Kindern kompensierend im Rahmen der Integrierten Förderung entgegenzuwirken.

Dieses Fördersystem beinhaltet die stufenweise sonderpädagogische Förderung in ihrem Lern-, Arbeits- und Sozialverhalten auffälliger Grundschüler. In Rahmen von Förderausschusssitzungen informieren sich Schule, Eltern und außerschulische Beteiligte über den Förderprozess und vereinbaren mögliche weiterführende Maßnahmen.

In diesem Stufenmodell kommen auf diese Weise Beratungs- und Förderelemente bereits zum Tragen, die in dem Schulentwicklungsprojekt weiterentwickelt und ausgebaut werden sollen.

Ziele des Projekts

Die Stärkung präventiver und zeitnaher pädagogischer Maßnahmen in den Grundschulen

- Ausbau sozialer Aktivitäten an den beteiligten Schulen im Sinne präventiver Maßnahmen (Klassenrat, Schülerpartizipation, Streitschlichtung etc.), denn präventives und zeitnahes Handeln ermöglicht eine positive Entwicklung und verhindert eine Eskalation der Probleme im Jugendlichenalter

Die Institutionalisierung der Kooperation zwischen schulischen und außerschulischen Einrichtungen

- Intensivierung der Zusammenarbeit mit außerschulischen Unterstützungssystemen und fachrelevanten Einrichtungen (Jugendamt, schulpsychologischer Dienst, Fachkliniken, Heiltherapeutisches Zentrum, Kinder- und Jugendtherapeuten, Erziehungsberatungsstellen)
- Verzahnung von außerschulischer Beratung und schulischer Förderung im Unterstützungsprozess von Eltern und Kind
- Kompetenzergänzung von außerschulischen Einrichtungen und am Bildungsprozess Beteiligten im multiprofessionellen Team
- Vernetzung aller schulischen und erzieherischen Hilfsmaßnahmen auch mit Hilfen im Stadtteil und Angeboten der Jugendhilfe
- Gemeinsame Elternfortbildung an Schulen

Die Qualifizierung und Professionalisierung von Lehrkräften in der Lehreraus-, -fort- und -weiterbildung

- Verbesserung der Diagnostischen Kompetenz der Lehrkräfte im Hinblick auf die differenzierte Feststellung des Förderbedarfs durch Einsatz und Anwendung von geeigneten Test- und Diagnoseverfahren
- Verbesserung der Zusammenarbeit von Grund- und Förderschullehrern bezogen auf die gemeinsame Unterrichtsplanung
- Gezielte Reflexion der Unterrichtsdidaktik im Rahmen von gemeinsamen Fortbildungsveranstaltungen der beteiligten Lehrkräfte: u. a. Berücksichtigung verhaltensförderlicher Elemente in der Unterrichtskonzeption und -gestaltung, Einsatz positiv verhaltensverstärkender Schüler-Feedbacks, gemeinsame Fortbildungswünsche und -anregungen

Der erziehungswissenschaftliche Begründungsrahmen

Basierend auf den Ergebnissen der Resilienzforschung und des Konzepts der Salutogenese legt das »Netzwerk E« seiner Arbeit folgende wissenschaftliche Erkenntnisse zugrunde:

Das Konzept der Resilienz und der Salutogenese stellt die Ressourcenorientierung *vor* die Defizitorientierung. Mit der Veränderung der Fragerichtung – nicht danach, was Kinder in sozio-ökonomischen und benachteiligenden Lebenslagen *beeinträchtigt*, sondern was sie *schützt*, wird eine ausschließliche Fixierung auf pathogenetische Faktoren überwunden, der Blick entfaltet sich auf eine so genannte salutogenetische Perspektive. Im Vordergrund steht nicht mehr, was beeinträchtigt die Entwicklung, sondern welche Faktoren wirken begünstigend.

Der Begriff »Resilienz« ist von dem lateinischen Ursprungswort »resilere« = abprallen abgeleitet. Ziel der Resilienzforschung ist die Erforschung der Widerstandsfähigkeit von Kindern, das heißt der Fähigkeit, erfolgreich mit belastenden Lebenssituationen umzugehen.

Sie ist als eine Kapazität zu verstehen, die im Kontext der Kind-Umwelt-Interaktion erworben wird und führt zu einem Stärken-Konzept, nach dem das Kind lernt, seine internalen und externen Ressourcen effektiv zu gebrauchen.

Innerhalb der Forschungstätigkeit soll ein besseres Verständnis darüber erlangt werden, welche Faktoren und Bedingungen psychische Gesundheit und emotionale Stabilität bei Kindern erhalten und fördern, die besonderen Entwicklungsrisiken ausgesetzt sind. Zusammenfassend lassen sich aus den bisherigen Ergebnissen Schutzfaktoren in der Person des Kindes als personale Ressourcen und Schutzfaktoren in der sozialen Umwelt des Kindes, außerhalb und innerhalb der Familie, unterscheiden.

Ausgangspunkte pädagogischer Überlegungen stellen dabei insbesondere dar:

- Die stärkere Betonung primärer Prävention, Früherkennung und Frühförderung
- Das sich durchsetzende entwicklungsorientierte Theoriemodell, das von der Grundannahme ausgeht, dass ein Kind aktiv und konstruierend Entwicklungsaufgaben bewältigen und gestalten lernt
- Entwicklung einer wirkungsvollen Prävention für risikobelastete, nicht resiliente Kinder und Jugendliche im schulischen Handlungsfeld als Setting-Ansatz

Der Netzwerkgedanke und die mehrdimensionale Struktur des Projekts

Die beteiligten Schulen bilden ein Verbundsystem innerhalb des Schulentwicklungsprojekts, deren Kooperation durch vertrauensvolle Zusammenarbeit geprägt ist.

Ausgehend von der systemtheoretischen Sichtweise fassen sich die kooperierenden Schulen miteinander und in der zukünftigen Zusammenarbeit mit außerschulischen Einrichtungen als »Netzwerk« auf. Von diesem Selbstverständnis ausgehend, entsteht ein Beziehungsgeflecht der verschiedenen Einrichtungen in einem gemeinsamen Kontext.

Das Netzwerkverständnis impliziert dynamische Prozesse des Austauschs der Netzwerkpartner untereinander, die die Prozesse der Veränderung, der Innovation, des gegenseitigen voneinander Lernens, des Wissenstransfers usw. betreffen.

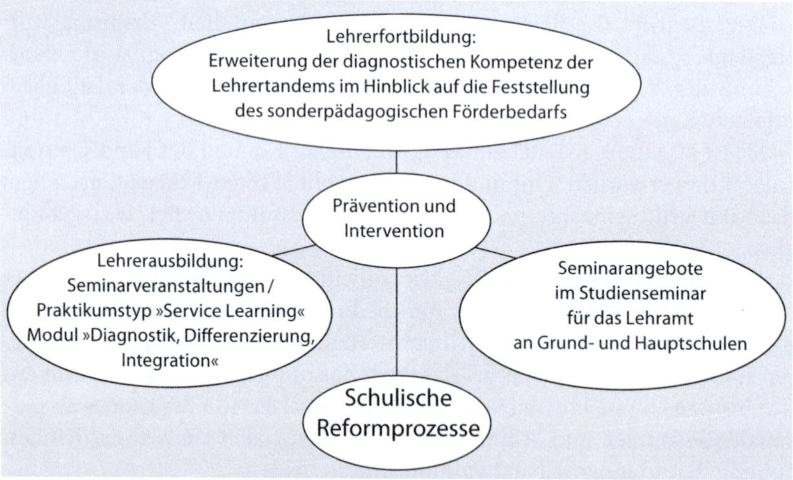

Schulentwicklungsprojekt »Intensivierung der Integrierten Förderung verhaltensauffälliger Schüler in der Grundschule«

Gleichzeitig ist mit der Wechselseitigkeit der Beziehungen der Netzwerkpartner untereinander und miteinander über die Häufigkeit und Reziprozität der Beziehungen hinaus der Aufbau verbindlicher, qualitätsorientierter Strukturen in der Gesamtstruktur des Netzwerks intendiert.

Um sowohl vorhandene Ressourcen und erziehungswissenschaftliche Erkenntnisse zu berücksichtigen als auch die in dem Schulentwicklungsprojekt gewonnenen Ergebnisse sinnvoll auf allen Ebenen der Lehreraus-, -fort- und -weiterbildung zu verankern, ist eine Anbindung des Projekts an das Zentrum für Lehrerbildung der Universität Koblenz-Landau, das Staatliche Studienseminar für das Lehramt an Grund- und Förderschulen in Neuwied sowie das rheinland-pfälzische Institut für Lehrerfortbildung bereits erfolgt.

Vorgesehene Planung und Realisierungsschritte aus schulischer Sicht

Direkte (schulinterne) Maßnahmen

- Weiterführung und Ausbau schulischer Präventionsarbeit, ausgehend von bereits begonnenen Präventionsprogrammen
- Konzepterstellung der präventiven Förderung verhaltensauffälliger Grundschüler im Rahmen der Organisationsform der Förderschule als Stammschule und Integrierte Förderung an Grundschulen in Kooperation mit dem Jugendamt Koblenz; Einbindung der Außenklasse der Diesterweg-Schule in der Kinder- und Jugendhilfe Koblenz-Arenberg in das Gesamtkonzept
- Einsatz von Förderschullehrern mit Fachrichtung Verhaltensbehindertenpädagogik an den beteiligten Schulen

Indirekte (institutionelle und strukturelle) Maßnahmen

- Regelmäßige Zusammenkünfte der »Netzwerk E«-Schulleitungen
- Planung der gemeinsamen Fortbildungsveranstaltungen für Grund- und Förderschullehrkräfte in Kooperation mit dem IFB Speyer mit dem Ziel der Professionalitätssteigerung im Umgang mit verhaltensauffälligen Schülern
- Thematisch ausgerichtete Fortbildungsveranstaltungen für beteiligte Lehrertandems (bereits begonnen und in Vorbereitung)
- Anbindung an das Zentrum für Lehrerbildung der Uni Koblenz-Landau und Verankerung im Studienverlauf (Umsetzung bereits begonnen)
- Intensivierung der Zusammenarbeit mit außerschulischen Unterstützungssystemen und fachrelevanten Einrichtungen
- Fallberatung und »Runder Tisch« als feste enge und vereinbarte Kooperationsstruktur zwischen Schule, Elternhaus und Jugendhilfe. Teilnahme von Mitarbeitern des Jugendamts an Elterngesprächen

- Monatliche feste Sprechstunde in den Schulen (Schülersprechstunde)
- Aufsuchende Beratungsform in den Grundschulen, Entwicklung eines allgemeinen Konzepts
- Themenbezogene Elternfortbildung in Kooperation mit dem Jugendamt und Erziehungsberatungsstellen.

Sicherung der Nachhaltigkeit

- Bildung eines Tandem-Teams von Grund- und Förderschullehrer als Träger gemeinsamer Verantwortung für Unterricht und Erziehungsaufgaben
- Regelmäßige Zusammenkünfte der Schulleiter und Lehrkräfte im »Netzwerk E« (u. a. Hospitationen, Unterrichtsbesuche, Fachvorträge, gemeinsame konzeptionelle Zusammenarbeit)
- Verbindliche Vereinbarung in der Kooperation mit dem Jugendamt
- Sicherung der Maßnahmen auf allen Ebenen der Lehrerbildung

Umsetzung des Projektes: Erfahrungsbericht der Evangelischen Beratungsstelle, Koblenz

Aus den genannten Zielen und Maßnahmen wird deutlich, dass dieses Projekt auf der Zusammenarbeit vieler unterschiedlicher Kooperationspartner basiert. Zentrale Bereiche sind demnach Lehrerfortbildung, Verbesserung der Kooperation von Grundschullehrern und Förderschullehrern, Ausbau präventiver Maßnahmen an den Schulen und die Vernetzung der Grundschulen mit außerschulischen Einrichtungen.

Rahmenbedingungen und Zielsetzungen des Projektes

Vor Projektbeginn fanden mehrere Kooperationsgespräche mit den am »Netzwerk E« beteiligten Kooperationspartnern (Leiterinnen der Grund- und Förderschulen in der Region, Mitarbeiterinnen und Mitarbeiter des Jugendamtes Koblenz, des Schulpsychologischen Dienstes und der Koblenzer Beratungsstellen für Erziehungs-, Partnerschafts- und Lebensfragen) statt. Diese Projektgespräche dienten der Vorstellung der Projektziele und der Vernetzung der unterschiedlichen, am Projekt beteiligten Professionen.

Das Jugendamt Koblenz bewilligte die Finanzierung des Projektes (beginnend mit dem Jahr 2008) mit insgesamt 10 000 Euro pro Jahr. Die Mittel werden von einem Fonds der Landesregierung Rheinland-Pfalz zur Unterstützung innovativer Projekte refinanziert. Die Lebensberatung Koblenz des Bistums Trier und die Evangelische Beratungsstelle für Erziehungs-, Partnerschafts- und Lebensfragen in Koblenz erhielten den Auftrag zur »aufsuchenden Beratung« in zwei am Projekt beteiligten Koblenzer Grundschulen. Für die Personalkosten erhält jede der beiden

Beratungsstellen jeweils 5000 Euro pro Jahr. Im Februar 2008 wurde das Projekt im Jugendamt Koblenz vorgestellt und die Kooperation zwischen der Grundschule Moselweiß und der Ev. Beratungsstelle für Erziehungs-, Partnerschafts- und Lebensfragen sowie der Lebensberatungsstelle des Bistums Trier mit der Grundschule Lützel festgelegt. [1] Als Arbeitsgrundlage von Seiten des Jugendamtes wurden die »Standards für die Zugehende Erziehungs- und Familienberatung« des Jugendamtes Koblenz [2] zugrunde gelegt. Ein inhaltliches Konzept zur Beratung in der Schule im Rahmen des »Netzwerks E« bestand nicht.

Abgeleitet aus den Projektzielen haben wir als Beratungsstelle folgende Beratungsziele definiert:

- Bei problematischen Entwicklungen von Schülerinnen und Schülern *frühzeitig* zu unterstützen (familiäres Umfeld, Kind und Lehrer), um einen Verbleib des Kindes an der Regelschule zu ermöglichen.
- Die Eltern in ihrer erzieherischen Kompetenz zu stärken und die Ressourcen der Familie zu fördern.
- Effektive Vernetzung der unterschiedlichen Hilfeangebote (z. B. Beratung, Therapie, Jugendhilfemaßnahmen) und Unterstützung der Schule, um die Integration von Schülern mit besonderen Problemlagen zu ermöglichen.

Inwieweit diese Ziele mit den zur Verfügung stehenden Mitteln unter den zugrunde liegenden »Standards für die Zugehende Erziehungs- und Familienberatung« des Jugendamtes zu erreichen sein werden, wird im weiteren Projektverlauf zu überprüfen sein.

Kooperation mit der Schule und Konzeptionsentwicklung

Erste Kooperationsschritte

Bereits zu Projektbeginn haben wir besondere Aufmerksamkeit auf den Aufbau guter und tragfähiger Kooperationsstrukturen mit der Schulleitung gelegt. Dies beginnt z. B. mit Fragen nach der Abstimmung, der Zugänglichkeit, der Organisation sowie der Bekanntmachung des Beratungsangebotes. In den Kooperationsgesprächen wurden folgende Punkte besprochen:

1. Klärung der Voraussetzungen und Rahmenbedingungen der konkreten Zusammenarbeit
2. Klärung der räumlichen Voraussetzungen für Beratung (störungsfreier Raum mit Sitzecke)

---

1) Protokoll des Jugendamtes vom 18. 3. 2008 über ein Gespräch zwischen Schulen und freien Trägern zum Schulentwicklungsprojekt »Intensivierung der integrierten Förderung verhaltensauffälliger Kinder in der Grundschule«.

2) Jugendamt Koblenz, Arbeitsgemeinschaft Erziehungshilfen vom 12. 5. 2005, TOP 2.

3. Erarbeitung einer Konzeption, die versucht, die unterschiedlichen Ziele der am Projekt Beteiligten unter Berücksichtigung der zur Verfügung stehenden finanziellen Mittel zu koordinieren
4. Vorstellung des Angebotes »Beratung in der Schule« im Kollegium
5. Erreichen einer wechselseitigen Transparenz über die jeweiligen Aufgaben und Arbeitsbereiche (Schulleiterin, Förderlehrerin, Klassenlehrer, Mitarbeiterin der Beratungsstelle) im Kontext der Zusammenarbeit
6. Vermittlung von Grundlagen der Beratung (rechtliche Grundlagen SGB VIII, Datenschutz, Schweigepflicht, Freiwilligkeit etc.)

Im Frühjahr 2008 fanden erste Gespräche mit der Schulleiterin der Grundschule, der Leiterin der Beratungsstelle und der zuständigen Beratungsstellenmitarbeiterin statt.

Integration der Mitarbeiterinnen in die Beratungsstelle

Zu Projektbeginn 2008 war zunächst eine Mitarbeiterin (Diplom-Sozialpädagogin mit therapeutischen Ausbildungen in systemischer Familien- und Paartherapie) zuständig für die Konzeptionsentwicklung, die Zusammenarbeit mit der Schule sowie die Beratung von Eltern, Schülern und Lehrern. Im zweiten Projektjahr wurden die Beratungsbereiche auf zwei Mitarbeiterinnen der Beratungsstelle aufgeteilt. Eine Mitarbeiterin arbeitet in der Beratung von Eltern und Kindern, eine weitere Mitarbeiterin (Dipl. Sozialpädagogin mit systemischer Supervisionsausbildung sowie Ausbildung in systemischer Familien- und Paartherapie) ist für Fallbesprechungen im Lehrerkollegium und für Fallbesprechungen mit einzelnen Lehrern zuständig. Die zur Verfügung stehenden finanziellen Mittel ermöglichen insgesamt eine durchschnittliche monatliche Arbeitszeit von ca. 8 Stunden für das Schulprojekt.

Eine wichtige Grundlage der Beratung an der Schule ist die Zugehörigkeit der beraterischen Fachkräfte zum Team einer Beratungsstelle und die dadurch gegebene Teilnahme an Fallsupervision und Teambesprechungen. Der Arbeitsauftrag »Beratung an der Grundschule« ist klar abgegrenzt von den anderen Tätigkeiten innerhalb der Beratungsstelle. Dazu gehört auch die Vereinbarung, dass Klienten, die von der Grundschule an die regionalen Beratungsstellen verwiesen werden und sich in unserer Beratungsstelle anmelden, nicht von den Beraterinnen, die im Schulprojekt arbeiten, übernommen werden. Diese Abgrenzung und Trennung hat sich als hilfreich erwiesen.

Inhaltliche Konzeption

Untersuchungen zur Kooperation von Jugendhilfe und Schule zeigen, dass die frühzeitige Inanspruchnahme von Beratung Familien eher unterstützen kann, ihre eigenen Problemlösekompetenzen und Ressourcen zu reaktivieren, als wenn diese Inanspruchnahme erst bei lange andauernden Problemen geschieht.

In einer 2004 durchgeführten Befragung von LehrerInnen und Fachkräften der Jugendhilfe wurde deutlich, dass die Zusammenarbeit von Schule und Jugendhilfe häufig erst dann beginnt, wenn alle Möglichkeiten der Schule ausgeschöpft sind, Krisensituationen sich zugespitzt haben oder Probleme bereits eskaliert sind. Dies hat natürlich entsprechende Folgen für die weitere Zusammenarbeit zwischen Eltern, Schule und Jugendhilfe. Je höher der Problemdruck eines Systems ist, desto weniger Ressourcen sind zur Problemlösung verfügbar (Fallbeispiel: hochverschuldete Eltern, Arbeitslosigkeit, dazu kommen noch psychische Störungen der Eltern und mangelnde Fähigkeit, angemessen für die seelischen und materiellen kindlichen Bedürfnisse zu sorgen; je länger diese Situation anhält, desto schwieriger wird eine Intervention von außen und die Bereitschaft, Hilfe in Anspruch zu nehmen). [3)]

Eine grundlegende Voraussetzung für die gelingende Kooperation von Schule und Beratungsstelle ist, dass alle Beteiligten wissen, unter welchen Rahmenbedingungen die jeweils anderen Professionen arbeiten und in welches System sie eingebettet sind. Daher orientierte sich die Konzeption, die im Kollegium der Grundschule vorgestellt wurde, zunächst an der Vermittlung von Informationen über die Beratungsarbeit, die Organisation und Aufgaben der Erziehungs-, Partnerschafts- und Lebensberatung im System der Jugendhilfe.

• Projektvorstellung im Kollegium der Grundschule

In einem ersten Projektgespräch mit dem gesamten Kollegium der Grundschule wurden folgende Themen besprochen:

- Einbettung der Erziehungs- und Familienberatung in den rechtlichen Rahmen der Jugendhilfe nach Sozialgesetzbuch (SGB) VIII (Erziehungsberatung §28 SGB VIII).
- Aufgaben der Jugendhilfe nach SGB VIII, Differenzierung zwischen öffentlichen und freien Trägern der Jugendhilfe und deren unterschiedliche Finanzierung
- Informationen über Grundlagen der Beratungsarbeit, insbesondere **Freiwilligkeit, Wahlfreiheit, Schweigepflicht und Kostenfreiheit**. Grundsätzlich müssen Eltern vor Beginn der Beratung eines Kindes ihr Einverständnis dazu erklären.

---

3) siehe Ministerium für Frauen und Jugend Rheinland-Pfalz und Ministerium für Arbeit, Soziales, Familie und Gesundheit Rheinland-Pfalz 2004.

- Das Thema **Schweigepflicht** (nach § 203 StGB)[4] wurde ausführlich besprochen, da Lehrerinnen und Lehrer verständlicherweise fallbezogen den Wunsch nach Information und Kooperation haben, die Mitarbeiterin der Beratungsstelle jedoch nur mit schriftlichem Einverständnis der Eltern Informationen an die Schule weitergeben darf. Die Berücksichtigung der Schweigepflicht ist weiterhin entscheidend, wenn Eltern an die Beratungsstelle verwiesen werden. Rückfragen der Schulleitung oder einer Lehrerin / eines Lehrers, ob die Eltern sich in der Beratungsstelle angemeldet haben, können von der Beratungsstelle nur dann beantwortet werden, wenn die Erziehungsberechtigten der Beratungsstelle eine Entbindung von der Schweigepflicht geben. Das heißt für die Kooperation zwischen Schule und Beraterin, dass es *grundsätzlich* nur mit dem schriftlichen Einverständnis der Eltern / des Elternteils möglich ist, über die Beratung oder den Beratungsverlauf mit dem Lehrer zu sprechen. Auch für die Fallsupervision von Lehrerinnen und Lehrern gilt die Schweigepflicht gegenüber Dritten. In bestimmten Fällen dürfen Kinder auch ohne Wissen der Eltern beraten werden (§ 8 SGB VIII, Abs. 3), dies gilt vor allem dann, wenn zu vermuten ist, dass durch die Mitteilung an den Personensorgeberechtigten der Beratungszweck vereitelt würde (z. B. wenn Kinder sich in Not- und Konfliktsituationen befinden).

Die o. g. Prinzipien sind unerlässlich, um eine angemessene Beratung durchführen zu können, die den Schutz der Privatsphäre des Ratsuchenden garantiert und die juristischen Rahmenbedingungen berücksichtigt.

Weitere Themen der Projektbesprechung im Kollegium waren:

- Erreichbarkeit der Beraterin und Organisation der Zusammenarbeit
- Informationen über die Planungen zur Bekanntmachung des Angebotes bei Eltern und Schülern

Im ersten Gespräch mit dem Kollegium wurde deutlich, dass sich die Lehrerinnen und Lehrer vor allem Entlastung bei Elterngesprächen sowie im Umgang mit schwierigen Schülern wünschen.

Bekanntmachung des Beratungsangebotes an der Grundschule

Nach der Vorstellung des Beratungsangebotes im Lehrerkollegium wurden alle Eltern über das Beratungsangebot mit einem Rundbrief informiert und

---

4) Ergänzt wird diese Schutzregelung durch die Paragraphen des Datenschutzes (§ 35 SGB I Abs. 1, i. V. m. § 61ff. SGB VIII). Allerdings sind Klienten und Berater in diesem Punkt deutlich weniger abgesichert als Klienten und Psychotherapeuten im Gesundheitssektor, denen ein Zeugnisverweigerungsrecht im Strafprozess (§ 53 Abs. 1 Nr. 3 StPO) zusteht.

zu einem Elternabend eingeladen. Die Vorstellung des Beratungsangebotes am Elternabend hatte eine sehr gute Resonanz, es meldeten sich sofort mehrere Eltern zur Beratung an.

Im nächsten Schritt erfolgte die Vorstellung des Beratungsangebotes in den Schulklassen. Schulleiterin und Beratungsstellenmitarbeiterin planten gemeinsam eine kleine, auf Kinder im Grundschulalter abgestimmte Unterrichtseinheit zum Thema »Beratung«. Die Mitarbeiterin der Beratungsstelle stellte sich den Kindern in jeder Klasse vor. In den Folgewochen waren Kollegium und Beratungsstellenmitarbeiterin sehr überrascht über die große Resonanz, die das Beratungsangebot bei den Kindern fand.

Mit den ersten konkreten Arbeitserfahrungen wurden auch fortlaufende Gespräche zur Anpassung und Weiterentwicklung des Projektes mit der Grundschulleiterin, der an der Schule beschäftigten Sonderpädagogin, der Leiterin der Förderschule sowie der Mitarbeiterin des Schulpsychologischen Dienstes erforderlich, um die Aufgaben und Zuständigkeiten des Projektes im Blick auf die verschiedenen Professionen abzugrenzen.

Arbeitsschwerpunkte und Ergebnisse des Projektes

Im ersten Halbjahr 2008 lagen die Arbeitsschwerpunkte in der Konzeptionsentwicklung und der Entwicklung einer guten Kooperationsbasis mit der Schulleitung und dem Kollegium. Es entstand eine sehr gute Kooperationsbasis und es zeigte sich ein großes Engagement von Seiten der Lehrerinnen und Lehrer für die Beratung in der Schule. Das Beratungsangebot wurde von Schülern, Lehrern und Eltern sehr gut angenommen. Mit Beginn der Beratungen im zweiten Halbjahr 2008 wurde deutlich, dass der Beratungsbedarf viel größer als das zur Verfügung stehende Zeitbudget war, so dass bereits Wartezeiten für Beratungen mit Eltern, Kindern und Lehrern entstanden. Aus diesem Grund wurden Ende 2008 die meisten Anfragen von Eltern nach Beratung direkt an die regionalen Beratungsstellen verwiesen. Diese Eltern hätten wahrscheinlich ohne den Kontakt über die Schule eine Beratung nicht aufgesucht.

Beratungsinitiative, Inanspruchnahme, Zugangswege und Wartezeiten

Nach der Bekanntmachung des Angebotes »Beratung in der Schule« an einem Elternabend und einige Tage später in den Schulklassen ging die Beratungsinitiative direkt von Eltern und Kindern aus. Von Oktober bis Dezember 2008 gab es 12 Anmeldungen von Schülerinnen, Schülern und Eltern, die mit unterschiedlichen Anliegen die Beratung in der Schule aufsuchten. Darüber hinaus wünschten sich auch Lehrerinnen und Lehrer Fallbesprechungen zu einzelnen Schülern. Aufgrund der begrenzten Stundenzahl konnten nicht alle Anfragen im Rahmen der zur Verfügung stehenden Arbeitszeiten in der Schule bewältigt werden. 2008 mussten erheblich mehr als die zur Verfügung stehenden Stunden geleistet werden, um das Projekt in Gang zu bringen. Anfragen von Kindern nach Beratung wurden vorrangig behandelt, trotzdem entstanden zu Beginn der Beratungstätigkeit auch Wartezeiten, vor allem für Gespräche mit Eltern und Lehrern.

Beratungsklientel und Anliegen der Beratung

Insgesamt wurden 2008 und 2009 Beratungen in 25 Fällen durchgeführt. In diesen 25 Fällen handelte es sich in 64 % um Mädchen (16 Mädchen) und in 36 % um Jungen (9 Jungen). 60 % der Schülerinnen und Schüler waren Deutsche, in 40 % der Fälle hatten die Kinder einen Migrationshintergrund (darunter waren 32 % Deutsche mit Migrationshintergrund und 8 % andere Staatsangehörigkeiten). Das Durchschnittsalter der Kinder lag bei 8,2 Jahren (2008: 7,7 Jahre, 2009: 8,7 Jahre).

Beratungssetting und Problembereiche

2008 und 2009 wurden insgesamt 122 Beratungsgespräche durchgeführt: 51 Beratungsgespräche mit Kindern, 29 Beratungskontakte mit Lehrerinnen und Lehrern, der Förderlehrerin und der Schulleiterin wegen einzelner Schüler sowie 25 Elterngespräche, darunter drei als Familiengespräche mit Eltern und Kind. In drei Fällen fanden Gespräche mit der Schulleiterin statt wegen des Verdachtes auf Kindeswohlgefährdung. Seit dem Schuljahr 2009/2010 bestand das Angebot einer Fallsupervision von Lehrern im kollegialen Team und als Einzelfallsupervision. 2009 wurden drei Fallsupervisionen mit einzelnen Lehrern und eine Fallsupervision im gesamten Kollegium durchgeführt, die Schüler betreffen, die von einer Umschulung in eine Förderschule bedroht waren.

In den Beratungen (2008 und 2009) zeigten sich folgende Problembereiche[5]: Familiäre Probleme (19), aggressives Verhalten des Kindes (12), Interaktionsprobleme mit Schülern und Lehrern (11), Probleme im Leistungsbereich (10), Gewalt in der Familie (9), Ängste des Kindes (8), Körperliche und psychische Vernachlässigung (4), Aufmerksamkeits- und Konzentrationsprobleme (4), Verdacht auf Kindeswohlgefährdung (3), hochstrittige Trennung der Eltern (3), soziale Isolation des Kindes / der Familie (3), chronische Erkrankung eines Kindes (1) und psychische Erkrankung eines Elternteils (1).

Der überwiegende Teil der Beratungen konnte im Rahmen der Schule abgeschlossen werden (ca. 70 %), in ca. 30 % waren weiterführende Hilfen erforderlich: Weiterverweisung an Beratungsstellen, an niedergelassene Kinder- und Jugendpsychiater, Kinder- und Jugendlichen-Psychotherapeuten und Einleitung von Jugendhilfemaßnahmen.

---

5) Mehrfachnennungen möglich.

Fallübergreifende Tätigkeiten

Die fallübergreifenden Tätigkeiten (Kooperationsgespräche in der Schule und in Gremien) wurden bisher nicht gesondert erfasst und ausgewertet, diese Tätigkeiten nahmen vor allem in der Anfangsphase des Projektes großen Raum ein.

Anpassung und zusammenfassende Bewertung des Projektes

Besonders überrascht hat uns, dass so viele Kinder aus eigenem Wunsch heraus die Beratung aufsuchten. In den Beratungen berichteten die Kinder über erhebliche Belastungen, wie z. B. gravierende innerfamiliäre Probleme, Gewalt in der Familie, massive Ängste, Trennung der Eltern, Loyalitätskonflikte bei hochstrittigen Eltern, Ängste, Probleme des Kindes in der Klassengemeinschaft. In drei Fällen gab es Klärungsbedarf [6] wegen des Verdachtes auf Kindeswohlgefährdung. Nur eines der Kinder hatte ein Anliegen, das bereits nach einem einmaligen Gespräch geklärt und an die Streitschlichtung der Schule weiterverwiesen werden konnte. Sowohl bei den Kindern als auch bei vielen Eltern bestand eine große Offenheit, Beratung in Anspruch zu nehmen. Dies ist sicher auch auf den Erstkontakt im vertrauten Rahmen der Schule und auf die Offenheit der Schulleitung und des Kollegiums hinsichtlich Beratung zurückzuführen.

Mehrere ratsuchende Eltern, die die Beratung in der Schule in Anspruch nehmen wollten, mussten leider bereits zu Projektbeginn an die Beratungsstellen weiterverwiesen werden, da aufgrund des begrenzten Stundenkontingentes keine entsprechenden Kapazitäten vorhanden waren. Ob diese Eltern tatsächlich Beratungsstellen in Anspruch genommen haben, ist unklar.

Die meisten Kinder hatten die Bereitschaft, ihre Eltern in die Beratung mit einzubeziehen; einige Kinder lehnten dies zunächst ab. Dies geschah meist in den Fällen, in denen es sich um innerfamiliäre Gewalt handelte oder Kinder ihre Eltern schützen bzw. nicht belasten wollten (z. B. Loyalitätskonflikte bei Trennung der Eltern oder bei Krankheit der Eltern). Ein weiteres wichtiges Ziel ist die Stärkung des Kindes und die Betonung der kindlichen Ressourcen, damit das Kind bestehende Probleme besser bewältigen kann.

---

6) Klärungsbedarf bestand hinsichtlich des Ablaufs innerhalb der Schule bei Verdacht auf Kindeswohlgefährdung, da es hier bis 2008 noch keine klaren Regelungen gab. Offene Fragen waren z. B.: Wer informiert wen innerhalb der Schule? Welche Wege sind einzuhalten? Welche Kriterien bestehen bei Verdacht auf Kindeswohlgefährdung? Welche Stellen sind zuständig? Wo kann die Schule sich informieren? Was ist zu tun?

In vielen Fällen wurde deutlich, dass die Beratung in der Schule über eine bloße Clearingfunktion[7)] hinausgehen muss, z. B. wenn Kinder (noch) nicht zustimmen, dass ihre Eltern in die Beratung einbezogen werden. In diesen Fällen kann es notwendig sein, mehr als drei Gespräche mit den Kindern zu führen, um eine vertrauensvolle Beziehung zum Kind herzustellen und sein Einverständnis zu einer Einbeziehung der Eltern in die Beratung zu erwirken. In diesen Fällen können mehrere Elterngespräche notwendig sein, um die Eltern für die Bedürfnisse ihres Kindes zu sensibilisieren und deren Bereitschaft zur Inanspruchnahme weiterer Hilfen zu erhöhen.

Insgesamt hat sich gezeigt, dass das Beratungsangebot von Kindern und Eltern sehr gut angenommen wurde, zunächst auch über die anvisierte Zielgruppe hinaus (Kinder, die bereits massive Verhaltensauffälligkeiten zeigen). Auch noch nicht massiv verhaltensauffällige Kinder können unter erheblichem Leidensdruck stehen (und ggf. zu einem späteren Zeitpunkt von einer Umschulung in eine Förderschule betroffen sein). Dies können häufig Kinder sein, die in den Klassen zunächst gar nicht auffallen, sehr zurückgezogen und / oder überangepasst sind.

In der Beratungsarbeit mit Kindern und Eltern braucht der Aufbau einer vertrauensvollen Beziehung Zeit. Lösungen bei komplexen Problemlagen sind nicht innerhalb von drei Sitzungen zu erreichen. Auch die Motivierung von Eltern zur Inanspruchnahme weiterer Hilfen (ambulante Kinder- und Jugendlichen-Psychotherapeuten, Sozialpädagogische Familienhilfen) setzt häufig zunächst einmal eine positive Beratungserfahrung voraus. Wenn Kinder und Eltern sich einmal mit den sie belastenden Themen einer Person anvertraut haben, möchten sie oftmals nicht sofort wieder eine andere Person / Institution in Anspruch nehmen müssen.

Aufgrund der zahlreichen Beratungsnachfragen in 2008 erfolgte ab 2009 eine erneute Anpassung des Projektes ausschließlich auf die Zielgruppe der Kinder hin, die von einer Umschulung in eine Förderschule mit dem Schwerpunkt »sozial-emotionale Entwicklung« bedroht sind oder künftig bedroht werden könnten. Hierbei zeigte sich immer wieder, dass es keine »harten« diagnostischen Kriterien gibt, nach denen die Projektzielgruppe eingegrenzt werden kann. Es wurde vereinbart, dass die Schulleitung und das Kollegium die Aufgabe haben, die Kinder zu definieren, die in die Zielgruppe des Projektes gehören und Beratungsbedarf haben. In drei Fällen konnten wir auch für Eltern und Kinder, die in die Zielgruppe des Projektes fallen, aus Kapazitätsgründen in der Schule keine Beratung anbieten. Diese Eltern wurden gezielt an die regionalen Beratungsstellen weitervermittelt.

---

7) Im Thesenpapier des Jugendamtes Koblenz zur aufsuchenden Beratung wird formuliert, dass aufsuchende Beratung nicht mehr als drei Beratungskontakte umfassen soll.

Der Grundsatz des Jugendamtes, dass die Gespräche eher eine »Clearingfunktion« haben sollen (mit der Obergrenze von drei Gesprächen pro Fall), hat sich auch in den Fällen als problematisch erwiesen, in denen Kinder einer Einbeziehung der Eltern in die Beratung nicht oder noch nicht zustimmten.

Auch eine sehr gute, bereits bestehende Kooperation braucht Pflege, und auch das braucht Zeit. So hat sich im zweiten Projektjahr nach dem Weggang der sehr engagierten Sonderpädagogin, die von Projektbeginn an miteinbezogen wurde, gezeigt, dass der Kontakt zwischen Beraterin und dem Kollegium nachließ. Die Sonderpädagogin, die an mehreren Wochentagen in der Schule präsent war, hat den Kontakt zwischen Lehrerinnen und Lehrern und der Beraterin gut vermittelt. Da die Beraterin mit Beratungen ausgelastet war, gab es nicht genügend Zeit für kurze Gespräche mit den Lehrerinnen und Lehrern über ihre Anliegen zu einzelnen Kindern.

Abschließend hat sich aus unserer Sicht gezeigt, dass:

- Beratung in der Schule zu einer frühzeitigeren Vernetzung von Schule und Jugendhilfe beitragen kann.
- Beratung in der Schule in vielen Fällen Kindern, Eltern und Lehrern Anstöße für Veränderungen geben kann, um Kinder in ihren Fähigkeiten zu stärken und eine frühzeitigere Intervention bei problematischen Entwicklungen zu ermöglichen.
- Kinder mit massiven familiären Belastungen sich eher einer neutralen Person, die nicht zum System Schule gehört und Schweigepflicht hat, anvertrauen und so Entlastung erfahren können.
- die Erfahrung, in ihren Anliegen ernst genommen zu werden und gemeinsam mit einem Erwachsenen nach Lösungen zu suchen, für die Kinder (und das Tempo des Kindes) entlastend ist und ihnen das Gefühl der Selbstwirksamkeit vermitteln kann.
- eine frühzeitige Kooperation zwischen Schule und Beratungsstelle dringend notwendig und sinnvoll ist, um Kinder und Eltern mit den sie belastenden Themen vor Ort in ihrer Lebenswelt zu erreichen.
- durch die Kooperation von Schule und Beratungsstelle bestimmte Sichtweisen auf ein Kind (von Eltern und Lehrern) in Frage gestellt werden können und damit eine Öffnung für Veränderungen möglich wird.
- durch frühzeitigere Intervention vor Ort wahrscheinlich auch Umschulungen in eine Förderschule verhindert werden können.[8)]

---

8) Dies kann zum gegenwärtigen Zeitpunkt zwar nicht empirisch nachgewiesen werden, die Rückmeldungen der Schulleiterin und des Kollegiums legen diese Schlussfolgerung jedoch nahe. Ähnliche Ergebnisse zeigen sich in anderen Projekten, wie z. B. den Schulprojekten der Beratungsstellen in Heilbronn.

Ausblick

Aus unserer Sicht ist es im Sinne einer frühzeitigen Prävention (und damit letztlich auch der Kostenersparnis teurer Jugendhilfemaßnahmen) dringend geboten, ein offenes Beratungsangebot für Kinder, Eltern und Lehrer in allen Grund- und weiterführenden Schulen bereitzuhalten, und dies nicht nur für die Zielgruppe von Kindern, die von einer Umschulung in eine Förderschule bedroht sind. Aufgrund veränderter familiärer und sozialer Lebenswirklichkeiten und veränderter Erziehungswerte sind Kinder heute anderen Entwicklungsrisiken ausgesetzt und Eltern vielfach belastet. Diese Familien sind oft nicht in der Lage, sich mit ihren Anliegen an räumlich weiter entfernte Beratungseinrichtungen zu wenden. Für viele dieser Eltern ist eine niedrigschwellige Inanspruchnahme von Beratung im Rahmen der Schule (z. B. in der Grundschule nach dem morgendlichen Bringen oder vor dem Abholen der Kinder am Mittag) leichter umsetzbar. Voraussetzung ist allerdings ein entsprechend abgegrenzter und ungestörter Beratungsraum.

Im Rahmen der Beratung in der Schule wäre es aus unserer Sicht wichtig, auch Elternabende zu bestimmten Fachthemen anbieten zu können (dies ist nach dem derzeitigen Konzept leider nicht möglich).

Neben der Beratung in der Grundschule wäre es wichtig, auch in allen weiterführenden Schulen den Zugang zur Beratung für Kinder und Jugendliche innerhalb der Schule zu ermöglichen, da für diese Altersgruppe eine direkte und unmittelbare Kontaktaufnahme wichtig ist.

Es gibt erfolgreiche Projekte in anderen Bundesländern (z. B. Schulprojekt der Beratungsstellen in Heilbronn[9)]), die sehr deutlich zeigen, dass es bei Schülern, Eltern und Lehrern diesen Beratungsbedarf gibt und dass die Zahl der Umschulungen in Förderschulen verringert werden kann.

Ein erweitertes Beratungsangebot an Schulen müsste in Form von Planstellen fachlich professionell[10)] ausgestattet sein. Es könnte Schwerpunktschulen geben, in denen eine regelmäßige Präsenz der Fachkraft eingerichtet wird. Mit diesen Schulen könnte eine intensivere Zusammenarbeit stattfinden, ein »Pool« weiterer Schulen könnte diese Fachkräfte bei Bedarf anfragen und in Anspruch nehmen.

Leider wird ein solches Angebot zurzeit in unserer Region nicht finanziert.

Unsere Erfahrungen zeigen, dass sich diese präventiven Investitionen für Kinder, Jugendliche und Familien lohnen würden und erhebliche Folgekosten eingespart werden könnten. Dies belegen auch aktuelle Untersu-

---

9) Englert u.a. 2006, S. 177–190.

10) Zum Beispiel psychologische oder sozialpädagogische MitarbeiterInnen von Beratungsstellen mit Berufserfahrung und entsprechenden Weiterbildungen in der Beratung von Kindern, Eltern und Lehrern.

chungen, wie z. B. die Datenauswertungen auf Landesebene im Bereich der ambulanten Erziehungshilfen (§§ 28-31 SGB VIII), die deutlich zeigen, dass eine geringere Nutzung von Erziehungsberatung in der Regel mit höherer Inanspruchnahmequote bei den anderen ambulanten Erziehungshilfen einhergeht. [11] Das heißt, dass durch den Ausbau professioneller Beratungsangebote vor Ort letztlich Folgekosten eingespart werden könnten.

Für Kinder, Jugendliche und Eltern wünschen wir uns, dass diese Angebote künftig ausgebaut werden.

Literatur

Englert, E. / Jätzold, R. / Knödler, U. / Krause, I. / Schultz, J. (2006): Sprechstunde an der Schule. In: Jahrbuch für Erziehungsberatung. Band 6. Weinheim und München, S. 177 - 190.

Hillenbrand, C. / Hennemann, Th. (2006): Präventive Erziehungshilfe in der Grundschule. In: Zeitschrift für Heilpädagogik, 57, S. 42 - 51.

Ministerium für Arbeit, Soziales, Gesundheit, Familie und Frauen Rheinland-Pfalz (Hrsg.) (2010): Hilfen zur Erziehung in Rheinland-Pfalz. Die Inanspruchnahme erzieherischer Hilfen im Kontext sozio- und infrastruktureller Einflussfaktoren. 3. Landesbericht, Zusammenfassung.

Ministerium für Frauen und Jugend Rheinland-Pfalz und Ministerium für Arbeit, Soziales, Familie und Gesundheit Rheinland-Pfalz (Hrsg.) (2004): Was tun, damit die Kooperation von Jugendhilfe und Schule gelingt? Ergebnisse einer Befragung von Fachkräften der Kinder- und Jugendhilfe sowie von Lehrern und Lehrerinnen an ausgewählten Schulen.

Preuss-Lausitz, U. (Hrsg.) (2004): Schwierige Kinder - Schwierige Schule. Konzepte und Praxisprojekte zur integrativen Förderung verhaltensauffälliger Schülerinnen und Schüler. Weinheim und Basel.

Rehrl, M. / Gruber; H. (2007): Netzwerkanalysen in der Pädagogik. In: Zeitschrift für Pädagogik. Jahrgang 53, 2, S. 243 - 265.

Theis-Scholz, M. (2007): Das Konzept der Resilienz und der Salutogenese und seine Implikationen für den Unterricht. In: Zeitschrift für Heilpädagogik, 7, S. 265 - 273.

11) Ministerium für Arbeit, Soziales, Familie, Gesundheit und Frauen Rheinland-Pfalz 2010, S. 6.

Maresi Lassek

Kooperation mit außerschulischen Institutionen und Partnern – eine Bereicherung für den Unterricht und die Schulentwicklung

Kooperation – ein weite(re)s Feld

Schule – Grundschule, eine kleine eigene Welt, eine Welt, in der sich die Sechs- bis Zehnjährigen des Wohnumfelds an Schultagen mit ihren Lehrerinnen und Lehrern einfinden und in der – gemäß den ministeriellen Vorgaben – Lernen organisiert wird. So isoliert war die Lage nie, denn Schulen gehörten selbstverständlich immer zum Gemeinwesen. Die Entwicklung der vergangenen Jahre zeigt jedoch, dass die Schule sich mehr denn je in das Wohnumfeld integrieren sollte, vom Gemeinwesen abhängig ist und die Lebensbedingungen ihrer Kinder hereinholen und einbeziehen muss, wenn das Lehren und Lernen nach den heutigen Erfordernissen individueller gelingen soll. Und selbst wenn Lehrerinnen und Lehrer Schule und Lebenswelt verbinden, reicht das an vielen Stellen nicht aus. Schule braucht Bündnispartner aus dem Umfeld und aus Netzwerken, um über Erfahrungsaustausch, gemeinsames Vorgehen oder Mithilfe Dritter den besonderen Herausforderungen und Ansprüchen besser begegnen zu können.

Arbeiten Lehrerinnen und Lehrer mit anderen Institutionen zusammen und werden über die Zusammenarbeit Kontakte aufgebaut und erweitert, profitieren sie selbst und die Schule aus der Kooperation. Das allerdings ist nicht zum Nulltarif zu haben, sondern verlangt Investitionen, in der Regel durch das Einbringen von Zeit. Zeit, von der die Beteiligten hoffen, dass sie über Verbesserungen oder Entlastungen zurückgezahlt wird. Zeit, die hartnäckig von den Ressourcengebern eingefordert werden muss. Schulleitungen, Lehrerinnen und Lehrer sollten viel Offenheit für die Sichtweisen von Partnern aus nichtschulischen Zusammenhängen mitbringen und bereit sein, ungewöhnliche Wege zu gehen oder eingefahrene (im Rahmen der vorhandenen Freiräume) zu verlassen. Kooperation nach außen hat gute Grundlagen, wenn innerschulische Zusammenarbeit bereits angeregt ist und gelingt. Lehrerinnen und Lehrer wissen um die Entlastung und Sicherheit, wenn man sich über Regeln, Zeitabläufe, Gremienarbeit, Inhalte usw. verständigt hat und Verabredungen gemeinsam trägt. Damit ist die Erfahrung gemacht, dass über Teamarbeit die eigene Arbeitsbelastung verringert werden kann.

Der Blick über den Schulzaun zeigt eine Vielzahl von Institutionen im Umfeld als mögliche Partner auf: andere Schulen und Schulstufen, den Elementarbereich, die Einrichtungen der sozialen Dienste und des Jugendamts, den Hort, den Sportverein, die Musikschule, freie Träger der Jugendhilfe, Kulturprojekte usw. Die Grundschule ist ein Teil in diesem Gefüge. Sie kann sich einbringen und muss entscheiden, an welcher Stelle die Kooperation mit anderen Einrichtungen für das Schulleben gewünscht wird oder Hilfen bringen kann. Neben unterschiedlichen Kooperationsfeldern gilt es unterschiedliche Kooperationsebenen abzugrenzen:

- Der Schulleitung wird eher die Kooperation mit außerschulischen Gremien und der Kontaktaufbau zu Institutionen zufallen,
- während für Lehrerinnen und Lehrer Kontakte von Interesse sind, die unmittelbarer ihre Arbeit im Unterricht und mit den Kindern betreffen. Dies kann die Zusammenarbeit im Rahmen des Schulanfangs mit den Kindertagesstätten sein, im Rahmen des Übergangs nach Klasse vier mit den Lehrkräften der Sekundarstufe I, mit dem Hort oder auch dem Jugendamt.

Nachfolgend werden Projekte und Partner für außerschulische Kooperation beispielhaft kurz vorgestellt. Ausführlicher beschrieben werden Kooperationsmöglichkeiten in den Übergangsbereichen zum Elementar- und Sekundarbereich sowie die Zusammenarbeit mit Eltern.

Zusammenarbeit mit Institutionen und Projekten aus dem Schulumfeld

Die nachfolgenden Beispiele sind auf das Erfahrungsfeld der Grundschule am Pfälzer Weg in Bremen begrenzt; es gibt selbstverständlich eine Vielzahl weiterer Erfahrungen anderer Schulen. Der Hintergrund »Großstadt« ist bei der Darstellung nicht ausschlaggebend, denn schulübergreifende und außerschulische Kooperationen sind im Flächenland ebenso sinnvoll umsetzbar.

Grundschule als Teil des Bildungsangebots / der Bildungslandschaft einer Region

Kooperationsansätze in schwieriger Lage: Aus einem Schulbezirk in Bremen

Die Auswirkungen sinkender Schülerzahlen und die Abwanderung von Schülerinnen und Schülern in andere Stadtbezirke beim Übergang in die Sekundarstufe und in die Oberstufe haben sechs öffentliche Grundschulen und eine private, ein Förderzentrum, zwei Sekundarstufen-I-Zentren, eine Gesamtschule und ein Sekundarstufen-II-Zentrum zum Anlass genommen, sich gemeinsam um die Schülerinnen und Schüler der Region zu bemühen. Die Schulleitungen treffen sich mehrmals pro Jahr zu selbstorganisierten Arbeitssitzungen und beraten organisatorische Anliegen wie Fragen des Übergangs, der Gestaltung der Elterninformationen und das gemeinsame Auftreten im Stadtteil. Der Prozess des Vertrautwerdens brauchte Zeit, doch zwischenzeitlich gelingt schul- und stufenübergreifend sogar der Austausch zu pädagogischen Fragestellungen, z. B. zum Umgang mit verhaltensschwierigen Schülern. Von 2008 bis 2010 arbeiteten die elf Schulen des Bezirks in einem Schulbegleitforschungsprojekt zu den Themen »Übergänge« und »Migration« zusammen. Erkenntnis- und ertragreich erwies sich für alle beteiligten Schulen dabei immer wieder der stufenübergreifende Austausch. Das Wissen um Bedingungen und Vorgehensweisen in Nachbarschulen und in der angrenzenden Stufe erweitert die eigene (schul- und stufenbezogene) Perspektive und wirkt auf die Gestaltung der Übergänge.

Grundschule im sozialen Netzwerk des Schulumfelds

Kooperation Grundschule – Hort

Die Versorgung mit Ganztagsschulen ist noch nicht flächendeckend eingerichtet, die Nachmittagsversorgung ist daher an zahlreichen Standorten nach wie vor über Horte geregelt. Dabei stellt sich die Kooperation zwischen Hort und Schule anders dar als die Zusammenarbeit von sozialpädagogischem Fachpersonal und Lehrkräften im Ganztagsbereich. Die Bedingungen sind – u. a. durch verschiedene Einrichtungsträger – von räumlicher, organisatorischer und inhaltlicher Distanz geprägt. Der Hortbesuch ist ein additives Angebot, die Kinder gehen in zwei verschiedene Einrichtungen. Umso dringender ist es, zwischen den Hortmitarbeiterinnen, Hortmitarbeitern, Lehrerinnen und Lehrern Kontakte herzustellen und damit Verbindungen zwischen den Institutionen zu schaffen.

Bewährtes:

- Schule und Hort stellen gegenseitig Telefonlisten zur Verfügung (kurze Wege).
- Termine im Jahresablauf werden gegenseitig bekannt gegeben oder abgestimmt.
- Namenslisten der Hortgruppen und der Schulklassen werden ausgetauscht.
- Die Nachmittagsangebote (AGs) der Schule werden dem Hort schriftlich mitgeteilt.
- Ein- bis zweimal im Jahr treffen sich die Einrichtungen zu gemeinsamen Dienstbesprechungen.
- Leitungsgespräche finden statt.

- Gesprächsthemen wie Hausaufgaben, Elternarbeit usw. werden vereinbart und (gemeinsam) bearbeitet.
- Ein gemeinsames Spielfest / Sommerfest kann veranstaltet werden.
- Elterngespräche werden (in Einzelfällen) gemeinsam geführt.

Kooperation mit Gremien und Einrichtungen im Schulumfeld

Im Umfeld jeder Schule / Schulgemeinde trifft man auf das Engagement unterschiedlicher Arbeits- und Interessengruppen, kultureller Einrichtungen sowie Einrichtungen, die als außerschulische Lernorte zu nutzen sind. Sich als Schule daran zu beteiligen, stärkt das Ansehen im Gemeinwesen und bringt Bereicherung für den Unterricht.

Beispiele aus der Vernetzung im Bremer Stadtteil Tenever: Im **Arbeitskreis Kinder** treffen sich einmal im Monat alle Institutionen, die mit Kindern in Einrichtungen befasst sind wie Kindertagesstätten, Horte, Grundschulen, Schulärztlicher Dienst, Sozialarbeiter, Familienhelferinnen. Es werden Informationen ausgetauscht, Projekte und Angebote bekannt gemacht, Probleme beraten und bei Bedarf gemeinsame Aktionen initiiert.

Die **Stadtteilgruppe** ist ein Forum, dem alle Institutionen aus dem Bildungs-, Kultur- und Sozialbereich, die Bewohner, politischen Vertreter, Initiativen aus dem Jugendbereich, Kontaktpolizisten, Vertreter von freien Trägern angehören. Etwa achtmal pro Jahr tritt dieses Gremium unter der Leitung des Quartiermanagers als eine Art Stadtteilparlament zusammen. Es werden Anregungen und Anträge bearbeitet, Beschlüsse zu Aktionen oder zur Vergabe von Projektmitteln gefasst. Davon profitieren auch die Schulen.

Daneben gibt es **kulturelle und ökologische Initiativen** wie Kunstprojekte, eine Umweltlernwerkstatt und einen Kinderbauernhof mit der Möglichkeit für Begegnungen mit Pflanzen und Tieren, von der Piepshow (Vogelbeobachtung) über Apfelsaftpressen und themenbezogene Spaziergänge durch Wald und Wiese.

Von zentralem Interesse ist eine **Kinder- und Jugendbibliothek** in fußläufig erreichbarer Nähe der Schule. Hier wird ein reichhaltiges Programm mit Bilderbuchkino, Buchausleihe und Zusammenstellung von Bücherkisten angeboten. Die Lehrkräfte besuchen regelmäßig einmal im Monat mit den Kindern die Bibliothek (eine vereinbarte Aktion im Rahmen des Schwerpunkts Lesen).

Die Zusammenarbeit mit dem **Jugendamt** profitiert davon, dass sich Sozialarbeiter und Schule aus der Arbeit in den Stadtteilgremien kennen.

Kooperation im Rahmen besonderer Standortfaktoren

Aufgrund der besonderen Lebensbedingungen der Schülerinnen und Schüler (über 90 Prozent haben einen Migrationshintergrund, und viele leben in Armut) hat sich die Schule am Pfälzer Weg auf zwei unterrichtsergänzende

Schwerpunkte festgelegt: Sport und Gesundheit. Die besonderen Bedürfnisse werden in unterrichtsergänzende Angebote für die Kinder aufgenommen. Dazu benötigt die Schule die Mithilfe von Kooperationspartnern.

Zum Beispiel **Sport:** Ein langjährig bewährtes Konzept betrifft den Schwimmunterricht. Die Kinder erhalten sowohl in der dritten als auch in der vierten Klasse, also zwei Jahre lang (vorgesehen ist nur ein Jahr) Schwimmunterricht. Kooperationspartner ist die Gesellschaft für öffentliche Bäder. Es gelingt trotz der geringen Vorerfahrungen der Kinder (z. B. fehlende Wassergewöhnung), dass fast alle am Ende der Grundschulzeit schwimmen können. Weitere gesundheitsfördernde und gesundheitserhaltende Sportangebote werden in Kooperation mit einem Freien Träger angeboten. Es geht um Bewegungsförderung für motorisch auffällige Kinder, Sport für übergewichtige Kinder, Sport und Spiel für Mädchen (besonders mit Migrationshintergrund) und Fußball für Jungen und Mädchen. Der freie Träger stellt Übungsleiterstunden zur Verfügung, welche die Schule aus Projektmitteln (Sportprofilgelder der senatorischen Behörde) finanzieren kann. Der reguläre Sportunterricht ist davon unberührt. Nur wenige Kinder der Schule gehören einem Sportverein an, da die Eltern die Beiträge nicht aufbringen können. Daher kooperiert die Schule als Institution mit dem ortsansässigen Sportverein. In einem Tanzprojekt wurde z. B. der Übungsleiter je zur Hälfte vom Sportverein und vom Schulverein finanziert. Die Schule ist – wie viele andere Schulen in Bremen – Partnerschule von Werder Bremen. Werder Bremen engagiert sich im Rahmen eines sozialen Projekts in Bremen und im niedersächsischen Umland und bringt Kinder mit Sportarten in Berührung, zu denen sie normalerweise keinen Zugang hätten.

Kooperationen im Gesundheitsprojekt: Die schulärztlichen Eingangsuntersuchungen machen deutlich, dass die Schulanfänger in diesem Wohngebiet bereits zum Schulanfang ein hohes Kariesrisiko tragen. In Zusammenarbeit mit dem schulzahnärztlichen Dienst und der Landesarbeitsgemeinschaft für Jugendzahnpflege ist die Schule deshalb seit 15 Jahren in ein Zahngesundheitsprojekt eingebunden. Das Gesundheitsprojekt mit Sportangeboten und Zahnprophylaxe wird abgerundet durch Initiativen zum Schulfrühstück. Mütter bieten morgens vor Schulbeginn Kindern, die »ungefrühstückt« in die Schule kommen, ein Frühstück an. Dabei spielen neben dem gemeinsamen Essen eine gemütliche Morgenatmosphäre und das Miteinandersprechen eine wichtige Rolle. Für die Frauen, die z. T. selbst einen Migrationshintergrund haben, bedeutet die Gestaltung des Schulfrühstücks eine sehr praktische Übung ihrer deutschen Sprachkenntnisse.

Zusätzlich bereiten einige Mütter zweimal in der Woche sogenannte Vitaminhappen in Form von Obst- und Gemüsestücken für alle Lerngruppen vor. Abwechselnd helfen Kinder der verschiedenen Lerngruppen bei der Zubereitung. Diese Vitaminhappen werden ergänzend zum Pausenfrüh-

stück an zwei Schulvormittagen den Kindern angeboten. Die Frühstücksinitiativen werden im Rahmen der Zusammenarbeit zwischen Eltern und Schulverein umgesetzt. Der Schulverein kümmert sich um die Anwerbung von Spenden und erledigt die Abrechnungen, die Frauen sind für die Arbeitspläne, Einkäufe und die Durchführung verantwortlich.

Kooperation mit dem Elementar- und Sekundarbereich Grundschule als aufnehmende und abgebende Schulstufe

Kooperation Grundschule – Elementarbereich

Die Bedeutung der Kindertagesstätten (Kitas) als Bildungseinrichtungen wird seit der ersten PISA-Studie angemessen hoch eingeschätzt. In vielen Bundesländern entstanden neue Bildungspläne für den Elementarbereich, in einigen Ländern übergreifend für die Altersstufe von 3 bis 10 Jahren. Darin rückt die strukturelle und inhaltliche Verbindung zwischen Elementar- und Primarbereich deutlicher in den Fokus. Was fehlt sind Regelungen, die den Austausch zwischen Erzieherinnen und Lehrerinnen vor Ort ermöglichen. Nach wie vor ist dieser Austausch abhängig von der Initiative der Pädagoginnen. Kooperationsprojekte, die in der Literatur beschrieben sind, bestätigen dies.

Um eine gute Anschlussfähigkeit beim Übergang von der Kita in die Schule herzustellen, müssen beide Bereiche über ihre Arbeit sprechen (können):

- Im Austausch erfahren die Lehrerinnen der ersten Klassen u. a.,
  - was und wie die Kinder in der Kita spielen und lernen,
  - welche Regeln für sie verbindlich sind,
  - welche Ritualisierungen es gibt, welche Lieder und Spiele geübt werden,
  - wie Elternarbeit gemacht und akzentuiert wird.

- Die Erzieherinnen erhalten u. a. Informationen über die Arbeit im ersten Schuljahr, z. B.
  - wie der Schreibprozess gestaltet wird, warum Schreibrichtungen wichtig sind,
  - wie in der Schule gefrühstückt wird,
  - an welchen Projekten im ersten Schuljahr gearbeitet wird.

Die Zusammensetzung der ersten Klassen kann in Zusammenarbeit mit den Erzieherinnen erfolgen, denn sie kennen die Kinder. Am Standort Pfälzer Weg hat sich folgendes Verfahren bewährt: Je nachdem wie viele Kinder aus einer Kita kommen, werden die Kolleginnen dort gebeten, ihre Kinder in eine bestimmte Anzahl von Kleingruppen einzuteilen. Als Absprache gilt: Kinder, die sich gut verstehen und gerne zusammen in eine Lerngruppe kommen möchten, bleiben zusammen. Kinder, die häufig miteinander Konflikte haben oder sich gegenseitig hemmen, kommen in verschiedene Lerngruppen. In der Schule werden die Kleingruppen aus den verschiedenen Kitas so zusammengesetzt, dass die Gruppengröße für die Zuordnung zu der jeweiligen künftigen Lerngruppe 1/2 passt. Diese Planung erfolgt Ende April / Anfang Mai. Danach eröffnet sich die Möglichkeit, dass die Kinder ihre Schulgruppe und ihre Lehrerin gezielt besuchen. Über diesen Kontakt werden Spannung und Sorge vom ersten Schultag genommen. Vor den Sommerferien werden mit Einverständnis der Eltern Übergabegespräche zwischen Erzieherinnen und Lehrerinnen geführt. Von diesem Verfahren profitieren beide Einrichtungen: die Lehrerinnen, weil sie sich besser auf die Kinder einstellen können, die Erzieherinnen, weil sie besser einschätzen können, in welche Lernzusammenhänge ihre Kinder kommen werden. Die Kenntnisse der Erzieherinnen helfen, den Übergangsprozess fließender zu gestalten und tragen wesentlich dazu bei, dass die Arbeit im Elementarbereich eine deutlichere Würdigung erhält.

Die Kooperation zwischen Kita und Schule lässt sich über Aktionen der Kinder beider Einrichtungen zusätzlich intensivieren. Bedacht sein muss, dass die Begegnungen, die verabredet werden, relativ unaufwändig in den Jahresablauf eingebaut werden können, damit ritualisiert sind und nur weniger Absprachen bedürfen, sich also zeitsparend organisieren lassen.

Beispiele für Aktivitäten:

- Schulkinder gehen in die Kita und erzählen von der Schule.
- Schulkinder beantworten in der Kita die Fragen der Einschulungskinder.
- Schulkinder zeigen den zukünftigen Schulanfängern ihre Schultasche und erklären den Inhalt.
- Schulkinder lesen im Kindergarten regelmäßig vor.
- Kindergartenkinder kommen zum Vorlesen in die Schule.

- Kindergartenkinder besuchen die Schule am Nachmittag zum Kennenlernen des Gebäudes.
- Kindergartenkinder machen die Hofpause mit oder sind im Unterricht dabei.
- Kindergartenkinder verbringen regelmäßig Zeit (z. B. einen Vormittag im Monat, 2 Stunden pro Woche) in der Schule.
- Mit dem Einverständnis der Eltern oder gemeinsam mit den Eltern werden Übergabegespräche zum einzelnen Kind geführt.

Die Bedingungen für Zusammenarbeit gestalten sich unterschiedlich, da manche Kitas zu vielen Schulen Kontakt haben, bzw. manche Schulen zu vielen Kitas. Es gilt, das Mögliche herauszufinden oder auch exemplarisch mit einer Einrichtung intensiver zusammenzuarbeiten und die Erfahrungen auf die anderen Einrichtungen zu übertragen.

Zusammenarbeit benötigt Zeit, eine Ressource, die trotz der Betonung des frühen Lernens weder Kitas noch Schulen zur Verfügung gestellt wird. Die Forderung danach darf nicht verstummen. Schulen müssen kreativ sein, um für die Kooperation Wege zu finden und die Lehrerinnen zu entlasten. Die Schule profitiert wie die einzelne Lehrkraft von der Zusammenarbeit, da z. B. die Ungewissheit bei der Klassenbildung verringert wird und mehr Sicherheit in der Elternarbeit entsteht. Das Wachsen der gegenseitigen Anerkennung fördert ein professionelles Miteinander.

Kooperation Grundschule – Sekundarstufe

Beim Übergang von der Primar- in die Sekundarstufe mangelt es bundesweit an Anschlussfähigkeit. Die Trennlinie wird insbesondere hervorgerufen durch die selektiven Übergangsmechanismen in Deutschland. Zum Nachteil für die Kinder baut dieser Übergang Hürden auf und kaum tragfähige Verbindungen. Dieser Umstand kennzeichnete wie vielerorts die Übergangssituation zwischen der Grundschule am Pfälzer Weg und dem benachbarten Schulzentrum an der Koblenzer Straße. Er wurde schließlich zum Anlass, die Zusammenarbeit der beiden Schulen zu verändern. Als Kooperationsprojekt im Rahmen des Reformprozesses »Entwicklung zur Oberschule und zur Inklusion« in Bremen begannen die beiden Schulen im Jahr 2008, über Möglichkeiten zur Intensivierung der Zusammenarbeit zu beraten und Veränderungen zu erproben. Ziel war und ist eine qualitative Verbesserung der Kooperation, um eine günstigere Anschlussfähigkeit für die Schülerinnen und Schüler herzustellen. Drei Arbeitsstränge wurden aufgebaut:

- die Kooperation der Schulleitungen,
- die Kooperation von Fachkolleginnen und -kollegen beider Schulstufen,
- die Kooperation der Lehrerinnen und Lehrer der vierten und fünften Klassen im Rahmen des Übergangs.

Die **Schulleitungen** treffen sich wöchentlich zu einem einstündigen Gespräch, bei dem es u. a. um die Steuerung des Prozesses für beide Schulen, um organisatorische Festlegungen, um die Absprache von übergreifenden Vorhaben oder Kooperationen, um die Planung von Fortbildung oder einfach nur um den Gedankenaustausch geht.

Die Kooperation der Lehrerinnen und Lehrer bezieht sich auf **drei Fachbereiche: Deutsch, Mathematik und Englisch**. Jeweils eine Lehrkraft der Grundschule und der Sekundarstufe befassen sich mit speziellen Fragestellungen und dem grundsätzlichen Austausch zum jeweiligen Fach (Inhalte, Materialien, Kompetenzen, Übergänge schaffen usw.). Großes Interesse bestand im Anfangsstadium am Austausch über Methoden, Regeln und Rituale im Unterricht, über Raumgestaltung sowie über Konzepte zum Umgang mit verhaltensschwierigen Kindern.

Einbezogen sind speziell in der Übergangsphase zu den Sommerferien **alle Lehrerinnen und Lehrer der vierten und der fünften Klassen**. Es erfolgen gegenseitige Hospitationen und Gespräche. Zum Halbjahr tauschen sich die Grundschullehrkräfte noch einmal mit den Lehrkräften der fünften Klassen über die Entwicklung der Kinder aus. So können u. a. Rückschlüsse auf die Arbeitsweisen in den beiden Stufen und die Berücksichtigung besonderer Bedürfnisse von Kindern gezogen werden.

Themen wie Integration, Förderung, Umgang mit Differenzierung, Kompetenzentwicklung und kooperative Lernformen sind für die weitere gemeinsame Bearbeitung geplant. Sowohl im Schulzentrum wie auch in der Grundschule wurden Schülersprechtage eingeführt.

Im laufenden Schuljahr entwickelte sich die Zusammenarbeit der Sonderpädagoginnen der Grundschule und des Schulzentrums zu einem weiteren Verbindungsstrang.

Die Ausbildung der Referendarinnen und Referendare der beiden Schulen erfolgt über Absprachen und wechselseitigen Einsatz in dem Bereich »Einsatz in der angrenzenden Stufe«.

Zum Übergang 2010/2011 wurde zum ersten Mal ein gemeinsam abgestimmtes Verfahren zur Klassenbildung durchgeführt. Die Grundschule teilte die Viertklässler in vier Gruppen (für die vier zukünftigen fünften Klassen) ein. Grundlage war, dass jedes Kind zwei Mitschülerinnen oder Mitschüler benennen durfte, mit denen es gerne ab der fünften Klasse zusammen sein wollte. Die Grundschullehrkräfte teilten ihre Übergänger in Gruppen ein und berücksichtigten dabei Freundschaften, Verträglichkeiten, den Lern- und Leistungsstand und die sozialen Kompetenzen. Die Grundschulleitung setzte diese Gruppen wiederum so zusammen, dass ausgewogene Teilverbände entstanden. Das Schulzentrum übertrug dieses Verfahren auch auf die anderen zuliefernden Grundschulen. Die Auswertung ergab eine hohe Zufriedenheit mit der Klassenzusammenstellung.

Zeit	Vorhaben
Septem-ber	Jahresauftaktveranstaltung für die Fachkolleginnen und -kollegen, die Sonderpädagoginnen und die Schulleitungen mit Erstellung einer Jahresübersicht
Oktober bis Juni	Kooperationstreffen der Fachlehrkräfte (ca. sechs)
November	Erste Hospitation der Lehrkräfte der 10. Klassen (erste Begegnung in Vorbereitung auf den nächsten Übergang)
November	Hospitation der Kinder der 4. Klassen (vor der Übergangsentscheidung/Schulwahl)
Februar	Plenum mit Fachkolleginnen und -kollegen, Sonderpädagoginnen und Schulleitungen – Zwischenbilanz
März	Lehrerinnen und Lehrer der Lerngruppen 3/4 hospitieren in den 5. Klassen, anschließend Besprechung der Lehrkräfte zur Entwicklung der Schülerinnen und Schüler
Mai	Verfahren zur Zusammenstellung der neuen 5. Klassen
Mai/Juni	Schülerinfo für die Viertklässler: Schülerinnen und Schüler der 9. und 10. Klassen kommen in die Grundschule
Juni	Zweite Hospitation der Lehrkräfte der 10. Klassen
Juni	Plenum der Fachlehrkräfte und der Schulleitungen: Berichte, Resümee, Vorschläge, Absprachen zur Weiterarbeit
Juni	Hospitation der Viertklässler im Schulzentrum
Juli	Übergabegespräche zwischen den Lehrkräften der 4. Klassen und den neuen Klassenlehrerinnen und -lehrern der 5. Klassen

Gemeinsame Vorhaben werden im Jahresplan festgehalten und auf diesem Weg ritualisiert (siehe oben).

Die aktuelle Entwicklung der Zusammenarbeit wird über das Projekt »Reformprozess« mit Stunden ausgestattet. Die Grundschule erhält drei Stunden, die den drei kooperierenden Fachlehrerinnen als wöchentliche Entlastungsstunde gegeben werden. Die Lehrkräfte des Schulzentrums erhalten ebenfalls eine Stundenentlastung.

Eine in dieser Weise intensive Kooperation kann zumindest in der Entwicklungsphase nicht mit mehreren Schulen durchgeführt werden. Es geht darum, exemplarisch Schritte zu erproben und deren Übertragbarkeit auf andere Standorte (z. B. vom Schulzentrum auf weitere »zuliefernde« Grundschulen) in leistbarer Form zu prüfen.

Der Nutzen für die Lehrkräfte, die Schule und vor allem für die Kinder ist bereits nach zwei Jahren gut erkennbar. Der Übergang, das heißt die gemeinsamen Überlegungen zur Unterrichtsorganisation, zu den Lernmaterialien, den Methoden, Regeln, Zeitabläufen usw. lassen mehr Kontinuität im Lernprozess der Schülerinnen und Schüler entstehen. Die gegenseitige Anerkennung ist gewachsen.

Die wichtigsten Kooperationspartner sind die Eltern

Abgesehen von der formalen Elternarbeit in Gremien und den regelmäßigen Elterngesprächen kann die Schule als Ort, an den Eltern ohnehin kommen und mit dem sie vertraut sind, weitere Möglichkeiten der Elterninformation und Elternbildung nutzen. Es gibt viele gute Beispiele, wie Schulen diese Chance nutzen. Die jeweiligen Projekte leiten sich u. a. daraus ab, welche Ressourcen (Kompetenzen) die Eltern des Schulstandorts einbringen können und / oder welche Bedürfnisse die Eltern haben. Eine Rolle spielen bei der Planung von Vorhaben selbstverständlich auch die Interessen der Schule.

Schule kann:

- Raumgeber sein für Kurse, Veranstaltungen und Beratungsangebote, z. B. in Kooperation mit freien Trägern für Deutsch- und Alphabetisierungskurse, für Beratungszeiten des Schulpsychologen oder der Erziehungsberatungsstelle, für Beratungszeiten des Sozialarbeiters,
- die Kommunikation der Eltern untereinander und mit der Schule fördern durch ein Elterncafé, Gesprächskreise, Fragestunden,
- Veranstaltungen / Themenabende (auch schulübergreifend) in Kooperation mit anderen Institutionen anbieten (z. B. mit dem Kinderschutzbund, der Erziehungsberatungsstelle, der Schulärztin),
- eine gemeinsame Elternveranstaltung mit dem Elementarbereich zur Einschulung gestalten,
- Eltern klassenübergreifend gewinnen für Aktionen in der Schule wie Vorlesen, das Organisieren eines Festes und anderes.

Eltern mehr in die Verantwortung für ihr Kind und das Schulleben einzubeziehen verlangt, ihnen Gegebenheiten und Abläufe transparent und vertrauter zu machen und ihnen zu vermitteln, wo ihre Beteiligung hilfreich und willkommen ist. Die Kompetenzen von Eltern wirksam werden zu lassen, wird schulspezifisch unterschiedlich ausfallen.

KESCH – Kinder, Eltern und Schule im Dialog … ein Praxisbeispiel

Seit dem Schuljahr 2006/2007 führen einzelne Lehrkräfte der Schule am Pfälzer Weg das Projekt KESCH als Kooperationsprojekt mit dem freien Träger St. Petri Kinder- und Jugendhilfe durch. Ziel des Projekts ist, den Dialog über Erziehungsvorstellungen zwischen den Elternhäusern und der Grundschule zu stärken. Die Eltern sollen die Gelegenheit bekommen, sich über Erziehungsfragen auszutauschen, Erfahrungen zu sammeln und Informationen einzuholen. Das Motto des KESCH-Projektes impliziert: Wir (Eltern und Schule) unterstützen unsere Kinder gemeinsam beim Lernen. Wir haben uns darüber verständigt, dass eine Unterstützung dann besonders gut gelingt, wenn das Elternhaus und die Schule gemeinsam handeln.

Themenbereiche sind:
Wie lernen unsere Kinder? Wie können wir sie dabei unterstützen?
Wir unterstützen die Kinder, indem wir ihre Gesundheit fördern.
Wir unterstützen die Kinder, indem wir mit ihnen spielen.
Wir unterstützen die Kinder, indem wir Fernsehverhalten, Grenzen u.a. gemeinsam absprechen.

Das Projekt wird wie folgt umgesetzt: Etwa alle 4 bis 6 Wochen treffen sich die Eltern einer Lerngruppe am späten Nachmittag für 2 Stunden. Die Kinder bereiten das Treffen im Unterricht vor: Sie kaufen Kekse ein, bereiten Obsthäppchen vor oder üben ein Theaterstück, einen Tanz oder ein Lied für die Eltern ein. Die Eltern versammeln sich mit der Klassenlehrerin und einer Sozialpädagogin in einem vorbereiteten Raum. Die Kinder werden währenddessen gemeinsam mit den Geschwisterkindern von einer Erzieherin, die ihnen aus der verlässlichen Grundschule bekannt ist, betreut. Am Ende des KESCH-Nachmittages treffen Eltern und Kinder zusammen. Es wird gemeinsam gesungen, getanzt oder gegessen.

Pro Nachmittag steht ein Thema im Vordergrund. Dabei geht es am Anfang um das Kennenlernen und später um Fragen der Eltern oder Inhalte, die die Eltern aus einem Katalog von Angeboten auswählen.

Beispiele aus der Kennenlernphase:
- Die Familien markieren auf einer Karte das Land, aus dem sie kommen. Sie erzählen von ihrem Land.
- Es werden Familienplakate entworfen. Die Familien erzählen, was ihnen wichtig ist, was sie gerne tun, welche Rituale sie haben, welche Feste sie feiern usw.
- Die Eltern berichten über die Spiele, die sie früher selbst gespielt haben, über Spiele, die sie mit ihren Kindern machen.

Beispiele aus der Themenphase:
- Gesundheit und Ernährung, Bewegung und Sport
- Erziehungsverhalten: Was ist in den Familien unterschiedlich, welche Regeln gelten in der Schule, welche zu Hause usw.?
- Was ist für die Entwicklung der Kinder gut?
- Grenzen und Konsequenzen

- Wie gehen wir miteinander um?
- Streiten – was kann ich tun, wenn es Konflikte gibt?
- Fernsehen und Computerspiele: Welche Alternativen gibt es? Wie kann ich das kontrollieren?
- Spielangebote – warum sollen Kinder spielen?
- Kinder schützen

Beispiele für Unternehmungen:
- gemeinsamer Theaterbesuch
- Ausflüge: in den Zoo, Fahrt mit der Eisenbahn, ein Museum besuchen
- Aktivitäten wie Schlittschuhlaufen, einen Park besuchen, ein Picknick machen
- Ein Fest feiern

Ziel ist, den Eltern gut erreichbare und kostengünstige Angebote für Familien im Wohnumfeld oder in der Stadt zu zeigen und Gemeinschaftserlebnisse herzustellen. Das KESCH-Projekt bietet vielfältige Möglichkeiten, die Eltern des Einzugsgebietes in die Schularbeit einzubeziehen. Sie und die Lehrerinnen erhalten Raum, Vorstellungen auszutauschen und mehr voneinander zu erfahren, in einem Rahmen, der weniger formalisiert ist, ohne hierarchische Strukturen auskommt und damit andere Kommunikationsformen ermöglicht, als sie üblicherweise in der Schule ablaufen. Die Treffen werden von einer Sozialpädagogin / einem Sozialpädagogen aus dem Hort und der Lehrkraft vorbereitet. Die Erfahrungen der Sozialpädagogin / des Sozialpädagogen in der Erwachsenenarbeit sind wesentlicher Bestandteil des Projekts, sie entlasten die Lehrkraft und tragen zum Kompetenztransfer bei.

Bemerkenswert ist, dass sich in den Lerngruppen, die bisher das KESCH-Projekt durchgeführt haben, die Eltern aktiver an der schulischen Gremienarbeit beteiligen, selbstbewusster auftreten und sich deutlich besser um die schulischen Belange ihrer Kinder bemühen. Die Teilnahme an Elternabenden erhöhte sich erheblich. Beim Erwerb des Fahrradführerscheins hatten fast alle Kinder der KESCH-Gruppen ein funktionstüchtiges Fahrrad, was bis dahin am Schulstandort als unmöglich erschien. Der Gewinn für die Lehrkräfte zeigt sich in einer Elternarbeit, die entspannter, kommunikativer und selbstverständlicher ist. Selbst beim Umgang mit Konflikten oder Problemen macht sich dies bemerkbar.

Das KESCH-Projekt ist nicht kostenneutral durchzuführen. Es erfordert personelle und finanzielle Ressourcen, ohne die es nicht geht. Die beteiligten Lehrkräfte erhalten von der Schule eine Entlastungsstunde, die aus dem Förderstundenetat genommen wird. Der freie Träger steuert im Rahmen der Kooperation mit der Schule die Stunden für die sozialpädagogischen Fachkräfte aus dem Stundenpool des Horts bei. Bezahlt werden müssen Honorarmittel für die Kinderbetreuung und Sachmittel für die Ausgestaltung der Nachmittage (Bastelmaterial, Getränke, Kekse usw.). Dazu kommen Mittel für Ausflüge. Die Ausgaben für einen Jahresdurchlauf betragen etwa 700 Euro pro Klasse. Die Schule hat bisher versucht, diese Mittel über Projektanträge an Stiftungen, bei Wettbewerben oder bei weiteren Sponsoren einzuwerben. Dies ist aufwändig und gelingt nicht immer. In diesem Schuljahr kommt der Schulverein für die Kosten auf. Unbestritten erfordert es Mühe, das Projekt zu finanzieren, der Aufwand jedoch lohnt sich.

Außerschulische Kooperation – abschließende Gedanken

Beim Blick über den Schulzaun und auf dem Weg in Netzwerke im schulischen Umfeld trifft man nicht immer zielgenau auf Partner, die ein Anliegen der Schule unterstützen können oder möchten. Unter Umständen sind mehrere Anläufe notwendig, um als Schule die Aufmerksamkeit oder auch Akzeptanz zu erhalten, die man sich wünscht. Zurückhaltung oder Skepsis – beispielsweise aus sozialen Einrichtungen – müssen aus dem Weg geräumt, Kooperation manchmal erarbeitet werden. Die Erfahrungen bestätigen, dass sich eine Reihe von Anforderungen mit Kooperationspartnern entlasteter angehen lassen und ohne Bündnispartner manches nicht durchzuführen wäre. Lehrerinnen, Lehrer und Schulleitungen profitieren in der eigenen Schule und jenseits der Schultüren von Kooperationspartnern in dem Bemühen, dem Bildungs- und Erziehungsauftrag vielseitiger gerecht werden zu können.

Grundschulen als kleinere Einrichtungen sollten prüfen, welche Kooperationspartner vorrangig hilfreich sein können und wer aus dem Kollegium die Verantwortung dafür verlässlich übernehmen kann. Geteilte Zuständigkeiten machen den Arbeitsaufwand leistbarer. Kooperationen kosten Zeit und müssen gepflegt werden, eine Anforderung, die nicht zu unterschätzen ist.

Kooperationen unterstützen die spezifischen Aufgaben der Schule, erweitern aber auch das Spektrum der Handlungsmöglichkeiten und vernetzen die Schule mit dem sozialen Umfeld. Die Zusammenarbeit mit anderen Schulen, mit Einrichtungen aus dem Gemeinwesen und verschiedenen Bündnispartnern trägt zur Transparenz bei. Neben dem direkten Nutzen für die Lehrkräfte, die Kinder oder die Schule entsteht indirekt ein Gewinn dadurch, dass die Schule im Umfeld präsent ist und die Zusammenarbeit geschätzt wird.

Renate Heissl-Deporta

Unterstützung für Schulen in Veränderungsprozessen: Von der Integration zur Inklusion

Entwicklungen und Erfahrungen an Südtirols deutschsprachigen Schulen

Mit diesem Beitrag soll aufgezeigt werden, wie sich die Schulen in Südtirol (Italien) über die Integration von Kindern mit einer Beeinträchtigung zu inklusiven Schulen entwickeln, welche Stolpersteine es auf dem Weg gibt und welche Unterstützung Schulen in ihren Schulentwicklungsprozessen erhalten.

Schulentwicklung durch gesetzliche Bestimmungen

In Südtirol spielen die gesetzlichen Grundlagen und Vorgaben für die Schülerinnen und Schüler mit einer Beeinträchtigung eine wesentliche Rolle als Meilensteine und Wegbereiter für eine inklusive Schule. Seit mehr als dreißig Jahren ist die Integration von Menschen mit einer Beeinträchtigung in Italien und damit auch in Südtirol gesetzlich verankert. Die Sonderklassen an den Grundschulen sind 1992 abgeschafft worden, und das entsprechende Gesetz sieht die Zuweisung von Lehrpersonen mit Spezialisierung in allen Schulstufen vor. Menschen mit Behinderung haben das Recht, die Pflichtschule bis zur Vollendung des 18. Lebensjahrs zu besuchen. Das bedeutet in der Praxis, dass Kinder und Jugendliche – unabhängig vom Grad der Beeinträchtigung – das Recht und die Pflicht auf Bildung haben und führt dazu, dass es in Südtirol keine Schule gibt, die sich nicht mit dem Thema Integration / Inklusion auseinandersetzen muss. Ein großer Vorteil dieses Systems ist zudem, dass allen Kindern ermöglicht wird, an ihrem Heimatort die Schule zu besuchen. Damit sind sie bereits vom Kindergarten an in Kontakt mit den Kindern aus ihrer Umgebung, was sich auch außerschulisch für die Inklusion in die Gesellschaft auswirkt. Seit dem Jahr 2000 sind Südtirols Schulen autonom. Das entsprechende Gesetz sieht u. a. vor, dass Schulen Leitbild und Schulprogramm entwickeln und sich regelmäßig selbst evaluieren. Bezug nehmend auf die Schülerinnen und Schüler werden Schwierigkeiten oder Defizite nie erwähnt, sondern durch die Begriffe Unterschiede und Fähigkeiten ersetzt: »*...die allgemeinen und spezifischen Ziele in Lernwege umzusetzen, die das Recht aller Schülerinnen und Schüler auf Bildung und Erziehung gewährleisten. Sie (die Schulen) erkennen und nutzen die Unterschiede, fördern die Fähigkeiten jedes Einzelnen, indem sie zweckdienliche Maßnahmen treffen, um den Bildungserfolg zu erreichen*« (LG 12/2000 Art. 6, Abs. 1).

Aus pädagogischer Sicht entwickeln Schulen sich von innen heraus, sie definieren selbst ihre gemeinsamen Werte, ihre Philosophie und die gemeinsamen pädagogischen Grundhaltungen in ihrem Leitbild; im Schulprogramm werden schulspezifische Schwerpunkte und Stärken sowie gemeinsame Ziele definiert.

Die Praxis in Südtirols Schulen

Die Dokumentation über die Beeinträchtigung ist – wie oben angeführt – ausschlaggebend für die gesetzlich vorgesehenen integrativen Maßnahmen an Schulen »jeder Art und Stufe«.

Die **Funktionsdiagnosen** werden seit einigen Jahren auf der Grundlage der ICF (Internationale Klassifikation der Funktionsfähigkeit, Behinderung und Gesundheit) bei Beeinträchtigungen und Störungen mit »weit reichenden Auswirkungen« erstellt. Die Klassifizierung nach Kriterien der ICD 10 erfolgt durch ein interdisziplinäres Team, das in den örtlichen Sanitätsbetrieben angesiedelt ist (Psychologischer Dienst, Dienst für Kinderrehabilitation, neuropsychiatrischer Dienst). Erst nach der Diagnostizierung und nach der Abgabe der Funktionsdiagnose durch die Eltern hat das Kind Anrecht auf integrative Maßnahmen, zu denen die Zuweisung von MitarbeiterInnen für Integration oder die Zuweisung von Integrationslehrpersonen (für bestimmte Stunden als zusätzliche Ressource für die Klasse) gehören können. Auf jeden Fall muss von den pädagogischen Fachkräften im Kindergarten bzw. von den Lehrpersonen in der Schule ein »Individueller Erziehungsplan« (IEP) erstellt werden. Dort sind die Ziele, die Bewertungskriterien, die therapeutischen und didaktischen Maßnahmen, die zur Umsetzung des Rechtes auf schulische Integration gesetzt werden, definiert. Zeigt ein Schüler Störungsbilder mit »eingegrenzten Auswirkungen«, wie zum Beispiel eine Lese-Rechtschreib-Störung – die meist erst im Verlauf der Schuljahre auftreten –, wird eine **Funktionsbeschreibung** ausgestellt, die Anrecht auf notwendige therapeutische Maßnahmen gibt, sowie auf spezifische didaktische Maßnahmen und auf eine differenzierte Bewertung. Diese Maßnahmen müssen im Lehrerregister vermerkt sein.

Durch den vom Gesetz vorgesehenen individuellen Erziehungsplan sind die Lehrpersonen aufgefordert, sich Gedanken über die betroffenen Schülerinnen und Schüler zu machen und die Individualität, aber auch das Umfeld in die Überlegungen einzubeziehen. So können die konkreten Bedürfnisse berücksichtigt und definiert werden. Die gemeinsam formulierten Ziele werden mindestens zweimal jährlich evaluiert.

Wir sprechen hier immer noch von Integration und nicht von Inklusion, doch diese Vorgehensweise zeigt eine Richtung auf, die für eine innere Reform der Schulen sehr nützlich ist. Die untenstehende Tabelle soll diesen Prozess, der auch in Südtirol nicht abgeschlossen ist, verdeutlichen.

Integration	Inklusion
• Funktionsdiagnose und Recht auf integrative Maßnahmen • Berufsbilder in der schulischen Integration (Integrationslehrperson, Mitarbeiterin für Integration, Fachlehrperson) • IEP als gesetzlich vorgeschriebenes Instrument der gemeinsamen Reflexion • IEP als Grundlage für die persönlichen Lernziele – ausgehend von den Stärken • ICF als Grundlage – gemeinsame Sprache • Einbezug der Eltern und der Fachdienste	**Alle Lehrpersonen fühlen sich für alle Schülerinnen und Schüler verantwortlich** • Unterrichtsentwicklung: Der Unterricht ist so gestaltet, dass alle Kinder mit ihren unterschiedlichen Fähigkeiten Möglichkeiten zum individuellen Lernen finden • Lösungen werden gemeinsam im Team unter Hinzuziehung von Fachleuten gesucht • Bessere Einbindung der Eltern als Partner im Bildungsprozess • Mitschülerinnen und Mitschüler als zusätzliche Ressource sehen • Inklusion ist im Schulprogramm verankert

Von der Integration zur Inklusion

Die Qualität der Integration – ein weiter Weg zur Inklusion

In den letzten drei Jahrzehnten wurden in Südtirol drei große Untersuchungen zur Integration in Schulen durchgeführt, die dazu beigetragen haben, dass Integration immer wieder auf verschiedenen Ebenen diskutiert wurde.

Die erste Untersuchung im Jahr 1985/86 »Integration und Schulreform« wurde vom Institut für Psychologie an der Universität Wien durchgeführt. Ziel der Untersuchung war es einerseits, die Umsetzung der gesetzlichen Bestimmungen zu überprüfen, andererseits ging es darum zu untersuchen, inwieweit die Zielsetzungen der Integration erreicht wurden bzw. wie sich die Schule dadurch verändert hat. Die wichtigsten Ergebnisse waren:

- Die Integration von behinderten Schülern führt nicht zu einem Leistungsabfall bei den nicht behinderten Schülern.
- Die Kinder mit Behinderung profitieren bezüglich der Entwicklung des Sozialverhaltens wesentlich vom Kontakt mit den nicht behinderten Mitschülern.

- 97 % der Kinder mit einer Behinderung konnten eine Schule in ihrem Heimatort besuchen und verlieren so nicht den Kontakt zu den anderen Kindern ihres Heimatortes.
- Die Eltern – auch jene der nichtbehinderten Kinder – sahen mehrheitlich Vorteile in der schulischen Integration (vgl. Innerhofer / Klipcera 1988).

In den Jahren 1999 – 2002 wurde eine weitere Untersuchung von der Südtiroler Landesregierung in Auftrag gegeben. Diese Untersuchung spielt eine wichtige Rolle auf dem Weg zur inklusiven Schule, weil sie nicht so sehr die schulische Integration in den Vordergrund stellt, sondern die Notwendigkeit der Sensibilisierung und Professionalisierung der Lehrpersonen im Umgang mit unterschiedlichen Lernvoraussetzungen der Schülerinnen und Schüler. Die Studie zeigt u. a. auf, dass die Störungen vordergründig beim Kind bzw. im familiären Umfeld gesehen werden. Insgesamt wurde bestätigt, dass es langfristiger Begleitmaßnahmen bedarf, um Veränderungen in den Einstellungen der Lehrpersonen zu erreichen. Auch nachhaltige Veränderungen im Unterricht brauchen langfristige Beratung, Begleitung und Unterstützung (vgl. Gehrmann 2004).

Die Untersuchung zur »Qualität der Integration«, die im Jahr 2003 sprachgruppenübergreifend an den deutschen, italienischen und ladinischen Grund-, Mittel- und Oberschulen durchgeführt wurde, hatte das Ziel, die Umsetzung der gesetzlichen Vorgaben und die Prozesse, die an Schulen laufen, um Integration umzusetzen, zu untersuchen.

Die positiven Aspekte der Integration, die dadurch aufgezeigt wurden, beschreiben wesentliche Schwerpunkte von Inklusion, die hier stichwortartig aufgelistet sind:

- Toleranz: Alle Kinder (und deren Eltern!) lernen, rücksichtsvoller miteinander umzugehen
- Hilfsbereitschaft: in Partner- und Gruppenarbeiten lernen die Kinder einander zu helfen, lernen voneinander, erkennen, wenn jemand Hilfe braucht
- Einfühlungsvermögen: die Schülerinnen und Schüler lernen, sensibler auf Schwächen / Situationen zu reagieren und sich in andere hineinzuversetzen
- Gemeinschaftsgefühl: dazugehören, soziales Lernen in der Gruppe, soziale Kontakte mit den Mitschülern
- Unterricht: die verschiedenen Unterrichtsformen kommen allen Kindern zugute, Bereicherung für alle, an »Behinderung« gebundene Aspekte werden zusätzlich – auch außerschulisch – beleuchtet, Fokus auf Individualisierung und Differenzierung, ressourcenorientiertes Lernen, Inhalte werden auf verschiedenen Wegen vermittelt …

- Die Zusammenarbeit und die Kommunikation der verschiedenen Berufsbilder in und außerhalb der Schule sowie mit den Eltern wird gefördert.

Die negativen Aspekte machen jedoch andererseits deutlich, wo wir zurzeit noch stehen, auf dem Weg von der Integration zur Inklusion:
- Fehlende Ressourcen – Sparmaßnahmen sind spürbar und führen zur Überlastung von Lehrpersonen
- Kinder mit Verhaltensauffälligkeiten (ohne Funktionsdiagnose) haben kein Anrecht auf die vom Gesetz vorgesehenen integrativen Maßnahmen, fallen damit durch den »Raster«, obwohl sie von den Lehrpersonen als große Belastung wahrgenommen werden
- Kontinuität bei Integrationslehrpersonen fehlt
- Kooperationsbereitschaft und Professionalität fehlen manchmal – Kind wird an die Integrationslehrperson oder an die Mitarbeiterin für Integration abgeschoben, die unterschiedlichen Aufgaben innerhalb der Berufsrollen werden nicht anerkannt und wertgeschätzt
- Mehrarbeit durch gesetzliche Vorgaben

Viel zu sehr wird der Fokus noch auf die zusätzlichen Ressourcen gelegt, auf die »Diagnose«, auf die unterschiedlichen Rollen.

Von der Ebene des einzelnen Kindes zur Ebene der Schule

Die große Herausforderung für Schulen sind inzwischen nicht mehr »nur« die Kinder mit Beeinträchtigung, sondern es ist vielmehr die Unterschiedlichkeit *aller* Schülerinnen und Schüler. Aufgrund der gesellschaftlichen Veränderungen besuchen zunehmend Kinder mit Migrationshintergrund die deutschen Schulen in Südtirol (bis vor wenigen Jahren wurden die italienischen Schulen bevorzugt), Verhaltensauffälligkeiten mit unterschiedlichem Ausmaß nehmen zu und auch für Kinder mit Hochbegabung müssen geeignete Lernmöglichkeiten gefunden werden. Zudem müssen staatliche Reformen umgesetzt werden, Stellen sollen abgebaut werden, Sparmaßnahmen sind von der Politik vorgegeben. Die Entwicklung der Schulen zu inklusiven Schulen wird zunehmend zur Notwendigkeit. Lehrpersonen, deren Unterricht bereits integrativ ausgerichtet ist, haben deutlich weniger Schwierigkeiten damit, denn sie haben erkannt:
- Integration in die Klasse ist nur dann möglich, wenn der Unterricht nach inklusiven Richtlinien erfolgt.
- Dadurch profitieren nicht nur die Kinder mit einer Beeinträchtigung, sondern auch alle anderen …

Die Integration der Schülerinnen und Schüler mit einer Beeinträchtigung in die Klasse erfolgt – wie bereits oben angeführt – aufgrund der persönlichen Ausgangslage mit dem Fokus auf die Stärken, aber unter Beachtung der individuellen Bedürfnisse und Lernmöglichkeiten. Das bedarf einer intensiven Auseinandersetzung innerhalb der Teams bzw. Klassenräte an den Schulen. Es geht um Reflexion, Kooperation, gemeinsame Ziele und deren flexible Umsetzung sowie um eine kontinuierliche Selbstevaluation.

Das sind die Voraussetzungen für die konkrete Umsetzung von inklusiven Maßnahmen auf der Ebene der Schule. Selbstreflexion und Selbstevaluation im Sinne einer Qualitätsentwicklung von Schulen ist wesentlicher Bestandteil für die Weiterentwicklung von Schulen:
Ziele formulieren → Kriterien und Indikatoren ausarbeiten → Maßnahmen setzen → Maßnahmen evaluieren → Ziele formulieren …

Unterstützung für Südtiroler Schulen

In ihrem Schulentwicklungsprozess werden die Schulen sowohl auf der fachlichen Ebene als auch auf der Prozessebene von professionellen BeraterInnen unterstützt. Nicht immer ist es die Schulführungskraft, die sich an die Beratungsstelle wendet, oft sind es auch Lehrpersonen mit besonderen Aufgaben, wie zum Beispiel die KoordinatorInnen für Integration. Aus Erfahrung wissen wir, dass hier die Nachhaltigkeit eher gewährleistet ist, weil das Thema von »innen« kommt und von den Lehrpersonen selbst als notwendig erachtet wird. Im Bereich Integration/Inklusion gehen die Impulse meist von den schulinternen Fachgruppen für Integration aus, denen die Integrationslehrpersonen und die MitarbeiterInnen für Integration angehören und die es inzwischen an allen Schulen gibt. Ohne Zweifel ist die Haltung der Schulführungskraft wesentlich für die weitere Entwicklungsarbeit an der Schule.

»Integration in der Oberschule – dabei sein allein genügt nicht« nannte sich das Thema eines Pädagogischen Tages, den ich gemeinsam mit einer Professorin der Universität geleitet habe. Bei der Planung der schulinternen Fortbildung ist es der Fachgruppe für Integration gelungen, gemeinsam mit einigen Regellehrpersonen und der Schulführungskraft das Thema Integration/Inklusion in den Mittelpunkt zu stellen. An diesem Tag gab es viel Raum für die Formulierung von konkreten Zielen, für die Ausarbeitung von Kriterien und für die Konkretisierung von Maßnahmen zur Verbesserung der Integration/Inklusion. Diese werden dann im Schulprogramm festgeschrieben und regelmäßig überprüft. Die Einbindung des aktuellen wissenschaftlichen Standes ist für mich in diesen Prozessen unabdingbar. Wesentlich ist zudem die Einbindung des gesamten Kollegiums – in diesem Fall hatte die Schulführungskraft alle Lehrpersonen zur Teilnahme verpflichtet. So ist es möglich, dass wirklich alle Akteure in der Schule sich mit diesem Thema auseinandersetzen und dass alle denselben Wissensstand aufweisen. Ängste und Widerstände dürfen und sollen angesprochen werden – auch dafür muss es genügend Zeit und Raum geben. Denn nur dann kann sich eine Schule – Schritt für Schritt – in Richtung Inklusion bewegen. Am Ende des Pädagogischen Tages wurde vereinbart, Zeitfenster zu schaffen, damit sich die Lehrpersonen innerhalb ihrer Fachgruppen über Möglichkeiten der Differenzierung im Unterricht, über gemeinsam vereinbarte Mindestziele für *alle* Schülerinnen und Schüler sowie über Materialien und Hilfsmittel austauschen können – als ersten konkreten Schritt zur Verbesserung der Integration / Inklusion.

Ein Instrument zur Sicherung der Qualität von Inklusion: Der Index für Inklusion

Ines Boban und Andreas Hinz plädieren im Zusammenhang mit der Umwandlung in eine inklusive Schule für eine Nutzung des »Index für Inklusion«. Der Fragenkatalog soll Schulen bei der Überprüfung von Aspekten, die mit Inklusion in Zusammenhang gebracht werden, unterstützen. Ziel dabei ist es, die Akteure bei der Planung und Umsetzung inklusiver Werte zu begleiten.

Die Freie Universität Bozen, Fakultät für Bildungswissenschaften, erprobt derzeit die Arbeit mit dem Index für Inklusion an einigen Schulen. Dabei sollen Lehrpersonen – ausgehend von der eigenen Praxis – die Grundhaltungen auf denen Inklusion basiert, reflektieren sowie die Kompetenzen auf der Basis des Index für Inklusion weiterentwickeln bzw. vertiefen. Die Schulen, die sich dazu bereit erklärt haben, werden in diesem Prozess von Fachleuten der Universität begleitet mit dem Ziel der Anpassung des Index an die konkrete Situation in Südtirol. Das Projekt ist auf drei Jahre angelegt. Auf die Ergebnisse dürfen wir sehr gespannt sein. Im Hinblick auf die zukünftige Entwicklung an Südtirols Schulen sollen zudem in einem nächsten Schritt BeraterInnen befähigt werden, diese Prozesse an Schulen kompetent zu begleiten.

Schritte zum inklusiven Unterricht als zentrales Thema von Personalentwicklung

Noch zu wenig wird die »inklusive Haltung« der einzelnen Lehrperson und die Entwicklung eines inklusiven Unterrichts in den Mittelpunkt gestellt.

Die Sensibilisierung der Lehrpersonen zum Thema muss bereits in der Ausbildung beginnen und in einer kontinuierlichen Weiterbildung fortgesetzt werden. In Südtirol wird inklusive Pädagogik an mehreren Stellen systemisch verankert:

- Derzeit absolvieren Lehrpersonen der Grundschulen und Pädagogische Fachkräfte im Kindergarten einen vierjährigen Laureatsstudiengang, der als Voraussetzung gilt, um sich für eine Anstellung bewerben zu können. Im ersten Jahr sind zwei Semestervorlesungen für das Thema »Integrationspädagogik« vorgesehen. Das reicht gerade noch, um die Studenten zu sensibilisieren und sie zur Selbstreflexion anzuregen. Ab dem dritten Studienjahr haben die Studenten derzeit die Möglichkeit, in einem Lehrgang die Zusatzbefähigung für den Integrationsunterricht zu erhalten – dafür sind derzeit 400 Stunden vorgesehen. Diese Zusatzausbildung gibt es auch für Lehrpersonen im Sekundarschulbereich. Die Absolventen haben alle die Möglichkeit, sowohl als Regellehrperson als auch als Integrationslehrperson zu arbeiten.
- Zurzeit wird daran gearbeitet, diese Zusatzqualifikation weiter auszubauen und zu verbessern. Im Sinne einer inklusiven Weiterentwicklung ist es meiner Ansicht nach not-wendig, die derzeitige Ausbildung für den Integrationsunterricht zum integrierenden Bestandteil der Grundausbildung für alle Lehramtsanwärterinnen und Lehramtsanwärter zu machen.
- Für die kontinuierliche Weiterbildung der Akteure in den Kindergärten und Schulen Südtirols gibt es umfangreiche Angebote sowohl auf Landes- als auch auf Bezirksebene. Inzwischen hat sich die Bezeichnung der Fortbildungen verändert: aus den Angeboten für den Bereich »Integration von Kindern mit einer Beeinträchtigung« wurden Fortbildungen für den »Umgang mit Vielfalt«. Der Schwerpunkt der Weiterbildung sollte sich in Zukunft noch gezielter an der Qualifizierung der Lehrpersonen im Umgang mit der wachsenden Heterogenität in den Klassen ausrichten. Eine Qualifizierung für Unterrichtsformen, die sich an den individuellen Lernvoraussetzungen der Schülerinnen und Schüler orientiert, wäre ein weiteres Entwicklungsziel.
- In Zusammenarbeit mit KoordinatorInnen für Integration ist in diesem Jahr eine Veranstaltung auf Bezirksebene geplant, in der positive Beispiele von Integration aufzeigt werden. Dies, um den Teilnehmenden Mut zu machen und um aufzuzeigen, dass Integration gelingen kann – mit besonderem Fokus auf die Oberstufe.

Wenn Lehrpersonen »mit Herz und Hausverstand« bereit sind, traditionelle Wege zu verlassen, neue Wege zu beschreiten und damit auch selber beobachten können, wie Schülerinnen und Schüler mit einer Beeinträchtigung Erfolge in ihrem Lernen und in ihrer Entwicklung erreichen, und das auch sichtbar machen, dann verändern sich vielleicht auch die persönlichen Einstellungen von Kolleginnen und Kollegen.

Ohne Unterrichtsentwicklung geht es nicht …

Zu häufig spielt sich der Unterricht in Südtirols Schulen noch als ein vom Lehrer gelenkter Unterricht ab. Schülerorientierte, offene Unterrichtsformen eignen sich besser zur Individualisierung / Differenzierung: Lernen an Stationen, Werkstattunterricht, Freiarbeit u.a. finden jedoch noch hauptsächlich an den unteren Stufen statt, in der Oberstufe steht der lehrerzentrierte Unterricht immer noch im Vordergrund. Und damit auch die Schwierigkeiten in der Integration / Inklusion … Derzeit setzen sich Schulen sowohl in der Unterstufe als auch in der Oberstufe mit der konkreten Umsetzung von Rahmenrichtlinien auseinander. Diese sind auf nationaler Ebene vorgesehen und ersetzen die Lehrpläne. Sie wurden von Lehrpersonen, von BeraterInnen des PI sowie von InspektorInnen des Schulamtes ausgearbeitet und angepasst und stellen einen Orientierungsrahmen für Schulen dar.

Es fällt auf, dass es nicht mehr um Lerninhalte, sondern um den Erwerb von Kompetenzen geht, die auf individuellen Wegen erreicht werden sollen. »*…dass alle Kinder und Jugendlichen im Sinne der Chancengerechtigkeit die grundlegenden Fähigkeiten erwerben, die sie brauchen, um in einer immer komplexer werdenden Welt ihr Leben eigenverantwortlich und erfolgreich zu gestalten und am sozialen, kulturellen und gesellschaftlichen Leben teilzunehmen*« (2009, RRL, Einführung). Diese Vorgaben bilden in Zukunft den Hintergrund für die Auseinandersetzung mit der Gestaltung eines inklusiven Unterrichts.

Dabei werden die Schulen von spezialisierten Lehrpersonen begleitet und unterstützt, die für diese Tätigkeit vom Unterricht freigestellt sind.

All diese Angebote sollen zur Entwicklung einer inklusiven Haltung beitragen.

Veränderung von Haltungen und Einstellungen

In meiner langjährigen Tätigkeit als Beraterin für Schulen bestätigt sich immer wieder, dass der Schwerpunkt auf eine Entwicklung »von innen« gerichtet werden muss – der Verweis auf Gesetze und Vorgaben und die Verpflichtung zu deren Einhaltung bringt wenig, wenn es um die Veränderungen von Haltungen geht. Eher gelingt es, wenn man auf persönliche Schicksale hinweist. Nicht alle Schülerinnen und Schüler werden mit einer Beeinträchtigung geboren: Da gibt es die Musterschülerin, die nach einem Autounfall Gehirnschäden davonträgt und ein Leben lang im Rollstuhl verbringen muss, oder den Schüler, der als gesundes Kind geboren wird, aber aufgrund der schwierigen Familiensituation nicht fähig ist, soziale Kontakte aufzubauen und damit zum »Behinderten« wird. Das System Schule muss sich diesen Anforderungen stellen, sie muss Schülerinnen und Schülern jene sozialen Kompetenzen vermitteln, die sie in ihrem Leben brauchen, um mit den zukünftigen gesellschaftlichen Veränderungen umgehen zu können. Und dazu gehört auch der Umgang mit Beeinträchtigungen. Voraussetzung ist jedoch, dass die Lehrpersonen selbst bereit sind, sich mit dem Thema auseinanderzusetzen.

Inklusion als Kernwert einer gesundheitsfördernden Schule

Ein wesentlicher Schwerpunkt in der Schulentwicklung ist die Auseinandersetzung mit der Gesundheitsförderung an Schulen. Dabei findet zunehmend das Modell einer »salutogenen« Schule seine Anwendung. Dieser Ansatz geht – vereinfacht ausgedrückt – von der Annahme aus, die Gesundheit aller Akteure in der Schule zu erhalten. Eine vertiefte Auseinandersetzung mit diesem Thema würde den Rahmen dieses Beitrags sprengen, doch ist es mir wichtig, auch diesen Aspekt zu benennen, weil er jetzt und in Zukunft eine wesentliche Rolle in der Entwicklung von Schulen spielt bzw. spielen wird.

Wie sehr Inklusion für die Entwicklung von »guten und gesunden« Schulen relevant ist, zeigt sich daran, dass Inklusion anlässlich der 3. europäischen Konferenz für Gesundheitsfördernde Schulen wie folgt als Kernwert definiert wurde:

»Gesundheitsfördernde Schulen feiern Vielfältigkeit und gewährleisten, dass Sie Lerngemeinschaften sind, wo alle das Gefühl haben, dass man ihnen vertraut und sie respektiert. Gute Beziehungen unter den SchülerInnen, zwischen SchülerInnen und Personal und zwischen Schulen, Eltern und der Schulgemeinde sind sehr wichtig« (Vilnius Resolution, 2009).

Multiprofessionalität der Beratung

Die Beratung für Schulen hat sich aus der Integrationsberatung »heraus«-entwickelt. Aus der ehemaligen »Dienststelle für Integration« sind im Verlauf der letzten Jahrzehnte dezentralisierte Pädagogische Beratungszentren entstanden, in denen mehrere Personen mit unterschiedlichen Beratungsschwerpunkten Schulen beraten, begleiten und unterstützen. Einzelne Fachleute sind für jeweils einen Bereich zuständig: Schulentwicklung, Integration, Gesundheitsförderung, Allgemeine schulische Probleme, Kinder mit Migrationshintergrund, Supervision / Coaching und – nicht zuletzt – die Unterrichtsentwicklung. Die Beraterinnen und Berater kommen aus unterschiedlichen Disziplinen und Berufen: Viele sind Lehrpersonen mit langjähriger Unterrichtserfahrung und Zusatzausbildungen, die sie als MultiplikatorInnen in die Beratung einbringen; Lehrpersonen, die für die Begleitung von besonderen Projekten vom Unterricht freigestellt sind; PädagogInnen und PsychologInnen mit Zusatzausbildungen in Supervision und / oder Therapie, die ihren professionellen »Blick von außen« einbringen können. Es ist diese Vielfalt, die eine Beratungsstelle für Schulen – in meinen Augen – so wertvoll macht. Jeder und jede bringt ihr Fachwissen im jeweiligen Bereich ein.

Freiwilligkeit und Vertraulichkeit

Wir arbeiten dezentral in Bezirken nach einem gemeinsamen Beratungsverständnis. Die Freiwilligkeit in der Beratung ist ein zentrales Thema; wir bieten Vertraulichkeit und Verschwiegenheit und genügend Zeit und Raum für Beratung und Begleitung. Nach einer genauen Auftragsklärung stellen wir uns als kritische Freunde für Unterrichtsbeobachtungen zur Verfügung, betrachten Konflikte im Team, zwischen einzelnen Personen oder mit den Eltern gemeinsam aus verschiedenen Blickwinkeln und unterstützen die Schulen durch unsere Vernetzung mit externen Beratungsdiensten (Sanitätsbetriebe, Sozialdienste, Familienberatungsstellen u.a.) auf Bezirksebene. Die Anfragen um Supervision und Coaching nehmen kontinuierlich zu. Sehr häufig wenden sich auch Eltern an uns. Hier geht es meist um Informationen, um Beratung bei den Übergängen in die nächsten Schulstufen, aber auch um Fragen der Erziehung und Förderung zu Hause als Partner der Schule.

Systemische Unterstützung

Aufgrund der häufigen Reformen, die auf nationaler Ebene vorgegeben werden, erleben wir zunehmend überforderte Schulführungskräfte. Hier muss in Zukunft mehr Augenmerk auf den Bereich Mitarbeiterführung gelegt werden, denn dieses Thema wird in der autonomen Schule immer mehr von Bedeutung sein. Dies auch deshalb, weil Südtirols Schulführungskräfte »ihre« Lehrpersonen nicht selbst anstellen dürfen und es demnach in allen Schulen jährliche Veränderungen in den Kollegien gibt. Die Auswirkungen solcher Veränderungen sind im Rahmen der Beratung immer wieder spürbar. Gerade wenn wir von der Verwirklichung von Inklusion sprechen, ist die Zusammenarbeit im Team wesentlich für die Gestaltung des Unterrichts für alle.

So ist es schon vorgekommen, dass aus einer Anfrage um Information über »gesetzliche Grundlagen der Integration« ein Impulstag zum Thema »Kompetenzorientierter Unterricht durch Teamentwicklung« wurde. Dazu ist die Zusammenarbeit der unterschiedlichen Personen in den Beratungszentren mit ihren Kompetenzen ebenso wichtig wie der gemeinsame Blick auf die gesamte Schule mit all ihren Facetten und Akteuren. Ganz im Sinne einer inklusiven Entwicklung auf allen Ebenen.

Literatur

Autonome Provinz Bozen (2004): Integrazione – Integration – Integraziun. Bozen.
Autonome Provinz Bozen (2008): Handreichung zum Abkommen zwischen Kindergärten, Schulen und territorialen Diensten. 3. Auflage. Bozen.
Autonome Provinz Bozen, Deutsches Schulamt (2009): Rahmenrichtlinien für die Grund- und Mittelschule in Südtirol. www.provinz.bz.it/de/publikationen/publikationen-az.asp; abgerufen am 5. 4. 2011.
Boban, I. / Hinz, A. (2003): Index für Inklusion – Lernen und Teilhabe in der Schule der Vielfalt entwickeln. Deutsche Übersetzung, Halle – Wittenberg.
Brugger-Paggi, E. (2007): Integration als Motor für Entwicklungen in Kindergarten und Schule am Beispiel der deutschen Schule in Südtirol. In: www.blikk.it/angebote/reformpaedagogik; abgerufen am 5. 4. 2011.
Gehrmann, P. (2004): Lern- und Verhaltensstörungen an deutschsprachigen Grund- und Mittelschulen in der Autonomen Provinz Bozen Südtirol. Bozen / Wien.
Innerhofer, P. / Klipcera, Ch. (1988): Integration und Schulreform. Eine Untersuchung zur Integration Behinderter an den Pflichtschulen Südtirols. Wien.
Resolution von Vilnius (2009): Bessere Schulen durch Gesundheit. 3. Europäische Konferenz für gesundheitsfördernde Schulen 15. – 17. Juni 2009. Vilnius, Lithuania. In: www.schoolsforhealth.eu; abgerufen am 5. 4. 2011.

Gesetzliche Grundlagen

Landesgesetz vom 30. Juni 1983, Nr. 20.
Staatliches Rahmengesetz »Legge quadro per l'assistenza, l'integrazione sociale e i diritti delle persone handicappate« von 5. Februar 1992, Nr. 104.
Landesgesetz zur Autonomie der Schulen vom 29. Juni 2000, Nr. 12.
Beschluss der Landesregierung vom 26. Juli 2004, Nr. 2684.

Internetzugänge

www.blikk.it/adults.htm; abgerufen am 5. 4. 2011.
www.provinz.bz.it/de/publikationen/publikationen-az.asp; abgerufen am 5. 4. 2011.
www.unibz.it; abgerufen am 5. 4. 2011.
www.scoolsforhealth.eu; abgerufen am 5. 4. 2011.

3 Neue Aufgaben für Schulleitungen

Susanne Peters

Schulen leiten – komplexe Anforderungen

Was sind die Herausforderungen für Schulleitungen?

Obwohl im Bildungswesen der verschiedenen Staaten in der Vergangenheit sehr unterschiedliche Wege beschritten wurden, ist man sich heute einig, dass am Ende mehr Selbstverantwortung und Gestaltungsmöglichkeiten der einzelnen Schule entstanden sein sollen. Schulleitungen kommt dabei eine neue Rolle und Verantwortung zu.

In Kanada begann dieser Prozess schon deutlich früher als in Europa und lange, bevor Begriffe wie »Selbstverantwortete Schule« oder »Schulisches Management« hierzulande auftauchten. Man erkannte dort sehr früh, dass die immer komplexer werdenden Strukturen im Zuge der Globalisierung auch neue Kompetenzen der Menschen erfordern, um mit Heterogenität, anderen Kulturen und neuen Herausforderungen umzugehen. Michael Fullan, inzwischen emeritierter Professor der Universität Toronto in Kanada, hat bereits 1982 ein damals revolutionäres Buch über die Schulreform geschrieben und sich in den letzten Jahrzehnten zu einem der weltweit bekanntesten Experten in Fragen von Schulleitungshandeln und Schulentwicklungsprozessen entwickelt. Bereits 1999 hat er auf das Problem hingewiesen, dass sich der Einsatz für Dezentralisation noch lange nicht in der Alltagspraxis von Schulen niederschlägt oder sich gar in messbaren Ergebnissen niederschlägt (Fullan/Watson 1999). So bemühen sich die Verantwortlichen in Bildungsministerien und Schulämtern auf der ganzen Welt, auf organisatorischer Ebene Rahmenbedingungen zu schaffen, die dem Paradigmenwechsel von selbstverantworteter Schule entsprechen. Bildungspläne werden unter dem Stichwort: »Von der Input- zur Outputorientierung« entrümpelt und den Schulen die Aufgabe der Entwicklung eines schulinternen Curriculums übertragen. Schulen werden angehalten, Kriterien für das Gelingen von Schulentwicklungsprozessen zu formulieren und zu überprüfen, ob sie erfolgreich sind.

Mit der Dezentralisierung sind neue Aufgaben für Schulleitungen verbunden: Verstanden sich früher die Schulleitungen in der Regel als Gleicher unter Gleichen, als Pädagogen, die zusätzlich noch Verwaltungsaufgaben übernehmen, so kommen auf Schulleitungen heute Führungs- und

Managementaufgaben zu, auf die viele allerdings nicht vorbereitet waren und sind. Schulleitung ist als Berufsbild erst seit einigen Jahren in Deutschland eingeführt. Ein Handbuch, welches erstmals systematisch und umfassend versucht, Führung und Management an Deutschlands Schulen mit seinen Kernaufgaben Personalmanagement, Organisationsgestaltung und Unterrichtsentwicklung zu beschreiben und Schulleitungen in Deutschland in ihrem Handeln zu unterstützen, ist 2006 erschienen (vgl. Bucher / Rolff 2006).

Neben der Entwicklung eines Leitbildes für die Schule, der Formulierung eines Schulprogramms, der Darstellung nach außen, den Evaluierungsprozessen, der Einführung von Steuergruppen und dem Finanzmanagement sind die Schulleitungen die Schnittstelle zur Schulverwaltung: Sie schließen Ziel- und Leistungsvereinbarungen mit der Schulaufsicht ab, in denen sie als Leitung das schulische Handeln verantworten. Je nach Bundesland ist die Entwicklung zur Profession Schulleitung in Deutschland unterschiedlich schnell fortgeschritten, die Tendenz geht aber überall dahin, dass den Schulleitungen neben Organisationsentwicklungsaufgaben und Unterrichtsentwicklungsaufgaben nach und nach nicht nur Aufgaben des Finanzmanagements übertragen werden, sondern ihnen auch umfangreiche Personalmanagementaufgaben zufallen, die bislang eher ministeriell verankert waren und von Schulaufsichten wahrgenommen wurden. Damit gehen die Übernahme der Vorgesetztenfunktion gegenüber dem Kollegium und neue Entscheidungsbefugnisse in Bezug auf Personalauswahl, die Gestaltung von Einstellungsverfahren und die Personalbeurteilung einher.

Diese neuen Aufgaben von Schulleitungen im Bildungswesen zu verankern ist ein langer Prozess, der für Schulleitungen wie für Kollegien gewöhnungsbedürftig ist. Viele Schulleitungen fragen sich, wie sie all diese Aufgaben bewältigen können, neben den vielen Aufgaben, die sie bislang schon wahrgenommen haben. Gerade in den Grundschulen gibt es aufgrund ihrer in der Regel geringen Schülerzahl und der damit verbundenen kleinen Anzahl an Mitarbeiterinnen und Mitarbeitern für Schulleitungen nur wenige Möglichkeiten, Aufgaben zu delegieren oder Organisationsstrukturen zu schaffen, in denen arbeitsteilig Aufgaben wie Schulprogramm- oder Curriculumentwicklung bearbeitet werden können. Um Teamstrukturen zu etablieren oder kollegiale Hospitationen zu implementieren, benötigt man Zeit. Erst recht, wenn es darum geht, die Ergebnisse von Schulentwicklungsarbeit zu dokumentieren, um dabei herauszufinden, welchen Nutzen bestimmte Maßnahmen hatten, stehen Schulleitungen vor dem Problem, wann und mit wem sie diese Aufgaben angehen sollen. Wollen sie schließlich gar anhand des Abgleichs mit externen Evaluationen festzustellen, ob Entwicklungsschwerpunkte modifiziert werden müssen, sehen sich Schulleitungen vor schier unlösbaren Problemen. Das Kerngeschäft der Lehrkräfte ist schließlich immer noch der Unterricht. Für ErzieherInnen und SozialpädagogInnen, die an integrativen Schulen, Ganztagsschulen und in Vorschulklassen zusätzlich arbeiten, sind in der Regel überhaupt keine Zeiten für Schulentwicklung vorgesehen. Die Arbeitszeit, die den Grundschulleitungen selbst vielerorts für diese Aufgaben zur Verfügung gestellt wird, lässt auch motivierte Grundschulleitungen fragen, ob die ministerielle Ebene es denn wirklich ernst meint mit dem Paradigmenwechsel und den Führungs- und Managementaufgaben, die sie bei einer in der Regel noch sehr hohen Unterrichtsverpflichtung übernehmen sollen. Schaut man sich die Arbeitszeitverteilung von Grundschulleitungen im europäischen Vergleich an, so sieht man, dass es in Deutschland noch ein weiter Weg ist, bis Schulleitung als eigene Profession auch im Alltag umgesetzt werden wird:

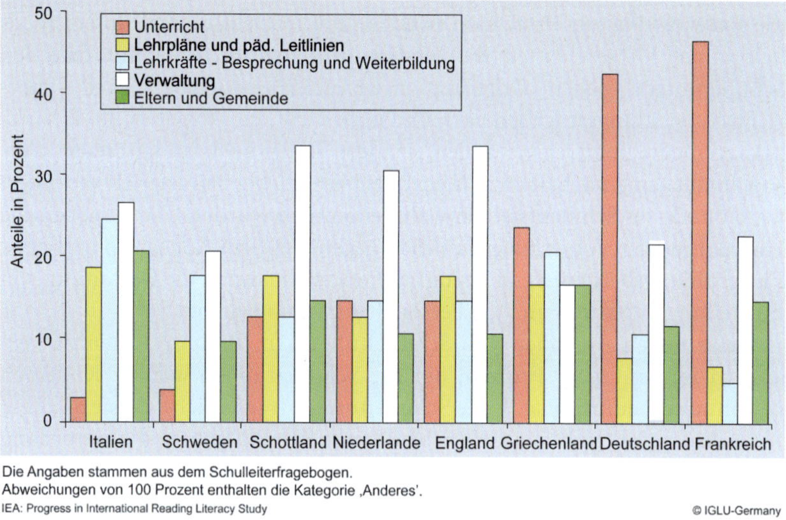

Von der Schulleitung für verschiedene Aufgaben verwendete Zeit in Ländern der Europäischen Union (2001, Zeitanteile in Prozent) Quelle: Lankes, E.-M. et al. (2003)

Erfolgsfaktoren für Schulentwicklung

Deutlich wird, dass Schulleitungen an Grundschulen Schwerpunkte setzen müssen, wenn sie sich den neuen Herausforderungen stellen und dabei auch schulspezifische Akzente setzen wollen. In den vergangenen Jahren wurde viel darüber geschrieben, ob man als Schulleitung eher der Organisationsentwicklung oder der Personalentwicklung Vorrang geben solle. In den letzten Jahren ist schließlich die Unterrichtsentwicklung mehr in den Mittelpunkt gerückt, nachdem deutlich wurde, dass die Schulleistungen der deutschen Schülerinnen und Schüler im internationalen Vergleich lediglich im mittleren Bereich angesiedelt sind.

Fullan hat bereits 1999 in Kanada darauf hingewiesen, dass schulbasiertes Management ein Problem hat: es misslingt in der Regel. Eine Studie aus den USA von Taylor & Teddlie zu Pilotprojekten der Schulentwicklung hatte Anfang der neunziger Jahre des letzten Jahrhunderts gezeigt, dass Lehrkräfte ihre Praxis trotz allen Schulentwicklungsengagements nicht verändert hatten (Fullan 1993, S. 50). Auch aktuelle Studien hierzulande zeigen, wie wenig nachhaltig das Bemühen ist, Schulentwicklungsprozesse nicht nur in Gang zu setzen, sondern auch in veränderten Unterricht und bessere Schülerleistungen münden zu lassen (vgl. Rauin 2010).

In den letzten Jahrzehnten hat sich Fullan mit den Gelingensbedingungen für Schulentwicklungsprozesse beschäftigt und eine Vielzahl von praxisnahen Schriften, Handreichungen und Fortbildungsmodulen veröffentlicht, die alle auf seiner Homepage frei zugänglich sind (www.michaelfullan.ca). Die beiden Prinzipien »Top down« und »Bottom up« im Sinne von Staatlichen Vorgaben und der Arbeit in professionellen Lerngemeinschaften stellen für ihn Gegenpole in Schulentwicklungsprozessen dar, die ohneeinander nicht auskommen und einer Balance bedürfen. Er geht davon aus, dass Strukturen und Standards als bloße Vorgabe nicht die Pädagoginnen und Pädagogen erreichen werden, die sie schließlich umsetzen sollen. Die Schulen ohne Rahmenvorgaben in ihrem Schulentwicklungsprozess alleine zu lassen, würde aus seiner Sicht aber bedeuten, dass keine Synergieeffekte zwischen guten Entwicklungen genutzt werden und die guten Ideen einzelner Schulen nicht weiter in der Gesellschaft verbreitet und verankert werden (Fullan 2003). Beides, Rahmensetzungen und klare Vorgaben auf der einen Seite und Schulen als lernende, sich weiter entwickelnde Systeme müssen sich ergänzen.

Schulleitungen als Schlüsselfiguren im Reformprozess

Den Schulleitungen kommt als Schnittstelle zwischen Ministerien und der Schulgemeinschaft in Schulentwicklungsprozessen eine besondere Bedeutung zu. Sie sind die Schlüsselfiguren im Prozess der Veränderung. Schulleitungen sind die Hauptakteure – oder auch die Blockierer – von Veränderungen an Schulen.

Einigen Schulen gelingt es besser als anderen, mit den Herausforderungen des Paradigmenwechsels umzugehen. Was macht also erfolgreiche Schulleitung aus? Wie können Schulleitungen dabei auch Einfluss auf die Unterrichtsentwicklung nehmen? In vielen Bundesländern gibt es inzwischen eine Vielzahl von Weiterbildungs- und Qualifizierungsmaßnahmen für Schulleitungen, die das notwendige Professionswissen zu Organisationsentwicklung, Personalentwicklung, Unterrichtsentwicklung und auch Qualitätsmanagement vermitteln. Warum fällt es dennoch einigen Schulleitungen leichter als anderen, Schulentwicklungsprozesse in Gang zu setzen bzw. erfolgreich umzusetzen?

In der letzten Zeit hat es mehrere internationale Studien zum Einfluss von Schulleitungen auf das Lernen von Schülerinnen und Schülern gegeben. Die Ergebnisse zweier aktueller internationaler Studien, die sich auf Europa beziehen, möchte ich Ihnen hier in Ausschnitten vorstellen (Michalak 2009 und Møller et al. 2009): Beide beziehen sich auf Projekte in größeren Rahmen und lassen Verallgemeinerungen zu, deren Auswertung für die Praxis an deutschen Schulen hilfreich sein kann und Schulleitungen Hinweise für ihr eigenes Handeln geben können.

In der ersten Arbeit geht es um vier Fallstudien im Rahmen eines Europäischen Forschungsprojekts in der Zeit von 2005 – 2008. Mehrere polnische Schulen mit einem »herausfordernden urbanen Kontext«, darunter auch zwei Grundschulen mit den Klassenstufen 1 – 6, wurden hierbei untersucht. Es wurden Schulen ausgewählt, die mehrere vorher festgelegte Kriterien für erfolgreiche Schulen erfüllten: Die Schulleitungen hatten mindestens fünf Jahre an ihrer Schule gearbeitet, genossen bei ihren eigenen professionellen Peers Anerkennung und waren von ihnen als erfolgreiche Führungskräfte bezeichnet worden. Die Schulen hatten darüber hinaus ein ansteigendes Niveau an Schülerleistungen, eine steigende Bleibequote von Lehrkräften, eine Steigerung der Anwesenheitsquote der Schülerinnen und Schüler sowie eine Verbesserung des sozialen Klimas.

In den Schulen wurde untersucht, wie die Schulen den herausfordernden Umständen in einer Weise begegnet sind, dass sie ein vergleichsweise hohes Niveau an kognitiven Schülerleistungen erreicht haben. Es kristallisierten sich aus der Analyse der Interviews mit Schulleitungen und Lehrkräften dabei bestimmte schulübergreifende Strategien der Schulleitungen heraus, die bereits von Leithwood & Riehl (2005) als besonders effektiv beschrieben werden:

- eine klare Zielrichtung vorgeben,
- Persönlichkeitsentwicklung fördern,
- die Umstrukturierung der schulischen Organisation und die Änderung der Schulkultur,
- den Bildungsplan umsetzen.

Für die ersten drei dieser Bereiche wird in der polnischen Studie am Beispiel der besonders erfolgreichen Schulen, die an der Studie beteiligt waren, konkretisiert, wie die Schulleitungen vorgegangen sind.

- Eine klare Zielrichtung vorgeben

Es scheint bedeutsam zu sein, ein wichtiges, sichtbares und schnell erreichbares Ziel zu Beginn des Prozesses zu setzen. Die Schulleitungen der an der Studie beteiligten Studie hatten alle zu Beginn mit Schwierigkeiten zu kämpfen, die von Disziplinproblemen der Schülerinnen und Schüler über die Einstellung der Lehrkräfte zu ihrer Arbeit bis hin zu Schwierigkeiten mit dem soziokulturellen Hintergrund der Schülerschaft bzw. des Stadtteils zusammenhingen. Alle befragten erfolgreichen Schulleitungen haben zunächst *ein einzelnes wichtiges Ziel identifiziert*, auf das sie ihre Aufmerksamkeit richteten und für das sie eine Botschaft an die gesamte Schulgemeinschaft übermittelten: Diese Schule wird sich ändern. *Die Ziele haben sie jeweils so gesetzt, dass schnelle Erfolge innerhalb weniger Wochen oder Monate sichtbar werden konnten*, der inhaltliche Schwerpunkt variierte dabei aber je nach den Besonderheiten und der aktuellen Situation der Schule. Allen Schulen war gemeinsam, dass die Schulleitungen versuchten, sehr schnell die Umgebung für die Schülerinnen und Schüler attraktiver zu machen. Durch das Begrenzen auf ein kurzfristig erreichbares Ziel konnten die Schulleitungen die Energien bündeln und deutlich machen, dass eine Phase der Veränderung begann. Diese schnellen Erfolge bildeten gleichzeitig den Grundstein für das Vertrauen und weitere Erfolge in der Zukunft. Alle Schulleitungen wurden von den Lehrkräften als Vorbilder für erfolgreiches Unterrichten und Lernen beschrieben. Sie konnten den Lehrkräften nicht nur Strategien für erfolgreiches Unterrichten vermitteln, sondern haben dies auch mit Leidenschaft getan. Die Schulleitungen der untersuchten Schulen waren darüber hinaus nicht nur auf kognitive Lernleistungen fokussiert, sondern hatten auch erzieherische Aspekte im Blick und kümmerten sich um Freizeitaktivitäten für Schülerinnen und Schüler und darum, die Schule zu einem kulturellen Mittelpunkt zu machen, um auch den Eltern einen Anknüpfungspunkt zu geben (Michalak, S. 392).

- Persönlichkeitsentwicklung fördern

Obwohl die Schulen der Studie alle unter unterschiedlichen Voraussetzungen arbeiten und auch die Schulleitungen mit unterschiedlichen Vorerfahrungen an ihre Schulen gegangen waren, gibt es eine Reihe von Gemeinsamkeiten in ihrer Vorstellung zu Schulentwicklungsprozessen. Eine besondere Bedeutung haben dabei offensichtlich der Aufbau von Beziehungen und die Teambildung. Alle Schulleitungen maßen der Entwicklung ihrer eigenen Kompetenzen wie auch der professionellen Weiterentwicklung ihrer Mitarbeiterinnen und Mitarbeiter einen großen Stellenwert bei. Gemeinsam war allen Schulleitungen, dass sie die Arbeit in einem schwierigen sozioökonomischen Umfeld freiwillig gewählt hatten und die Lebenschancen der Kinder und Jugendlichen dort verbessern wollten. Gleichzeitig hatten sie einen hohen Anspruch an die Qualität, an ihre eigene Arbeit und an ihre Kollegien und glaubten, dass Schule einen Mehrwert für das Lernen der Schülerinnen und Schüler haben müsse. Alle Schulleitungen der Studie verhielten sich im Umgang mit Problemen kreativ und proaktiv. Sie betrachteten auftretende Schwierigkeiten als eine Herausforderung und glaubten, dass Erfolge auch von ihrer eigenen Aktivität abhängen (Michalak, S. 393).

- **Die Umstrukturierung der schulischen Organisation und die Änderung der Schulkultur**

Alle Schulleitungen, die besonders erfolgreich waren, hatten es zu Beginn mit einer schwierigen Situation zu tun und wollten die Schule grundlegend ändern. Sie wendeten sich zunächst der Schulkultur und den Verhaltensproblemen von Schülerinnen und Schülern zu. Alle hielten eine Änderung von Einstellungen und Haltungen bei allen Schulbeteiligten für erforderlich, mit denen später Ziele, Beziehungen, Werte und Erwartungen beeinflusst werden konnten. Schülerinnen und Schüler wie auch Eltern bemerkten, dass sich die Schulkultur von einer unfreundlichen oder sogar gewalttätigen Umgebung in eine soziale wandelte, in der die Schülerinnen und Schüler sich bemühten, etwas zu lernen. Die Schulleitungen setzten Energie in die Gestaltung der kommunikativen Prozesse mit den Eltern und der Gemeinde und deren Einbeziehung. In Bezug auf ihr Kollegium bemühten sich die Schulleitungen um einen partizipativen Führungsstil und versuchten, die Lehrkräfte zu befähigen, Entscheidungen selbst zu treffen und selbstverantwortlich zu handeln (Michalak, S. 394).

Die zweite Untersuchung, von der wir etwas über Schulleitungshandeln lernen können, wurde in Norwegen durchgeführt und bezieht sich auf den Einfluss von Schulleitungen auf die Unterstützung von Lernprozessen und die nachhaltige Verbesserung (Møller, J. et al. 2009). Ausgangspunkt ist eine internationale Studie zum Schulleitungshandeln aus dem Jahre 2004, die sich mit dem Einfluss von Schulleitungen auf die Zusammenarbeit und die Teamarbeit beschäftigte und an der unter anderem zwölf als besonders erfolgreich identifizierte Schulen aus Norwegen teilgenommen hatten (International Successful School Principalship Project – ISSPP). Diese wurden damals vom Bildungsministerium als »Schulen mit guter Praxis« ausgewählt.

In Norwegen hat sich – wie in anderen europäischen Ländern auch – der Blick auf das, was eine erfolgreiche Schule ausmacht, in den letzten Jahren verändert: Durch die Einführung von externer Evaluation und das nur mittelmäßige Abschneiden Norwegens bei PISA wird der Erfolg von Schulen heute anders definiert als noch vor einigen Jahren und die Schulleistungen werden dabei stärker ins Blickfeld gerückt. In einer Folgeuntersuchung fünf Jahre später wurde der Erfolg von Schulen daher nicht nur wie in der ursprünglichen Studie an der Teilnahme an Schulentwicklungsprojekten festgemacht, sondern nun auch der Leistungszuwachs als Kriterium zu Grunde gelegt. Zwei der vor sechs Jahren untersuchten Schulen wurden in diesem Rahmen noch einmal besucht, um Informationen darüber zu erhalten, welche Faktoren Schulen helfen, über einen längeren Zeitraum erfolgreich zu sein und den Einfluss von Schulleitungen auf diesen Erfolg zu ergründen. Der Schwerpunkt lag dabei auf der Frage, wie Leitungen ihre Rolle im Zusammenhang mit der Herausforderung durch Veränderungsprozesse sehen und auf ihrer Sichtweise auf schulische Gelingensbedingungen für nachhaltige Lernprozesse.

Erfolgreiche Schulleitungen agieren ähnlich und doch unterschiedlich

Die beiden norwegischen Schulen, die an der Nachuntersuchung teilnahmen, waren Regelschulen mit den Klassenstufen 1 bis 10. Sie unterscheiden sich aber im Hinblick auf Größe, Zusammensetzung der Schülerschaft und wegen eines Schulleiterwechsels an einer der beiden Schulen innerhalb der letzten fünf Jahre. Beide Schulleitungen sind männlich. In narrativen Interviews gaben sie Auskunft über ihre Sichtweise auf Schule zu Themen wie Strukturelle und kulturelle Veränderungsprozesse, der Definition von Erfolg, der Beziehungen zwischen Schulleitung und Kollegium und zu Eltern und Schülerinnen und Schülern und den Einfluss des Führungsstils. Auch mit Gruppen von Lehrkräften der beiden Schulen wurden Interviews zu den gleichen Themen geführt.

In der Furuheia Compulsory School arbeiten 30 Lehrkräfte, vier Vorschullehrkräfte, ein Sozialarbeiter und fünf Assistenzkräfte mit 237 Schülerinnen und Schülern. Die Schule liegt in einem Stadtrandgebiet, erhält innerhalb der Region die höchste Ressourcenzuweisung für Kinder mit sonderpädagogischem Förderbedarf und betreut noch eine Klasse mit Asylbewerbern. Die Lehrkräfte beschreiben die Zusammensetzung der Schülerschaft als ausgesprochen heterogen und betrachten die Elemente Lernen, Erfahrung und Teamwork als zentral für ihre Arbeit. Die Schülerschaft hat sich in den letzten fünf Jahren nicht verändert. Vor zwei Jahren gab es einen Schulleitungswechsel: der neue Schulleiter kam als Externer an die Schule, ein neuer stellvertretender Schulleiter aus dem Kollegium.

Auf Grund von Verhaltensproblemen mit einer Schülergruppe in der Zeit vor dem Schulleitungswechsel legte der neue Schulleiter in den ersten beiden Jahren den Schwerpunkt auf dieses Thema und erreichte innerhalb von kurzer Zeit, dass die Disziplin im Klassenraum gut ist und sich auch die Lernbedingungen laut Aussagen der Lehrkräfte stark verbesserten. Der neue Schulleiter beschreibt als wichtigste Faktoren für eine gute Schule folgende: Motivation; Gesehen-Werden; Empathie; Erwachsene, die sich kümmern; Sichtbarkeit; ein hohes Niveau akademischen Wissens und eine enge Zusammenarbeit mit Eltern. Er greift im Interview die Diskussion um die PISA-Ergebnisse und die Veränderungen der gesellschaftlichen Erwartungen an Schule auf und fordert einen Aktionsplan mit erreichbaren Zielen, um die Leistungsergebnisse zu verbessern. Sein Vorgänger hatte im Interview fünf Jahre zuvor noch andere Dinge in den Vordergrund gestellt und war auch von den Lehrkräften anders in seiner Rolle wahrgenommen worden: Er wurde als kreativer Idealist mit vielen Ideen und Unternehmergeist beschrieben, der viel Zeit damit verbrachte, Anträge für die Finanzierung von Projekten zu stellen, gleichzeitig aber auch als mitfühlend und empathisch beschrieben wird. Während der ehemalige Schulleiter seinen Fokus zwischen externen und internen Angelegenheiten austarierte, setzt der neue Schulleiter seinen Schwerpunkt auf die internen Angelegenheiten der Schule, möglicherweise begründet durch die aufgetretenen großen Verhaltensprobleme, aber auch als Reaktion auf die bildungspolitische Entwicklung, die den Leistungsergebnissen einen größeren Stellenwert zumisst (Møller et al., S. 363).

Die zweite der nach fünf Jahren wiederbesuchten Schulen, die Brage Compulsory School, liegt in einem innerstädtischen Gebiet. Die Schülerzahl ist in den letzten fünf Jahren von etwa 400 auf fast 600 angewachsen, von denen mehr als 100 eine andere Herkunftssprache hat und etwa die Hälfte der Schülerinnen und Schüler aus sehr schwachen sozio-ökonomischen Verhältnissen kommen. Auf Grund eines staatlichen Sprachförderkonzeptes, das für Kinder ohne Norwegischkenntnisse in der Elementarbildung eingeführt wurde, sind die Norwegischkenntnisse bei Eintritt in die Schule heute besser als vor fünf Jahren.

Der Schulleiter ist noch derselbe, und er gibt auf die Frage nach den Elementen guter Schule an, dass diese sich in den fünf Jahren nicht verändert hätten: Struktur, Respekt gegenüber den Schülerinnen und Schülern, eine Schwerpunktsetzung auf den Lernprozessen, die Leistungsergebnisse und harte Arbeit. Nach wie vor investiert er nach eigenen Angaben viel Energie in den direkten Kontakt zu einzelnen Eltern, ganz bewusst aber nicht in die Kooperation mit Elterngruppen, etwa in Gremien oder bei Elternabenden, da diese Form der Kooperation bestimmte Eltern privilegiere. Er zeichnet ein Bild von sich als jemand, der extreme Situationen mag und erfolgreich auch mit sehr schwierigen Schülerinnen und Schülern umgehen kann. Auch im Interview mit den Lehrkräften bestätigen diese die Aussagen des Schulleiters und die Haltung, dass eine gute Schule sich um jeden einzelnen Schüler kümmern muss und dass die Schule keine Verhaltensprobleme hat, weil der Schulleiter den Überblick und die volle Kontrolle über das Geschehen hat.

In der ersten Studie vor fünf Jahren wurde als wesentliches Element guter Schule eine auf das Lernen zentrierte Schulphilosophie festgestellt. Darüber hinaus spielte Teamarbeit eine Rolle und die Tatsache, dass beide Schulleiter einen starken emotionalen Bezug zu ihrer Arbeit hatten und engagiert für die Erfüllung eines demokratischen Auftrags arbeiteten (Møller et al. 2007).

Bei der Nachuntersuchung werden die gleichen Aspekte als Merkmale guter Schule und guten Leitungshandelns ausgemacht. Die Schulleitungen an den beiden norwegischen Schulen tun dies aber in ganz unterschiedlicher Weise, in Abhängigkeit von ihrer berufsbiografischen Entwicklung und von persönlichen Merkmalen. Der Schulleiter der Furuheia Schule, der sich in einer frühen Phase seiner Berufskarriere befindet, betrachtet Führung als eine reflektierte Praxis. Er greift auf seine eigene langjährige Erfahrung als Lehrer zurück und stellt die Praxisreflexion des Kollegiums in den Mittelpunkt, um gemeinsam an den Verhaltensproblemen in der Schule mit einer Strategie zu arbeiten, die sich als erfolgreich erwiesen hat. Die Arbeitsbedingungen zu verbessern und zu unterstützen, das Kollegium zu motivieren und dabei auch die Beziehungen zu den Eltern im Blick zu haben, sind für ihn Leitmotive seines Schulleitungshandelns. Gleichzeitig hat er viele Ideen darüber, wie man eine Schule leitet und unterzieht sein eigenes Handeln einem Realitätscheck.

Der langjährige und erfahrene Schulleiter der Brage School ist eine charismatische Persönlichkeit und in der Gemeinde anerkannt für seine erfolgreiche Arbeit, vor allem mit Kindern, die einen sonderpädagogischen Förderbedarf haben. Er beschreibt Schulleitungshandeln im Sinne einer Heldengeschichte als etwas, das mit keiner anderen Tätigkeit verglichen werden kann, harte Arbeit bedeutet und Respekt voraussetzt. Er setzt den Fokus darauf, aus einer Situation immer das Beste zu machen, und betont die Bedeutung der Strukturen und der klaren und hohen Erwartungen an Lehrkräfte wie an Schülerinnen und Schüler.

Obwohl das Selbstverständnis der beschriebenen Schulleitungen verschieden ist und sie auch unterschiedliche Herangehensweisen haben, gibt es doch Gemeinsamkeiten, auch über die fünf Jahre hinweg. Die Zielsetzung ist stets die gleiche: das Lernen der Schülerinnen und Schüler zu verbessern. Beide Schulleitungen versuchen auf vielfältige und höchst unterschiedliche Weise, dieses Ziel zu erreichen. Vor allem in der Schule mit dem Schulleitungswechsel haben Møller und seine Kollegen Veränderungen in der Strategie des Leitungshandelns im Vergleich zur ersten Untersuchung vor vier Jahren festgestellt (vgl. Møller et al., S. 369). Während der alte Schulleiter nach zusätzlichen finanziellen Ressourcen suchte, um seine Vision von

Schule umzusetzen, sieht der neue Schulleiter als vordringlichste Aufgabe, zunächst die Evaluation der Arbeit an der Schule zu organisieren, schuleigene Fortbildungen zu organisieren und für eine Phase der Stabilität ohne viele neue Veränderungen zu sorgen. Bei dieser Veränderung im Schulleitungshandeln spielen sowohl die veränderten gesellschaftlichen Erwartungen eine Rolle als auch die Persönlichkeitsstruktur, die jeder einzelne mitbringt, die Werte und Kompetenzen sowie das Rollenverständnis, welches eine Schulleitung daraus ableitet. Dies zeigt, dass jede Schulleitung die für ihre Schule und zu ihr selbst passende Strategie finden muss.

Unterstützung für Schulleitungen

Nicht jede Schule befindet sich in einer Krisensituation, die ein Handlungskonzept und eine Veränderung des Schulalltags dringend erforderlich macht, wie es an den in den beiden Studien beschriebenen Schulen der Fall gewesen ist. Nicht jede Schule arbeitet in einer Region, in der die sozio-ökonomische Situation der Kinder oder auch des Umfeldes der Schule eines besonderen Augenmerks bedürfen. Und auch nicht jede Schulleitung ist charismatisch, ständig kreativ und jederzeit bereit, sich mit all ihrer Energie für ihre Ideale und die Schule einzusetzen, wie es die Schulleitungen der beschriebenen Schulen machen. Aus dem, wo und wie besonders erfolgreiche Schulleitungen ihre Schwerpunkte setzen, lassen sich aber Hinweise für den Umgang mit den Anforderungen ableiten, die an Schulleitungen herangetragen werden, und mit den Herausforderungen, die sich dabei für sie ergeben.

Fullan geht davon aus, dass 25 Prozent der Arbeit darin besteht, zu wissen, was man tun muss, und 75 Prozent darin, effektive Prozesse zu gestalten und die Bedingungen zu schaffen, um Schule in eine lernende Organisation zu verwandeln (vgl. Fullan 2001, S. 268).

Was beutet dies auf der Umsetzungsebene? Es stehen Schulleitungen eine Reihe von Werkzeugen bzw. Instrumenten zur Verfügung, um diese Aufgaben zu bewerkstelligen. Managementaufgaben lassen sich – gerade in kleineren Systemen – nicht nur leichter bewältigen, sondern können auch gezielter angegangen werden, wenn man diese Werkzeuge systematisch nutzt. Hierzu gehören

- das effektive Gestalten von Sitzungen,
- die schriftliche Kommunikation,
- die Stellengestaltung,
- eine persönliche Arbeitsmethodik,
- die gezielte Budgetplanung,
- eine von Kriterien geleitete Leistungsbeurteilung und
- eine »systematische Müllabfuhr«, d.h. ein regelmäßiges Hinterfragen von institutionalisierten Prozessen und Gewohnheiten (vgl. Buchen, S. 64ff).

Praktische und teilweise sehr hilfreiche Hinweise, wie man mit knappen Zeitressourcen, Konflikten und Widerständen und der eigenen Motivation umgehen kann, gibt es unter dem Stichwort Selbstmanagement für Schulleitungen in der Literatur reichlich (vgl. Regenthal 2008, S. 100ff.). All diese Instrumente unterstützen Schulleitungen nicht nur dabei, effizient mit der Arbeitszeit ihrer Kollegien, sondern auch achtsam mit ihren eigenen Energieressourcen umzugehen. Darüber hinaus sind sie aber auch ein Hilfsmittel, um zu erkennen, in welchen Bereichen man erfolgreich arbeitet und in welchen noch nicht. Das Modell der lernenden Gemeinschaft wird nicht erfolgreich sein, wenn Lehrkräfte und Schulleitungen nicht die Kompetenz haben, das Wichtige vom Unwichtigen zu unterscheiden und effektiv zu handeln (vgl. Fullan 2001, S. 272).

Damit der gewünschte große weltweite Reformprozess Bildungswesen bei uns in Deutschland erfolgreich verläuft und nachhaltig wirkt, ist es notwendig, konsequent an der Professionalisierung von Schulleitungen zu arbeiten und entsprechende Weiterqualifikationsangebote anzubieten bzw. zu nutzen. Das ist notwendig, aber nicht hinreichend – es gehört noch mehr zu einer gelungenen Reform:

»In order to change the system, it is necessary to change the rules of the game«.
(Morgado / Sousa, S. 381)

Um die Spielregeln im Bildungswesen zu verändern, bedarf es einer professionellen Sicht auf die Schulleitungen. Inhalte, Strukturen und äußere Rahmenbedingungen von Schule müssen ein professionelles Schulleitungshandeln ermöglichen. Dazu gehört in Deutschland zunächst einmal, dass Managementaufgaben wie Personalentwicklung, Organisationsentwicklung, Unterrichtsentwicklung und Qualitätsentwicklung – vor allem im Grundschulbereich – nicht länger als Nebenbeschäftigung von Schulleitungen betrachtet werden. Hierzu gehört ebenso eine entsprechende Ausstattung mit Zeitressourcen, deutlich weniger Unterrichtsverpflichtungen und eine angemessene Vergütung. Wer Leitung im Schulsystem will, muss sie auch wie Leitung behandeln.

Literatur

Buchen, H. (2006): Schule managen – statt nur verwalten. In: Buchen, H./ Rolff, H.-G. (Hrsg.): Professionswissen Schulleitung. Weinheim und Basel: Beltz.
Fullan, M.: www.michaelfullan.ca/; abgerufen am 5.4.2011.
Fullan, M. (1993): Change Forces. London: The Falmer Press.
Fullan, M. (2001): The New Meaning of Educational Change. 3. Auflage. New York: Teachers College Press.
Fullan, M. (2003): The Moral Imperative of School Leadership. Thousand Oaks: Corwin Press.
Fullan, M. / Cuttress, C. / Kilcher, A. (2005): 8 Forces for Leaders of Change. In: JSD, Vol. 26, No 4, S. 54 – 64, National Staff Development Council, www.nsdc.org; abgerufen am 5.4.2011.
Fullan, M. / Watson, N. (1999): School-based Management: Reconceptualizing to Improve Learning Outcomes. Ontario Institute for Studies in Education. University of Toronto.
Lankes, E.-M. / Bos, W. / Mohr, I. / Plaßmeier, N. / Schwippert, K. (2003): Lehr- und Lernbedingungen in den Teilnehmerländern. In Bos, W. / Lankes, E.-M. / Prenzel, M. / Schwippert, K. / Walther, G. / Valtin, R. (Hrsg.): Erste Ergebnisse aus IGLU. Schülerleistungen am Ende der vierten Jahrgangsstufe im internationalen Vergleich. Münster: Waxmann.
Leithwood, K. / Riehl, C. (2005): What We Know about Successful School Leadership, In: Firestone, W. / Riehl, C. (Hrsg.): A new Agenda: Directions for Research on Educational Leadership, S. 22 – 47. New York: Teachers College Press.
Michalak, J. M. (2009): Making a Difference in Challenging Urban Schools: Successful Principals. In: European Educational Research Journal, Vol. 8, No. 3, S. 387 – 396.
Møller, J. et al.: Fostering Learning and Sustained Improvement: the influence of principalship. In: European Educational Research Journal, Vol. 8, No. 3, S. 359 – 371.
Morgado, J. C. / Sousa, F. (2010): Teacher Evaluation, Curricular Autonomy and Professional Development: Trends and Tension in the Portuguese Educational Policy. In: Journal of Education Policy, Vol. 25, No. 3, S. 369 – 384.
Rauin, U. (2010): Wie sehen angemessene Rückmeldeformate aus, die Unterrichtsentwicklung ermöglichen? Präsentation und Workshop-Protokoll im Rahmen der Fachtagung »Das Hamburger Stufenmodell der Unterrichtsqualität« am 18.4.2010, unter www.schulinspektion.hamburg.de; abgerufen am 5.4.2011.
Regenthal, G. (2008): Wie soll ich das alles nur schaffen? Schulleitungs-Coaching für die neuen Anforderungen. München: Wolters Kluwer.

Gerald Klenk

Veränderungen führen

Führungsaufgaben für Schulleitungen in Veränderungsprozessen

»Das einzig Beständige ist der Wandel.« Dieses geflügelte Wort gilt in besonderem Maße für die Schule. Wo Menschen zusammen leben und lernen, ist der ständige Wandel allgegenwärtig; Lernen zielt schließlich bewusst und permanent auf Veränderung, wobei jeder Denkakt die Grundlage für einen nächsten ist, ohne dass dieser nächste Denkvollzug aus dem ersten unmittelbar vorhersehbar wäre. Alles Menschliche ist geprägt von dieser chaotischen[1] Prämisse, die einerseits kreatives Handeln, das Entdecken neuer, nie gedachter Ideen und die damit verbundene Faszination einer grundsätzlich positiven Weiterentwicklung in die Zukunft hinein ermöglicht. Andererseits birgt sie aber auch die Gefahr, dass dort, wo das Chaos nicht durch Moral und Instinkt mit Blick auf das Ganze (der Familie, Gruppe, Klasse, Gesellschaft, Erde, Schöpfung …) ausbalanciert wird, negative Veränderungen auftreten. Die erfahren wir dann als Stress, Belastung, Angst. Das Leben und seine Veränderungsdynamik oszilliert zwischen Rändern, die die Grenzen unserer Möglichkeiten markieren, aber auch umreißen, was gerade noch erträglich, vertretbar, erlaubt ist: Jenseits dieser Ränder fehlt jegliche Verlässlichkeit, herrscht Turbulenz. Dies gilt für unser Leben schlechthin wie für die kleinen Subsysteme unseres Alltags, beispielsweise auch in der Schule.

Warum steht diese »abgehobene« Betrachtung am Anfang? Weil wir beim Thema Veränderung über etwas derartig Grundlegendes und Unabdingbares reden. Weil Veränderungen so normal sind, dass wir ohne sie nicht existieren könnten. Weil sie uns trotzdem immer wieder Angst machen und wir sie deshalb entweder möglichst weit von uns weisen oder, wenn dies nicht möglich ist, sie doch wenigstens so steuern möchten, dass unser Harmoniebedürfnis nicht übermäßig strapaziert wird.

Schulentwicklung ist ein gewollter Veränderungsprozess, also ist damit die Lust auf Neues ebenso gewollt, wie die Angst vor Unbekanntem in Kauf genommen wird. Manche Menschen tendieren mehr zur optimistischen Variante, andere sind vorsichtig, weil die »Angst vor …« größer ist als die »Hoffnung auf …«. Beides ist menschlich, beides ist normal und beides gehört zur Veränderung.

1) Siehe dazu Guntern 1995.

Schulentwicklung als Veränderungsprozess

Es gibt unterschiedliche Definitionen von Schulentwicklung. Allen gemeinsam ist, dass sich im Prozessverlauf zuvorderst Menschen verändern, nicht Dinge: Zuerst verändern sich das Denken und die Haltungen der Lehrkräfte, dann ihre Handlungsmuster und in der Folge die Dinge im Unterricht (Materialien, Lernumgebungen, Strukturen etc.). [2] Zwei voneinander abgrenzbare Verläufe sind dabei zu beobachten, die möglicherweise einander bedingen: *Eine Lehrkraft spürt, dass sie mit einer gewählten Methode irgendwie nicht mehr so erfolgreich ist. Die Kinder lassen in ihrer Arbeitsbegeisterung nach, die Unruhe im Unterricht wächst. Was macht die Lehrerin? Sie probiert andere Arbeitsaufträge aus, sie gestaltet neues Arbeitsmaterial, das noch anschaulicher ist, vereinfacht Formulierungen, sucht evtl. nach einer alternativen Methode für ihr Ziel und erreicht damit auch tatsächlich eine Verbesserung der Lernsituation und der Lernergebnisse.* Sie hat ein bestimmtes Ziel, das erreicht werden soll; die zur Zielerreichung eingesetzten Mittel greifen immer weniger und werden deshalb abgeändert, das kognitive Schema bleibt erhalten. Grafisch dargestellt:

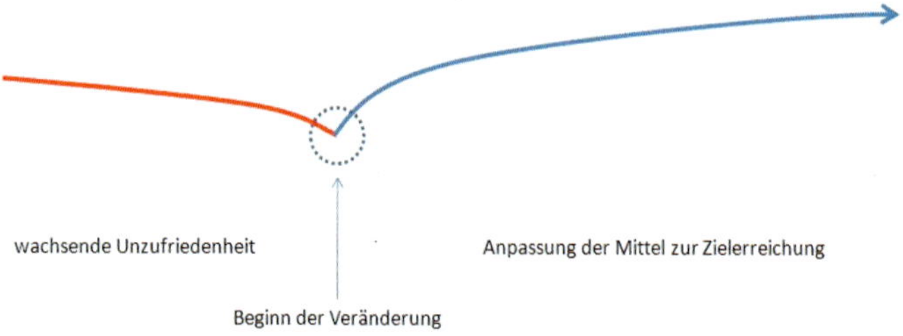

Meistens führt die Optimierung der Mittel nicht auf Dauer zu befriedigenden Ergebnissen, und die Frustrationen stellen sich erneut ein. Ein völlig neuer Weg muss her, damit das Ziel optimal erreicht wird. Anstatt einer **Funktionsoptimierung** erfolgt ein **Prozessmusterwandel**. Das kognitive Schema wird verändert. Wiederum grafisch dargestellt:

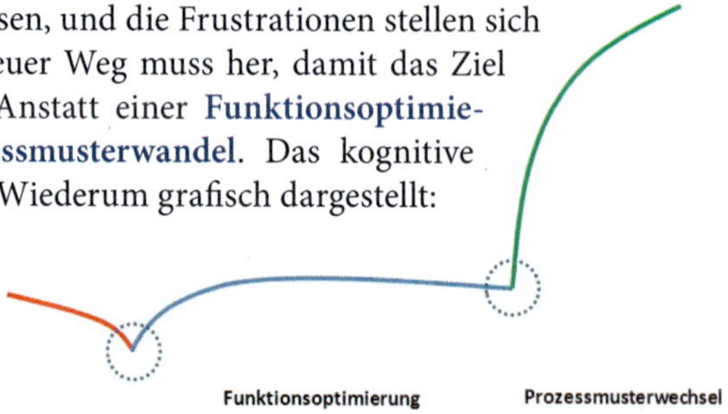

2) Man mag einwenden: Wenn eine Lehrkraft neuen Dingen begegnet, kann ebenfalls eine Veränderung initiiert werden. Dies ist richtig. Aber vorher muss eine andere Lehrkraft die neuen Lernmaterialien entwickelt haben; und dann kommt es auch wieder darauf an, ob Lehrkraft A in ihre Einstellung integriert, was Lehrkraft B schon (vor-)gedacht hat.

Systematische und systemische Schulentwicklung meint Veränderung, die bewusst gestaltet wird im Wechselspiel zwischen Vision und Realität. Der Schulleitung obliegt die verantwortungsvolle Aufgabe, den Gestaltungsprozess zu initiieren, zu strukturieren, voranzutreiben und nachhaltig zu Ende zu bringen. Im Führungsjargon sprechen wir von Change Management. Zum bewussten Verändern gehört zwingend eine Idee von Sinn und Ziel, also eine Vision. Führung ohne Vision kann nicht gelingen; Schulleitung hat die Aufgabe zu führen, also braucht sie Visionen.

Schulentwicklung ohne Visionen führt bestenfalls zu Funktionsoptimierungen, bleibt in dem verhaftet, was »schon immer so war«, richtet sich im Bestehenden ein und reagiert auf Veränderungen nur dann (und widerständig), wenn sie vom System angeordnet sind. – Visionäre Schulentwicklung denkt hinter die Probleme, auch wenn dazu keine förmliche Verpflichtung besteht, modifiziert Ziele, nicht nur Methoden, denkt quer und neu. Da allerdings sehr viele Lehrpersonen das »neu denken« als »zu schnell«, »zu viel«, kurzum als belastend empfinden, ist eine starke Führung nötig, die in der Lage ist, aus der Zukunft zu erzählen.

Warum ist Veränderung in der Schule besonders schwer?

Die Schule als Organisation erscheint von außen betrachtet zunächst als ein relativ starres, hierarchisch straff von oben nach unten durchorganisiertes Gebilde. Tatsächlich ist sie jedoch ein »lose gekoppeltes System«[3], das sich – in gebotener Kürze – wie folgt charakterisieren lässt:

- **Schule weist eine starke Differenzierung in ihrer inneren Struktur auf:** Die verschiedenen Systemebenen (Regierungen, Dezernate, Schulleitung, Schulen, Klassen sowie mögliche andere Zwischenebenen) haben unterschiedliche systembezogene Aufgaben, sind nur an wenigen konkreten Schnittstellen miteinander verzahnt und werden insbesondere über »rituelle Klassifikationen« (Gomolla 2005, S. 69), weniger über Unterrichtsaktivitäten und Unterrichtsresultate kontrolliert.
- **Sie ist geprägt von einem hohen Maß an Individualisierung:** Lehrpersonen sind in der Ausübung ihrer Profession nicht unbedingt auf Kooperation mit anderen angewiesen. Eine eindrucksvolle Manifestation der beruflichen Isolation ist die übliche Tatsache, dass Lehrer/innen sich vorwiegend zu Hause vorbereiten, dass für sie in der Schule keine

3) Dieser Terminus stammt aus der Organisationspsychologie und geht zurück auf Meyer und Rowan (1977). Die folgenden Ausführungen stützen sich u. a. auf einen Vortrag von Kurt Spieß anlässlich eines COMENIUS-Lehrgangs von FAMOS e. V., 16. – 22. Mai 2004 in Brixen.

Arbeitsplätze bereitstehen und auch keine Anwesenheitspflicht über die wöchentliche Dienstzeit hinweg besteht.

- **Die Akteure sind weitgehend autonom:**[4] Lehrkräfte entscheiden selbst über Methoden der Vermittlung, über Auswahl von Inhalten etc. Besonders autonom sind sie jedoch hinsichtlich ihrer Erziehungskonzepte, die sie anwenden. Sie sind in ihren Entscheidungen und Handlungsspielräumen ausgesprochen selbstständig; der formale Rahmen des Schulsystems greift nur in wenigen grundsätzlichen Vorgaben bis in das Geschehen in einer einzelnen Klasse durch.

Schule zeigt sich folglich als ein Gebilde, das mit Blick auf die **Ziele** (fachlich, pädagogisch, Wertekodex ...), auf **Strategien und Vorgehensweisen** (Lernmethoden, Unterrichtsprinzipien, Einschätzung der Schülerrolle, aber auch der Lehrerrolle ...) und auf die **Ergebnisse** (was sich z. B. bei den Übertrittsquoten aus Parallelklassen einer Schule sogar statistisch niederschlägt) eine große innere Heterogenität aufweist. An dieser Tatsache ändern weder die Lehrplanvorgaben und andere gesetzliche Bestimmungen (= Inputsteuerung) noch die interne / externe Evaluation (= Outputsteuerung) wirklich etwas.

Die interne Vernetzung ist begrenzt: Zwischen den Akteuren besteht nur wenig Kontakt (gemeint ist der berufsbezogene Kontakt, also die Zusammenarbeit in Teams, Arbeitsgruppen, der regelmäßige, bewusste, strukturierte Austausch etc.). Die Kommunikation zwischen ihnen ist zufällig und meist randständig (Pausengespräche, »Tür- und Angel-Gespräche«). Der Informationsfluss wird sehr häufig als mangelhaft beklagt (»Das wusste ich nicht. Wo war das zu lesen?«).

Der »Kitt« zwischen den Atomen eines Kollegiums, einer Schule besteht aus relativ schwachen Bindungen. Das Vertrauen (logic of confidence) zwischen den Kolleginnen und Kollegen ist diffus, es beruht auf individuellen Haltungen, Einstellungen und Wertekodices, die – besonders in ihrer Tiefendimension – nur selten hinlänglich besprochen, fixiert oder gar kollektiv vereinbart sind. Es beruht aber auch auf der stillschweigenden Übereinkunft, sich gegenseitig in Ruhe zu lassen (Stichwort: verschlossene Klassenzimmertüren)[5]. Dies betrifft auch die unausgesprochenen Spielregeln, die vordergründig den Schulalltag und unter der Oberfläche das menschliche Miteinander regeln. Die verschiedenen Elemente des Zusammenhalts können durchaus auch höchst widersprüchlich sein.

Gerade deshalb wird Führung ebenso schwierig wie unerlässlich.

---

4) Ein Mitglied des Vorstandes der Stiftung Bildungspakt Bayern formulierte: »Der Lehrer ist ein zugewiesenes, autonomes Einzelereignis.«

5) Siehe dazu auch Gomolla 2005, S. 67ff.

Auszug aus Ägypten oder: die 3 (4) Phasen von Veränderungsprozessen

Michael Loebbert (Loebbert 2006) beschreibt sehr anschaulich die Dynamik von Veränderungsprozessen anhand des Auszugs der Israeliten aus Ägypten, Mose als Beispiel eines geschickten Change Managers. Der Autor unterscheidet drei Phasen der Veränderung:

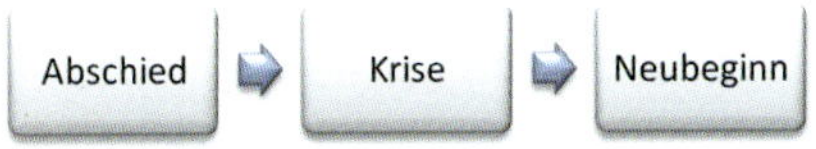

Nimmt man den Ausgangszustand (resp. den Endzustand) hinzu, dann gibt es – wie Kurt Spieß (2004) [6] es ausdrückte – vier »Zimmer der Veränderung«:

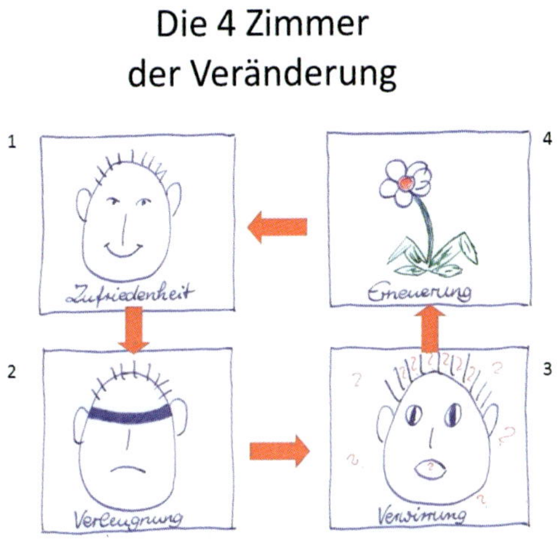

Die Veränderung startet im »Zimmer der Zufriedenheit«. Sie kann zwei Gesichter haben: Entweder ist man gut situiert und mit dem aktuellen Zustand zufrieden, sieht also keinen Bedarf für Erneuerung, d. h. alte Regeln funktionieren noch. Oder man ist mit dem aktuellen Zustand keineswegs zufrieden, der aber ist wenigstens kalkulierbar; man hat sich im Elend eingerichtet, weiß, auf wen man schimpfen kann, wer »schuld« ist, wer sich also verändern muss (man selbst ist es nicht). Dieses erste Zimmer der Veränderung ist besonders in lose gekoppelten Systemen wichtig: Ein Schulleiter, der die Veränderungen führen möchte, muss diese Ausgangssituation kennen, muss ihr emotionales Potenzial abschätzen.

---

6) Kurt Spiess hat dieses Modell der 4 Zimmer bei einem Vortrag während des COMENIUS-Seminars der Freien Arbeitsgemeinschaft für Moderatoren in der Schulentwicklung (FAMOS e. V.) am 11. 01. 2005 entwickelt.

Der Weg durch die drei weiteren Phasen weist eine Veränderungsdynamik auf, die in allen Theorien zum Change Management etwa so beschrieben wird, wie es die Grafik zeigt. Ohne hier die einzelnen Abschnitte auszuführen, wird deutlich, dass die beiden ersten Phasen besonders sensibel sind und einer klaren Führung bedürfen. Im Folgenden werden die Führungsaufgaben in den drei Phasen im Einzelnen beschrieben.

1. Akt: Abschied nehmen

Führungsaufgabe: Eine Vision entwickeln, die jedem Beteiligten eine eigene Vision ermöglicht

Eine Veränderung steht an. Die Schulleitung formuliert Entwicklungsziele und Zukunftsvorstellungen (was soll am Ende erreicht sein?). Dies ist ein wesentlicher Teil des **normativen Managements**. Dem Kollegium muss allerdings ein Andocken möglich sein; deswegen knüpfen die Ideen an Bestehendes an, ihr Sinn und Zweck wird kommuniziert, diskutiert und immer wieder erklärt. Ein »Storyboard« im Lehrerzimmer sorgt für die Veröffentlichung eines ersten Grobkonzepts und für Transparenz im weiteren Prozess. Schulleitung und Steuergruppe formulieren das Problem und transportieren es in das Kollegium. Wichtig: Das *Problem* wird kommuniziert, nicht die / eine *Lösung*. Ziele beschreiben die angestrebten Verbesserungen und bieten keine vorgedachten Lösungen.

Führungsaufgabe: Veränderungsziele richtig formulieren, mit den Beteiligten kommunizieren und Gegner einbeziehen

Alle, die es betrifft, werden in die Diskussion einbezogen. Die Schulleitung hört den Rückmeldungen gut zu und unterstreicht ihre Wertschätzung der bisherigen Arbeit. Insbesondere die Gegner müssen einbezogen werden: In »Widerständen« stecken Energien, die nützlich sein können. Sorgen werden ernst genommen, aber nicht endlos diskutiert, Bedenken werden aufgegriffen und mit den erwarteten Verbesserungen (für den Einzelnen, für den Unterricht, die Schule etc.) konfrontiert. Vorsicht: Auch hier nicht schon vorgedachte Ergebnisse vorhalten, weil damit besonders die Gegner, aber auch die Mitläufer aus ihrer Handlungsverantwortung katapultiert werden.

Führungsaufgabe: Ein Grobkonzept der Veränderung entwerfen – Rollen besetzen – Prozessmanagement installieren

Eine weitere Führungsaufgabe besteht in der sensiblen ersten Phase in der Installation des Prozessmanagements: Beschreibung der Vorgehensweise, Zweck der Ziele im Einzelnen darstellen, Prioritäten setzen, Indikatoren für erfolgreiche Umsetzung in Abschnitten definieren, auch den »worst case« umschreiben und Möglichkeiten aufzeigen, wie man damit umgehen wird. In diesem Abschnitt ist es auch wichtig, die Rollen richtig zu besetzen: Ein von der Innovation überzeugter Teamleiter führt die Gegner. Die Expertise einzelner KollegInnen wird gezielt ein-

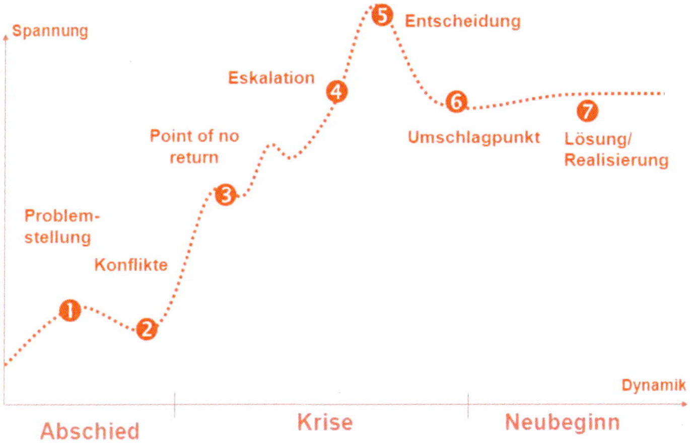

Veränderungsdynamik

gebunden. Sehr hilfreich ist – insbesondere bei längerfristigen Prozessen – eine externe Beratung.

Am Ende der ersten Phase steht der Abschied. Die Lehrerkonferenz als oberstes beschlussfassendes Gremium der Schule beschließt den Aufbruch. Die Bedeutung der anstehenden Veränderung wird noch einmal verdeutlicht, das »Alte« gewürdigt. Jeder kann sich als Subjekt der Veränderung erfahren, muss sie also nicht erleiden. [7] Am Ende wird der gemeinsame Beschluss und mit ihm der Aufbruch auch gefeiert.

Führungsaufgabe: Zeichen zum Aufbruch setzen

2. Akt: Krise und Entscheidung

Nach dem Beschluss zum Aufbruch hat die Schulleitung sehr vielfältige Parallelaufgaben zu bewältigen. Sie muss vor allem im Blick haben, dass sich nun so rasch wie möglich erste Erfolge einstellen müssen (quick wins). Die Herzen und Gemüter der KollegInnen müssen gewonnen werden. Als Faustregel gilt: Alle Mitglieder der Schulgemeinde sind betroffen, wenn auch in unterschiedlich intensiver Nähe zum Geschehen. Folglich

Führungsaufgabe: Erste Erfolge sichern – die Herzen gewinnen

7) Allerdings gibt es auch diese Rolle, weil sich manche KollegInnen sehr gut im Bestehenden eingerichtet haben (»Komfortzone«), auch wenn sie sich beständig über ihre Situation beklagen: Sie wollen nicht aus ihrem Elend heraus und geben vor, es erwarte sie ein noch größeres Leid.

müssen sie auch entsprechend beteiligt und einbezogen werden; dies ist u.a. auch eine Form der Wertschätzung. Führung macht jedem Einzelnen deutlich: Du kannst einen konkreten Beitrag zur Veränderung leisten! Du bist in der Lage, Verantwortung zu tragen (*nicht:* Du musst Verantwortung tragen!). Die Führung kennt dafür auch die Stärken und Schwächen der Einzelnen, um sie entsprechend einzusetzen.

Führungsaufgabe: Strategie mit den Beteiligten entwickeln

Zu Beginn des zweiten Aktes vollzieht sich die Konkretisierung der formulierten und schriftlich fixierten Zielvereinbarungen in der Strategie (strategisches Management). Schulleitung, mittlere Führungsebene und Steuergruppe führen auf der Grundlage der Ziele sowohl den inhaltlichen Prozess als auch den strukturellen Auf- und Umbau. Den Teams (Projektteams oder am besten Jahrgangsstufenteams[8]) kommt entscheidende Funktion zu, weil sie einerseits die konkreten Schritte gehen und damit auch die »kleinen« Erfolge erzielen können, zugleich jedoch auch den weiten Bogen über den gesamten Prozess spannen müssen.

Führungsaufgabe: Point of no return festlegen – Entschlossenheit beweisen

Diese Erfolge gilt es, für alle groß herauszustellen. Sie sind wichtig, um den Gegnern den Wind aus den Segeln zu nehmen, um die KollegInnen zu motivieren (»Seht ihr, es geht!«), aber auch um die Unterstützung der Eltern und Sachaufwandsträger zu gewinnen. Je klarer der erste Erfolg errungen wird, umso fester ist das Fundament auch für die nachfolgenden Krisen. Die nicht ausbleiben werden. Aber mit dem Erfolg wird deutlich: Ab jetzt gibt es kein Zurück mehr. Wenn die Führung nun immer noch einen Rückweg für möglich erklärt, lenkt sie die Aufmerksamkeit der Zauderer genau auf diese Option; das bindet Energie, die nicht nach vorne gerichtet ist.

Die Schulleitung zeigt Entschlossenheit. Der weitere Prozessverlauf wird mit Steuergruppe, Teamleitern und ggf. auch im Gesamtkollegium verdeutlicht. Nach wie vor sorgt das Storyboard im Lehrerzimmer für Transparenz (Austausch zwischen den Teams, Sitzungsergebnisse, Fragen, Vorschläge …). Die Teams tauchen in die operative Phase.

---

8) In einer Schule erscheinen Jahrgangsstufenteams deshalb am geeignetsten, weil sie sich am biografischen Weg des Kindes durch die Schule orientieren. Wo eine Schule die Jahrgangshomogenität aufgebrochen hat, werden entsprechend andere Bezugsgrößen für die Einrichtung von Teams zu finden sein; entscheidend bleibt die Ausrichtung an der Begleitung des Kindes durch die Schule hindurch.

Der Widerstand wird nun wachsen. Die Gegner merken: Es gibt kein Zurück mehr: Das Kollegium hat den Beschluss gefasst, die Schulleitung steht unerschütterlich hinter dem Projekt und sorgt dafür, dass es vorangeht. »Veränderung stellt Führung in Frage. Von der Führung wird Sicherheit erwartet und Veränderung bedeutet Unsicherheit« (Loebbert 2006, S. 105). Da die Führung das Ergebnis nicht vorwegnehmen kann und darf, muss sie die Krise führen: Präsent bleiben, Klarheit in den Aussagen pflegen, Orientierung und Hilfen bieten, Fortschritte und weitere (kleine) Erfolge aufzeigen. Vor allem darf sie sich nicht auf Rückzugsdebatten einlassen.

Führungsaufgabe: Die Krise führen – Verlierer entschädigen und Führung verstärken

Das Schreckgespenst dieser Phase heißt »ungute Stimmung«. Einzelne Stimmungen, Meinungen, Äußerungen und ungeprüfte Vermutungen werden verallgemeinert (»Die Kollegen sind auch der Meinung …« – »An anderen Schulen macht man so etwas auch nicht …«). Unmut entsteht aus einem Verlustgefühl: Wer etwas verliert (Status, Privileg, Sicherheit in bisherigen Unterrichtspraktiken), trägt seine »schlechte Stimmung« in die Gemeinschaft, wo sie breite Missstimmung erzeugen kann. Führung darf sich nicht in diese Falle begeben; sie fragt genau nach, wer (Ross und Reiter!) aus welchem Grund eine »ungute Stimmung« hat. Stellt sich heraus, wer sich auf der Verliererseite fühlt, kann die Schulleitung mit Unterstützung aller anderen agieren: Sie stellt heraus, welchen Wert die bisherige Arbeit dieser KollegInnen gehabt hat. Sie überträgt denen, die mit der Veränderung, ihrem Ausmaß und Tempo, Probleme haben, jene Aufgaben, bei denen es um die Bewahrung und Beibehaltung bisheriger Praktiken geht.

Bewahrer und Erneurer, dazwischen die Unschlüssigen, sie gehören alle zu einem gelingenden Veränderungsprozess. Gute Führung bindet alle Rollen fruchtbringend ein, grenzt niemanden aus.

Führungsaufgabe: Umsetzungsarbeit in das Kollegium tragen – Verantwortung übertragen

Führung bleibt klar und zukunftsgewandt in ihren Entscheidungen, legt den Weg unzweideutig fest und fordert die Einhaltung der Regeln ein. Gleichzeitig aber fängt sie Gegner und Verlierer auf durch Gespräche, durch Zuweisung bewahrender Aufgaben, durch die Entwicklung von Alternativen. Ein gewichtiges Führungsinstrument kann hier das Entwicklungsportfolio einer Lehrperson sein, an das sich im Portfoliogespräch Zielvereinbarungen anschließen. – Führung beobachtet auch, wie das Kollegium mit den Verlierern umgeht, und sorgt für Integration.

Die Steuergruppe steht für den festen Willen zur Veränderung und macht dies auch immer wieder deutlich (permanentes Erklären, Erläutern und Werben für die Veränderung gehört dazu). Unter Umständen kann externes Coaching die Führungskräfte und Teamleitungen stärken. Die Verantwortung für die Teilschritte und Aufgaben im Projekt wird auf Teams und Einzelne verteilt. Sie planen die weitere Realisierung des Vorhabens. – In diesem Zusammenhang können Bewährungsfelder für künftige Führungskräfte entstehen und erschlossen werden.

3. Akt: Neubeginn

Führungsaufgabe: Regeln durchsetzen, klare Entscheidungen treffen, Verlierer auffangen

Der Neustart muss klar und unzweideutig ausfallen. Die Schulleitung und mit ihr die Steuergruppe, die Teamleitungen etc. treffen klare Entscheidungen. Idealerweise gibt es eine Führungsgruppe aus der Reihe der KollegInnen, die als überzeugte Protagonisten agieren und auch einen guten Draht ins übrige Kollegium haben. Sie stehen für den Neubeginn, garantieren, dass die neuen Regeln auch eingehalten werden und dass an der Umsetzung eines veränderten Unterrichts, einer veränderten Struktur o. Ä. auch zügig und nachhaltig gearbeitet wird.

Dieser Gruppe stehen die Verlierer gegenüber, die mit großer Emotionalität ihren Verlust betrauern und keinen Blick für die Chancen haben, die sich auch für sie aus den Veränderungen ergeben können. Sie abzustrafen, und sei es mit Zuwendungsentzug, wäre fatal. Gespräche, die das Verständnis der Führung für ihre Situation vermitteln und Hilfe beim Anschluss an die neuen Gegebenheiten anbieten, sind wertschätzend und hilfreich. Die Verlierer haben ein Recht darauf, mitgenommen zu werden, auch wenn dies in der emotional belasteten Situation für beide Seiten nicht ganz einfach ist.

Führungsaufgabe: Systematische Lernprozesse ermöglichen

Das neue Projekt bedarf nun aber besonderer Stützmaßnahmen, denn man kann nicht darauf vertrauen, dass die KollegInnen bereits hinreichend qualifiziert sind. Deshalb ist es wichtig, dass die Schulleitung für Unterstützung sorgt. Drei Wege bieten sich an: (a) fachliche Beratung von außen in das Kollegium resp. die Teams holen, (b) professionelle Lerngemeinschaften [9)] bilden und (c) Maßnahmen im Rahmen der schulhausinternen Lehrerfortbildung anbieten. Dazu muss die Führung die Umsetzungs-

9) Siehe dazu Green 2002.

arbeit sehr wachsam begleiten, stets auf dem Laufenden bleiben, um ggf. vorausschauend helfend intervenieren zu können.

Führungsaufgabe: Krisen schätzen lernen

Krisen werden auch jetzt nicht ausbleiben. Sie gehören dazu und sind Ausdruck der Heterogenität der Lehrerschaft [10]. Die Bandbreite erstreckt sich von Bewahrern bis zu Reformern, von loyalen Mitarbeitern bis zu Querulanten. In jedem Widerstand zeigt sich, mit welcher Gruppe gerade schwerpunktmäßig gearbeitet wird, weil dann jeweils die andere Gruppe ihre Schwierigkeiten hat. Führung muss diesem Oszillieren (siehe Einleitung zu diesem Beitrag) gerecht werden, indem sie sich nicht von einer Seite vereinnahmen lässt. Sie muss – es sei hier wiederholt – jede Krise führen, d.h. sie rechtzeitig erkennen, aufgreifen, bearbeiten und mit den Betroffenen lösen.

Führungsaufgabe: Den Abschluss feiern

Zu jedem neuen Vorhaben gehört selbstverständlich, dass alle Beteiligten am Ende voll Stolz zurückblicken auf den Beginn, auf die Probleme bei der allmählichen Verwirklichung, auf die Hochs und Tiefs auf dem Weg und darauf, wie sie das alles gemeistert haben. In diesem Rückblick wird erst das endgültige Loslassen möglich.

Und schließlich gehört auch das Feiern dazu: Gemeint ist wirklich das Anstoßen mit einem Glas Sekt, die Freude über die gemeinsame Arbeit genießen. Gemeint ist aber auch, dass man die Schulgemeinschaft, die Eltern und die Öffentlichkeit (Pressearbeit) teilhaben lässt und den Erfolg verkündet, öffentlich macht. Schulentwicklung soll schließlich zu Profilbildung führen, soll also klar werden lassen – auch für Außenstehende –, was die Schule ausmacht, wofür sie steht, was sie zu leisten im Stande ist.

Und dann: der Alltag

Führungsaufgabe: Den Alltag begleiten

Nach der Feier kommt nicht selten der Kater. Führung darf sich nicht täuschen lassen: Nach der erfolgreichen Etablierung des neuen Vorhabens ist noch lange nicht alles gesichert. Neue Krisen tauchen auf, plötzlich gibt es neue Widersacher, besonders

---

10) Randständig sei hier eingeflochten, dass man sich in Überlegungen, wie schulische Bildung gelingen kann, nicht nur der Tatsache zuwenden darf, dass Kinder und Jugendliche uns in den verschiedenen Gruppierungen (Klasse, Kurs, Gruppe etc.) heterogen begegnen. Wir dürfen auch nicht übersehen, dass die Lehrer/innen ebenso ein höchst heterogenes Potenzial stellen. Für die Führung stellt sich hier »Umgang mit Heterogenität« in einem völlig anderen Licht dar!

unter den KollegInnen, die sich unterwegs haben überreden lassen, die noch nicht den inneren Bezug zum Vorhaben gefunden haben (Mitläufer). Hier beginnt die mühsame Kleinarbeit in der Führung, die sich vor allem durch Unterstützung mittels der bereits genannten professionellen Lerngemeinschaften tragen sollte.

Und trotzdem gilt: Innovationen können weder Haupt- noch Daueraufgabe von Schulen sein. Es geht vielmehr um die Balance von Innovation und Routine und damit um die Herausforderung, diese beiden Kernaufgaben durch kluge Führung gut zu begleiten.

Literatur

Gomolla, M. (2005): Schulentwicklung in der Einwanderungsgesellschaft (Bd. 14). (I. Gogolin, & M. Krüger-Potratz, Hrsg.) Münster: Waxmann.

Green, N. (2002): Professionelle Lerngemeinschaften. Abgerufen am 3.10.2010 von: www.learn-line.nrw.de/angebote/greenline/lernen/downloads/green_lerngemeinschaft.pdf

Guntern, G. (Hrsg.) (1995): Chaos und Kreativität – Rigorous Chaos. Zürich: Scalo Verlag.

Loebbert, M. (2006):The Art of Change. Von der Kunst, Veränderungen in Unternehmen und Organisationen zu führen. Leonberg: Rosenberger Fachverlag.

Meyer, J. W./Rowan, B. (1978): The Structure of Educational Organizations. San Francisco.

Spiess, K. (2004): Wie Veränderung geschieht – wie Veränderung initiiert und gestaltet wird. In: Buchen, H./Horster, L./Rolff, H.-G. (Hrsg.): Schulleitung und Schulentwicklung. Erfahrungen – Konzepte – Strategie (Loseblattsammlung). Stuttgart: Raabe Verlag.

Peter Schulze

Qualitätsmanagement?! Was steckt eigentlich dahinter?

QM?! Im Grunde geht es »nur« um die Verbesserung der eigenen Praxis

Q2E, QZS, EFQM, PQM und ISO 9001 …

»Geht's vielleicht bitte noch etwas komplizierter und abschreckender?!« sagt vermutlich so mancher Spötter und blättert auch gleich zum nächsten Beitrag weiter …

Hinter den Abkürzungen verbergen sich die wohl etabliertesten Qualitätsmanagement-Modelle im deutschen Schulbereich, so viel sei verraten. Im Detail können sie hier gar nicht dargestellt werden, vielmehr soll die Leserin, der Leser am Ende des Beitrags einen ersten Überblick, eine Idee von Qualitätsmanagement haben.

»Was hat Qualitätsmanagement praktisch mit dem Lernerfolg von Schülerinnen und Schülern und der Arbeitszufriedenheit der Lehrkräfte zu tun?« Viel, denn – auch wenn es sicherlich noch präzisere Definitionen gibt – im Kern will QM »nur« eine systematische Verbesserung der Praxis in Schulen. Damit kann eine Schule überall beginnen: bei ihrem Unterricht, bei der Teamarbeit, bei der Elternbeteiligung, bei der Evaluation oder mit der Bewirtschaftung des Budgets. Jede Schule, die sich kontinuierlich entwickelt und an der eigenen Verbesserung arbeitet, hat damit einen wichtigen Schritt zum Qualitätsmanagement getan. Qualitätsmanagement will diese Bemühungen »nur etwas« systematisieren. Auch hier ist (mal wieder) der Weg das eigentliche Ziel. Nur wenige hundert der etwa 40 000 deutschen Schulen haben das eigene QM so umfassend aufgesetzt, dass sie zertifiziert sind. Oft sind das große Systeme wie Berufsschulen. Ein Siegel muss für viele kleinere Schulen gar nicht das Ziel sein; wichtig ist, die QM-Idee, die Philosophie zu verstehen, zu durchdringen und sich für die eigene Schulentwicklung anzueignen.

Was macht Qualität aus?

Beinahe jedes Bundesland hat in Deutschland für seine Schulen verbindlich festgelegt, was eine gute Schule ausmacht, also welche Qualitäts-Standards sie anstreben soll. Dies umfasst Unterricht, Erziehung, Personalentwicklung, Führung, Evaluation, Schulklima und viele andere Bereiche. Teilweise sind die Qualitätsziele sehr detailliert. Diese Dokumente heißen in den Bundesländern unterschiedlich, z. B. »Orientierungsrahmen Schulqualität« (Brandenburg, Hamburg, Niedersachsen, Rheinland-Pfalz), »Referenzrahmen Schulqualität« (Hessen), »Handlungsrahmen Schulqualität« (Berlin) oder etwa »Qualitätstableau für die Qualitätsanalyse an Schulen« (NRW); hinter den unterschiedlichen Begrifflichkeiten und Ordnungen verbergen sich im Kern oft nahezu die gleichen Inhalte (vgl. Döbrich et al. 2008). [1)] Das vorherrschende Bild von guter Schule geht davon aus, dass die schulische Praxis besser wird, indem Lehrkräfte Dinge gemeinsam, planvoll, verbindlich tun und den Erfolg überprüfen.

... *gemeinsam*, weil dann jeder von den Stärken der anderen profitieren kann. Best Practice findet oft schon in der Nachbarklasse statt, ohne dass dieses den Lehrkräften bewusst ist. Im gemeinsamen Planen und Tun ziehen die Starken die Schwachen mit. Die eine bringt ihre Stärke im Fachlichen an, der andere seine Erfahrung im Klassenmanagement. Erfindet nicht jeder die gleichen Dinge ständig neu, kann kräfteschonender, effektiver und fokussierter gearbeitet werden.

... *planvoll*, weil in der Schulentwicklung kaum etwas fataler ist, als zu viele Dinge gleichzeitig und durcheinander bewegen zu wollen; nichts führt sicherer zum Scheitern, zu Frustration und zum inneren Rückzug Einzelner. Am Anfang von Veränderungen steht die Analyse, die die Grundlage für die konkrete Planung einzelner Schritte und Zuständigkeiten, einer geordneten Umsetzung und einer kontinuierlichen Weiterentwicklung ist.

... *verbindlich*, weil Freiwilligkeit (die in einer Pilotphase oft noch wichtig ist) doch wieder zu einer Vielfalt und damit nicht zu der Vereinheitlichung von Schulpraxis führt. Wichtig dabei: Es geht nicht um »Gleichschaltung«, sondern um Mindeststandards, die jede Schülerin, jeder Schüler erwarten kann, egal in welche Klasse sie kommen. Über diese Mindeststandards hinaus kann, ja sollte natürlich jede Lehrkraft ihre Stärken individuell ausspielen können.

... *überprüfbar*, weil Schule sich im Sinne rollender Schulentwicklung fortwährend weiterentwickeln muss. »Haben die Neuerungen zu den gewünschten Besserungen geführt? Rechtfertigt der Nutzen den Aufwand? Was hat sich anders als erwartet nicht bewährt und muss noch angepasst werden?« Das sind Fragen, die sich jede Schule immer wieder stellen muss, will sie nicht stehen bleiben und zurückfallen. Anders als befürchtet, muss dabei Evaluation oft weder aufwändig noch kompliziert sein (Altrichter / Posch 2006).

---

1) Auch die Beschäftigung mit dem Qualitätsbild des reformpädagogischen Netzwerkes »Blick über den Zaun« (www.blickueberdenzaun.de/publikationen/standards.html; 23. 11. 2010) ist sehr bereichernd, wobei dieser Qualitätsrahmen ein anderes Abstraktionsniveau hat als die Referenzrahmen vieler Bundesländer.

Teamarbeit als Schlüssel zum Qualitätsmanagement

»Wir machen Teamarbeit doch nicht aus Lust und Laune, sondern weil wir anders unsere Arbeit nicht mehr gut machen können«, sagte einmal eine Lehrkraft. Glücklicherweise machte trotz dieses Sachzwangs das Kollegium dieser Schule den Eindruck, dass hier Freude und Arbeitszufriedenheit zumindest ein angenehmer Nebeneffekt der Teamarbeit sind.

In den guten Schulen, die ich kennenlerne, haben sich die Lehrkräfte aus innerer Überzeugung dem Prinzip »gemeinsam statt einsam« verpflichtet. In schwachen Schulen erschöpfen oft Einzelkämpfertum und ein Gegeneinander Kollegium und Schulleitung; so werden Kräfte vergeudet, die dann für guten Unterricht fehlen. Oft wird aus einem Gegeneinander mit der Zeit zumindest ein Burgfrieden, der häufig in ein Nebeneinander von verschiedenen Insellösungen mündet. In diesen Schulen gibt es dann auch einige exzellente Inseln. Auf ihnen lebt es sich – um im Bild zu bleiben – angenehm, doch ist hier nur für wenige Klassen, Jahrgänge und Lehrkräfte ausreichend Platz. Gute Bildung wird so für die Schülerinnen und Schüler eine Frage des Glücks, je nachdem, bei wem sie Unterricht haben. In letzter Konsequenz ist das – trotz des Komforts auf der gemütlichen Insel – gegenüber der Gesamtheit der Schülerschaft nicht zu verantworten.

Die *innere* Bereitschaft zu planvollem, verbindlichem und überprüfbarem gemeinsamem Tun ist damit der entscheidende Paradigmenwechsel in der Kultur vieler Lehrerzimmer. Erst wenn ein Kollegium diese Revolution im Geiste tatsächlich vollzieht, ist der Boden für eine nachhaltige Verbesserung von Unterricht und Schule bestellt. Nur dann kann Qualitätsmanagement wirklich fruchten. Natürlich wird das oft auch ein steiniger Weg sein; die Veränderung von schulischer Praxis ist häufig kein dünnes Brett – sonst hätten es viel mehr engagierte Schulen schon längst durchbohrt.

So kann es aussehen – Zwei Fallbeispiele für gelungenes Qualitätsmanagement

Am Beispiel von zwei Grundschulen aus Hamburg möchte ich zeigen, wie Qualitätsmanagement in der Praxis aussehen kann.

Beispiel 1: Schule Friedrich-Frank-Bogen

Das Fallbeispiel

Die Schule Friedrich-Frank-Bogen ist eine dreizügige integrative Regelschule in einem klassischen Brennpunkt. In der Vergangenheit hat auffälliges Verhalten von Schülerinnen und Schülern das Unterrichten im engeren Sinne für die Lehrkräfte immer wieder erschwert; Störungen, abschweifende Konzentration und Ruhelosigkeit behinderten den eigentlichen Lernprozess. Natürlich stand das knapp zwanzigköpfige Kollegium in einem ständigen losen Austausch über Fragen der Erziehung und des Klassenmanagements. Letztendlich musste jedoch jede Lehrkraft in ihrem Unterricht eigene Strategien zum Umgang mit Störungen entwickeln und holte sich dazu auch mal den Rat einer Kollegin ein.

Aus dem Kreis der Sonderpädagoginnen der Schule kam vor drei Jahren dann die Anregung zur Vereinheitlichung und Professionalisierung des Umgangs mit solchen Verhaltensauffälligkeiten. Zunächst nahmen mehrere Personen aus dem Kollegium an einer umfangreichen ETEP-Fortbildung teil. ETEP ist ein an behaviouristischen und psychodynamischen Theorien angelehnter präventiver Ansatz (Wood 1996). Die Lehrkräfte formulierten in Folge dieses Ansatzes für ihre Klassen Klassenregeln und wendeten klassische ETEP-Verfahren wie Spiegeln, Loben und Feedback an. Die insgesamt fünf ausgebildeten Kolleginnen qualifizierten die anderen Lehrkräfte in internen Fortbildungen. Es gab zunächst Pilot-Klassenteams, die das Verfahren in der Praxis erprobten. Die Schule Friedrich-Frank-Bogen musste die Implementierung von ETEP mehrfach umsteuern und anpassen. Zunehmend wurden verschiedene ETEP-Elemente, die sich in der Praxis bewährten, in allen Klassen verbindlich eingeführt. In einer letzten Phase fungierten zwei qualifizierte Lehrkräfte als Coaches für Kolleginnen, die Unterstützung bei der Umsetzung von ETEP in ihren Klassen wünschten. Die Schulleitung schuf hierfür den Rahmen im Stundenplan und legte im Haushalt der Schule eine Priorität auf die Anschaffung spezieller ETEP-Materialien.

Jede Schule muss das Verfahren wählen, das zu ihr passt, und es gibt noch viele weitere Ansätze neben ETEP. Die Schule Friedrich-Frank-Bogen arbeitet damit aber erfolgreich. Als wir die Schule besuchten, trafen wir einen sehr hohen Konsens im Bereich der Förderung und Unterstützung von Schülerinnen und Schülern im Bereich der Erziehung, des Verhaltens und der Organisation des eigenen Lernprozesses an. Während unserer Unterrichtsbesuche erlebten wir in Bezug auf Unterrichtsunterbrechungen einen sehr normalen, unspektakulären Unterricht. Welche enorme gemeinsame Leistung des Kollegiums und der Schulleitung hinter diesem geordneten Lernen steckt, kann vermutlich nur ermessen, wer mit einer vergleichbaren Schülerschaft arbeitet.

Was ist daran Qualitätsmanagement?

Am Anfang des Prozesses stehen eine Bestandsaufnahme und eine Problemanalyse. Die Lehrkräfte der Schule Friedrich-Frank-Bogen formulieren Ziele, die Steuerungsgruppe plant daraufhin die einzelnen Schritte, um diese zu erreichen. Die Schulleitung stellt die notwendigen Ressourcen bereit. Es findet zur Vorbereitung eine Qualifizierungsphase statt. Dann wird das Konzept in ausgewählten Praxisbereichen, sprich Klassen erprobt. Durch eine fortwährende Evaluation zeigt sich, was in der Praxis gut funktioniert und was noch verändert werden muss. Nach dem es in mehreren Klassenteams eine bewährte Praxis gibt, wird der Ansatz auch auf die anderen Klassen übertragen. Lehrkräfte, die das wünschen, bekommen dazu eigens ein praxisnahes Coaching. Bei unserem Besuch finden wir eine gut funktionierende und abgestimmte Praxis vor. Im abschließenden Gespräch deutete die Schulleiterin an, dass sich die Schule, nachdem sie jahrelang ihre Kräfte in diesem Bereich gebündelt hat, nun wahrscheinlich anderen zentralen Entwicklungsfeldern zuwenden will, nachdem der Bereich Erziehung nun sehr gut entwickelt ist.

Damit hat die Schule in einem Bereich viele wichtige Schritte von Qualitätsmanagement umgesetzt.

Beispiel 2: Schule an der Gartenstadt

Das Fallbeispiel

Die Schule an der Gartenstadt liegt in einem bürgerlichen Umfeld. Sie hat einen besonderen pädagogischen Schwerpunkt, der gute Anmeldezahlen sichert. Der Anspruch des Kollegiums an die eigene Arbeit ist sehr hoch. Das »Kursbuch zum internen Qualitätsmanagement« (Schule an der Gartenstadt 2010) ist in unserem Kontext besonders bemerkenswert. Die Schule hat sich in ihm sehr stark an dem Hamburger »Orientierungsrahmen Schulqualität« als verbindliches Ziel für die Schulentwicklung orientiert und dessen Gliederung und Normen der zentralen Dimension »Bildung und Erziehung« eins zu eins für ihr Kursbuch übernommen. Für jeden Unterpunkt wie z. B. »Schulspezifisches Förderkonzept«, »Schülermitwirkung in Lernprozessen« oder »Regelmäßige Evaluation der Entwicklungsschwerpunkte« (vgl. Abbildung auf der folgenden Seite) beschreibt das Kursbuch die Qualitätsansprüche, den Ist-Stand der Schule in der Verfolgung dieser Ziele und mögliche Quellen zur Evaluation. Die Schule benennt für jeden Qualitätsbereich ihre Stärken, die Optimierungspotentiale und geplante weitere Maßnahmen (inklusive der Zuständigkeit).

Für jeden Qualitätsbereich im Kursbuch gibt es in der Schule eine zuständige Person. In nahezu jeder Lehrerkonferenz und Schulkonferenz nimmt sich die Schule an der Gartenstadt einen dieser Punkte vor, indem sie den Status quo diskutiert und etwaige Maßnahmen beschließt. Dabei werden die Qualitätsbereiche nicht der Reihe nach abgearbeitet, sondern bei jedem Treffen wird immer ein Punkt aufgegriffen, der aktuell als dringlich betrachtet wird. Das Kursbuch ist damit ein lebendes Dokument, das kontinuierlich weiterentwickelt wird und immer den neusten Stand der Schulentwicklung abbildet.

2.5.1.c Regelmäßige Evaluation der Entwicklungsschwerpunkte → Indikator: Die Entwicklungsschwerpunkte des Schulprogramms im Bereich Unterricht und Erziehung werden in regelmäßigen Zeitabständen evaluiert; die Ergebnisse werden in der Schulkonferenz beraten und sind Grundlage für die Fortschreibung bzw. Revision des Schulprogramms.	
Ist-Zustand Seit dem Schuljahr 2006/2007 sind die mit der Schulaufsicht abgeschlossenen ZLV fester Bestandteil für die Entwicklung unserer Schule, deren Umsetzung entsprechend dokumentiert und evaluiert wird.	**Quelle / Nachweise** ZLV
Ein Kursbuch zur gesamten Qualitätsdimension Bildung und Erziehung aus dem Orientierungsrahmen Schulqualität ist im Schuljahr 2006/2007 mit Beteiligung des ganzen Kollegiums erstellt worden und tritt an die Stelle des Schulprogramms.	I-serv (Leitbild, Kursbuch)
Im Schuljahr 2007/2008 wurde unter Einbeziehung aller an unserer Schule Beteiligten ein Leitbild erarbeitet, das sehr ausführlich die Schwerpunkte der pädagogischen Arbeit widerspiegelt.	Schulflyer Homepage der Schule
Im Leitbild und im Kursbuch der Schule sind die Entwicklungsschwerpunkte im Bereich Unterricht und Erziehung dokumentiert. Das Kursbuch wird seit dem 2. Halbjahr 2008/2009 regelmäßig evaluiert und fortgeschrieben.	Protokolle der „Elefantenrunde" und Lehrerkonferenzen
Stärken Die ZLV werden im Lehrerkollegium gemeinsam entwickelt und abgestimmt. Das Leitbild wurde mit den Schülern gemeinsam implementiert und auf dem Schulgelände visualisiert. Ein neuer Flyer für die Schule liegt seit dem Schuljahr 2007/2008 vor.	
Optimierungspotentiale Das Leitbild wird mittelfristig überprüft.	
Maßnahmenplanung	

	Wer	Bis wann
Nach der Anlaufphase der Primarschule wird das Leitbild überprüft.	Steuergruppe	

Kursbuchseite zum internen Qualitätsmanagement
(aus: Schule an der Gartenstadt (2010) , S. 37

Was ist daran Qualitätsmanagement?
Das Kursbuch ist für die Schule an der Gartenstadt das zentrale Instrument ihrer Weiterentwicklung, also quasi ihr Handbuch zur Qualitätsentwicklung. Es gewährleistet ihr einen systematischen Überblick des aktuellen Standes aller Bemühungen um die Verbesserung der eigenen Arbeit.

Das oben aufgeführte Zitat zur Teamarbeit fiel in dieser Schule. Das in der Schule auch über einen Schulleitungswechsel hinweg praktizierte Prinzip der systematischen Schulentwicklung mit Hilfe des Kursbuchs war sicherlich ein wesentlicher Grund dafür, dass die Schule in vielen Bereichen des »Orientierungsrahmens Schulqualität« gute Arbeit leistet.

Die beiden beschriebenen Schulen sind in ihrem Qualitätsmanagement sehr unterschiedlich weit. Die Schule Friedrich-Frank-Bogen hat einen wichtigen Bereich ihrer Arbeit in den letzten Jahren sehr systematisch entwickelt. Die Schule an der Gartenstadt hat bereits ein Qualitätsmanagement aufgebaut, das systematisch viele zentrale Bereiche umfasst.

Erste Schritte zum QM

Dieser Aufsatz ist kein Ersatz für eine umfangreiche Einführung in QM. Er will vor allem eine Idee davon vermitteln, was sich hinter dem vielleicht abschreckenden Wortungetüm »Qualitätsmanagement« verbergen könnte. Dennoch möchte ich abschließend noch einige erste Schritte hin zu einem systematischen Qualitätsmanagement vorzeichnen:

Nachdem in einer Schule der Wille zum gemeinsamen Tun vorhanden ist, folgen in den verschiedenen Qualitätsmanagement-Systemen (vgl. Kempfert / Rolff 2006; Landwehr / Steiner 2007; Zink 2004) üblicherweise folgende Schritte:

1. Bestandsaufnahme zu Stärken und Schwächen der Schule
2. Festlegung von Qualitätszielen (inklusive überprüfbaren Kriterien der Zielerreichung)
3. Planung von Maßnahmen zur Umsetzung und Bereitstellung von Ressourcen in einem Bereich
4. Umsetzung in Teilschritten mit klar definierten Zwischenzielen (Meilensteinen)
5. Kontinuierliche Überprüfung des Erreichens der Meilensteine
6. ggf. Nachjustierung der Maßnahmen
7. Evaluation der Zielerreichung
8. Feier des Erfolges
9. Definition eines zweiten Bereichs

Qualitätsentwicklung muss sich dabei immer wieder an der Praxis und deren Notwendigkeiten orientieren. Verändern sich Rahmenbedingungen, zeichnet sich im Prozess ab, dass geplante Ziele so nicht zu erreichen sind – dann muss nachjustiert werden. Notwendig ist sozusagen ein Lernen der Schule in immer wieder neuen Schleifen aus »Plan-Do-Check-Act« (Deming 1982; Argyris / Schön 1999), indem man sich die gleichen Themen fortwährend neu betrachtet und weiterentwickelt. QM ist kein Selbstzweck, bei dem man wild unnütze Daten sammelt und überdimensionierte Konzepte schreibt. Nein! – die Qualitätsziele und -maßnahmen müssen zu der Schule passen, Aufwand und Ertrag der QM-Aktivitäten müssen verhältnismäßig sein.

Spätestens an diesem Punkt kann eine Beschäftigung mit den folgenden (oder anderen) Qualitätsmanagementsystemen sehr hilfreich sein:

- Q2E: Qualität durch Evaluation und Entwicklung (vgl. Landwehr / Steiner 2007)
- PQM: Pädagogisches Qualitätsmanagement (vgl. Kempfert / Rolff 2006)
- QZS: Qualitätszentrierte Schulentwicklung (vgl. Ripper / Schenk 2006)

Diese QM-Systeme sind häufig Instrumente, sie geben keine pädagogischen Ziele vor. Sie sind wie Formen, die darauf warten, mit Inhalten gefüllt zu werden. In diesem Sinne muss jede Schule für sich selber definieren, was für sie guter Unterricht, Teamarbeit oder etwa Schülermitwirkung konkret bedeutet (oder sich dabei an den Normen ihres Bundeslandes o. Ä. orientieren). Die QM-Instrumente helfen »nur« dabei, die einzelnen Schritte geordnet und systematisch zu verfolgen.

Literatur

Altrichter, H. / Posch, P. (2006): Lehrerinnen und Lehrer erforschen ihren Unterricht: Unterrichtsentwicklung und Unterrichtsevaluation durch Aktionsforschung. 4., überarb. und erweiterte Auflage. Bad Heilbrunn: Klinkhardt.

Argyris, Chr. / Schön, D. (1999): Die Lernende Organisation: Grundlagen, Methoden, Praxis. Klett-Cotta.

Behörde für Schule und Berufsbildung Hamburg (BSB) (Hrsg.) (2008): Orientierungsrahmen. Qualitätsentwicklung an Hamburger Schulen. 2. Auflage. Hamburg: BSB.

Deming, W. E. (1982): Out of the Crisis. Cambridge: Massachusetts Institute of Technology.

Döbrich, P. / Schnell, H. / Sroka, W. (2008): Schulinspektion in ausgewählten Ländern. In: Döbert, H. / Detering, K. (Hrsg.): Externe Evaluation von Schulen: Historische, rechtliche und vergleichende Aspekte. Historische, rechtliche und vergleichende Aspekte. Münster: Waxmann, S. 165 – 237.

Kempfert, G. / Rolff, H.-G. (2006): Qualität und Evaluation. Ein Leitfaden für Pädagogisches Qualitätsmanagement. 4., überarbeitete und erweiterte Auflage. Weinheim und Basel: Beltz.

Landwehr, N. / Steiner, P. (2007): Q2E. Qualität durch Evaluation und Entwicklung. Konzepte, Verfahren und Instrumente zum Aufbau eines Qualitätsmanagements an Schulen. 2. Auflage. Schuber mit sechs Broschüren. Bern: h. e. p.-Verlag.

Ripper, J. / Schenk, Th. (2006): Der Leitfaden zur Einführung, Durchführung und Dokumentation von Qualitätsmanagement an der Schule. Steinheim / Murr: SchuleWirtschaft.

Schule an der Gartenstadt (2010): Kursbuch zum internen Qualitätsmanagement. Mai 2010. Internes Arbeitspapier.

Stern, C. / Ebel, Chr. / Vaccaro, E. / Vorndran, O. (Hrsg.) (2006): Bessere Qualität in allen Schulen – Praxisleitfaden zur Einführung des Selbstevaluationsinstrumentes SEIS in Schulen. Gütersloh: Verlag Bertelsmann Stiftung.

Wood, M. M. et al. (1996): Developmental Therapy – Developmental Teaching. Fostering Social-Emotional Competence in Troubled Children and Youth. Austin (Texas): Pro-Ed.

Zink, Kl. J. (2004): TQM als integratives Managementkonzept. Das EFQM Exellence Modell und seine Umsetzung. München / Wien: Hanser Verlag.

Eric Vaccaro

Selbstevaluation in Schottland

Ein Interview mit John Finlayson, Schulleiter der Portree Primary School

Für Schottlands Schulen ist systematische Selbstevaluation schon seit Beginn der 1990er Jahre verbindlich. John Finalyson, Schulleiter der Portree Primary School, gibt Auskunft über seine persönlichen Erfahrungen damit:

Mr. Finlayson, was bedeutet für Sie Selbstevaluation?

Selbstevaluation ist für mich zunächst einmal das zentrale Instrument, mit dem unsere Schule ihre eigene Arbeit reflektiert. Selbstevaluation gibt uns Auskunft darüber, wie fortgeschritten wir mit unserem Fahrplan zur kontinuierlichen Verbesserung sind, wie gut unsere Leistungen sind, wie gut wir die Bedürfnisse unserer Schülerinnen und Schüler erfüllen usw.

Aber Selbstevaluation ist im Grunde noch mehr als nur ein Reflexionsinstrumentarium. Ich sehe darin eine professionelle Haltung, in deren Kern ganz einfache und grundlegende Fragen stehen: Wie gut erfüllen wir unsere Aufgabe, unseren Schülerinnen und Schülern bestmögliches Lernen zu ermöglichen? Wo stehen wir jetzt gerade? Was können wir tun, um uns noch weiter zu verbessern? Was sind dabei unsere Prioritäten? In welchem Zeitrahmen wollen wir was erreicht haben?

Wie entsteht so eine Haltung?

Meiner Meinung nach gibt es zwei entscheidende Voraussetzungen, damit so eine Haltung entstehen und Selbstevaluation gelingen kann:

Die erste Voraussetzung besteht darin, als Schule eine Kultur zu entwickeln, in der die Verantwortung für den Wandel und die Entwicklung der Schule nicht primär bei der Schulleitung gesehen wird, sondern bei jedem Einzelnen in der Schulgemeinschaft. Das war an unserer Schule nicht einfach. Erst mit der Zeit haben alle Beteiligtengruppen mehr und mehr das Gefühl entwickelt, dass sie den Wandel und die Entwicklung der Schule beeinflussen können und dabei unter Umständen sogar eine Schlüsselrolle einnehmen können. Dann wurde alles viel einfacher …

Die zweite Voraussetzung ist, dass man als Schulgemeinschaft ein gemeinsames Verständnis davon braucht, welche Bereiche genau evaluiert werden sollten und auf welche Weise dies geschehen sollte. Es bedarf eines Rahmens, der von allen verstanden wird.

Welche Bereiche evaluieren Sie denn an Ihrer Schule?

Allgemein gesagt alle zentralen Bereiche des schulischen Lebens: die Ziele der Schule, den Unterricht, ausgewählte Projekte … natürlich nicht alles auf einmal! Sehr hilfreich sowohl für die Identifizierung von Bereichen der Selbstevaluation als auch für die Definition von Entwicklungsschwerpunkten ist die nationale Handreichung »How good is our school?«. Sie enthält zentrale Qualitätsmerkmale, an denen sich Schulen im Rahmen ihrer Selbstevaluation orientieren können (siehe Kasten).

Wann hat Ihre Schule angefangen, sich systematisch selbst zu evaluieren. Was waren die Gründe, damit anzufangen?

In gewisser Weise hat es Selbstevaluation immer schon gegeben. Aber für unsere Schule und mich selbst ist Selbstevaluation vor allem in den letzten 10 Jahren immer wichtiger geworden. Das liegt natürlich zum einen daran, dass unsere Regierung und die Schulbehörde einen starken Fokus auf die

Der schottische Referenzrahmen für Schulqualität »How Good Is Our School?«

Anfang der 1990er Jahre hat die schottische Schulinspektion »Her Majesty's Inspectorate of Education« (HMIE) erstmalig einen Referenzrahmen für die Qualität schulischer Arbeit mit dem Titel »How good is our school?« herausgegeben, der mittlerweile mehrfach überarbeitet und weiterentwickelt wurde. Die aktuelle Fassung aus dem Jahr 2007 kann heruntergeladen werden unter dem Link www.hmie.gov.uk/documents/publication/hgiosjte3.pdf.

Dieser Referenzrahmen kann als Vorläufer und Vorbild für die mittlerweile in vielen anderen Ländern – darunter auch in fast allen deutschen Bundesländern – entwickelten Orientierungsrahmen für Schulqualität angesehen werden. Im Unterschied zur Praxis in den meisten deutschen Bundesländern wird dieser Referenzrahmen allerdings in erster Linie als Orientierungshilfe für die Planung und Organisation von Selbstevaluationsprozessen genutzt. Erst in zweiter Linie wird »How good is our school?« auch von der Schulinspektion als Kriterienrahmen eingesetzt. Die Philosophie lautet, dass Selbstevaluation vor Fremdevaluation kommen muss.

»How good is our school?« ist um sechs zentrale Leitfragen herum organisiert, die so etwas wie Qualitätsdimensionen beschreiben:

- Welche Ergebnisse und Wirkungen haben wir erzielt?
- Wie gut erfüllen wir die Bedürfnisse unserer Schulgemeinschaft?
- Wie gut ist der Unterricht und die Erziehung, den bzw. die wir vermitteln?
- Wie gut ist unser Management?
- Wie gut ist unsere Führung?

Jede dieser Leitfragen ist in eine Reihe von Qualitätsmerkmalen (»Indicators«) ausdifferenziert. In der zentralen Handreichung zu »How good is our school?« (siehe Link) ist jedes Qualitätsmerkmal ausführlich beschrieben und mit vielen Anwendungsbeispielen versehen. Zusätzlich finden sich darin zahlreiche weitere Unterstützungsmaterialien für die Selbstevaluation von Schulen, so z.B. die im Folgenden abgebildete Liste mit Anregungen für Belege, die im Rahmen eines Selbstevaluationsverfahrens Anwendung finden können (siehe Material 2).

Anwendung von Verfahren der Selbstevaluation gelegt haben. Zum anderen haben wir mit der Zeit aber auch erkannt, dass wir uns als Schule nur entwickeln können, wenn alle Beteiligten mit an Bord sind und wenn wir deren Meinungen angemessen berücksichtigen. Die Beteiligten müssen in die Reflexion und Evaluation der Leistungen, der Stärken und der Entwicklungsnotwendigkeiten der Schule eingebunden werden – dafür ist Selbstevaluation ein willkommener Anlass!

Kommen wir zur praktischen Seite: Können Sie uns beschreiben, wie so ein Selbstevaluationsvorhaben an der Portree Primary School durchgeführt wird?

Gerne. Wie Sie unserem jährlichen »Standards and Quality Report« (Qualitätsentwicklungsbericht) entnehmen können, besteht einer unserer längerfristigen Entwicklungsschwerpunkte in der Entwicklung eines Curriculums zur Umwelterziehung. Ziel unseres letzten größeren Evaluationsvorhabens in diesem Bereich war, die Inhalte dieses Curriculums noch stärker auf die Bedürfnisse der Kinder abzustimmen und es kompatibel mit bestimmten nationalen Exzellenzkriterien zu machen.

Was waren die genauen Inhalte dieser Evaluationsmaßnahme?

Konkret haben wir zum Beispiel evaluiert, in welchem Maße die Lernenden motiviert werden, aktiv Verantwortung für die Gestaltung ihres Lern- und Entwicklungsprozesses zu übernehmen. Weiterhin haben wir evaluiert, in welchem Maße die Schule ihr lokales Umfeld als Ressource für den Unterricht nutzt. Auch der gesamte Aufbau des Curriculums zur Umwelterzie-

Abb. 1: Die Gebäude der Portree Primary School

hung sowie die Inhalte der einzelnen angebotenen Kurse kamen auf den Prüfstand: Aufgabenverteilung, Aktivitäten, benötigte Ressourcen, Beurteilungsverfahren etc.

Welche Methoden haben Sie für die Evaluation verwendet?

Fragebögen an die Eltern und an die Schülerinnen und Schüler. Diskussionsgruppen für die beteiligten Lehrkräfte. Vergleiche mit entsprechenden

Die Portree Primary School

Die Portree Primary School liegt im Westen von Schottland auf der Isle of Skye. Sie beschreibt sich selbst als sehr geschäftige, lebendige und stimulierende Schule. Alles, was an der Schule geschieht, steht unter dem Leitmotto: »Leistung für alle durch qualitativ hochwertiges Lernen, Kooperation und Respekt vor unserer Kultur«. Nach Aussage des Schulleiters handelt es sich um eine Schule mit vergleichsweise hohen Leistungsergebnissen.

Derzeit werden an der Schule insgesamt 235 Schülerinnen und Schüler in 7 Jahrgangsstufen unterrichtet. Der Unterricht findet täglich von 9.15 Uhr bis 15.15 Uhr statt. Von den insgesamt elf Klassen der Schule werden 6 auf Englisch und 5 schwerpunktmäßig auf Gälisch (keltische Sprache) unterrichtet. Daneben gibt es noch eine Basis für Kinder mit besonderem Förderbedarf, den »Sonnenschein«-Raum, und eine gälischsprachige Krippe mit 32 Kindern. An der Schule unterrichten insgesamt 14 Lehrkräfte inklusive Schulleitung.

Als zentrales Profilmerkmal nennt die Schule die Partnerschaft und enge Zusammenarbeit mit der Schulgemeinschaft im weiteren Sinne, etwa mit der Elternvertretung, mit Einrichtungen aus der örtlichen Gemeinde und mit Betrieben. Die Zusammenarbeit wird unter anderem von einem aktiven Schulvorstand und einem starken Eltern-Lehrer-Verein tatkräfig unterstützt.

Ein weiteres wichtiges Profilmerkmal sind die zahlreichen Zusatzangebote für Schülerinnen und Schüler, die von Lehrkräften, Eltern und Vertreterinnen und Vertretern aus der örtlichen Gemeinde getragen werden. Die Schule nimmt auch an zahlreichen lokalen, nationalen und sogar internationalen Austauschen, Besuchen und Wettbewerben teil.

Der aktuelle »Quality and Standards Report« (Qualitätsentwicklungsbericht) nennt als zentrale Entwicklungsziele die Umsetzung eines Curriculums zur interdisziplinären Vermittlung von Mathematik, die Weiterarbeit an einem Projekt zur Förderung des Leseverständnisses, die Bewerbung um den silbernen »Eco-School Award« und die Weiterarbeit an einem Projekt zur Verbesserung des Übergangs auf die weiterführende Schule mit Schwerpunkt Schreiben und Leseverständnis.

Gemäß des letzten Berichts der schottischen Schulinspektion verfügt die Schule über folgende zentrale Stärken: Führungshandeln des Schulleiters; aktive Einbeziehung des Kollegiums in das Schulleben und Qualität ihrer Sorge um das Wohlergehen der Kinder; wohl erzogene Kinder, die hoch motiviert sind zu lernen; breites Leistungsspektrum der Kinder; starke und unterstützende Partnerschaft mit den Eltern und der Schulgemeinde. Als Verbesserungsbereich wurde die weitere Verbesserung des Leistungsniveaus durch Gewährleistung einer angemessenen Lerngeschwindigkeit und Schaffung ausreichender Herausforderungen identifiziert.

Weitere Informationen können der Website der Schule entnommen werden: www.portree-pri.highland.sch.uk.

Programmen anderer Schulen. Abgleich mit lokalen und nationalen Erwartungen und Richtlinien, auch mit den für diesen Bereich relevanten Qualitätsmerkmalen aus »How good is our school?«.

Im Kern bestand der Evaluationsprozess darin, dass wir uns ein ausführliches Feedback von allen Beteiligtengruppen zum Gelingen des bestehenden Curriculums zur Umwelterziehung geholt haben. Das war eigentlich ein ganz natürlicher Prozess.

Was ist dann mit den Evaluationsergebnissen passiert?

Wir haben die Ergebnisse mit allen Beteiligten diskutiert und daraus Schlussfolgerungen für die Überarbeitung des Curriculums gezogen. Unsere Maßgabe war, nicht alles bisher Erarbeitete einfach komplett wegzuwerfen, sondern darauf aufzubauen und es im Hinblick auf die Ziele behutsam zu überarbeiten. Das neue Curriculum beinhaltet nun mehr aktives Lernen, mehr fächerübergreifende und fächerverbindende Elemente und neue Planungs- und Beurteilungsverfahren. Mittlerweile sind wir für dieses Curriculum sogar mit dem »Eco-School Silver Award« ausgezeichnet worden (s. Abb. 2).

Das hört sich nach sehr viel Arbeit an. Wer war an Ihrer Schule alles an der Planung und Organisation dieser Selbstevaluationsmaßnahme beteiligt?

Das gesamte Kollegium, alle Schülerinnen und Schüler und deren Eltern – eben alle Beteiligtengruppen.

Was haben Sie getan, um alle Beteiligten zu motivieren? Selbstevaluation ist ja schließlich nicht die einzige Aufgabe der Schule …

Da brauchte ich – wie in den meisten anderen Fällen auch – nicht viel Überzeugungsarbeit zu leisten. Das Wichtigste ist es, im vorhinein eine Schulkultur zu etablieren, in der jeder Einzelne die Initiierung und Umsetzung von Verbesserungsmaßnahmen als sein ureigenstes Interesse versteht und bereit ist, dafür persönlich Verantwortung zu übernehmen. Daraus entsteht gewissermaßen automatisch das Bedürfnis, die eigene Arbeit und die Arbeit der Schule zu reflektieren. Wenn man sich dann innerhalb der Schule noch gemeinsam darauf verständigt, was man sich zu welchem Zeitpunkt genau anschauen will und an welchen übergeordneten Zielen man sich dabei orientieren will, läuft alles andere von alleine …

Wie haben Sie Ihre Rolle als Schulleiter in diesem Prozess verstanden?

Meine Rolle als Schulleiter war es, einen Rahmen für die Koordination und strategische Ausrichtung der verschiedenen Evaluationsmaßnahmen zu setzen. Weiterhin habe ich die Funktion eines zentralen Moderators eingenommen und dafür gesorgt, dass die verschiedenen Beteiligtengruppen auch wirklich angemessen beteiligt sind.

Abb. 2: Verleihung des nationalen »Eco-School« Preises für das Curriculum der Schule zur Umwelterziehung und weitere Umweltschutzmaßnahmen.

Gibt es eigentlich irgendwelche Unterstützungsangebote, die Sie für die Planung und Durchführung von Selbstevaluationsmaßnahmen in Anspruch nehmen können, etwa seitens der lokalen Schulbehörde?

Schulen können in der Tat bei der lokalen Schulaufsicht Unterstützung anfordern, wenn sie sie benötigen. Wir können zum Beispiel unseren dort angesiedelten »Quality Improvement Officer« (Schulentwicklungsberater) um Rat fragen. Es kommt auch vor, dass entweder der »Quality Improvement Officer« oder aber die Schulinspektorinnen und Schulinspektoren von sich aus bestimmte Bereiche definieren, in denen Verbesserungen notwendig sind. Eine gute Schule zeichnet aber aus, dass sie aufgrund ihrer Selbstevaluation selbst schon weiß, wo ihre Stärken und Verbesserungsbereiche liegen.

Stichwort Schulinspektion: Wenn Sie aufgrund Ihrer Selbstevaluation schon alles über sich wissen – wozu braucht es denn dann eigentlich überhaupt noch externe Evaluationen durch die Schulinspektion? Haben die Inspektionsergebnisse für Sie überhaupt noch irgendeine Relevanz?

Gute Frage, die sich nicht so einfach beantworten lässt. Meistens ist es doch so, dass die Untersuchungen der Inspektorinnen und Inspektoren in irgendeiner Weise hilfreich sind. Zunächst ist es nicht so, dass die im Rahmen von Selbstevaluation verwendeten Methoden an allen Schulen so verlässlich sind, dass sie immer zu validen Ergebnissen führen. Weiterhin brauchen wir als Schule regelmäßig die Vergewisserung, wie effektiv unsere Selbstevaluation ist. Eine gute Selbstevaluation zu machen, ist eine Sache, eine ganz andere ist, aus den Ergebnissen geeignete Schlussfolgerungen zu ziehen und sich als Schule auch wirklich weiterzuentwickeln.

Hat es an Ihrer Schule einmal den Fall gegeben, dass sich Selbstevaluationsergebnisse und Ergebnisse der externen Evaluation durch die Schulinspektion widersprochen haben?

An meiner Schule haben bislang Selbst- und Fremdevaluationsergebnisse immer übereingestimmt. Ich habe allerdings von einigen Fällen gehört, wo Schulleitungen der Meinung waren, dass sie in bestimmten Bereichen eine bessere Bewertung verdient hätten. So etwas passiert z. B. klassischerweise bei Schulen, deren Schülerleistungen über dem nationalen Durchschnitt liegen, bei denen die Inspektorinnen und Inspektoren aber der Meinung sind, dass sie aufgrund des Umfelds und der verfügbaren Ressourcen noch besser sein müssten.

Ganz entscheidend dafür, dass wir interne und externe Evaluationsergebnisse überhaupt miteinander vergleichen können, ist übrigens die Tatsache, dass wir alle uns auf dieselbe Referenz beziehen, d. h. auf die Qualitätsmerkmale aus »How good is our school?«.

Was würden Sie einer Schulleiterin oder einem Schulleiter einer deutschen Grundschule raten, die bzw. der Selbstevaluation an seiner Schule einführen möchte? Können Sie uns so etwas wie ein Rezept weitergeben?

Natürlich sind die Ausgangsbedingungen so unterschiedlich, dass jede Schule letztlich ihren eigenen Weg finden muss. Dennoch gibt es aus meiner Sicht ein paar Dinge, an denen man auf keinen Fall vorbeikommen wird. Das Wichtigste ist – wie schon mehrfach erwähnt – die gezielte Schaffung einer Kultur der gemeinsamen Verantwortung aller schulischen Beteiligten für die Entwicklung ihrer Schule.

Die Lehrkräfte müssen sich wirklich dazu ermutigt fühlen, Ideen für die Verbesserung der Schule zu entwickeln. Wo immer möglich, sollten Konzepte oder Verfahrensweisen aus dem Kollegium heraus entwickelt werden. Die Kolleginnen und Kollegen sollten die Gelegenheit erhalten, sich gegenseitig im Unterricht zu besuchen und sich im Anschluss darüber austauschen, was sie gesehen haben und was man besser machen könnte. Sowohl jeder einzelne aus dem Kollegium als auch das Kollegium als Ganzes müssen das Gefühl bekommen, dass ihre Beobachtungen und Ideen für die Gesamtentwicklung der Schule wichtig sind und ernst genommen werden. Als Schulleitung müssen Sie lernen, da ganz viel zuzuhören. Das Kollegium muss wissen, dass Sie mit seiner täglichen Arbeit sehr gut vertraut sind, dass Sie die persönlichen Nöte und Wünsche jedes Einzelnen kennen und auch die persönlichen Stärken und Entwicklungsnotwendigkeiten. Sie müssen wirklich ansprechbar sein und sich viel Zeit nehmen, um mit den Kolleginnen und Kollegen über Weiterentwicklungs- und Verbesserungsmöglichkeiten zu reden.

Die Eltern müssen möglichst viele Gelegenheiten eingeräumt bekommen, die Schule zu besuchen – zum Beispiel im Rahmen »offener Nachmittage« oder abends. Sie müssen mit den Lehrkräften ins Gespräch kommen können. Und es hilft auch, sie immer wieder um ihre Meinung zu fragen, etwa mit Hilfe von Fragebögen. Wichtig ist auch eine gute Zusammenarbeit mit dem Elternrat.

Auch die Schülerinnen und Schüler müssen ihre Meinung äußern können. Die Lehrkräfte sollten sich regelmäßig ein Feedback holen: Wie denkt ihr über meinen Unterricht? Was könnte ihn noch besser machen? Die Schülerinnen und Schüler müssen aktiv Verantwortung für die Weiterentwicklung des Unterrichts übertragen bekommen.

Können Sie uns bestimmte Strukturen empfehlen, mit denen man diese Verantwortungskultur unterstützen kann und die darauf aufbauende Auseinandersetzung mit Fragen zur Selbstevaluation einbetten kann?

Wir haben zum Beispiel einen festen Jahreskalender für alle Aktivitäten der Qualitätsentwicklung und der Selbstevaluation. In diesem Jahreskalender ist alles Mögliche fest terminiert: Unterrichtsbesuche, Elternversammlungen, Reflexionstreffen, Einsatztage etc. Dann erstellen wir jedes Jahr den vorhin schon erwähnten Qualitätsentwicklungsbericht inklusive Qualitätsentwicklungsplan, den wir dann sehr ausführlich mit unserem Schulentwicklungsberater besprechen. Selbstreflexion und Selbstevaluation sind auch feste Bestandteile unserer regulären Konferenzen und sonstigen Routinetreffen: wöchentliche Lehrerkonferenz, regelmäßige Arbeitssitzungen der Schulleitung, Versammlungen des Lehrpersonals mit den Mitarbeiterinnen und Mitarbeitern, die nicht unterrichten, Treffen der Mitarbeiterinnen und Mitarbeiter, die sich in ähnlichen Entwicklungsstadien befinden, Schülerrat, Elternrat, Treffen zwischen Schulleitung und Schulaufsicht etc. Unsere Schule arbeitet schließlich auch noch eng mit der örtlichen High School und den umliegenden Grundschulen zusammen. Auch hier erfolgen eine systematische Reflexion der Arbeit und eine gemeinsame Festlegung von Entwicklungsprioritäten, insbesondere hinsichtlich einer besseren Gestaltung der Übergänge.

Haben Sie abschließend noch einen praktischen Tipp für den Start? Was kann man als allererstes tun, wenn man sich als Schule dem Thema Selbstevaluation nähern will?

Mit allen Beteiligten reden und folgende Fragen diskutieren: Was sind UNSERE Prioritäten und Ziele für die Weiterentwicklung und Verbesserung unserer Schule? Woran können wir erkennen, dass wir uns in die Richtung entwickeln, in die wir uns entwickeln wollen? Wie können wir herausfinden, wo wir jetzt gerade stehen? Was genau können wir verbessern? Wie können wir als Team zusammenarbeiten, um das umzusetzen?

Ich gebe Ihnen mal diesen Fragebogen hier. Den habe ich vor längerer Zeit mal an meiner Schule verwendet, um eine Auseinandersetzung mit den genannten Fragen in Gang zu bringen … (siehe Material 1)

Herzlichen Dank! Wie können wir uns eigentlich Ihre Schule vorstellen? Irgendwo in den schottischen Highlands am Ufer eines dunklen Sees mit einem Monster darin?

Nein, nein, kein Monster! Aber ansonsten liegen Sie schon ganz richtig: die Schule liegt in dem Städtchen Portree auf der Isle of Skye, einer der größten Inseln in den schottischen Highlands. Wir haben ca. 300 Schülerinnen und Schüler aus unterschiedlichen sozialen Kontexten. Die unterrichten wir in einem gälischsprachigen und einem englischsprachigen Zweig … (weitere Informationen siehe Kasten auf S. 241)

Portree Primary School – Gesamtes Kollegium – Selbstevaluation – 3 Sternchen und ein Wunsch

Überlegt euch in eurer Gruppe für jede der folgenden Überschriften jeweils drei Dinge, von denen ihr denkt, dass wir sie als Schule gut machen. Nennt abschließend jeweils einen Bereich, bei dem ihr denkt, dass wir besser sein könnten.

Schaffung von Gelegenheiten für alle Schülerinnen und Schüler, Leistung zu erbringen und Erfolge zu erzielen bzw. die Erfahrung zu machen, wie sich Erfolg »anfühlt«
*1.
*2.
*3.
1.

Lernen und Lehren – Aktivitäten / Unterrichtsstunden / kooperative Lernformen, Lernerfahrungen, die wir anbieten.
*1.
*2.
*3.
1.

Unterstützung aller Schulkinder und Erfüllung der Bedürfnisse von Schulkindern – Umgang mit Schulkindern mit besonderem Förderbedarf, mit verhaltensauffäligen und mit besonders begabten Schulkindern
*1.
*2.
*3.
1.

Selbstevaluation unserer Arbeit – Kommunikation, Erfahrungsaustausch, gegenseitige Unterstützung, Verbesserungsansätze
*1.
*2.
*3.
1.

Ermunterung unserer Schülerinnen und Schüler, aktiv zu sein und hinsichtlich Nahrungsaufnahme, körperlichem Ausgleich und Selbstachtung ein gesundes Leben zu führen
*1.
*2.
*3.
1.

Materialien 1: Selbstevaluationsbogen der Portee Primary School

Anhang 5: Belege für Selbstevaluation

QUANTITATIVE DATEN

Es gibt zahlreiche quantitative Daten, die Sie für eine Evaluation verwenden können. Diese Liste ist weder als Vorschrift noch als vollständig zu verstehen.

- Prüfungsergebnisse
- Ergebnisse des »STACS«-Tests (»Stylistics Text Analysis and Cognitive Science«)
- Erreichte Leistungsniveaus
- Daten über den Lernzuwachs der Schülerinnen und Schüler
- Entwicklung mit Bezug auf die vorhergehende Leistungsstufe
- Fortschritt der Schulkinder bei der Erreichung von Entwicklungszielen
- Gesamtfortschritt bei der Erreichung bestimmter Entwicklungsziele
- Auf nationaler oder lokaler Ebene erhobene Daten
- Analyse von Leistungsdaten in anderen Schlüsselbereichen wie: Finanzen, Anwesenheit, Schulausschlüsse, Versetzungsquoten, Verbleibsstatistik

PERSÖNLICHE ANSICHTEN UND MEINUNGEN

Man kann Personen nach ihren Ansichten und Meinungen befragen. Die folgende Liste enthält einige Vorschläge dazu:

- Einzelinterviews mit Mitarbeiterinnen und Mitarbeitern
- Einzelinterviews mit Eltern
- Gruppendiskussionen
- Diskussionen mit Schülervertreterinnen und -vertretern
- Dokumentationsgruppen
- Arbeits-Partys
- Fragebögen bzw. sonstige Untersuchungen zur Erhebung der allgemeinen Zufriedenheit und zum Sammeln von Vorschlägen zur Verbesserung der Effektivität
- Schriftliche Beantwortung / Kommentierung von Fragen
- Teambesprechungen auf jeder Ebene

DIREKTE BEOBACHTUNG

Sie können auf unterschiedliche Art und Weise Unterricht beobachten, z. B.:

- »Shadowing« einzelner Schülerinnen und / oder Schüler
- Begleitung einer Klasse
- Beobachtung einzelner Unterrichtsstunden
- Videoaufzeichnung des eigenen Unterrichts
- Austausch von Klassen zwischen Lehrkräften
- Paarweise gegenseitige Beobachtung
- Arbeit mit anderen Lehrkräften

Sie können auch eine ganze Reihe von Dokumenten analysieren, z. B.:

- Schülerarbeiten
- Berichte an die Eltern
- Profil über die Umgangsweise von Schülerinnen und Schülern mit bestimmten Aufgaben
- Lerntagebücher bzw. Portfolios
- Wochenpläne o. Ä.
- Unterrichtsplanung der Lehrkräfte
- Fortschrittsberichte zum Förderplan
- Kursmaterialien
- Grundsätze und Richtlinien
- Protokolle

Materialien 2: Anregungen für Belege, die im Rahmen einer Selbstevaluationsmaßnahme verwendet werden können (Quelle: HM Inspectorate of Education: How Good Is Our School? The Journey To Excellence: Part 3. Livingston 2007, S. 56)

Christiane Töller-Weingart

Selbstbestimmt evaluieren – eine Schule macht sich auf den Weg

Qualitätsentwicklung an unserer Schule

Meine Visionen von einer kindgerechten Grundschule als Schulleiterin der Grundschule St. Jürgen Frankenburg waren schon immer:

1. Die SchülerInnen verbringen viel Lernzeit mit ihren Lehrerinnen in der Grundschule.
2. Allen Kindern werden vielfältige Angebote in der Schule geboten.
3. Der Unterricht wird so gestaltet, dass jedes Kind entsprechend seiner individuellen Möglichkeiten arbeiten kann.

Auf unserem Weg zu einer kindgerechten Grundschule wurden wir im Jahr 1995 volle Halbtagsgrundschule. Dieses Konzept sicherte den Lehrerinnen mehr Lernzeit mit den SchülerInnen. Im Jahr 1997 nahm die Schule, als eine von 8 Grundschulen in Niedersachsen am Schulversuch »Integrierte Eingangsstufe – Altersgemischtes Lernen« teil. Dieser Schulversuch sollte auch die sonderpädagogische Grundversorgung (später Regionales Integrationskonzept = RIK) an Grundschulen erproben. Mit der Umstrukturierung des Unterrichtsalltages und dem Rhythmisieren von Unterricht veränderte sich der Schulvormittag für die SchülerInnen und Lehrerinnen nachhaltig. Im zweiten Schritt folgten die methodischen Veränderungen der Unterrichtsinhalte. Um alle Kinder auf ihrem individuellen Lernweg zu unterstützen, mussten der Unterricht und seine Inhalte so verändert werden, dass alle Kinder einer Lerngruppe auf ihrem Niveau arbeiten konnten. Die Kolleginnen entwickelten dafür Werkstätten und Lehrgänge und wurden dafür durch viele Fortbildungen (auch durch das Kultusministerium MK) unterstützt. Nach den ersten beiden Schulversuchsjahren entschied sich das Kollegium, die Altersmischung auch auf die Jahrgänge 3/4 auszudehnen. Die Zeugnisse wurden für alle Lerngruppen nur noch in Form eines Rasters für Lernziele und einem Brief an die Kinder erstellt.

Kollegium und Schulleitung nahmen in den Folgejahren immer wieder an angebotenen Fortbildungen des Kultusministeriums teil, die der Schule helfen konnten, professioneller an der Qualitätsentwicklung der Schule zu arbeiten. Vor allem aber das Thema der Evaluation nahm mit der Fortdauer der Altersmischung einen immer größeren Raum in den Diskussionen über die Arbeit im Kollegium ein. Wir Lehrerinnen wollten wissen, ob wir mit den vorgenommenen methodisch-didaktischen Veränderungen in der Arbeit mit den altersgemischten Lerngruppen richtig lagen. Wurden wir allen Kindern gerecht und, viel wichtiger: Konnten die Unterrichtsinhalte in diesen heterogenen Lerngruppen den Schülern und Schülerinnen nachhaltig vermittelt werden? Diese Fragen beschäftigten uns immer wieder in unseren Reflexionsrunden.

Evaluation durch die Eltern

Obwohl alle Beschlüsse zu den Entwicklungsvorhaben der Schule in den Gesamtkonferenzen immer einstimmig waren und auch der Schulelternrat das Kollegium bei seinen Vorhaben unterstützte, gab es eine größere Gruppe unter den Eltern, die der pädagogischen Arbeit der Schule sehr kritisch bis ablehnend gegenüber stand.

Schließlich kannten diese Eltern aus ihrer eigenen Schulzeit nur die Jahrgangsklassen. Außerdem war unsere Schule eine von sechs Grundschulen in der Gemeinde, die nun plötzlich alles anders machte. Die Eltern waren verunsichert.

Das Kollegium nahm die Aussagen der Eltern sehr ernst und arbeitete mit der höchst möglichen Transparenz und stetig an Verbesserungen des Unterrichts. Aber Kritik wurde nicht immer laut und deutlich geäußert.

Möglichkeiten der Form einer internen Evaluation wurden mit dem Schulelternrat diskutiert. Der entwickelte daraufhin einen Fragebogen, um die »Zufriedenheit« der Eltern abzufragen. Der Fragebogen beschäftigte sich mit folgenden Themenbereichen:

1. Unterricht der Lehrerinnen
2. Arbeit der Schulleitung
3. Lernfortschritt ihres Kindes
4. Zufriedenheit mit der Schule insgesamt

Alle Eltern bekamen diesen Fragebogen mit ca. 30 Fragen. Er wurde über die Schule verteilt und zurückgegeben und vom Schulelternrat ausgewertet.

Die Auswertung zeigte, dass 78 % der Eltern mit der Arbeit der Schule sehr zufrieden waren. Die übrigen 22 % der Eltern waren nicht durchgehend unzufrieden, sahen aber wesentliche Teile der Arbeit überwiegend negativ. Einige äußerten dies im Fragebogen folgendermaßen: Die Lehrerinnen haben keine Ahnung, wie man schwache Kinder fördert, die Lehrerinnen kümmern sich nur um die begabten Kinder, die Lehrerinnen lassen zu, dass die Kinder zu weit auseinanderlaufen oder die Kinder können doch machen, was sie wollen.

Der Schulelternrat veranstaltete mit dem Kollegium eine Auswertungs- und Diskussionsrunde über die Ergebnisse der Befragung. Im Anschluss daran lud er interessierte Eltern (vor allem kritische Eltern) zur Vorstellung der Ergebnisse ein.

Kollegium und Schulelternrat waren sich am Schluss einig, dass diese Form der Befragung nicht wirklich Aufschluss über die kritischen Punkte der pädagogischen Arbeit der Schule gegeben hatte. Es war lediglich für einige unzufriedene Eltern ein Forum zum Anbringen ihrer nicht immer sachlichen Kritik gewesen.

Qualitätsentwicklung in Netzwerken

Zeitgleich im Jahr 2001 schrieb das Kultusministerium ein neues Projekt aus. Schulen aller Schulformen einer Region sollten sich zu Netzwerken vereinigen und zu folgenden Entwicklungsvorhaben arbeiten:
1. Entwicklung eines Schulprogramms
2. Arbeit mit Steuergruppen in der Schule
3. Möglichkeiten der internen Evaluation

Mit der Teilnahme an diesem Projekt erhofften sich Kollegium und Elternrat ein Instrument, welches Schulentwicklung evaluieren, aber auch dokumentieren helfen sollte.

• Evaluation mit dem Deutschen Institut für pädagogische Forschung (DIPF)

Es dauerte noch einmal fast zwei Jahre, bis in diesem Projekt eine Möglichkeit der internen Evaluation angeboten wurde. In Niedersachsen gab es bisher ein solches Instrument nicht und musste erst mit Hilfe der Schulen und des Institutes konzipiert werden.

Für das Schuljahr 2003/04 gab es *endlich* einen Fragebogen für Eltern und Lehrerinnen. Die Schüler und Schülerinnen wurden noch nicht befragt.

Folgende Bereiche wurden abgefragt:
1. Bildungsauftrag
2. Lernen und Lehren
3. Führung und Management
4. Schulklima
5. Zufriedenheit
6. Qualitätsentwicklung

Für jede Gruppe gab es ca. 250 Fragen in Papierform, die folgendermaßen ausgewertet wurden:
++ = stimme völlig zu, + = stimme eher zu, – = stimme eher nicht zu
–– = stimme gar nicht zu, ○ = weiß nicht

Es wurden jeweils die Eltern der dritten Jahrgänge befragt. Die Fragebögen wurden den Eltern über ihre Kinder mit nach Hause gegeben. Der Rücklauf lag bei 80 %. Die Lehrerinnen füllten ihren Bogen während einer Dienstbesprechung aus.

Die ausgefüllten Bögen wurden an das DIPF geschickt und von diesem ausgewertet. Lehrerinnen und Eltern wurden gegeneinander gestellt in den Antworten. Das folgende Beispiel zeigt eine Frage und die Auswertung für beide Gruppen:

1. Bereich Bildungsauftrag Frage	% Lehrerinnen					% Eltern				
	++	+	-	--	○	++	+	-	--	○
Das Leistungsniveau der Schüler in meiner Schule ist insgesamt hoch.	33	67	0	0	0	42	42	0	0	17

Die Fragebögen waren in ihrer Fragestellung so aufgebaut, dass sie für alle Schulformen in Frage kamen. So gab es auch Fragen zum Schuleschwänzen, zur Erpressung von Schülern durch andere Schüler oder zum Sammeln von Erfahrungen in der Arbeitswelt. Auch wenn diese für die Grundschule nicht relevant waren, so mussten sie beantwortet werden.

Da die Auswertung nur in Form von Prozentzahlen und ohne Kommentare der Schule zurückgemeldet wurde, musste die Steuergruppe quasi die Arbeit der Analysten übernehmen. Dafür traf sie sich im Vorfeld zu mindestens vier Sitzungen. Jeder Bildungsbereich wurde ausgewertet, die Befragungsgruppen in ihren Aussagen miteinander verglichen, Abweichungen festgestellt und Mutmaßungen, weshalb sich diese so darstellten, angestellt. Diese Arbeit war nicht einfach, da die Kolleginnen dafür nicht ausgebildet waren. Außerdem wurden natürlich viele Antworten aus Sicht der Schule interpretiert.

Zu jedem der sechs Bereiche wurden die kritischen und die besonders positiven Äußerungen ausgewertet und der Gesamtkonferenz vorgestellt. Diese Auswertung nahm viel Zeit in Anspruch und konnte aufgrund der vielen Fragen von den Mitgliedern der Steuergruppe nicht wirklich geleistet werden.

Die Gesamtkonferenz entnahm dieser ersten internen Evaluation aber einen wichtigen *Entwicklungsschwerpunkt*: Die Eltern wollten mehr in die Entscheidungsfindung an der Schule einbezogen werden, die Frage, ob sie in die Entscheidungsfindungen der Schule mit einbezogen wurden, kreuzten *50 % der Eltern mit eher nicht an*. Also beschloss das Gremium, dass in Zukunft zu allen wichtigen schulverändernden Konzepten vorher ein Gesamtelternabend stattfinden sollte.

Diese erste offizielle Art der Evaluation begeisterte das Kollegium trotzdem, und deshalb suchten wir nach Wegen, damit fortzufahren. Aus den Rückmeldungen der drei Befragungsgruppen konnte das Kollegium erkennen, dass es viele positive Äußerungen zu den veränderten Strukturen in der pädagogischen Arbeit in der Schule gab. Gleichzeitig wurden aber auch Kritikpunkte wie mangelnde Information an die Eltern über die Jahrgangsmischung, Arbeit mit den Eltern, unbekannte Unterrichtsmethoden in der Schule und die Angst vieler Eltern, ihr Kind würde verloren gehen in diesen extrem heterogenen Lerngruppen.

- Evaluation mit der Bertelsmann Stiftung SEIS = SelbstEvaluation In Schulen

Im Jahr 2005 startete das Kultusministerium das Projekt »*Eigenverantwortliche Schule*«. Die am Projekt teilnehmenden Schulen sollten:

1. Externe Evaluation entwickeln
2. Interne Evaluation erproben
3. Steuergruppenqualifizierung bekommen
4. Schulleitungsqualifizierung erhalten

Da sich diese Inhalte stark an das vorherige Projekt anlehnten, beschloss die Gesamtkonferenz, auch an diesem Projekt teilzunehmen. Motor für die einstimmige Entscheidung war weiterhin die Erprobung der internen Evaluation als Instrument, die Qualitätsentwicklung zu steuern, auszuwerten und kontinuierlich zu verbessern.

Warum SEIS?

SEIS basiert auf einem Qualitätsrahmen, der den Kern von guter Schule beschreibt und vorgibt. Der Qualitätsrahmen beinhaltet in sechs Bausteinen Fragen für Schüler und Schülerinnen, Eltern, Lehrer und Mitarbeiterinnen und Mitarbeiter, damit alle an Schule Beteiligte ihre Sicht einbringen können. Die Ergebnisse dieser Befragung liefern der Schule einen mehrperspektivischen Spiegel, in den alle gemeinsam schauen. Es können daraus Verbesserungsmaßnahmen abgeleitet werden.

Folgende Argumente überzeugten das Kollegium und die Eltern, diese Form als Evaluationsinstrument in der Schule auszuprobieren:

SEIS kann

1. eine Stärken-und-Schwächen-Diskussion anregen,
2. bei der Bestandsaufnahme der Schulqualität helfen,
3. systematische Verbesserungsprozesse anstoßen helfen,
4. Anregungen zur Verbesserung liefern,
5. helfen, ein gemeinsames Qualitätsverständnis zu entwickeln,
6. ein Schulprogramm entwickeln helfen,
7. als Vorbereitung auf die Inspektion dienen.

Die Projektleitung gab den beteiligten Schulen einen Qualitätsrahmen, innerhalb dessen sie arbeiten sollten. Auch die Fragen innerhalb SEIS waren diesem zugeordnet. Jeder Bereich beinhaltet zwischen drei und sechs Kriterien. Die Antwortmöglichkeiten entsprechen dem Bogen des DIPF.

Folgende Qualitätsbereiche werden abgefragt:

1. *Ergebnisse* mit sechs Dimensionen
2. *Lernen und Lehren* mit sechs Dimensionen
3. *Schulkultur* mit fünf Dimensionen
4. *Führung und Schulmanagement* mit fünf Dimensionen
5. *Professionalität der Lehrkräfte* mit drei Dimensionen
6. *Ziele und Strategien der Qualitätsentwicklung* mit vier Dimensionen

Die Dimensionen unterteilen die Qualitätsbereiche in einzelne Aspekte, zu denen gezielt Fragen formuliert wurden. So sind es im *Qualitätsbereich 2* z. B. folgende sechs Dimensionen: Schulinternes Curriculum, Schülerunterstützung und -förderung, fachliche und didaktische Gestaltung von Lernen im Unterricht, selbstgesteuertes und selbstbestimmtes Lernen, Gestaltung von Beziehungen, Lernzeit und Lernumgebung und Leistungsanforderungen und Leistungsbewertung.

Jährliche SEIS-Befragung an der Schule von 2005 bis 2008

In diesen vier Jahren nahm die Schule jährlich an SEIS-Befragungen teil. Diese fanden immer im Mai des Schuljahres statt, damit die Auswertung den Eltern des zukünftigen vierten Jahrgangs noch mitgeteilt werden konnte. Die Befragung mit SEIS erfolgte auf elektronischem Wege. Dafür erhielten alle Befragungsgruppen jeweils vorgegebene Tan-Nummern (Nummer pro Fragebogen, einzugeben auf der Internetplattform). An der Befragung nahmen immer Schüler und Eltern des dritten Jahrgangs und das Kollegium teil. Für die Eltern wurde zu diesem Zweck ein Elternabend organisiert, die Schüler füllten die Bögen in der Schule am PC aus und die Lehrerinnen diese auf einer Dienstbesprechung. Der Fragebogen enthielt insgesamt 226 Fragen für die Lehrerinnen, 102 Fragen für die Schüler und 76 Fragen für die Eltern.

Es gab und gibt für die einzelnen Schulformen keine unterschiedlichen Bögen. Die Auswertung erhält die Schule immer im Herbst. Wichtig für die Arbeit mit den Ergebnissen war, dass es zu jedem Kriterium einen Kommentar gab. SEIS (Bertelsmann) hatte in der Zwischenzeit Analysten ausgebildet, die diese Arbeit für die Schulen übernahmen. So konnte die Steuergruppe bei der Auswertung auf diese zurückgreifen und sich dann einzelne Ergebnisse gegebenenfalls noch einmal genauer in der Antwortaufgliederung anschauen.

Beispiel:

1. Qualitätsbereich: Ergebnisse

1. 1 Dimension: Personale Kompetenz

Fragen	Schüler					Eltern					Lehrer				
Im Unterricht haben die Schülerlnnen gelernt:	++	+	–	––	○	++	+	–	––	○	++	+	–	––	○
gut mit anderen zusammen-zuarbeiten	82	18									100				
die Meinungen anderer zu respektieren / gut zu finden	55	41									100				
Die Schule hat mir / meinem Kind geholfen, gut mit anderen auszukommen	77	23				38	38	8	0	8					

Analysten-Kommentar: Mit sehr hohen Zustimmungswerten geben die befragten Schülerlnnen (88 bis 100 %) und Lehrkräfte (durchgängig 100 %) an, dass die Schülerlnnen gelernt haben, gut miteinander zusammen zu arbeiten …, die Zustimmungsquote aller Eltern und Schülerlnnen dazu, dass die Schule den Kindern helfe, gut mit anderen auszukommen, ist sehr hoch.

Umgang mit den Ergebnissen von SEIS

Die Auswertung der Steuergruppe wurde zuerst dem Kollegium vorgelegt und mit diesem besprochen. Es folgte eine Stärken-Schwächen-Analyse (z. B. *Kollegium:* fehlende Lobkultur – Mitarbeiterinnengespräche, *Eltern:* fehlende Information über Lerninhalte – Lernziele wurden für alle Jahrgänge ausgehängt). Die Vorjahresergebnisse wurden dabei zur Hilfe genommen und Vergleiche angestellt. Im Vordergrund standen dabei die positiven Veränderungen gegenüber den Schwächen des Vorjahres und Entwicklungsschwerpunkte für das laufende Schuljahr. Konsens im Kollegium war, dass es aus jeder Befragungsgruppe (Eltern, Lehrerinnen, Schüler) immer nur einen Entwicklungsschwerpunkt geben sollte.

Im Anschluss wurden die Ergebnisse auf der Gesamtkonferenz vorgestellt, besprochen und daraus Entwicklungsvorhaben formuliert und abgestimmt. Die Ergebnisse der Befragung lagen danach vier Wochen in der Bücherei der Schule aus, damit alle Eltern die Möglichkeit hatten, Einsicht zu nehmen. Dieses Vorgehen führten wir ein, nachdem sich einzelne Eltern beschwert hatten, keinen Einblick in die Auswertung erhalten zu haben bzw.

einfach nur anzweifelten, ob die Schule auch alle relevanten Kritikpunkte erfasst hatte. Mit diesem kleinen Schritt zu mehr Transparenz beruhigten sich die Gemüter sehr schnell wieder.

Die Befragungen der Schülerinnen und Schüler über vier Jahre mit SEIS hatten ergeben, dass diese immer mit der Schule sehr zufrieden waren. Also ergaben sich hieraus keine Arbeitsschwerpunkte. Dies sah bei Kolleginnen und Eltern schon anders aus. Die Zufriedenheit der Kolleginnen mit der Schulleitung zeigte einen Wunsch nach mehr Lob, die Kolleginnen wünschten sich außerdem weniger fachfremden Einsatz und sahen sich unterschiedlich stark belastet. Von Seiten der Eltern wurde deutlich, dass sie mehr Informationen und Transparenz bezüglich der Lernziele der einzelnen Jahrgänge für die Kernfächer wünschten, das Image der Schule in der Gemeinde verbesserungswürdig fanden, über die Verteilung des Schulbudgets mehr mitentscheiden wollten und sich mehr Anregungen und Hilfen wünschten, wie sich ihr Kind verbessern könne. Diese Auswertungsergebnisse führten in den folgenden Jahren zu folgenden Maßnahmen.

- Für das Kollegium:
  - Die Schulleitung führt jährliche Mitarbeitergespräche und Hospitationen durch.
  - Die Stundenverteilung für das jeweilige nächste Schuljahr wird mit allen Kolleginnen besprochen und geplant.
  - Wer welche Aufgaben im Kollegium übernimmt, wird mit allen Kolleginnen besprochen und nach Arbeitszeit der einzelnen Kollegin bemessen.

- Für die Eltern:
  - Das Kollegium erarbeitete für die Fächer Mathematik und Deutsch (später auch Sachunterricht) eine Lernzielauflistung für die einzelnen Jahrgänge. Diese hängen in jedem Klassenraum und im Mehrzweckraum aus. Sie werden auch mit den Schülern besprochen.
  - Auf dem zweiten Elternabend im Schuljahr (November) werden immer die Lernziele besprochen.
  - Den Fachkonferenzen werden Budgets zugesprochen. Diese werden vom Schulvorstand verteilt (früher Gesamtkonferenz) und beschlossen. Anträge sind an diesen zu stellen. Mindestens einmal im Jahr findet eine Fachkonferenz statt.
  - Alle sechs Wochen gibt es einen Elternsprechtag, zu dem Eltern sich anmelden können oder eingeladen werden. So bleibt Zeit für ausführliche Gespräche.

Die Auswertungen der SEIS-Ergebnisse führten zu einer ständigen Verbesserung der Qualität in der Schule. Alle beteiligten Gruppen konnten daran mitwirken und hatten das Gefühl, dass ihre Wünsche, Bedenken und auch positiven Äußerungen gehört wurden. Das Kollegium hatte ein Instrument gefunden, durch das es eine Rückmeldung bekam, wie alle an Schule Beteiligten mit Veränderungen umgingen, mit dem aber auch Kritik und Lob mitgeteilt werden konnte. Dies führte zu einer spürbaren Verbesserung des Klimas in der Elternarbeit und auch des Umgangs der Kolleginnen (inklusive Schulleitung) miteinander. Natürlich war dies ein Prozess über mehrere Jahre, aber für alle Befragungsgruppen wurden die beschriebenen Veränderungen von Jahr zu Jahr deutlicher wahrnehmbar. Dies zeigte sich nachdrücklich in den Befragungen der Folgejahre. Mit immer mehr Gelassenheit sah das Kollegium den internen Evaluationen entgegen, denn die festgestellten Schwächen in der Elternarbeit und im Kollegium wurden immer weniger. Interessant war nur noch, wie hoch die Zufriedenheit der befragten Eltern mit der Arbeit der Schule war. Sie lag zuletzt bei 92 %, darauf ist das Kollegium sehr stolz.

- **Evaluation mit dem Instrument Lüneburger Fragebogen**

Nach dem Projektende »Eigenverantwortliche Schule« wurde diese in Niedersachsen flächendeckend eingeführt. Das hieß für alle Schulen, die eine interne Evaluation wünschten, dass diese eingekauft werden musste. Während des Projektzeitraumes gab es sie für die Schule umsonst. Ein anderes Unternehmen, Schule 2000, übernahm das Konzept SEIS. Das veränderte doch einiges. Da die Schulen ein Fortbildungsbudget erhalten hatten, konnten sie damit eine interne Evaluation einkaufen. Je nach Umfang der Evaluation kostet diese inzwischen 300 bis 500 Euro.

Für unsere Schule stellte sich nun die Frage, ob unter diesen Bedingungen weiterhin mit SEIS gearbeitet werden sollte oder ob auch ein kostengünstigeres Instrument »eingekauft« werden konnte.

Da unsere Schule während des Projektzeitraumes für die Erstellung eines Leitbildes und Schulprogrammes mit einer Schulentwicklungsberaterin zusammengearbeitet hatte, wurde dieses Problem in der Steuergruppe mit ihr besprochen. Vor allem der Umfang der Fragen wurde in der Vergangenheit immer wieder als zu groß empfunden. Nicht alle Fragen bezogen sich auf die Grundschule. Außerdem wollte die Schule auch eigene Fragen zu bestimmten Themen eingeben können, und nicht zuletzt der doch sehr hoch erscheinende Preis für eine jährliche Evaluation veranlassten die Schule, nach einer anderen Möglichkeit Ausschau zu halten. Mehrere Schulen argumentierten ähnlich wie wir. Die Schulentwicklungsberaterin erzählte vom Lüneburger Fragebogen, an dessen Entwicklung sie mitgearbeitet hatte.

Der Schulvorstand beschloss weiterhin, eine jährliche interne Evaluation durchzuführen. Dazu schaute sich das Kollegium mehrere Evaluationsbögen an. Diese wurden dann im Schulvorstand vorgestellt und diskutiert. Auch der Lüneburger Fragebogen wurde dem Schulvorstand vorgestellt, und das Gremium entschied sich für ihn. Ausschlaggebende Gründe hierfür waren:

1. Der Fragebogen ist kostenlos.
2. Es gibt insgesamt 80 Fragen, 45 davon beantworten alle Beteiligten, und für das Kollegium gibt es 35 zusätzliche Fragen.
3. Die Fragen orientieren sich ebenfalls an dem schon bekannten Qualitätsrahmen mit den sechs Bausteinen.
4. Die Befragung findet im Internet statt und wird vom Niedersächsischen Institut für Lehrerbildung (NILS) kostenlos ausgewertet. Dies war ein nicht unwichtiges Argument.
5. Die Antwortmöglichkeiten entsprechenden dem bekannten Muster.

In den Jahren 2009 und 2010 führte die Schule ihre interne Evaluation jeweils im Mai mit Eltern und Schülern des dritten Jahrgangs durch. Die Auswertung vom NILS erfolgt nach zwei Wochen in Form von Profillinien für jede Befragungsgruppe getrennt. Im Abschluss werden alle drei Linien übereinandergelegt. Sie zeigen so Unterschiede oder Übereinstimmungen der drei Befragungsgruppen.

Beispiel:

——— Lehrerinnen, ——— Eltern, — Schüler

Frage	trifft voll zu				trifft nicht zu
An unserer Schule lernen die Kinder mit gutem Erfolg.					
SchülerInnen unserer Schule strengen sich an.					
Wer unsere Schule verlässt, ist gut vorbereitet auf die weiterführende Schule.					
Die SchülerInnen besuchen unsere Schule gerne.					
Menschen in unserem Ort finden unsere Schule gut.					

Auszug aus der Befragung 2010 des Profillinienvergleichs

Aus dieser Form der Auswertung ist lediglich abzulesen, ob sich die Antworten eher im positiven Bereich bewegen, im mittleren oder eher negativ beurteilt werden. Für jede der drei Befragungsgruppen gibt es auch eine getrennte Auswertung in Form eines Säulendiagrammes mit den Antworten zu jeder Frage. Dieses kann zur genaueren Betrachtung der Antworten hinzugezogen werden.

Die Steuergruppe entwickelte ein Raster (siehe unten) in welches die wichtigsten und aussagekräftigsten Ergebnisse jeder Befragung eingetragen werden.

Ergebnisse und Erfolge	Lernen und Lehren	Schulklima und Schulkultur
hohe Zustimmung zur personalen Kompetenz	einheitliche Vermittlung überfachlicher Fähigkeiten; Umsetzung des Curriculums	freundliche, einladende und als sicher empfundene Atmosphäre
Der Ruf der Schule ist sehr gut geworden, oft etwas Gutes zu lesen und zu hören	Unterstützung der SchülerInnen, im Unterricht geht es darum, wie man am besten lernt	Klare Verhaltensregeln; Umgang mit unangemessenem Verhalten
sehr hohe Zustimmung zur Lern- und Methodenkompetenz	Methodenvielfalt; Förderung des selbstgesteuerten und selbstbestimmten Lernens	Beziehungen zwischen Lehrer/innen und Schüler/innen sehr positiv
hohe Zustimmung zur praktischen Handlungskompetenz	Transparente Leistungsanforderungen und Leistungsbewertung	Beteiligung der Eltern am Schulleben sehr positiv
überwiegend große Zufriedenheit mit der Schule als Ganzem	Schüler stellen regelmäßig Arbeitsergebnisse vor	Kooperation mit außerschulischen Partnern sehr positiv
Überwiegende Mehrheit sagt, Schule hat einen guten Ruf und es wird positiv über sie gesprochen	Lehrerinnen unterstützen die Schüler, sind sehr geduldig, geben den Schülern viele Zusatzangebote und beraten sie	Die Schule bietet viele zusätzliche Angebote und Arbeitsgemeinschaften
Sitzenbleiben kommt an unserer Schule selten vor	Unterrichtsinhalte werden klar und verständlich vermittelt	Die Schule hat ein vielfältiges Schulleben

Auswertung Befragung 2010

Das Raster lehnt an die sechs Bausteine zur Qualitätsentwicklung an. Die Zusammenfassung der Ergebnisse übernimmt in jedem Jahr zu Schuljahresbeginn die Steuergruppe. Diese setzt sich aus drei Kolleginnen und der Schulleitung zusammen. Die Leitung der Steuergruppe liegt in der Hand einer Kollegin. Alle Kolleginnen sind gleichermaßen stimmberechtigt.

Jede Kollegin vergleicht die Ergebnisse der neuen Befragung mit denen des Vorjahres und notiert Veränderungen. Diese werden dann auf einer Sitzung besprochen und abgestimmt. Ergab die Befragung ganz neue Entwicklungsschwerpunkte, so wurden diese neu in das Raster aufgenommen. Danach wird diese Auswertung dem Kollegium auf einer Dienstbespre-

Führung und Management	Professionalität der Lehrkräfte	Ziel und Strategien der Schulentwicklung
überwiegende Zustimmung zur Führungsverantwortung der Schulleitung	Systematische Fortbildungsplanung und systematischer Austausch über Fortbildungserfahrungen	Die Beteiligten arbeiten gemeinsam am Erfolg dieser Schule
überwiegende Zustimmung zum Qualitätsmanagement	Ressourcenorientierter Personaleinsatz	Umsetzung der Schulentwicklungsziele wird überzeugend dargestellt
Motivation für zusätzliche Aktivitäten außerhalb des Unterrichts	Harmonisches Arbeitsverhältnis der Lehrkräfte und Mitarbeiterinnen untereinander	Information der Eltern über die Ziele der Schule findet immer statt
überwiegend positive Wahrnehmung der Verwaltung und des Ressourcenmanagements	Keine Hospitation im Unterricht, aber jederzeit möglich bei den Kolleginnen	Beteiligung bei Entscheidungsfindung und Motivation, neue Ideen vorzubringen, sehr groß
flexible Organisation des Unterrichts durch Fach- bzw. Jahrgangsteams		Regelmäßige Evaluation an der Schule, Ergebnisse führen zu Konsequenzen
Schulleitung bezieht andere in ihre Entscheidungen ein (Eltern 33 % nein)		
Entlastung für besonderen Einsatz (Kolleginnen), kollegiale Beratung, Supervision		

chung vorgestellt. Die Kolleginnen, die alle auch die komplette Auswertung vom NILS erhalten, können Veränderungen oder Ergänzungen einbringen. Die Ergebnisse werden mit denen des Vorjahres verglichen und daraus werden Entwicklungsvorhaben für das laufende Schuljahr abgeleitet.

Auf der ersten Schulvorstandssitzung des Schuljahres wird die Auswertung noch einmal mit den dann auch anwesenden Eltern besprochen, mit der des Vorjahres verglichen und sich daraus ableitende Entwicklungsvorhaben werden beschlossen. Der Schulelternrat erhält auf seiner ersten Sitzung des Schuljahres ebenfalls eine Zusammenfassung der Auswertung und erfährt, welche Maßnahmen sich daraus für die Schule ergeben. Erst danach erhalten alle Eltern des dritten Jahrgangs die Auswertung als Elternbrief. Sie haben zusätzlich die Möglichkeit vier Wochen lang in der Bücherei die kompletten Auswertungsunterlagen des NILS einzusehen.

Schlussbetrachtung

Durch das Instrument der internen Evaluation erhält die Schule die Möglichkeit, eigene Ergebnisse gemeinsam mit allen an Schule beteiligten Gruppen zu betrachten und korrigierend in schulische Prozesse einzugreifen. Dies bedarf aber auch einiger Hilfestellungen. Schulen, die noch nie mit dem Instrument der internen Evaluation gearbeitet haben, sollten bei der ersten Evaluation einen Schulentwicklungsberater hinzuziehen. Gerade die Schlussfolgerungen aus den Auswertungen sind nicht ganz einfach und ohne entsprechende Hilfestellung auch nicht immer richtig auf die schulische Arbeit zu übertragen. Wir haben lange gebraucht, um das oben abgebildete Raster für unsere Schule zu entwickeln. Dabei geholfen haben uns gute Fortbildungen und Schulentwicklungsberater und -beraterinnen. Die Schulleitung wurde in Qualitätsmanagement fortgebildet und die Steuergruppe erhielt Fortbildungen über Aufgaben und Strukturierung ihrer Arbeit.

Der Zeitumfang für eine interne Evaluation ist meiner Meinung nach nicht zu hoch. Die Beantwortung der Fragebögen dauert nicht länger als 20 Minuten. Die Auswertung in der Steuergruppe dauert ca. zwei Stunden (also eine Sitzung). Danach erfolgt noch einmal eine Dienstbesprechung für das Kollegium. Zusätzliche Arbeit fällt nicht unbedingt an, denn selbst wenn sich aus der Befragung größere Entwicklungsschwerpunkte ergeben, so haben diese sicherlich Vorrang in der Arbeit für das kommende Schuljahr. Aus diesem Grunde ist es sinnvoll, die Befragung an den Anfang des Schuljahres zu legen.

Es werden Jahr für Jahr systematische Bestandsaufnahmen gemacht, die automatisch einen Qualitätsentwicklungsprozess in Gang setzen. Wurden die Kolleginnen früher von negativen Elternäußerungen noch stark verunsichert, können sie heute auf die positiven Befragungsergebnisse verweisen. Möglich wäre es auch, noch nicht gestellte Fragen (Kritik aus der Elternschaft) in den Fragebogen mit aufnehmen zu lassen. Die vielen positiven Ergebnisse haben das Kollegium in seiner Arbeit bestätigt und stark gemacht. Selbstbewusst werden den Eltern und hospitierenden Kolleginnen die Vorzüge des altersgemischten Lernens vorgestellt. Mitarbeitergespräche haben für ein noch besseres Klima in der Schule und unter den Kolleginnen gesorgt.

Wichtig für die schulische Arbeit ist die Fokussierung auf zwei Entwicklungsschwerpunkte für das laufende Schuljahr. Diese können sich aus den Befragungsergebnissen ergeben (war in den ersten drei Befragungen häufig der Fall) oder werden nach den schulischen Notwendigkeiten / Wünschen festgelegt. Die Kolleginnen können auf der Basis dieser Analyse an Stärken anknüpfen und ihr alltägliches Handeln in Unterricht und Schule an der Stelle verbessern, wo Handlungsbedarf entdeckt wurde. Interne Evaluation wird so als Steuerungsinstrument in das System Schule eingebaut.

Literatur

Schulprogramm der Grundschule St. Jürgen-Frankenburg 2010, Bestandsaufnahme. Kontakt: www.gs-frankenburg.de; abgerufen am 5. 4. 2011.
Interne Evaluationsanbieter: www.seis-deutschland.de; abgerufen am 5. 4. 2011.
»Lüneburger Fragebogen« – ein Werkzeug für den Einstieg in Evaluation: www.schulentwicklungsberatung.de; abgerufen am 5. 4. 2011.

Anne Westerholt

Schulleitung im Team

Schulleitung im Team – das klingt nach nostalgischer Rückbesinnung auf Ideale der 1970er Jahre. Um Missverständnissen vorzubeugen: *Schulleitung im Team* wird hier nicht verstanden als das gemeinsame Handeln von Schulleiter(in) und Konrektor(in) im *Schulleitungsteam*. Vielmehr wird mit diesem Begriff eine Form von Schulleitung beschrieben, wie sie an der Salzbödetal-Schule, einer zweizügigen Grundschule in Mittelhessen, seit vielen Jahren praktiziert wird: Schulentwicklung wird als gemeinsame Aufgabe betrachtet, an der Schulleiterin und Kollegium gleichberechtigt aktiv beteiligt sind.

Bevor erläutert wird, wie es zu einem solchen Schulleitungskonzept kam und welche Merkmale es kennzeichnet, sollen die Veränderungen im Aufgabenbereich von Schulleitungen dargestellt werden, die in den letzten Jahren stattgefunden haben.

Paradigmenwechsel im Aufgabenbereich von Schulleitung: Von der Lehrkraft mit Schulverwaltungsaufgaben zum Schulleiter als Manager

> »Gute Führung ist eine wesentliche Grundbedingung für gute Schulqualität. Ohne eine gute Schulleitung gibt es keine gute Schule« (Wiethaup 2008, S. 3).

Die Aussage des Vorsitzenden Schule des Bundesarbeitskreises *SCHULE*WIRTSCHAFT weist auf die exponierte Rolle von Schulleitung in der modernen Schule hin.

Was aber ist eine *gute Führung*? Und was ist eine *gute Schulleitung*? Und woran misst sich *gute Schulqualität*?

Die Antworten auf diese Fragen wären in den 1990er Jahren sicherlich anders ausgefallen als heute. Bis zur Jahrtausendwende betrachteten sich zumindest die Schulleitungen ein- bis zweizügiger Grundschulen als Gleiche(r) unter Gleichen – nicht zuletzt aufgrund ihresrelativ geringen Stundendeputats für Verwaltungsaufgaben: Damals waren etwa zwei Drittel ihrer Wochenstunden für Unterricht und nur ungefähr ein Drittel für Verwaltungsaufgaben vorgesehen. Heute scheint »gute Schulqualität« nur zu erreichen zu sein, wenn, wie vom Bundesarbeitskreis *SCHULE*WIRTSCHAFT gefordert, die Schulleitung ihre Aufgaben als Führungskraft, als Manager im Sinne eines mittelständigen Unternehmens wahrnimmt:

> »Sie *(die Schulleitungen, A. W.)* müssen nicht nur dafür sorgen, dass die Schüler bestmöglich auf das Leben vorbereitet werden. ... Sie sind auch Manager und Vorgesetzte von Mitarbeitern, die sie führen, motivieren und deren Professionalität sie entwickeln müssen. Sie sollen im Sinne der Selbstständigen Schule auch verantwortlich für die Strategie- und Zielfindung der Schule sein. Sie sollen Budgetverantwortung und Ergebnisverantwortung für das Erreichen des vereinbarten Leistungssolls tragen« (Wiethaup 2008, S. 2).

Die Forderungen des Arbeitskreises *SchuleWirtschaft* haben die Bundesländer inzwischen in ihren Verordnungen umgesetzt; das Anforderungsprofil für Schulleiter(innen) wurde erweitert; die Deputatsstunden für Schulleitungen wurden erhöht; Fortbildungen und Supervisionen zu den neuen Aufgabenbereichen für Schulleitungen wurden durchgeführt. Viele Schulleiter(innen) auch kleinerer (das heißt ein- bis zweizügiger) Grundschulen haben sich inzwischen auf ihre neue Rolle eingestellt. Sie übernehmen keine Klassenführung mehr, vermeiden wegen möglicher Rollenkonflikte Koordinationsaufgaben mit Kollegen und beschränken ihre Unterrichtstätigkeit auf (Neben-)Fachunterricht, wie Kunst-, Sport- und/oder Förderunterricht; sie führen Jahresgespräche mit den Lehrerinnen und Lehrern, vereinbaren mit ihnen Ziele und entwickeln fleißig Fortbildungs-, Maßnahmen-, Krisen- und sonstige Pläne (oder lassen sie entwickeln). Sie achten auf Transparenz ihres Handelns und die Delegierung von Aufgaben an die Mitarbeiter. Den Erfolg ihrer Tätigkeit messen sie – und die Schulaufsicht – an den Ergebnissen der Schulinspektion und der zentralen Lernstandserhebungen.

Ist *gute Schulqualität* tatsächlich nur mit einer Schulleitung zu erreichen, die ihre Aufgaben im oben beschriebenen Sinne wahrnimmt? Es ist auch anders möglich – das belegen die langjährigen Erfahrungen an der Salzbödetal-Schule, einer zweizügigen Grundschule mit 11 bis 14 Kolleginnen, an der ich seit 1996 als Lehrerin tätig bin.

Erfahrungen mit teamorientierter Schulleitung

Eine enge Zusammenarbeit zwischen Schulleitung und Kollegium – ohne hierarchische Unterschiede – begann an der Grundschule Salzböden (wie die Salzbödetal-Schule damals hieß) im Jahre 1994, als die Gremien beschlossen, an dem *Modellversuch zur pädagogischen und strukturellen Neukonzeption des Schulanfangs* der Bund-Länder-Kommission für Bildungsplanung und Forschungsförderung teilzunehmen. Im Rahmen dieses Versuchs wurde ein Konzept entwickelt, das inzwischen als *Flexibler Schulanfang* im hessischen Schulgesetz verankert ist. Das Konzept mit seinen Schwerpunkten – Aufnahme auch nicht schulfähiger Kinder, halbjährliche Einschulung, jahrgangsübergreifende Gruppen, Integration sozialpädagogischer Arbeit – stellte das Kollegium vor hohe, zunächst fast unlösbar erscheinende Herausforderungen. Regelmäßige – anfangs tägliche – gemeinsame Planung und Reflexion erwiesen sich als notwendig, um Unterricht in den extrem heterogenen Lerngruppen ohne äußere Differenzierung erfolgreich durchzuführen. Als Klassenlehrerin einer der beiden jahrgangsübergreifenden Eingangsklassen war die damalige Schulleiterin Elke Kunze-Jost an allen Teamsitzungen beteiligt, nicht als Schulleiterin, sondern als *Lehrerin*, die gemeinsam mit ihren Kolleginnen Bausteine für eine praktikable Unterrichtsorganisation entwickelte sowie Unterrichtsprojekte plante und durchführte. Als *Schulleiterin* wiederum sorgte Frau Kunze-Jost mit Unterstützung des Schulamtes für gute Rahmenbedingungen. Beide Faktoren – ihre Arbeit als Klassenlehrerin in der jahrgangsübergreifenden Eingangsklasse und ihre Entscheidungskompetenzen als Schulleiterin – erwiesen sich als entscheidend für den Erfolg des Schulversuchs.

Die intensive Zusammenarbeit im Kollegium während der Schulversuchszeit führte dazu, dass sich die Kolleginnen mit dem Schulkonzept identifizierten; mit großer Selbstverständlichkeit und ohne Aufforderung der Schulleiterin übernahmen sie Schulleitungsaufgaben wie die Information und Einarbeitung neuer Kolleginnen, Weiterentwicklung von Materialien, Verfassen von Informationen zum Schulkonzept etc. So konnte das Schulkonzept trotz hoher Fluktuation im Kollegium (bedingt durch Mutterschutz- und Erziehungszeiten) kontinierlich weiterentwickelt werden. Und als die Schulleiterin krankheitsbedingt mehrere Monate lang ausfiel, führten die Kolleginnen ihre »Amtsgeschäfte« weiter: Es fanden weiterhin wöchentliche Dienstbesprechungen und Teamsitzungen statt, und nach intensiver Planung wurde eine fünftägige Projektwoche mit jahrgangsübergreifenden Angeboten zu einem gemeinsam festgelegten Thema durchgeführt, für die vor der Erkrankung der Schulleiterin nur der Termin festgestanden hatte. Keine Kollegin stellte diese Aktivitäten auch nur ansatzweise in Frage.

Neue Schulleitung – neue Vorgaben?

Im Herbst 2004 verließ Frau Kunze-Jost überraschend unsere Schule, um die Schulleitung an einer größeren Grundschule zu übernehmen. Für uns als Kollegium bedeutete ihr Weggang, dass unsere Schule möglicherweise von einer Person geleitet werden würde, die das Konzept und die Entwicklung unserer Schule nicht aus eigener Anschauung kannte. Deshalb überlegten wir, ob sich nicht doch ein Kollegiumsmitglied auf die Schulleitungsstelle bewerben sollte. Die Frage war nur, welche Kollegin es sein sollte.

Die Wahl fiel auf mich – nicht, weil ich besondere Kompetenzen mitbrachte, sondern weil ich am längsten an der Schule tätig war und keine kleinen Kinder mehr hatte. Im Vertrauen auf die Unterstützung meiner Kolleginnen bewarb ich mich also um die ausgeschriebene Schulleitungsstelle und wurde wenige Monate später zur kommissarischen Schulleiterin ernannt. Meine erste »Amtshandlung« war die Teilnahme an dem Regionalen Bildungsforum, die für Schulleiter(innen) verpflichtend war. Diese Veranstaltung – die unter der Regie des hessischen Kultusministeriums an allen Schulämtern in gleicher Form stattfand – lenkte den Blick auf den oben beschriebenen Paradigmenwechsel in der Schulleitung: Die Schulleitung sollte künftig als Führungskraft agieren und Managementaufgaben übernehmen.

Die neuen Vorgaben waren mit unserem Konzept der *Schulleitung im Team*, wenn überhaupt, nur teilweise vereinbar. Aber sollte unsere langjährige Praxis dafür aufgegeben werden? Sollte ich als neue Schulleiterin jetzt Leitungsinstrumente verwenden, die, wie ich befürchtete, das Engagement und die Initiative meiner Kolleginnen eher einschränken als fördern würden?

Die Antwort war eindeutig: Bisher hatte sich unsere Praxis der *Schulleitung im Team* bewährt – warum sollte ich sie verändern?

Wir behielten also unsere »Leitungskultur« bei; alle Kolleginnen arbeiteten weiterhin engagiert und motiviert, und so konnten wir in den folgenden Jahren viele neue Projekte planen und durchführen (u. a. das Projekt Neuer Schulname gesucht!, in dessen Verlauf als neuer Schulname Salzbödetal-Schule gewählt wurde).

Rückmeldung durch die Schulinspektion

Etwas Sorgen bereitete uns die Schulinspektion, die im April 2008 stattfand. Wie würde das Inspektionsteam unsere Form von Schulleitung beurteilen?

Unsere Befürchtungen erwiesen sich als unbegründet. Erfreulicherweise wurde uns attestiert:

> »Die schulische Arbeit basiert auf einem von allen getragenen Konzept einer ›lernenden Schule‹, das sich insbesondere an der erfolgreichen Gestaltung und Umsetzung des Flexiblen Schulanfangs zeigt. …
> Kooperation und Austausch im Kollegium wirken sich positiv auf die Gestaltung differenzierter Lernangebote, eine zuverlässige kindorientierte Förderung sowie die Arbeit am friedlichen Miteinander aus« (Institut für Qualitätsentwicklung 2008, S. 13).

Kurz vor den Sommerferien lag der Inspektionsbericht vor, und in der Konferenz am Ende der Sommerferien trugen Kolleginnen unaufgefordert Lösungen zur Abhilfe der im Bericht genannten »Schwächen« vor: Eine Kollegin wollte ein Schülerparlament einrichten und betreuen, und eine andere stellte einen alternativen, kompetenzorientierten Lehrbericht vor. Das heißt: Bevor überhaupt ein Termin für Zielvereinbarungsgespräche mit dem Schulamt gefunden war, waren die Ziele schon schulintern formuliert und vereinbart.

Schulleitung im Team – Voraussetzungen und Merkmale

Das Konzept *Schulleitung im Team* an der Salzbödetal-Schule, als Folge spezifischer Anforderungen an Schulleitung und Kollegium entstanden, hat sich auf die Entwicklung der Schule offensichtlich sehr positiv ausgewirkt. Der Erfolg des Konzepts hängt natürlich auch mit der Größe des Kollegiums zusammen: Elf bis vierzehn Kolleginnen können in anderer Form miteinander arbeiten als Kollegien von über dreißig Personen. Da viele Grundschulen bezogen auf ihre Größe mit unserer Schule vergleichbar sind, soll hier ausführlicher der Frage nachgegangen werden, welche Voraussetzungen und Merkmale eine *Schulleitung im Team* kennzeichnet.

Kontrolle ist gut, Vertrauen ist besser

– mit diesem Slogan lässt sich die Philosophie einer teamorientierten Schulleitung beschreiben. Dabei wird von folgenden – bisher nicht schriftlich fixierten – **Grundannahmen** ausgegangen:

- **Jede Lehrkraft ist grundsätzlich bereit, in der Schule ihr Bestes zu geben** (vorausgesetzt natürlich, sie ist nicht durch gravierende gesundheitliche oder private Probleme belastet). Das bezieht sich sowohl auf die Unterrichtsplanung und -durchführung als auch auf ihre Bereitschaft, sich persönlich und professionell weiterzuentwickeln sowie von und mit anderen zu lernen.
- Jede Lehrkraft besitzt besondere Fertigkeiten und Fähigkeiten, die die Entwicklung der Schule positiv beeinflussen können. **In seiner Gesamtheit verfügt ein Kollegium über höhere Kompetenzen als die Schulleitung allein.**

Ein solcher »Glaube an das Gute im (Lehrer)Menschen« erscheint in der gegenwärtigen Diskussion über die Effizienz von Schulleitungen höchst idealistisch und anachronistisch, und natürlich reicht dieser Glaube allein für eine erfolgreiche Schulentwicklung nicht aus. Wesentlich sind *Rahmenbedingungen*, die eine gemeinsame Verantwortung und ein Mit- und Voneinander-Lernen ermöglichen. Eine Übersicht gibt Abbildung 1. Dabei ist zu unterscheiden zwischen der Grundvoraussetzung (roter Kreis), den organisatorischen Maßnahmen (blaue Kästen) und den Arbeitsprinzipien (gelbe Rechtecke).

Grundvoraussetzung für eine *Schulentwicklung im Team* ist das gleichberechtigte **Arbeiten im Team** (roter Kreis). Teamarbeit findet dabei auf verschiedenen Ebenen statt: in der Klasse, im Jahrgang, unter Fachkollegen sowie im Gesamtkollegium.

An der Salzbödetal-Schule arbeiten in jeder Klasse mindestens drei Lehrkräfte zusammen; jede Lehrerin unterrichtet in mindestens zwei Klassen. Elternsprechtage und -abende werden im Klassenteam geplant und durchgeführt; in den Jahrgangsteams werden Unterrichtsprojekte gemeinsam geplant.
Als Klassenlehrerin einer jahrgangsübergreifenden Eingangsklasse ist die Schulleiterin Mitglied eines Klassen- und eines Jahrgangsteams.

Teamarbeit wiederum wird durch verschiedene **organisatorische Maßnahmen** (blaue Rechtecke) unterstützt und gefördert. Dazu gehören:

Gelegenheit für regelmäßigen kollegialen Austausch

Sinnvoll ist nach unseren Erfahrungen ein zu Beginn des Schuljahres festgelegter wöchentlicher *Konferenztag*. Hier können *Dienstbesprechungen* und *Teamsitzungen* in einem gemeinsam festgelegten Zeitrahmen stattfinden. Eine solche Organisationsform fördert die Identifikation mit der Schule und stärkt das gemeinsame Handeln.

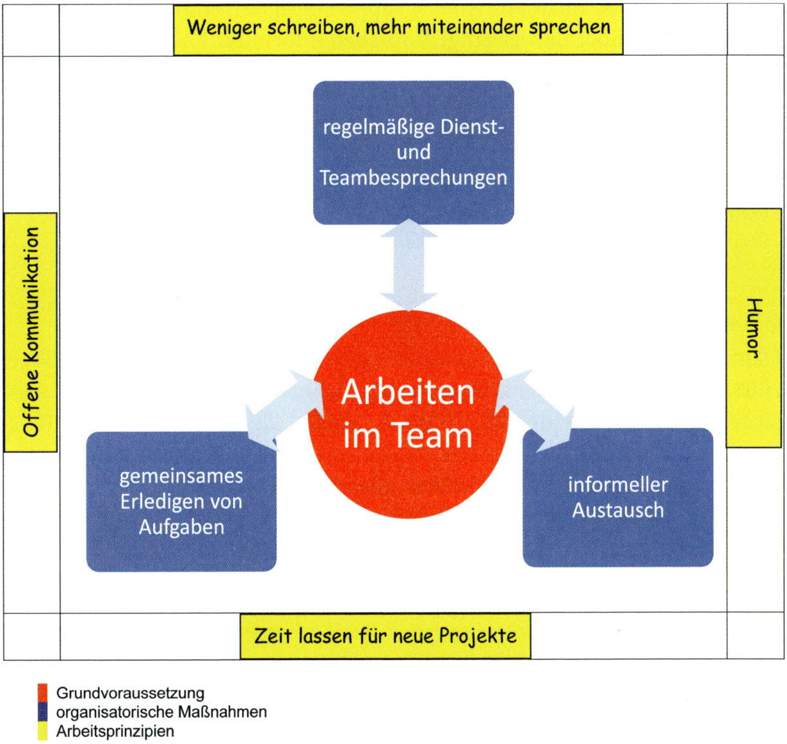

Abb. 1: Schulleitung im Team – Rahmenbedingungen

An der Salzbödetal-Schule werden in den *wöchentlichen Dienstbesprechungen* wichtige Informationen weitergegeben sowie aktuelle Probleme und Lösungsmöglichkeiten diskutiert.

Beispiel:
Eine Kollegin schildert das Problem, dass viele Kinder auch bei niedrigen Tagestemperaturen ohne Jacke in die Hofpause gehen und sich erst nach langer Diskussion mit der Hofaufsicht ihre Jacke holen.
Alle Kolleginnen haben gleiche Erfahrungen gemacht. Es wird die Idee entwickelt, an die zentrale Eingangstür ein Schild aufzuhängen, das ein Kind mit Jacke und eins ohne Jacke zeigt. Mit einem beweglichen Zeiger kann die passende Variante »Jacke muss an« oder »Jacke darf aus« eingestellt werden. Eine Kollegin erklärt sich bereit, das Schild bis zum nächsten Tag fertigzustellen.
Das Schild wirkt Wunder: Alle Kinder richten sich nach dem entsprechenden Bild; es gibt keine Diskussionen mehr, ob man ohne Jacke in die Pause gehen darf.

In den *Sitzungen der verschiedenen Teams*, die im Anschluss an die *Dienstbesprechung* nach einer gemeinsam festgelegten Abfolge stattfinden, werden Erfahrungen ausgetauscht und Unterrichtsprojekte für die jeweiligen Jahrgangsstufen geplant.

Aufgaben gemeinsam erledigen

Werden Aufgaben nicht an Arbeitsgruppen delegiert, sind alle Kolleginnen gleichermaßen über das jeweilige Vorhaben informiert – was wiederum das Zusammengehörigkeitsgefühl stärkt.

An der Salzbödetal-Schule gibt es keine »Steuergruppe« oder andere feste Arbeitsgruppen. Arbeitsgruppen werden vorübergehend und nur für begrenzte Projekte gebildet, zum Beispiel für die Erstellung eines Fragebogens oder eines Schreibens. Alle anderen Vorhaben, die die gesamte Schule betreffen, werden gemeinsam geplant und erarbeitet.

Informellen Austausch fördern

Damit Lehrerinnen ihren Arbeitsplatz nicht als »Ort des Grauens« (Bauer 2008, S. 47) wahrnehmen, müssen Möglichkeiten zum informellen Austausch geschaffen werden. Das können regelmäßige gemeinsame Aktivitäten, wie Kollegiumsausflüge oder gemeinsames Essen, sein. Wichtig ist, dass diese Aktivitäten nicht als »Pflichtveranstaltungen« erlebt werden.

An unserer Schule hat das gemeinsame Essen vor der Dienstbesprechung Tradition (über die allerdings immer wieder einmal diskutiert wird). Nach festgelegter (alphabetischer) Reihenfolge bereitet eine Kollegin das Essen für alle vor, wobei es jeder Kollegin überlassen ist, ob sie für alle etwas kocht, eine Pizza bestellt oder ein kaltes Büffet mit Brötchen, Wurst und Käse arrangiert. Normalerweise ist jede Kollegin zweimal im Schuljahr an der Reihe. Das gemeinsame Essen sorgt meist für Entspannung – und Heiterkeit (siehe *Humor*).
Außerdem gibt es Kollegiumsausflüge vor den Herbst- und den Osterferien sowie ein gemeinsames Weihnachtsessen.

Wesentlich sind außerdem folgende **Arbeitsprinzipien** (gelbe Rechtecke):

Weniger schreiben, mehr miteinander sprechen

Alle schriftlichen Konzepte und Pläne, die inzwischen von den Schulen erstellt werden müssen, sollten möglichst kurz gefasst sein, um Lehrerarbeitszeit und -energie zu sparen. Wichtiger erscheint uns das gemeinsame Gespräch über schwierige Schüler oder Unterrichtssituationen.

Zeit lassen für neue Projekte

Jahresarbeitspläne sollten immer Raum für neue Projekte lassen.

Umfangreiche Jahresarbeitspläne schränken nach unseren Erfahrungen die Möglichkeiten für Schulentwicklung ein. Damit es uns nicht so ergeht wie den beiden Hauptpersonen in *Janoschs »Oh wie schön ist Panama!«*, die auf der Suche nach Panama, dem unbekannten Land ihrer Träume, eine wichtige Flaschenpost übersehen, nehmen wir uns zum Schuljahresbeginn nur wenig vor. So hatten wir in der Vergangenheit Kapazitäten, kurzfristig an Projekten teilzunehmen, die unsere Schulentwicklung entscheidend beeinflussten: das Projekt »Impulsschulen« der Karg-Stiftung oder »Musikalische Grundschulen«.

Offene Kommunikation

Statt anonymer Evaluationen sollten regelmäßige Reflexionsrunden praktiziert werden, in denen jedes Kollegiumsmitglied seine Meinung äußert und begründet. Auf dieser Grundlage können Entscheidungen revidiert, neue Ideen diskutiert und Vorhaben entwickelt werden.

Humor

Den Alltag und kleinere Missgeschicke mit Humor zu nehmen, entlastet und nimmt berechtigter Kritik den »Wind aus den Segeln«.

Seit vielen Jahren wird an unserer Schule eine spezielle Form von Humor gepflegt. Ausführungen werden (selbst-)ironisch kommentiert; April- und sonstige Scherze sind »Kult«. Außenstehende empfinden unser »Gegacker« oft als albern und unangemessen, aber es hilft besonders in Stresszeiten ungemein und sorgt nicht zuletzt für ein entspanntes Schulklima! (Allein bei dem gemeinsamen Essen vor einer Dienstbesprechung überschreitet die »Lachfrequenz« meist den durchschnittlichen Tageswert von Erwachsenen.)

Schulleitung im Team – Auslauf- oder Zukunftsmodell?

In dem hier vorgestellten Konzept *Schulleitung im Team* spielt die Schulleiterin selbst keine exponierte Rolle. Neben ihrer Tätigkeit als Klassenlehrerin repräsentiert sie die Schule nach außen und übernimmt die notwendigen Verwaltungsaufgaben. Im Team werden alle Entscheidungen getroffen, die mit der Entwicklung der Schule und des Unterrichts zusammenhängen. Alle Lehrkräfte sind gleichermaßen für die Schulentwicklung verantwortlich; jede Lehrkraft kann neue Vorschläge einbringen und neue Impulse setzen. Welche Ideen realisiert werden, entscheidet das gesamte Kollegium nach ausführlicher Diskussion. In einer solchen »Schulleitungskultur« erübrigen sich anonyme Evaluationen und Mitarbeitergespräche mit Zielvereinbarungen. Unterrichtsbesuche durch die Schulleitung beschränken sich auf besondere Anlässe, wie Bewerbung auf eine Funktionsstelle oder Verbeamtung auf Lebenszeit. Benötigt eine Lehrkraft besondere Unterstützung, geschieht dies zunächst durch Kolleginnen im Klassen- oder Jahrgangsteam – auch ohne besondere Aufforderung der Schulleitung. Trotzdem ist die Schulleitung durch die Teamsitzungen und die vielen informellen Gespräche über die Stärken und Schwächen jeder Kollegin bestens informiert (so wie das Kollegium natürlich auch die Stärken und Schwächen der Schulleitung gut kennt); sie verfügt also über eine immer aktuelle »Innensicht« auf Schule und Unterricht. Da das gesamte Kollegium »gute Schulqualität« erreichen will, kann die Schulleitung auf Maßnahmen zur Motivierung und Entwicklung von Professionalität einzelner Kollegiumsmitglieder verzichten – was wiederum für sie eine große Entlastung bedeutet.

Das in Salzböden praktizierte Modell mit einer Schulleiterin als *Gleiche unter Gleichen* scheint jedoch der Form von Schulleitung zu entsprechen, die den neuen Verordnungen zufolge überwunden werden sollte. Ist dieses Konzept deswegen ein *Auslaufmodell*?

Nach den Inspektionsberichten zu urteilen, die auf den Internetseiten kleinerer hessischer Grundschulen zu finden sind, erhielten Schulen mit offensichtlich teamorientierter Schulleitung eine sehr positive Rückmeldung. [1] Für diese Schulen werden vom Inspektionsteam nur geringfügige Schwächen genannt, eine Schule erhält sogar das Prädikat »Es gibt keine Schwächen«. Kleinere Grundschulen brauchen offensichtlich nicht unbe-

---

1) Auf den Internetseiten der Grundschule Wohra in Wohratal (Kreis Marburg-Biedenkopf) und der Waldbachschule Zell in Bad König (Odenwaldkreis) sind die Inspektionsberichte unter www.grundschule-wohra.de vollständig (Grundschule Wohra) bzw. unter www.waldbachschule-zell.de auszugsweise (Waldbachschule) nachzulesen. – An diesen Schulen wird Schulleitung nach ähnlichen Prinzipien praktiziert: Der Schulleiter / die Schulleiterin ist auch Klassenlehrer(in); die Lehrkräfte arbeiten im Team zusammen; es gibt wöchentliche Dienstversammlungen und Teamsitzungen …

dingt einen Schulleiter als »Führungskraft« und »Manager«, um erfolgreich zu arbeiten, sondern eher eine Person, die sich als Teil des Gesamtkollegiums versteht. *Schulleitung im Team* kann also für kleinere Grundschulen durchaus als *Zukunftsmodell* betrachtet werden. [2)]

Die Erfahrungen der Salzbödetal-Schule und der hier angeführten Grundschulen lassen darauf schließen: Gute Schulqualität kann mit unterschiedlichen Schulleitungskonzepten erreicht werden; die Schulleiterin / der Schulleiter muss nicht als Führungskraft im Sinne der aktuellen Verordnungen agieren! Bei allem Respekt vor geltenden Vorschriften: Als eigenverantwortliche Schule sollte jede Grundschule das Konzept ihrer Schulleitung selbst festlegen – auch wenn das unter Umständen bedeutet, den Ungehorsam zu wagen, der nach Stähling für eine erfolgreiche Schulentwicklung immer wieder notwendig ist:

> »Es waren die Ungehorsamen von gestern, die wir heute als Vordenker achten, die Schulentwicklung vorangebracht haben – und nicht die Bürokraten« (Stähling 2010, S. 50).

Literatur

Bauer, J. (2009): Lob der Schule. Sieben Perspektiven für Schüler, Lehrer und Eltern. München: Heyne.

Hessisches Kultusministerium / Institut für Qualitätsentwicklung (Mai 2008): Bericht zur Inspektion der Salzbödetal-Schule. Grundschule in Lollar-Salzböden. Wiesbaden.

Hessisches Kultusministerium / Institut für Qualitätsentwicklung (Juni 2008): Bericht zur Inspektion der Grundschule Wohra in Wohratal. Wiesbaden. Zugriff im Internet am 12.09.2010.

Internetseite der Grundschule Wohra: www.grundschule-wohra.de; Zugriff am 12.09.2010.

Internetseite der Waldbachschule Zell in Bad König: www.waldbachschule-zell.de Zugriff am 12.09.2010.

Kontrolle ist gut, Vertrauen ist besser (2008). In: Der Spiegel, H. 21, S. 67.

Schulprogramm der Salzbödetal-Schule (2009). Salzböden. www.salzboedetal-schule.de

Stähling, R. (2010): Wer das Herz hat ... Zur Bedeutung des Ungehorsams für die Schulentwicklung. In: Grundschule Heft 7/8, S. 48 – 50.

Wiethaup, U. (2008): Führung in der selbstständigen Schule. Pressekonferenz zur Studie »Was Schulleiter als Führungskräfte brauchen«. Berlin.

---

2) Das Ergebnis einer Studie der York University in Kanada zur Frage der Mitarbeiterführung stützt diese These. Danach arbeiten Angestellte effektiver, wenn sie das Gefühl haben, selbstverantwortlich arbeiten zu können:
»Die Analyse der Ergebnisse zeigte, dass es einen unstrittigen Zusammenhang gibt zwischen dem Gefühl des Vertrauens und der Leistungsbereitschaft von Mitarbeitern« (SPIEGEL 2008, S. 67).

Wilfried W. Steinert

Spielräume nutzen – neue Formen der Arbeitszeitgestaltung für Lehrerinnen und Lehrer

Zeit zum Lehren – Zeit zum Lernen – Zeit zum Leben

Stress macht krank

Viele Lehrerinnen und Lehrer fühlen sich ständig unter Stress. Im Laufe eines Vormittags müssen sie sich auf die unterschiedlichsten Situationen einstellen. Sie sind permanent gefordert, müssen präsent sein, etwas leisten, vermitteln, präsentieren. Sie stehen unter dem ständigen Druck zwischen den Ansprüchen des Lehrplans, den Herausforderungen der Schülerinnen und Schüler, den Pausenaufsichten und den Anforderungen der Eltern. Sie wünschen sich Zeit für Absprachen und Teamberatungen, kommen aber kaum zum Luftholen. Deshalb sind viele froh, wenn sie nach Unterrichtsschluss schnellstens das Schulgebäude verlassen können!

Noch mehr Zeit in der Schule? Können andere Arbeitszeitmodelle das Arbeits- und Schulklima wirklich verändern? Kann mehr Zeit in der Schule mehr Berufszufriedenheit bringen? Ist es wirklich möglich, auch die Vorbereitungszeit in die Schule zu verlagern – und zu Hause den Feierabend zu genießen? Und was muss sich im Zusammenhang mit der Arbeitszeit sonst noch verändern, damit Lehrerinnen und Lehrer ihre Arbeitszeit nicht als Stress erfahren, sondern diese als Zeit zum Lehren, Lernen und Leben gestalten können.

Eine Balance von Vorbereitung, Unterricht und Freizeit

Wem es als Lehrerin oder Lehrer gelingt, Vorbereiten, Lehren und Leben in eine Balance zu bringen, kann den Anforderungen des Lehrerberufes gelassen gerecht werden:

- Gestalten der Entscheidungsspielräume mit einem hohen Maß an Selbstbestimmung
- Wenig Reglementierung des Unterrichts von außen
- Bildung und Erziehung der Kinder im gemeinsamen Lehren, Lernen und Leben
- Variabilität der Arbeit in unterschiedlichen Teamsituationen

- Vielfältige Gestaltungsmöglichkeiten der Unterrichtszeiten
- Chancen der Kommunikation und Kooperation in einem zeitlich breiteren Rahmen
- Nutzen der Möglichkeiten zur eigenen Weiterentwicklung im Sinne lebenslangen Lernens

Die frustrierende Realität

Die Realität sieht oft leider anders aus: Die Alltagsbelastung stresst und nimmt die Gelassenheit. Widersprüchliche Forderungen zerreißen die engagierten Lehrkräfte:
- Sie sollen gleichermaßen fördern und selektieren.
- Sie sollen individuell motivieren und Leistung fördern und gleichzeitig vergleichende Noten geben.
- Sie sollen Schülerinnen und Schüler ganzheitlich bilden, kooperatives Miteinander fördern, Sozialkompetenz stärken und gleichzeitig durch die Schullaufbahnempfehlungen über die Zukunft der Kinder entscheiden.
- Diskrepante Rollenerwartungen und Ansprüche werden von den unterschiedlichen Aktionspartnern an sie herangetragen: Eltern, Schülerinnen und Schüler, Kolleginnen und Kollegen, Schulleitung, Schulaufsicht, Schulträger und Öffentlichkeit stellen ihre realen oder vermeintlichen Anforderungen.

Weitere Belastungsfaktoren kommen hinzu:
- Erziehungspflicht ohne Sanktionsmacht
- Elterliches Desinteresse
- Erziehungskonflikte
- Physische Belastungen durch Lärm, lautes Sprechen etc.
- Demütigungen durch Schüler; Disziplinprobleme
- Im Blickpunkt der Öffentlichkeit
- Zeitdruck, Hektik
- Vielzahl bildungspolitischer Initiativen
- Ständig neue Verwaltungsvorschriften und Gesetzesänderungen

Die Entscheidungsdichte am **Arbeitsplatz Schule** gleicht der von Fluglotsen. Es gibt über 200 verschiedene Lehreraktivitäten, die meist unter Zeitdruck und ständig im Fadenkreuz der Beobachtung zu bewältigen sind. Wegen des permanenten Rückgriffs auf Leistungsreserven arbeiten die Körperorgane häufig im Grenzbereich. Lehrerinnen und Lehrer sind genervt, froh, den Stressort Schule möglichst schnell verlassen zu können. Und zu Hause geht der Stress weiter. Der Unterricht für den nächsten Tag muss ja vorbereitet werden.

Erschreckend bewusst wird einem die Hektik in deutschen Schulen, wenn man Schulen in Dänemark, Schweden oder Finnland besucht. Ruhe, Gelassenheit und »Füreinander-Zeit-Haben« prägen dort das Schulklima.

Skandinavische Erfahrungen nutzen

In mehreren Kleingruppen hospitierten Lehrerinnen und Lehrer der Waldhofschule Templin in dänischen, schwedischen und finnischen Schulen. Sie waren fasziniert davon, dass dort die Kolleginnen und Kollegen ihren Arbeitsplatz in der Schule hatten und dort ihre Vorbereitungen – oft im Team – machten. Und wenn sie am Nachmittag nach Hause gingen, hatten sie Feierabend, in der Regel keine abendliche Vorbereitung mehr. Sie kamen begeistert zurück und fragten: Können wir an der Waldhofschule nicht auch den Ganztag für Lehrer einführen? Also auch die Vorbereitung in die Schule verlagern – jedenfalls einen großen Teil davon …

Nach längeren Diskussionen einigte man sich darauf, zunächst für drei Jahre zur Probe ein Präsenzzeitmodell einzuführen. Im Rahmen eines Schulneubaus wurden entsprechende Lehrerarbeitszimmer geschaffen, so dass alle Lehrkräfte einen eigenen Arbeitsplatz in der Schule haben.

So wurde in der Waldhofschule Templin die Arbeitszeit der Mitarbeiterinnen und Mitarbeiter berechnet:

- Legt man die Arbeitszeit der Lehrkräfte parallel zum sonstigen öffentlichen Dienst und im Blick auf die unterrichtsfreien Zeiten auf eine Wochenarbeitszeit um, kommt man auf ca. 45 Stunden pro Woche.

Seit dem 1. August 2003 wurde die wöchentliche Arbeitszeit in der Schule für Lehrkräfte auf 35 Stunden festgelegt (**Anwesenheitszeit in der Schule = Präsenzzeit**). Neben den 28 Stunden Arbeit am Kind (Unterricht, Aufsicht, Einzelförderung, usw.) war damit Zeit für Vorbereitungen, Teamsitzungen, Konferenzen etc. vorhanden.

Die restlichen 10 Stunden standen als **Vertrauenszeit** für weitere Vorbereitungen, Elternabende, Fachliteratur, Fortbildungen etc. zur individuellen Verfügung bereit.

Die Präsenzzeit von 35 Stunden (bei Vollbeschäftigung) verteilte sich während der Wochentage folgendermaßen:

Montag	8:00 – 15:00 Uhr
Dienstag	8:00 – 15:00 Uhr
Mittwoch	8:00 – 17:00 Uhr
Donnerstag	8.00 – 15:00 Uhr
Freitag	8:00 – 13:00 Uhr

Um die Aufsicht der Schülerinnen und Schüler vor und nach dem Unterricht abzusichern, konnte die Präsenzzeit jeweils von einem Kollegen aus einem Team um 15 Minuten nach vorne oder hinten verlängert werden. Mehr geleistete Präsenzzeit konnte an einem Tag in der Woche abgegolten werden. Dies war bei der Stundenplangestaltung mit der Schulleitung abzustimmen.

Mehrarbeit und Freizeitausgleich

Die Präsenzzeit konnte freiwillig auf 36 Stunden verlängert werden; durch diese Mehrarbeit wurde der Anspruch auf 5 freie Tage während der Schulzeit erworben. Die Gewährung der freien Tage erfolgte nach Abstimmung im Team durch die Schulleitung; die Vertretung wurde in der Regel innerhalb des Teams geregelt. Durch die zusätzliche Arbeitsstunde, die fast alle Kolleginnen und Kollegen freiwillig leisteten – fünf Urlaubstage während der Schulzeit sind ein hoher Anreiz! –, standen der Schule diese Stunden für besondere Projekte, Fördermaßnahmen oder Neigungsunterricht zur Verfügung.

Außerdem konnte eine Verlagerung der Präsenzzeit in Abstimmung zwischen Schulleitung und Mitarbeitervertretung erfolgen (in der Regel wurde dafür die 36. Stunde verwendet), z. B. für zusätzliche Aktivitäten außerhalb der Präsenzzeit (für die Betreuung im Schwimmlager oder bei Sportwettkämpfen am Wochenende; Betreuung des Streichelzoos an Wochenenden oder in den Ferien u. a.).

Der Arbeitsplatz in der Schule

Die Kolleginnen und Kollegen eines jeden Jahrgangs bzw. Doppeljahrgangs haben ein eigenes Lehrerarbeitszimmer mit Arbeitsplätzen für jeden sowie mit einem PC mit Internetzugang für jeweils drei Mitarbeiter.

Viele Kolleginnen und Kollegen haben ihr Vorbereitungsmaterial inzwischen in ihrem Arbeitszimmer in der Schule deponiert. Damit steht es auch der gemeinsamen Unterrichtsvorbereitung zur Verfügung.

Lehrerinnen und Lehrer sowie Schülerinnen und Schüler haben die gleiche »Schulzeit«

Durch das Präsenzzeitmodell sind alle pädagogischen Mitarbeiter mit Vollzeitstellen mindestens ebenso lange in der Schule wie Schülerinnen und Schüler. Mittwochs sind alle Lehrkräfte bis 17:00 Uhr anwesend und haben ab 15:00 Uhr Zeit für Fach- und Lehrerkonferenzen, Klassenleiterberatungen, Absprachen in den Teams oder für Elterngespräche.

Nach der dreijährigen Probezeit wurde das Präsenzzeitmodell weitergeführt, da es sich für alle Beteiligten außerordentlich gut bewährt hatte und sich insbesondere für die Teamarbeit als unverzichtbar dargestellt hatte. Fast jeder Jahrgang hat inzwischen einen eigenen Kopierer, so dass auch damit die Vorbereitungszeiten optimiert werden können.
Die Bibliothek und Mediothek der Schule erleichtern ebenfalls die Unterrichtsvorbereitungen in der Schule.
Wer die Schule nachmittags verlässt, hat in der Regel wirklich Feierabend, denn die Vorbereitung für den nächsten Tag oder die nächsten Unterrichtseinheiten steht.

Was noch fehlt, sind »Materialwagen«, mit denen nach schwedischem Vorbild die Unterrichtsmaterialien mit in die Klassen genommen werden können.

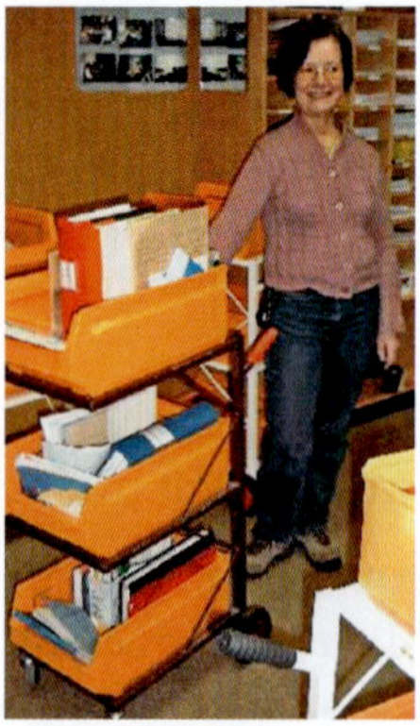

Arbeitsmaterial »mobil« in Schweden

Nachhaltige Verbesserung des Arbeitsklimas in der Schule

Insbesondere folgende Vorteile haben sich in den Jahren herauskristallisiert:

- Immer mehr Lehrkräfte haben die eigenen Vorbereitungs- und Unterrichtsmaterialien in die Schule mitgebracht und für gemeinsame Unterrichts- und Projektvorbereitungen genutzt – und anderen zur Verfügung gestellt.
- In der Schule entsteht durch die gemeinsame Arbeit ein umfassender Pool von Unterrichtseinheiten und Materialien, der von allen genutzt wird.
- Für die Zusammenarbeit von Grundschul-, Fach- und Sonderpädagogen ist die gemeinsame Arbeitszeit unerlässlich und führte dazu, dass die unterschiedlichen Professionen voneinander profitierten. Dies kam insbesondere der Erarbeitung von Lern- und Entwicklungsplänen für die einzelnen Schülerinnen oder Schüler zugute.
- Dadurch, dass alle Lehrkräfte gemeinsam mit den Schülerinnen und Schülern die Zeit in der Schule verbringen, gibt es keinen Unterrichtsausfall mehr.

So ist die Waldhofschule zum Lern- und Lebensort für die Lehrkräfte geworden und ermöglicht die individuelle Betreuung und Förderung der Schülerinnen und Schüler. Eine rhythmisierte Ganztagsschule ohne ein angepasstes Arbeitszeitmodell ist nicht mehr vorstellbar.

Und selbst wenn es einmal umfassendere Vorbereitungen im Blick auf besondere Unterrichtsprojekte oder Projektwochen gibt, werden diese von den meisten Lehrkräften inzwischen lieber gemeinsam in der Schule gemacht als in häuslicher »Nachtarbeit«. Wenn man nach Hause geht, hat man wirklich frei – Feierabend. Und das ist ein gutes Gefühl und gibt Zeit zum Leben.

Ulrike Eiding (Vorwort: Michael Lorbeer-Andresen)

Jahrgangsübergreifenden Unterricht einführen

Entwicklung, Erfahrungen und Konsequenzen aus der Sicht von Schulleitung, Lehrkräften und Eltern der Aukamp-Schule Osterrönfeld

Vorwort

Mit der Verabschiedung des Schulgesetzes 2007 traten eine Reihe wesentlicher Veränderungen für die Schulen in Schleswig-Holstein in Kraft. Für die Grundschule brachte die Gesetzesnovelle vor allem im Bereich der Eingangsphase (Klassenstufen 1 und 2) verpflichtende Neuerungen, die durch entsprechende Verordnungen bzw. Verfügungen der Schulaufsicht geregelt wurden. Dazu gehörte u. a., dass Zurückstellungen nicht mehr bzw. nur noch in besonders begründeten Fällen möglich sind, dass in der Regel präventive Förderung von Kindern in der GS – unter Verzicht auf sonderpädagogische Begutachtung und Zuordnung von Schülerinnen und Schülern zu den Förderschwerpunkten Sprache, Lernen, sozial-emotionale Entwicklung – nach Möglichkeit in binnendifferenzierenden Formen stattfindet und dass in der Eingangsphase jahrgangsübergreifende Lerngruppen gebildet werden sollen. Dabei zielt die Ausgestaltung der Eingangsphase vor allem auf die Verwirklichung des individuellen Lernens aller Kinder ab.

Leitziele
Die Förderung der einzelnen Schülerin und des einzelnen Schülers ist durchgängiges Unterrichtsprinzip in allen Schulen (SchulG, § 5, Abs. 1, Satz 3).
Schul- und Unterrichtsgestaltung sollen sich an den Lernvoraussetzungen und Lernprozessen der Schülerinnen und Schüler orientieren und sie in ihrer individuellen Entwicklung fördern (GrVO, § 5, Abs. 1, Satz 1).
Dem pädagogischen Konzept der jeweiligen Schule entsprechend *sollen* insbesondere in der Eingangsphase jahrgangsübergreifende Lerngruppen gebildet werden (GrVO, § 3, Abs. 2).

Auf der Grundlage dieser Eckpunkte waren alle Grundschulen des Landes Schleswig-Holstein bis zur erneuten Änderung der Grundschulordnung im Dezember 2009 (in der Eingangsphase *können* jahrgangsübergreifende

Lerngruppen gebildet werden) aufgefordert, bis spätestens 2012/13 entsprechende Konzepte für die organisatorische und inhaltliche Ausgestaltung einer veränderten Eingangsphase als pädagogische Einheit zu entwickeln und umzusetzen.

Für viele Schulen stellte diese Zielvorgabe eine große Herausforderung an das professionelle Selbstverständnis dar und warf vielfältige Handlungsanforderungen hinsichtlich des weiteren Entwicklungsprozesses auf. Mancherorts wurde dieses Vorhaben trotz teilweise massiver Widerstände aus der Eltern- und der Lehrerschaft gemäß des gesetzlichen Auftrages systematisch und engagiert angegangen. Viel Zeit und Kraft wurde von den Grundschulen investiert, um im Rahmen der Schulprogrammarbeit in einem demokratischen Prozess ein entsprechendes pädagogisches Konzept für den jeweiligen Standort zu entwickeln. Mehrheiten mussten z. T. in einem langwierigen und zähen Entwicklungsprozess erarbeitet werden, bevor die Schulkonferenz zu einem tragfähigen Beschluss kommen konnte.

Der folgende Erfahrungsbericht schildert aus der Sicht von Schulleitung, Lehrkräften und Eltern, welche Erfahrungen sie mit dem Entwicklungsprozess der Eingangsphase an ihrer Schule angesichts der wechselnden bildungspolitischen Aussagen zum jahrgangsgemischten Unterricht gemacht haben.

Michael Lorbeer-Andresen, Vorstandsmitglied der GSV-Landesgruppe SH

Planung von jahrgangsübergreifendem Unterricht

Die Aukamp-Schule ist die einzige Grundschule in Osterrönfeld, einer schleswig-holsteinischen Gemeinde im Kreis Rendsburg-Eckernförde direkt am Nord-Ostsee-Kanal mit rund 5200 Einwohnern. Zurzeit werden hier ca. 225 Schülerinnen und Schüler der Jahrgänge 1 bis 4 in 11 Klassen unterrichtet. Als Offene Ganztagsschule bietet die Aukamp-Schule auch über den Unterricht hinaus umfassende Angebote und Betreuungsmöglichkeiten. Sie ist außerdem Ausbildungsschule und Hospitationsschule des Eingangsphasenprojektes des Landes Schleswig-Holstein. Im Mai 2009 erhielt die Schule durch den sog. Schul-TÜV (EVIT) eine hervorragende Beurteilung.

Die folgende Schilderung der Entwicklung der Aukamp-Schule in den vergangenen drei Jahren soll aufzeigen, dass eine Schule, die sich auf den Weg macht, ihr pädagogisches Konzept auszugestalten, auch auf Stolpersteine unterschiedlichster Art treffen kann, mit Umwegen und Rückschritten zu rechnen hat. Der Beitrag ist nachfolgend vorrangig in der Wir-Form verfasst, weil die schulischen Entwicklungs- und Entscheidungsprozesse der letzten Jahre von der Schulleitung und dem Kollegium mit Beteiligung der Elternschaft konsequent in enger Zusammenarbeit gemeinsam getragen wurden.

Im August 2007 übernahm ich die Aukamp-Schule als Schulleiterin und traf auf beste Voraussetzungen. Das Wichtigste waren das äußerst aufgeschlossene und engagierte Kollegium und ein Schulprogramm, das auch gelebt wurde. Geöffnete Unterrichtsformen, entsprechend offene Türen, die Förderung und Forderung der individuellen Entwicklung des einzelnen Kindes waren und sind nur einige der Grundprinzipien der schulischen Arbeit.

So war es beinahe selbstverständlich, die 2007 mit dem neuen Schulgesetz geforderten Veränderungen hinsichtlich der Gestaltung der Eingangsphase und der Umsetzung jahrgangsübergreifenden Lernens aufzunehmen, ein für die eigene Schule passendes Modell zu entwickeln und dabei die spezifischen Handlungsanforderungen zu erfüllen. Nur einige kleine (oder waren es große?), auch schnelle (vielleicht zu schnelle?) Schritte waren dafür nötig. Die bisherige Arbeit und unsere Vorstellungen von einer Schule, in der die Unterschiedlichkeit von Kindern gesehen und genutzt wird, schienen mit den Neuerungen des Schulgesetzes bestätigt zu werden.

Die Ausgangslage

Bereits vor meiner Zeit als Schulleiterin bildete sich an der Aukamp-Schule eine Arbeitsgruppe zum Thema »Jahrgangsübergreifender Unterricht«. Diese AG stellte in der Folge das zentrale Steuerungs- und Planungsgremium dar. In einer Pädagogischen Konferenz im Mai 2007 stimmte das Kollegium über das Partnerklassenprinzip mit jahrgangsübergreifenden Projekten in der Eingangsphase ab. Dies wurde den Eltern der neuen ersten Klassen vor den Sommerferien vorgestellt und im neuen Schuljahr praktiziert. Die Vorteile des jahrgangsübergreifenden Arbeitens, aber auch die Lücken des bisherigen Ansatzes, die Probleme des Partnerklassenmodells stellten sich rasch heraus. Die Praxis weniger Wochen reichte aus, um im Kollegium den Gedanken einer Weiterentwicklung des Konzeptes zu festigen.

Geplante Entwicklungsschritte

Der Wunsch des Kollegiums nach einer Weiterentwicklung mündete in einer Einigung auf folgende Vorgehensweise:

- Information über mögliche Modelle des jahrgangsübergreifenden Arbeitens
- Fortbildungen zum Thema mit Hospitationen an anderen Schulen
- mindestens zwei Schulentwicklungstage zum Thema

- Entscheidung für ein Modell im Kollegium
- Formulierung eines Konzeptes
- frühzeitiges Einbeziehen der Eltern
- Schulkonferenzbeschluss
- Informationsabende für Eltern der Schule und Schulanfängereltern
- jährliche Evaluation des Konzeptes
- Ausbau des Konzeptes mit Verbesserung der Rahmenbedingungen

Erste Schritte

Die Arbeitsgruppe wurde aktiv, suchte in der Literatur und an anderen Schulen nach unterschiedlichen Modellen und stellte die Ergebnisse erstmals Mitte November 2007 auf einer Schulkonferenz vor. Damit waren die in diesem Gremium der Schule vertretenen Eltern der Schule bereits direkt in den Prozess einbezogen. Zur Fortbildung »Eingangsphase« mit der Leiterin des entsprechenden IQSH-Begleitprojektes kamen allerdings nur wenige Eltern. Dafür nahm das Kollegium geschlossen teil. Mehrheitlich wurde befürwortet, für die Aukamp-Schule ein umfassendes Konzept zum jahrgangsübergreifenden Unterricht zu entwickeln. Wie geplant geschah das im Rahmen eines Schulentwicklungstages Ende Januar 2008. Nach einer Vorstellung und Diskussion unterschiedlicher Organisationsformen jahrgangsübergreifenden Arbeitens einigte das Kollegium sich zügig darauf, bereits im kommenden Schuljahr in allen Eingangsphasenklassen mit dem sog. »Aufsteigenden Stammgruppenmodell« (vgl. Grotenhaus / Reiners 2008) zu starten:

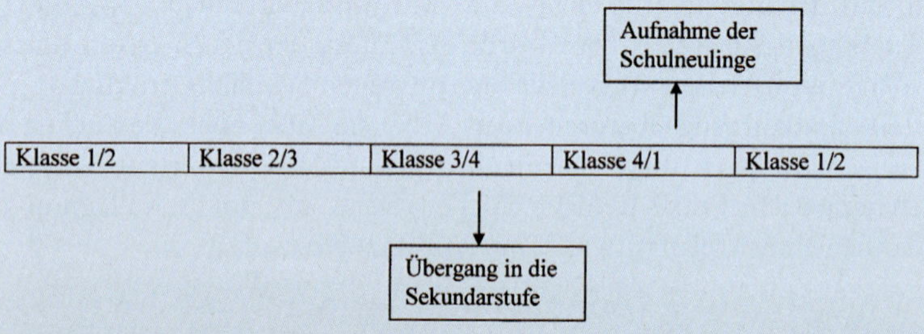

Organisation in den folgenden Schuljahren:

2009/2010	2010/2011	2011/2012	2012/2013	2013/2014	2014/2015
1 2/3 4	1/2 3/4	2/3 4/1	3/4 1/2	4/1 2/3	1/2 3/4

Aus dem Konzept zum jahrgangsübergreifenden Lernen, S. 3

Der Grundgedanke war dabei, die in anderen Organisationsformen mehrfach erforderlichen Klassenneubildungen zu vermeiden und jahrgangsübergreifendes Lernen auch nach der Eingangsphase in allen Klassenstufen zu ermöglichen. Damit gingen wir über die ministeriellen Vorgaben hinaus. In dem Bewusstsein, dass wir in Schleswig-Holstein auf wenig Erfahrungswerte zurückgreifen konnten und entsprechend sorgfältige Planungen vorweisen mussten, machten wir uns umgehend an die Arbeit. Besonderes Augenmerk richteten wir auf die Beteiligung der Elternschaft unserer Schule. Wie sich herausstellte, war dies von Anfang an der schwierigste Teil der Arbeit, der uns unglaubliche Energien kostete und unsere Entwicklung bis heute im Wesentlichen bestimmt. Eigentlich hatten wir bis zum Sommer an alles gedacht: Einbeziehung der Elternbeiräte, Informationsabend für alle Eltern der derzeitigen und zukünftigen Erstklässler, Fortbildungen, Gespräche mit und in den Kindertagesstätten ... Bereits unser erster Fahrplan konnte jedoch nicht wie erwartet umgesetzt werden; die Vorgehensweise musste den Umständen angepasst werden.

Änderung der geplanten Vorgehensweise

Noch durchaus erfreulich verlief die Schulelternbeiratssitzung im Februar 2008. Die Eltern sagten uns Unterstützung zu, auch vor dem Hintergrund, dass alle Schulen Schleswig-Holsteins angehalten waren, jahrgangsübergreifendes Arbeiten zu installieren. Gemeinsam wurde beschlossen, die entsprechende Schulkonferenz vorzuziehen. Dazu kam es allerdings nicht, denn in der Gesamtelternschaft begann die Stimmung zu kippen, Widerstände gegen unser geplantes Konzept nahmen zu. Der im März durchgeführte, mit Filmmaterial und arbeitsteiligen Beiträgen des Kollegiums aufwändig vorbereitete Informationsabend eskalierte. Gegen einige wortführende Eltern fühlten wir uns machtlos. Heute ist uns viel bewusster als damals, dass die meisten Eltern immer noch ein recht traditionelles Bild von Schule haben und mit unserem Ansatz aktueller Grundschularbeit mit durchgängigen Jahrgangsmischungen, geöffneten Unterrichtsformen und einer veränderten Lehrerrolle schlichtweg überfordert waren und sind. Die Tragweite und die Wirkung unseres Vorhabens auf Außenstehende hatten wir ganz einfach unterschätzt. Nun waren wir gezwungen, die Notbremse zu ziehen, uns mit den Widerständen auseinanderzusetzen und unsere Vorgehensweise zu entschleunigen. Unser Ziel revidierten wir nicht, aber wir änderten unsere Planung und legten weitere Zwischenschritte ein. Auf der Schulkonferenz wurde eine Beschlussfassung um einige Monate vertagt, mit dem Ziel, die Zeit für die Einrichtung bzw. Neubildung der bisherigen AG als Eltern-Lehrer-Arbeitsgruppe und für die entsprechende Weiterführung bisheriger Gedanken zu nutzen. Gespräche über Gespräche mit allen Beteiligten, mit dem Schulamt und mit Fachberatern des IQSH waren entscheidende Hilfestellungen und gaben Impulse für unseren weiteren Weg. Gleichzeitig war es aber auch eine Zeit großer Unsicherheit mit Vergewisserungen in alle Richtungen. Immerhin bekamen wir auch von Seiten des Ministeriums nach einer Beinahe-Klage eines Vaters die Bestätigung, dass unsere Konzeptidee im Rahmen der Bestimmungen liegt. Ein weiterer Schulentwicklungstag, Elternabende, Hospitationen in anderen Schulen und vor allem drei intensive, durch das IQSH begleitete Treffen des neu eingerichteten Arbeitskreises (»JÜL-Gruppe«) brachten uns schließlich zum Ziel.

Der erste Schulkonferenzbeschluss mit ersten Folgen

Auf der Schulkonferenz im Juli 2008 wurde vorerst für ein Jahr auf der Grundlage unserer Ursprungsidee vom »aufsteigenden Stammgruppenmodell« ein Konzept zum jahrgangsübergreifenden Lernen verabschiedet.

Rahmendaten der Schule	Aukamp-Schule Grundschule (dreizügig) Schulverband Schacht-Audorf Achterkamp 14 24783 Osterrönfeld Tel: 04331-88137 Fax: 04331-89009 Aukamp-Schule-Osterroenfeld@t-online.de Schulleitung: Ulrike Eiding, Gesa Briesenick
Beschreibung des Ist-Standes und der bisherigen Schritte	→ siehe auch beigefügte Chronologie und Schulprogramm • jahrgangsübergreifende Projekte ab 2003/04, z. B. Schreibwerkstatt »Komm mit nach Afrika« oder »Literaturwoche« • ab Schuljahr 2007/08 »Flurprinzip«: ➢ jeweils räumliche Nähe der Klassen 1–4 auf insgesamt 3 Fluren ➢ Partnerklassen 1/2 und 3/4, Patenklassen 1/4 ➢ Orientierungshilfe durch Flurfarben, Unterstützung der Zusammengehörigkeit durch Flurkonferenzen und andere Gemeinschaftsaktionen • Organisation von Unterricht/Stundenplangestaltung: ➢ Klassenlehrerprinzip (viele Stunden in einer Hand) ➢ Unterrichtsblock mit Parallelsteckung ➢ Fachunterricht bei Flurpartnern ➢ gemeinsame Unterrichtsplanungen in Jahrgangsteams oder Flurteams • Unterrichtsmethoden: ➢ unterschiedliche geöffnete Unterrichtsformen mit differenzierten Lernangeboten

  - themenorientierter, fächerübergreifender Unterricht (auch jahrgangsübergreifende Projektwochen)
  - Lesen durch Schreiben
- gute Ausstattung der Schule mit vielfältigem Unterrichtsmaterial
- funktionierende Teamarbeit im Kollegium
- regelmäßige Fortbildungen des Kollegiums
- Entscheidung im Kollegium über die Einführung des jahrgangsübergreifenden Unterrichts in 3 Schritten:
  - 26. 11. 2007: Fachkonferenz mit gezielter Fortbildung zum Thema durch das IQSH (Gudrun Schröder)
  - 28. 01. 2008: 1. Schulentwicklungstag mit Einigung auf die Einführung des jahrgangsübergreifenden Unterrichts in allen Eingangsphasenklassen im Schuljahr 2008/09
  - 05. 05. 2008: 2. Schulentwicklungstag mit der Beschlussfassung, vorerst nur für das Schuljahr 2008/09 ein Konzept zu erstellen
- Einbindung der Eltern:
  - Informationsabend für alle betroffenen Eltern am 10. 03. 2008
  - im Anschluss daran Elternabende und Einzelgespräche
  - Bildung eines Arbeitskreises: Schulleitung, 1 Schulkonferenzmitglied sowie Lehrer und je 2 gewählte Eltern aus den bisherigen 1. Klassen
- 1. Treffen des Arbeitskreises unter der Leitung von Gesa Briesenick mit Unterstützung durch Gudrun Schröder am 19. 06. 2008
- Konferenzbeschluss für das Schuljahr 2008/09 zum jahrgangsübergreifenden Unterricht in der Eingangsphase am 01. 07. 2008 (1. Konzept)
- wöchentliche Treffen der Eingangsphasenteams im Schuljahr 2008/09
- neue Zusammensetzung des Arbeitskreises im Herbst 2008
- regelmäßige Treffen des Arbeitskreises ab 11. 09. 2008 (2. Donnerstag im Monat)
- Erstellung und Ergänzung von Themenkisten nach Abschluss von Projekten durch beteiligte Lehrkräfte
- im Verlauf des Schuljahres Unterrichtshospitationen durch Kollegen, Mitglieder des Arbeitskreises, Erzieherinnen, Eltern und andere Interessierte
- schriftliche Elternbefragung zum Thema im Dezember 2008 in Schule und Kitas
- Evaluation und Weiterführung des 1. Konzepts anhand der Ergebnisse

	• Vorstellung des neuen Konzepts auf der Elternbeiratssitzung am 11. 02. 2009 • am 16. 02. 2009 informierende Elternabende in den Klassen 1/2 mit Vorstellung der Befragungsergebnisse und der geplanten Konzepterweiterung
Darstellung der Ziele	Im Schuljahr 2008/09: • Umsetzung der Eingangsphase einschließlich des jahrgangsübergreifenden Unterrichts auf der Grundlage der gesetzlichen Vorgaben • individuelle Förderung und Forderung der Kinder in möglichst allen Fächern • deutlichere Stärkung der Sozialkompetenzen (miteinander und voneinander lernen, Klassenrat), der Selbstkompetenzen (Selbstständigkeit, Selbstorganisation), der Methodenkompetenzen (Umgang mit verschiedenartigen Arbeitsmaterialien) • Zusammensetzung der jahrgangsübergreifenden Lerngruppen nach vielfältigen Kriterien und entsprechend der im Konzept aufgezeigten Struktur (vgl. Übersicht, S. 4) • Fortsetzung des »Flurprinzips« mit der Möglichkeit der Bildung von flexiblen Leistungs- und Interessensgruppen • regelmäßige Diagnostik
Pädagogische Eckpunkte und zu sichernde Rahmenbedingungen z. B. Zeiten Räume Gruppenzusammensetzung Zusammenarbeit Materialien Methoden Fortbildung	• Zusammenarbeit der Flur- und Eingangsphasenteams mit festgelegten Besprechungsstunden, gemeinsame Fortbildungen • enge Zusammenarbeit mit der Lehrkraft des Förderzentrums • Nutzung vorhandener und Anschaffung bzw. Herstellung weiterer Materialien zum selbstständigen und differenzierten Arbeiten • Fortsetzung des themenzentrierten Unterrichts mit weitgehend geöffneten Lernformen • schrittweise Anschaffung neuer Schulmöbel, Beantragung zusätzlicher Haushaltsmittel
Organisationsform / Stundenplan mit Erläuterungen	• Fortführung jahrgangsübergreifender Lerngruppen, siehe Konzept • Rhythmisierung des Vormittags: ➢ 1. Unterrichtsblock Pause mit Frühstück 2. Unterrichtsblock mit Lernzeit 1/2 Pause für die Jahrgänge 3 und 4 3. Unterrichtsblock für die Jahrgänge 3 und 4 mit Lernzeit ➢ Gewährleistung der Verlässlichkeit ➢ 2 große Unterrichtsblöcke

	➢ gemeinsames Frühstück, lange Pause, individuelle Kurz- bzw. Bewegungspausen ➢ Klingelzeichen nur am Ende der langen Pause ➢ Parallelsteckung der Klassenlehrer des Flurs in einem Unterrichtsblock pro Tag ➢ Doppelbesetzung ➢ angestrebte gemeinsame Sportstunden der Flurklassen ➢ fächerverbindender Unterricht auf der Grundlage der Kontingentstundentafel
Zeit- und Maßnahmenplan Was? Wann? Wer?	• im Verlauf des Schuljahres weitere Fortbildungen zum Thema (Lehrkräfte der Eingangsphase und / oder gesamtes Kollegium und / oder Arbeitskreis) • Festlegung der Weiterführung des Konzepts auf einer Schulkonferenz am 09. 03. 2009 (2. Konzept) • Informationsabende in den Kindertagesstätten bis Ende März, noch vor den Osterferien • neuer Beschluss zu den Unterrichtszeiten und zur Rhythmisierung des Vormittags bis zu den Sommerferien 2009 • Umsetzung des 2. Konzepts ab dem Schuljahr 2009/10; Fortsetzung des jahrgangsübergreifenden Lernens nach dem aufsteigenden Stammgruppenmodell
Evaluation Was? Wann? Wie / womit?	• monatliche Treffen des Arbeitskreises: ➢ jeweils am 2. Donnerstag im Monat, meist 14. 30 – 16. 00 Uhr ➢ Evaluation zu den Aspekten: Stundenplan, Rhythmisierung, Methoden, Materialien und Diagnostik • Rückmeldungen durch Hospitationsgruppen

Konzeptentwurf März 2009

Mit der Fertigstellung unseres Konzeptentwurfs waren wir um einige Erfahrungen reicher, vertraten unser Modell jetzt selbstbewusst gegenüber Erstklässlereltern auf einem weiteren Informationsabend und begannen die Planungen für das kommende Schuljahr.

Aber waren wir wirklich am Ziel? Im Gegensatz zu anderen Schulen blieben wir von negativen Berichten über uns in der Presse verschont. Aber in der Phase der Einrichtung des Arbeitskreises hatte unser größter Kritiker sein Kind bereits von der Schule abgemeldet, obwohl wir ihn (oder weil wir ihn?) direkt in unseren Prozess einbinden wollten. Weitere Eltern folgten seinem Beispiel. Damit wurde ein Stein ins Rollen gebracht, der sich in den nächsten Jahren zu unserem größten Stolperstein entwickelte. Zunächst beeinträchtigten uns die Abmeldungen wenig. Wir sahen die freie Schulwahl als Chance für uns und fanden es sinnvoll und richtig, dass man sich gezielt für uns entschied. Schließlich hofften wir auch auf Anmeldungen aus benachbarten Gemeinden.

Die Umsetzung des Konzeptes

Das Schuljahr 2008/09 begann und verlief relativ reibungslos. Die Einschulungsfeier wurde durch die aufnehmenden Zweitklässler gestaltet. Danach konnte die Arbeit in sechs jahrgangsübergreifenden Klassen 1/2 beginnen. Unser Anspruch war hoch – es galt, in allen Klassen weitgehend parallel zu arbeiten, Kompetenzraster für die Jahrgänge zu entwickeln und jahrgangsübergreifendes Lernen insgesamt so optimal wie möglich zu gestalten, auch um keinen Anlass zu Kritik zu geben. Ohne Maßnahmen über den Unterrichtsalltag hinaus wäre dies nicht möglich gewesen.

Folgende Regelungen waren hilfreich und brachten den Prozess voran:

- Jeden Montag fanden wöchentliche Teamsitzungen der Klassenlehrerinnen (teilweise der Fachlehrerinnen) der Eingangsphasenklassen zum Erfahrungsaustausch und zur gemeinsamen Unterrichtsplanung statt; dafür wurde jeder Klassenlehrerin für ein Jahr ein Ausgleich von einer Wochenstunde gewährt.
- Der Arbeitskreis traf sich regelmäßig jeweils am zweiten Donnerstag im Monat von 14.30 – 16.00 Uhr; bei Bedarf wurden zusätzliche Termine abgesprochen.
- Um den Eltern des Arbeitskreises noch mehr Einblick in die Unterrichtsarbeit zu geben, wurden alle zwei Wochen montags Hospitationen angeboten; nach den Herbstferien erhielten alle Eltern der Eingangsphasenklassen dieses Angebot, im zweiten Schulhalbjahr jeweils am ersten Montag im Monat.

Beginn der Evaluation

Die Möglichkeiten zu hospitieren wurden angenommen, aber nicht im Übermaß.

Der nächste Schritt war, die Schule auch für andere Interessierte zu öffnen – immer mit dem Ziel, konstruktive Rückmeldungen zu erhalten. Es kamen überzeugte und weniger überzeugte Lehrerkollegien und ein Multiplikatorenteam des IQSH. Unser Kollegium gewann durch die Fragen und Impulse von außen zusätzlich an Sicherheit und weiteren Ideen. Nach den bisherigen Erfahrungen war die Meinung der Eltern am Schulstandort für uns jedoch von vorrangiger Bedeutung. Um Gewissheit zu erhalten, wurde im Dezember 2008 ein Fragebogen in unterschiedlichen Varianten für Eltern der Schule und zukünftige Eltern entwickelt, ausgegeben und ausgewertet (vgl. Abb.).

Die Rückmeldequote lag bei 60 %. Weiterhin wurden Bedenken geäußert – vor allem hinsichtlich der Jahrgangsmischung 4/1 –, tendenziell war das

Liebe Eltern!

Wir haben an der Aukamp-Schule in Osterrönfeld in diesem Schuljahr mit dem jahrgangsübergreifenden Unterricht begonnen.
Nach ersten Erfahrungen mit dem jahrgangsübergreifenden Lernen in der Eingangsphase und dem regelmäßigen Austausch von Eltern und Lehrern im Rahmen einer Arbeitsgruppe wird auf der Schulkonferenz am 09.03.2009 über die Fortsetzung des »Aufsteigenden Stammgruppenmodells« (siehe *Grotenhaus, Birgitt und Christoph Reiners: Die neue Schuleingangsphase: Erfolgreich starten, Auer-Verlag*) entschieden.

Die Arbeitsgruppe möchte Ihre Gedanken mit in die weitere Konzeptentwicklung einfließen lassen und bittet Sie die nachstehenden Fragen zu beantworten. Selbstverständlich werden Ihre Angaben anonym und vertraulich behandelt.

1. Ich habe / hatte schon ________ Kind/er an der Aukamp-Schule, davon ________ Kind/er in einer jahrgangsübergreifenden Klasse 1/2.

2. Ich habe erwartet, dass ____

____

3. Meine Ängste und Bedenken: ____

____

4. Das habe ich von meinem Kind gehört: ____

____

5. Mich hat erstaunt, dass ____

____

6. Das hat mir besonders gefallen: ____

____

7. Meine Meinung zu den verlässlichen Unterrichtszeiten: ______________________
   Klasse 1/2 = 8.15 – 12.15 Uhr: ____
   Klassen 3 und 4 = 8.15 – 13.15 Uhr: ____

8. Diese Fragen habe ich zum jahrgangsübergreifenden Unterricht: ______________
   a) ____
   ____
   b) ____
   ____
   c) ____

9. Was ich sonst noch sagen wollte:
   ____
   ____

Für Eltern, die bereits hospitiert haben:
10. Bei meinem Unterrichtsbesuch ist mir aufgefallen:
   ____
   ____

Rückgabe bis Mittwoch, 17.12.2008, über die Klassenlehrerin!

Mit bestem Dank und freundlichen Grüßen
im Namen der Arbeitsgruppe »Jahrgangsübergreifender Unterricht
an der Aukamp-Schule«

Meinungsbild jedoch positiv und ermutigte uns zur Fortsetzung unseres Konzeptes.

Erneut planten und gingen wir die notwendigen Schritte:

- Konzeptentwurf auf einem Schulentwicklungstag im Februar
- Ausarbeitung des Konzeptes in der Arbeitsgruppe
- Vorstellung der Befragungsergebnisse und der Erweiterung des Konzeptes auf einer Elternbeiratsitzung und auf einem Informationsabend für Eltern der Eingangsphasenklassen
- Schulkonferenzbeschluss

Den Informationsabend planten wir nach den Vorerfahrungen des letzten Jahres besonders sorgfältig. Abgeschreckt vom Gedanken einer weiteren Großveranstaltung wurden jeweils zwei Klassen durch die Lehrer- und Elternmitglieder des Arbeitskreises individuell informiert. Dabei ließen wir viel Raum für Sorgen, Ängste und Wünsche, die man uns bereits vorab in langen Briefen mitgeteilt hatte. Die Jahrgangsmischung 4/1 und ein möglicher Stundenplan waren Schwerpunktthemen. Das erweiterte Konzept enthielt folgenden Stundenplanentwurf:

Std.	Mo	Di	Mi	Do	Fr
1	Deutsch	1: Deutsch 4: Mathe	1: Mathe 4: Deutsch	1: Deutsch 4: Mathe	Sport
2	Deutsch	1: Mathe 4: Deutsch	1: Deutsch 4: Mathe	1: Mathe 4: Deutsch	Sport
3	Mathe	HSU	Deutsch	Mathe	Musik
4	Flex-Stunde	Religion	Kunst	HSU	Klassenrat
5	4: Englisch	4: Englisch	4: Kunst	4: HSU	4: HSU

Der zweite Schulkonferenzbeschluss

Die Schulkonferenz konnte ohne weiteren Aufschub stattfinden; die Fortsetzung des Konzeptes im Sinne des »aufsteigenden Stammgruppenmodells« wurde ohne Gegenstimmen beschlossen. Im Frühjahr und im Herbst 2009 wurden in den einzelnen Kindertagesstätten ausführliche Informationsveranstaltungen zum Schulkonzept angeboten. Unter anderem zeigten wir einen selbst erstellten Film über den Unterricht an unserer Schule. Die Beteiligung und die Rückmeldungen waren gut. Besonders die Ausführungen und Erfahrungsberichte der Eltern der Arbeitsgruppe überzeugten und beruhigten. Wir fanden viele Befürworter unseres pädagogischen Ansatzes und konnten auch einige Eltern anderer Gemeinden für uns gewinnen.

Auswirkungen der Umsetzung des Konzeptes und veränderte Rahmenbedingungen

Trotz vieler Fürsprecher gingen die Anmeldezahlen zurück und die Arbeit im Schuljahr 2009/10 mit der Jahrgangsmischung 2/3 war durch zahlreiche Schülerabmeldungen beeinträchtigt. Die Unsicherheit bei Lehrern, Eltern und nicht zuletzt bei den Kindern wuchs. Wir hatten uns allen so sehr geöffnet, und nun verließ man uns von heute auf morgen, ohne das Gespräch zu suchen. Eine unreflektierte Aufnahmepraxis benachbarter Schulen, personelle Veränderungen einschließlich einer langfristigen Erkrankung einer Klassenlehrerin und nicht zuletzt laute und rufschädigende Äußerungen gegen unsere Schule im Supermarkt oder auf dem Sportplatz zeigten ihre Wirkung und es schien kein Ende in Sicht. Hinzu kam der politische Wandel in Schleswig-Holstein. Im Koalitionsvertrag der neuen Regierung war Ende 2009 zu lesen, dass den Grundschulen die freie Entscheidung darüber

Elternerfahrungen mit dem jahrgangsübergreifenden Lernen

Unsere Töchter besuchen die 4. Klasse im jahrgangsübergreifenden Lernen der Klasse 3/4.

Beide gehen sehr gerne in die Aukamp-Schule Osterrönfeld, nach Schulschluss empfangen wir regelmäßig strahlende Kinder.

Wir sind von dem Lernfortschritt und dem selbstständigen Arbeiten überzeugt. Als die »Großen« entwickeln sie ein gutes Selbstwertgefühl, da sie einerseits den »Kleinen« Aufgaben erklären können sowie andererseits Rücksicht nehmen und Verständnis aufbringen müssen. Die wiederkehrende Arbeit innerhalb der Klasse in Gruppen mit geringer Schülerzahl scheint die Möglichkeit zur individuelleren Förderung oder Forderung der einzelnen Kinder zu eröffnen. Unsere Töchter machen keinen Eindruck der Über- oder Unterforderung.

Selbstverständlich freuen sie sich auch, wenn sie über zusätzliche Aufgaben zeigen dürfen, dass sie die »Großen« sind, hier wird schon mal der Wunsch nach Abgrenzung deutlich. Dem kommt die Schule entgegen, indem z.B. Englisch nach Jahrgang getrennt unterrichtet wird. Durch die teilweise Doppelbesetzung wird die Arbeit in Gruppen noch effizienter, der vermutlich entstehende höhere Lärmpegel scheint nicht zu stören. Ursache hierfür ist vielleicht auch der interessante Unterricht.

Den Lehrkräften gelingt es die Kinder zu motivieren und vertrauensvoll und anerkennend mit ihnen zu arbeiten, sodass die Schule bei ihren Schülern sehr beliebt ist. Die Kinder werden positiv auf ein lebenslanges Lernen vorbereitet; die Grundlage bildet das jahrgangsübergreifende Lernen.

Als Mitglieder der JÜL-Arbeitsgruppe stellen wir fest, dass insgesamt ein sehr offenes und konstruktives Klima herrscht. Die Schule setzt auf eine Arbeit mit umfangreicher Information und Beteiligung der Eltern und Schüler. Jeder kann seine Ideen einbringen und findet sich häufig in den Ergebnissen wieder. In der Arbeitsgruppe begleitet uns von Anfang an die Skepsis und Kritik von verschiedenen Eltern zum jahrgangsübergreifenden Lernen, diese wollen wir mit viel Informationsarbeit von unserem Konzept überzeugen. Die variierenden Vorgaben der Landespolitik machen unsere Aufgabe nicht leichter.

Stefanie Doose, Stefan Olf

Zur Arbeit der JÜL-Gruppe – eine Zusammenfassung aus Sicht der Konrektorin

Alle großen Dinge beginnen mit einem ersten Versuch.

Die Umstellung von jahrgangshomogenen in jahrgangsheterogene Klassen sollte nicht nur bei einem Versuch in Form von Projekten bleiben. Die Aukamp-Schule arbeitete schon lange nach dem Leitbild »Jedes Kind ist anders verschieden«, und so war jahrgangsübergreifendes Arbeiten die logische Konsequenz. Ab dem Schuljahr 2008/09 sollten die Kinder nach dem Prinzip des »aufsteigenden Stammgruppenmodells« unterrichtet werden. Bei diesem Modell bleibt die Stammgruppe drei Jahre bestehen. Die Lehrer und Eltern der jahrgangsübergreifenden Klassen 1/2 gründeten noch vor dem Start die »JÜL-Gruppe«, um gemeinsam das Konzept auszuarbeiten, in monatlichen Austausch zu treten, auch um gezielt auf Schwierigkeiten reagieren und signalisieren zu können, dass Ängste ernst genommen werden. Zunächst waren die Eltern der JÜL-Gruppe eingeladen, in den Klassen zu hospitieren, später wurde dies auch für die anderen Eltern ermöglicht. Das erste Jahr verlief produktiv:

- Es wurden Info-Abende in den Kindertagesstätten gemeinsam geplant und durchgeführt.
- Info-Abende für die zukünftigen Eltern wurden in der Schule gemeinsam gestaltet.
- Eine Elternbefragung wurde entwickelt und ausgewertet.
- Durch den Erfahrungsaustausch setzte ein kontinuierlicher Evaluationsprozess ein.

Das Interesse an der JÜL-Gruppe stieg und die Personenzahl wurde größer. Da sich zudem zahlreiche Arbeitsschwerpunkte ergaben, wurde die Gruppe geteilt. Eltern und Lehrer arbeiteten im zweiten Jahr (Schuljahr 2009/10) vor allem an folgenden Themen:

- Lerntagebuch,
- Raumausstattung,
- Zusammenarbeit mit weiterführenden Schulen,
- Öffentlichkeitsarbeit.

Alle Kleingruppen arbeiteten intensiv und erreichten für die Schule wichtige Ergebnisse, die in Großgruppensitzungen allen vorgestellt wurden. Direkt umgesetzt wurde die Einführung eines Lerntagebuches (Der bunte Planer der Aukamp-Schule) im Schuljahr 2010/11. Die Kinder dokumentieren hier Lerninhalte, Lernfortschritte, Hausaufgaben und anderes Wissenswertes.

Die Gruppe Öffentlichkeitsarbeit brachte u. a. die Erstellung der Homepage voran, sorgte für positive Presseauftritte der Aukamp-Schule und setzte mit Hilfe des gesamten Kollegiums und weiterer Eltern an der Schule eine durch den Grundschulverband organisierte Fachtagung am 25.01.2010 zum Thema »Grundschule kindergerecht voranbringen« um. Die Veranstaltung wurde gut besucht und bot der Schule eine hervorragende Möglichkeit, sich der Öffentlichkeit zu präsentieren. Durch die Erstellung eines Raumausstattungskonzeptes können Anschaffungen in den nächsten Jahren gezielter und für den Schulträger transparenter vorgenommen werden. Die Schule nähert sich damit auch gezielt dem Gedanken, den Raum in allen Klassen als dritten Pädagogen zu sehen. Die Zusammenarbeit mit den weiterführenden Schulen ist für einen reibungslosen Übergang der Kinder besonders bedeutsam. Als im Frühjahr 2010 eine Klasse 2/3 aufgrund dort sinkender Schülerzahlen aufgelöst wurde und die Jahrgangskombination 4/1 immer näher rückte, wuchs die Unruhe in der Elternschaft. Der Druck auf die Schule erhöhte sich, Forderungen, das bisherige Konzept zu überdenken, wurden lauter, Abmeldungen häuften sich. Neuanmeldungen von Erstklässlern schienen fraglich. Die JÜL-Gruppe entwickelte daraufhin eine 2. Elternbefragung: 50 % waren für die Weiterführung des Konzeptes, 50 % sprachen sich dagegen aus. Das Kollegium beschloss zu Beginn des Schuljahres 2010/11 mit Hilfe der Moderatorin des IQSH eine Umstrukturierung des Konzeptes. Die JÜL-Gruppe hat dies aufgenommen und arbeitet nun erneut in Kleingruppen. Die neuen Themen sind u. a.:

- Überarbeitung des Konzeptes,
- Informationsabende für zukünftige Eltern und Eltern der Schule,
- Gesprächszeiten in den Kindertagesstätten.

Gesa Briesenick, Konrektorin und Leiterin der JÜL-Gruppe

Der Entwicklungsprozess aus Lehrerinnensicht

Nachdem an unserer Schule das jahrgangsübergreifende Konzept beschlossen wurde, freuten wir uns auf die Arbeit, wussten aber, dass wir erst im darauf folgenden Schuljahr in jahrgangsgemischten Klassen unterrichten würden. Dies war bedingt durch die Tatsache, dass wir zzt. noch Klassenlehrerinnen in jahrgangshomogenen Klassen waren.

Doch es kam anders! Bedingt durch Ausfälle von Kolleginnen mussten wir als Deutschlehrerinnen in JÜL-Klassen unterrichten. Schnell merkten wir, dass ausschließlich das Fach Deutsch in diesen Klassen zu unterrichten, mit erheblichen Schwierigkeiten verbunden ist. Oft befürchteten wir zu Anfang, im 45-Minuten- Rhythmus nicht allen Kindern und vor allem unseren eigenen Ansprüchen nicht gerecht werden zu können. Hinzu kamen unbegründete und begründete Ängste der Eltern, die uns unter Druck setzten und eine zusätzliche Arbeitsbelastung in Form von außerplanmäßigen Elterngesprächen und Infoabenden bedeuteten. Berechtigt waren die Forderungen der Eltern nach kleineren Klassen (es waren 24 bis 26 Kinder pro Klasse) und mehr Doppelbesetzungen (wir hatten nur eine pro Woche), unberechtigt waren viele andere Einwände, die sich allein aus den Ängsten der Eltern erklären ließen. Stark verunsichert stellten einige viele der bei uns seit Jahren etablierten Unterrichtsmethoden, Schulstrukturen und selbst Lernplaninhalte in Frage. Diese Auseinandersetzungen waren äußerst unerfreulich und kosteten viel Kraft. Im darauf folgenden Schuljahr unterrichteten wir nicht nur Deutsch, sondern auch Kunst in den Klassen und konnten somit besser fächerübergreifend arbeiten. Mittlerweise unterrichten wir in jahrgangsübergreifenden Klassen 1/2 als Klassenlehrerinnen in mehreren Fächern mit 12 Wochenstunden und genießen diese Arbeit sehr. Zwischen den Eltern und uns herrscht ein Vertrauensverhältnis, das unsere Arbeit unterstützt und fördert. Lediglich die Aufteilung der homogen eingeschulten ersten Klassen, die im folgenden Jahr zu 1/2 wurden, brachte viel Unruhe und damit auch viele Gespräche mit aufgeregten Eltern mit sich.

Unsere jetzigen Verhältnisse (kleine Klassen mit 16 Kindern, viele Stunden und ein hoher Prozentsatz von Eltern, die sich bewusst für JÜL entschieden haben) machen erfolgreiches Lernen und Arbeiten in jahrgangsübergreifenden Klassen leicht.

Abschließend lässt sich sagen, dass wir es sehr schade finden, unsere Arbeit wieder umstellen zu müssen. Doch aufgrund der veränderten rechtlichen Lage und der daraus resultierenden Proteste der Eltern wird unser Konzept in dieser Form höchstwahrscheinlich nicht zu halten sein.

U. Hedemann, J. Pastor,
Lehrerinnen der Aukamp-Schule

eingeräumt werde, ob sie in der 1. und 2. Klasse jahrgangsübergreifenden Unterricht erteilen oder bei Jahrgangsklassen bleiben wollen. Viele Eltern, einschließlich der Elternbeiräte, die die verpflichtende Einführung des jahrgangsübergreifenden Unterrichts scheinbar als tragfähigstes Argument gesehen hatten, hinterfragten unseren Ansatz nun einmal mehr. Auch der Schulträger, der von Anfang an zu den Zweiflern gehörte, wurde ungeduldig, ging kurzzeitig über seinen eigentlichen Aufgabenbereich hinaus und erwartete von der Schule eine Überarbeitung des Konzeptes. Die Gesamtstimmung an der Schule war kaum zu unterbieten.

Fortsetzung der Evaluation

Nachdem der Arbeitskreis sich in Teilgruppen wichtigen inhaltlichen Aspekten gewidmet hatte, war es nun dringend notwendig erneut eine Elternbefragung anzustoßen. Dies wurde kurz vor den Sommerferien organisiert – diesmal mit einem weniger befriedigenden Ergebnis. Die Meinungen waren geteilt; Gegner des jahrgangsübergreifenden Unterrichts äußerten wiederholt ihren Unmut in langen schriftlichen, teilweise unsachlichen Ausführungen. Trotz aller Arbeit und investierten Zeit sowie der durch die Schulinspektion bestätigten hohen Qualität des Unterrichts hatten wir es also noch nicht geschafft, hinreichend zu überzeugen und den größeren Teil der Eltern auf unserem Weg mitzunehmen. Weiterhin wurde vor allem gegen die Kombination 4/1 argumentiert. Die einen fürchteten eine Überforderung der Erstklässler, die anderen eine Unterforderung der Viertklässler mit fehlender Vorbereitung auf die weiterführende Schule (Gymnasium). Nach dem Fazit, im Zusammenhang mit 4/1 weitere Überlegungen anzustellen, das IQSH wieder einzubinden und noch mehr zu informieren als bisher, gingen wir in die Sommerferien.

Weiterentwicklung des Konzeptes

Wie geplant schulten wir im Schuljahr 201/11 wieder in jahrgangsübergreifende Klassen 1/2 ein. Damit verbundene Klassenteilungen hatten schon im Vorwege zu Unruhe geführt. Zwei Wochen nach Beginn des Schuljahres 2010/11 kam es zu weiteren Abmeldungen. Die Gründe waren zwar nicht eindeutig zu ermitteln, dennoch bestätigte sich damit noch einmal der notwendige Handlungsbedarf. Zudem meldeten die Kindertagesstätten, dass sich im kommenden Schuljahr kaum Eltern für unsere Schule entscheiden würden.

Unsere Arbeit, unsere Existenz waren bedroht – sinkende Schülerzahlen bedeuten immer auch Lehrerabbau. Das konnte nicht unser Ziel sein! Von außen waren alle bereit zu helfen. Im Schulamt wurden unsere Situation wahrgenommen und man bestärkte uns darin, unseren Weg möglichst weiter zu verfolgen. Die Fachberaterin des IQSH nahm ihre Arbeit bei uns gern und zügig wieder auf. Anders als vor den Ferien geplant, war es dem Kollegium jetzt jedoch wichtig, ohne Eltern und andere Beteiligte wie den Schulträger zu tagen. Wir wurden bei unseren Sorgen um die Gegenwart und Zukunft der Schule abgeholt, konnten uns in aller Offenheit austauschen und fanden für uns in drei mehrstündigen supervisionsähnlichen Veranstaltungen heraus, wie es weitergehen kann. Und an diesem Punkt stehen wir nun. Wir nennen es »Weiterentwicklung unseres Konzeptes zum jahrgangsübergreifenden Unterricht«, aber wir sehen es als Scheitern unseres eigentlichen, vor drei Jahren mit pädagogischem Enthusiasmus entwickelten Ansatzes. Denn ab dem Schuljahr 2011/12 planen wir ein zweigleisiges System. Wir werden weiterhin an unserer Grundidee festhalten und jahrgangsübergreifende Klassen nach dem Prinzip des »aufsteigenden Stammgruppenmodells« anbieten, daneben aber auch wieder jahrgangsbezogene Klassen. Mit anderen Möglichkeiten konnten wir uns nicht identifizieren. Zwar scheint das Interesse an unserer Schule gerade wieder zu steigen, aber nun stellen sich bei uns Bedenken ein, ob wir überhaupt die Chance erhalten, unseren jahrgangsübergreifenden Ansatz, von dem wir nach wie vor vollends überzeugt sind, weiterführen zu können. Andererseits besteht noch die Hoffnung, dass uns für unsere Arbeit endlich Zeit und Ruhe eingeräumt wird und dass wir mit der Umsetzung der Jahrgangsmischung 4/1 in wenigstens einer Klasse unser Ziel doch noch ansatzweise erreichen.

Rückblickend waren die drei vergangenen Jahre der Schulentwicklung in Bezug auf das jahrgangsübergreifende Arbeiten eine große Herausforderung. Ganz gezielt und pädagogisch begründet wollten wir auf unserem Weg einen Gestaltungsspielraum nutzen. Ablauf, Tempo, die Einschätzung von Reaktionen, der Umgang mit Widerständen und das Informationsverhalten waren jedoch nicht zu jeder Zeit optimal. Planungen mussten immer wieder verworfen werden, und ein durchaus motiviertes Kollegium geriet an seine Belastungsgrenze.

Fazit

Tatsächlich blieb für die Arbeit mit den Kindern oft nicht mehr viel Kraft. Die externe Evaluation und andere Projekte, die es nebenher umzusetzen galt, waren schwer zu vermitteln. Am Ende stellt sich die Frage, ob sich das alles, ob sich dieser so mühevolle Entwicklungsprozess für die Schule gelohnt hat. Als Schulleiterin meine ich, es hat sich gelohnt. Die Erfahrungen, die wir gewonnen haben, und die Aufarbeitung der unterschiedlichen Fehler, die uns unterlaufen sind, werden bei zukünftigen Vorhaben von großem Nutzen sein. Wir haben die Arbeit mit den Kindern weiter professionalisiert und leben individualisierenden Unterricht nach unserem Leitgedanken »Jedes Kind ist anders verschieden« mehr denn je. Und das wird auch zukünftig so sein. Inwieweit es von Seiten der Schulleitung noch einmal verantwortet werden kann, Gestaltungsspielräume in der hier geschilderten Größenordnung zu nutzen, bleibt zu diesem Zeitpunkt offen.

Die Erfahrung mit den wechselnden bildungspolitischen Aussagen zwischen 2007 und 2010 zeigt, dass es wichtig und wünschenswert ist, dass Schulen Gestaltungsspielräume bei der Entwicklung und Umsetzung ihres pädagogischen Konzeptes haben. Diese Gestaltungsspielräume müssen allerdings über einen längeren Zeitraum stabil gehalten werden, damit Schulen genügend Zeit und Kraft bleibt, um tragfähige Konzepte zu entwickeln und zu erproben. Kurze Halbwertszeiten von Gesetzen und Verordnungen und der daraus resultierende Druck auf die Grundschulen überfordert das System und beeinträchtigt die Qualität schulischer Arbeit.

Mit der erneuten bildungspolitischen Wende und der daraus resultierenden veränderten Gesetzeslage steht nun an einer Reihe von Schulen das mühsam ausbalancierte Konzept auf wackeligen Füßen, da der Legitimationsdruck für jahrgangsübergreifende Lerngruppen nun alleine bei der Schule liegt.

Schulleitungen und Kollegien sehen sich jetzt in der Situation, das von ihnen ursprünglich durch den Gesetzgeber geforderte jahrgangsübergreifende Konzept (erneut) in der Schulöffentlichkeit zu rechtfertigen, statt in Ruhe die geplanten Konzeptionen zu erproben, Schwachstellen herauszufinden und die Modelle erfahrungsbasiert weiterzuentwickeln.

Literatur

Aukamp-Schule-Osterrönfeld (2008): Befragung der Eingangsphaseneltern.

Aukamp-Schule-Osterrönfeld (2009): Konzeptentwurf.

Grotenhaus, B. / Reiners, Chr. (2008): Die neue Schuleingangsphase: Erfolgreich starten. Donauwörth: Auer-Verlag.

4 Schlussüberlegungen

Heike de Boer / Susanne Peters

Grundschule entwickeln – Gestaltungsspielräume nutzen

Konzeptionelle Grundschularbeit umfasst deutlich mehr als die reine Unterrichtsentwicklung. Sie vollzieht sich im Spannungsfeld von Personal-, Unterrichts- und Organisationsentwicklung und erfordert die Zusammenarbeit und Einbindung der verschiedenen beteiligten Akteure sowie eine systemische Perspektive auf Schule im Mehrebenensystem; damit gehören zum einen neben Kindern, LehrerInnen, SozialpädagogInnen, ErzieherInnen und Schulleitung auch Eltern und außerschulische Kooperationspartner dazu.

Zum anderen kann Schulentwicklung nicht ohne landespolitische Bildungsdiskurse und die Zusammenarbeit mit Schulträgern gedacht werden. Das Gelingen von Schulentwicklungsprozessen ist davon abhängig, wie die Beteiligten innerhalb und außerhalb der Schule zusammenarbeiten, kommunizieren, reflektieren und Handlungsgrenzen anerkennen. Auf der Basis der versammelten Beiträge in diesem Band kristallisieren sich für uns folgende Aspekte als grundlegend heraus.

Schulkultur und Schulgemeinschaft schaffen

Grundschulen profitieren von einer Schulkultur, in der die Verantwortung für den Wandel und die Entwicklung der Schule nicht primär bei der Schulleitung gesehen wird, sondern bei jedem Einzelnen in der Schulgemeinschaft. Carle macht in ihrem Beitrag deutlich, dass Führung als kooperative Aufgabe vieler Akteure betrachtet werden muss, bei der es um Selbstführungsfähigkeiten auf allen Ebenen geht. Carle argumentiert, dass Interaktion in komplexen sozialen Gebilden nicht von oben nach unten geschieht, sondern vernetzt und auf unterschiedlichen Ebenen. Jede Interaktionsebene bildet eine Art Netzwerk, in dem es informelle und formelle Interaktionsprozesse gibt, die Teil der Schule sind.

Lehrkräfte müssen sich zugleich wirklich dazu ermutigt fühlen, so Vaccaro in diesem Band, Ideen für die Verbesserung der Schule zu entwickeln. Wo immer möglich, sollten Konzepte oder Verfahrensweisen aus dem Kollegium heraus entwickelt werden. Sowohl jeder Einzelne aus dem Kollegium als auch das Kollegium als Ganzes müsse das Gefühl bekommen, dass Beobachtungen und Ideen für die Gesamtentwicklung der Schule ernst genommen werden. Denn die im Mehrebenensystem als pädagogische Handlungseinheit betrachtete Einzelschule zerfällt bei näherer Beachtung in unterschiedliche Akteure: LehrerInnen, SchülerInnen, Eltern Schulleitung – jeder Akteur / jede Akteurin hat genau genommen in diesem Kontext seine eigene Wahrnehmung auf die Einzelschule, die von den jeweiligen Absichten, Rollen und Funktionen innerhalb der Schule beeinflusst wird. Die Schulleitung, so hebt Vaccaro hervor, muss lernen, zuzuhören und mit den Kolleginnen und Kollegen über Weiterentwicklungs- und Verbesserungsmöglichkeiten zu reden. Sind LehrerInnen für die Entwicklung einer klassenspezifischen Anerkennungskultur verantwortlich, trägt die Schulleitung mit ihren Interventionen entscheidend dazu bei, ob eine solche auch im Kollegium entstehen kann. In diesem Kontext wird sichtbar, dass Schulleitungen, die die kollegiale Interaktion fördern und unterstützen, zu einem kollegialen Umgang und zu guten sozialen Beziehungen der LehrerInnen untereinander beitragen können. Erlebte Unterstützung durch die Schulleitung und die Förderung eines positiven Klimas sind nicht nur der kollegialen Zusammenarbeit förderlich, sondern wirken sich auch auf die psychosoziale Gesundheit der LehrerInnen aus, wie die Potsdamer Lehrerstudie zeigen konnte (vgl. Scharschmidt / Kieschke 2007).

Die Position der Schulleitung in der Schule ist allerdings paradox. Einerseits sind sie ausgebildete Lehrende und damit auch KollegInnen. Andererseits haben sie auch Weisungsbefugnisse und Kontrollfunktionen gegenüber dem Kollegium (vgl. Rothland 2007, S. 260). Reichenbach spricht in diesem Kontext von Diskursen zwischen Ungleichen (vgl. Reichenbach 2006) und plädiert für ein partizipatives Konzept auf der Basis einer situativen Führung. Eine transparente und offene Informationspolitik und ein kooperativ-unterstützender Leitungsstil können dazu beitragen, diese dilemmatische Situation konstruktiv zu gestalten und trotz widersprüchlicher Anforderungen eine Anerkennungskultur entwickeln zu helfen und damit eine Grundlage für partizipative Prozesse in der Schule zu schaffen.

Partizipatives Schulleitungshandeln

Mit der Dezentralisierung schulischer Arbeitsprozesse sind neue Aufgaben für Schulleitungen verbunden, so Peters in diesem Band: Verstanden sich früher die Schulleitungen in der Regel als Gleiche unter Gleichen, als Pädagogen, die zusätzlich noch Verwaltungsaufgaben übernehmen, so kommen auf Schulleitungen heute Führungs- und Managementaufgaben zu, auf die viele nicht vorbereitet waren und sind. Peters Beitrag hebt hervor, dass effiziente Schulleitungen Energie in die Gestaltung der kommunikativen Prozesse mit den Eltern und der Gemeinde sowie deren Einbeziehung setzen. In Bezug auf ihr Kollegium bemühen sie sich um einen partizipativen Führungsstil und versuchen, die Lehrkräfte zu befähigen, Entscheidungen selbst zu treffen und selbstverantwortlich zu handeln. Dazu gehören

- das effektive Gestalten von Sitzungen;
- die mündliche und schriftliche Kommunikation;
- Stellenbeschreibungen für Lehrkräfte, die deutlich machen, welche Tätigkeiten diese mit welchem Verantwortungsgrad umfassen (z.B. Mentorentätigkeit, curriculare Aufgaben, Schulentwicklungsprojekte);
- eine persönliche Arbeitsmethodik, zu der ein effizientes Zeitmanagement, die Delegation von Aufgaben, aber auch Beziehungspflege nach innen und außen gehören
- die gezielte Budgetplanung;
- und eine »systematische Müllabfuhr«, d.h. ein regelmäßiges Hinterfragen von institutionalisierten Prozessen und Gewohnheiten (vgl. Buchen, S. 64ff.).

Erfolgreiche Schulleitungen messen dem Aufbau von Beziehungen, der Teambildung und der Entwicklung ihrer eigenen Kompetenzen wie auch der professionellen Weiterentwicklung ihrer Mitarbeiterinnen und Mitarbeiter einen großen Stellenwert bei.

Klenk zeigt in seinem Beitrag, dass dies vor dem Hintergrund des Veränderungsmanagements besonders wichtig ist. Schulentwicklung ist ein Prozess, innerhalb dessen sich das Denken, die Haltungen und Handlungsmuster der Lehrkräfte vermutlich verändern werden. Um das zunächst lediglich diffuse Vertrauen und den losen Kontakt untereinander in feste Arbeitsbeziehungen münden zu lassen, bedarf es eines sensiblen Erkennens der verschiedenen Phasen von Veränderungsprozessen und viel Geduld, um die Bewahrer, die Unschlüssigen und die Erneuerer innerhalb eines Kollegiums alle miteinzubeziehen und im Prozess mitzunehmen.

Kooperation und Teambildung entwickeln

In guten Schulen, so hebt Schulze hervor, haben sich die Lehrkräfte aus innerer Überzeugung dem Prinzip »gemeinsam statt einsam« verpflichtet. Die innere Bereitschaft zu gemeinsamem, verbindlichem Handeln ist damit der entscheidende Paradigmenwechsel in der Kultur vieler Lehrerzimmer. Westerholt hebt hervor, dass ein Kollegium in seiner Gesamtheit über höhere Kompetenzen als die Schulleitung allein verfügt. Sie zeigt auf, dass dazu weniger geschrieben und mehr miteinander gesprochen wird. Indem:

- Gelegenheiten für regelmäßigen kollegialen Austausch geschaffen werden (z.B. ein fester Konferenztag in der Woche) sowie
- der informelle Austausch gefördert werden muss (gemeinsame Gespräche über schwierige Schüler oder Unterrichtssituationen),
- Zeitfenster für kurzfristige Projekte und Planungen geschaffen werden,

- eine Fehlerkultur aufgebaut wird und das Alltagsgeschehen und kleinere Missgeschicke mit Humor genommen werden.

Wichtig ist auch, so de Boer, dass Kooperation nicht nur das Thema einzelner engagierter und interessierter KollegInnen sein kann, sondern auf der Einzelschulebene eine breite Basis erlangen muss, indem es zum Schulentwicklungsthema der gesamten Schule wird. Erst dann besteht die Chance, dass sich eine Schulkultur der Kooperation entwickelt, die vom Kollegium getragen wird. Die Forderung innerhalb von Schulentwicklungsprozessen, verbindliche Kooperationsformen einzurichten, schränkt die mancherorts noch tradierten individuellen Lern- und Vorbereitungs- und internen Kommunikationskulturen der Lehrenden ein und durchbricht eingespielte Muster. Vor diesem Hintergrund erhalten schulinterne Kommunikation, Informationsfluss und Transparenz für das Gelingen kooperativer Arbeitsprozesse eine enorme Bedeutung und werfen die Frage auf, ob es nicht eines sehr viel höheren Zeit-, Raum- und Personalaufwandes zur Initiierung kooperativer Prozesse bedarf, als bislang realisiert wurde, um tradierte Muster durchbrechen zu können.

Steinert zeigt in seinem Beitrag eine kreative Lösung auf, wie durch eine veränderte Strukturierung der Arbeitszeit die Kooperation innerhalb des Kollegiums befördert wird. Dies steigert die Arbeitszufriedenheit der PädagogInnen. Eine solche Veränderung von organisatorischen Strukturen ist für die Zukunft unabdingbar. Durch die Umwandlung zu Ganztagsschulen und die zunehmende Integration von Kindern mit sonderpädagogischem Förderbedarf arbeiten an den Schulen längst nicht mehr nur Lehrkräfte, sondern Menschen ganz unterschiedlicher Professionen wie ErzieherInnen, SozialpädagogInnen, TherapeutInnen oder Honorarkräfte, die auch noch häufig zeitlich versetzte Arbeitszeiten haben. Für gelingende Kommunikationsprozesse, die zu funktionierenden Absprachen zwischen allen Beteiligten führen, sind neue Kooperationsformen erforderlich, die zu einem stärkeren Miteinander der verschiedenen Professionen führen. Geeignete organisatorische Rahmenbedingungen wie Präsenzzeiten, Arbeitsplätze in der Schule oder Internetplattformen zum Austausch von Materialien müssen hierfür bereitgestellt werden.

Eltern ins Boot holen

Eltern, Lehrer und Lehrerinnen sind Partner in der Erziehung der Kinder und arbeiten zusammen. Doch dies gelingt nicht ohne konzeptionelle Überlegungen. Bohn zeigt mit seinem Ansatz der dialogischen Elternarbeit, wie besonders jene Eltern, die der Schule häufig fernbleiben, angesprochen werden können. Er hebt hervor, dass sich Schulen auf den Weg in einen Lernprozess mit Eltern gemeinsam begeben und auf diese Weise erfahren können, welche Einstellungen und Erwartungen, welche Hoffnungen und Ängste Eltern mitbringen. Mit Erziehungs- und Bildungspartnerschaft ist in diesem Sinne der partnerschaftliche Dialog mit den Eltern gemeint, um gemeinsame Schritte für das Kind abzusprechen. Regelmäßige Elterngespräche, Elternabende und Elternbriefe helfen, Transparenz herzustellen und Foren für den individuellen und kollektiven Informationsaustausch zu schaffen. Die gemeinsame Erziehungsaufgabe von Eltern und Schule zum Zwecke der Persönlichkeitsbildung des einzelnen Kindes stellt eine bedeutende schulische Kooperationsaufgabe dar. Dialogfähigkeit entwickeln heißt in diesem Sinne für den Kontakt von Lehrenden zu Eltern:

- in Beziehung treten,
- zuhören und verstehen wollen,
- Bewertungen und Annahmen zurückhalten,
- offen für neue Sichtweisen sein,
- akzeptieren und respektieren von Anderssein,
- Zusammenhänge gemeinsam herausfinden,
- neue Handlungsmöglichkeiten erkunden,
- Fragen stellen (erkunden statt verkünden)
- miteinander teilen (vgl. Schopp 2010, S. 63ff.).

Bohn weist auf der Schul-, Klassen- und Einzelfallebene vielfältige Handlungsmöglichkeiten auf, die Transparenz und Informationsfluss innerhalb der Schule schaffen, Verständnis und gegenseitiges Kennenlernen ermöglichen, interkulturelle Missverständnisse auflösen und eine auf Vertrauen basierende Zusammenarbeit aufbauen helfen können. An der Dialogfähigkeit als wesentlicher Kernfähigkeit für die Elternarbeit schulintern zu arbeiten, zeigt sich als große Herausforderung, die an Zurückhaltung von Bewertungen, an radikalen Respekt, Offenheit und die Bereitschaft, Eltern zuzuhören und als Experten ihrer Kinder einzubeziehen, geknüpft ist. Die Schule nimmt einen wesentlichen Anteil der Lebenszeit von Kindern und Jugendlichen in Anspruch und markiert einen bedeutenden Lebensabschnitt, hängen doch vom Schulerfolg entscheidend die weiteren Bildungs- und Berufschancen ab. Lassek macht darauf aufmerksam, dass besonders die Schnittstellen im Bildungssystem, Übergang Kindergarten – Grundschule und Grundschule – weiterführende Schule, sich als Phasen zeigen, in denen der Beratungsbedarf von Eltern hoch ist und schulische Angebote gerne angenommen werden. Knopp-Vater, Keller und Theis-Scholz weisen darauf hin, dass die Einführung einer externen Beratung, die Eltern in Konfliktfällen unterstützen kann, positiv von der Elternschaft angenommen wird. Zufriedene Eltern unterstützen die schulische Arbeit und sind offen für unterschiedliche Formen der Zusammenarbeit.

Sowohl Eiding als auch Töller-Weingart zeigen auf, wie wichtig die partnerschaftliche Einbeziehung der Eltern in die Schulentwicklung ist, gerade wenn es um größere Reform- und Veränderungsprozesse geht. Töller-Weingart zeigt auf, dass die Zufriedenheit der Eltern mit der Qualität der pädagogischen Arbeit und mit der Transparenz von Informationen, die z. B. über das Offenlegen von Lernzielen hergestellt wird, einhergeht.

Die Umsetzung von gravierenden Veränderungen wie dem jahrgangsübergreifenden Lernen bedarf nicht nur der Akzeptanz der Eltern in der Entscheidungsphase, sondern erfordert die Unterstützung auch in der Umsetzung, die nicht immer mühelos erfolgt. Die Rückkopplung mit den Eltern dient hier auch dazu, zum Verständnis beizutragen und ihnen auch Notwendigkeiten von Modifikationen geplanter Prozesse deutlich zu machen. Gleichzeitig lässt sich ein solch systemumfassender Veränderungsprozess nicht ohne landespolitische Unterstützung befriedigend durchführen. Eiding macht überzeugend erkennbar, wie negativ sich wechselnde landespolitische Aussagen zur Eingangsstufe auf die konkreten Reformbemühungen vor Ort auswirken. Carle zeigt am Beispiel der Eingangsstufe in Thüringen auf, dass das pädagogische Gelingen an die Unterstützung von externen und vom Land geförderten SchulentwicklungsbegleiterInnen gekoppelt ist. Sie macht sichtbar, dass das Modell ohne diese Begleitung verwässert. Die Schaffung schulnaher Unterstützungssysteme, wie sie an circa 100 thüringischen Schulen zur Etablierung der altersgemischten Eingangsstufe bestehen, kann die Kollegien konkret darin unterstützen, Kooperation im multiprofessionellen Team, die Entwicklung eines neuen Berufsverständnisses im Rahmen dieser Kooperation, die Elternarbeit und vor allem alles, was mit dem Lernen der Kinder zusammenhängt, in den Blick zu nehmen und zu gestalten.

Schwerpunkte setzen und schuleigene Fragestellungen entwickeln

Die aktuell evaluationsbasierte Steuerung des Bildungssystems setzt auf die Rationalität einer Organisation Schule. Schule als geleitete Organisation wird als effizient und / oder effektiv zu managende Organisation dargestellt. Hier zeigt sich ein »mechanistisches Bild« von Steuerung, das durch Zentralisierung der Systemsteuerung sowie die Hoffnung auf »Wenn-dann-Kausalitäten« im Sinne von Entscheidungstechnologien (z. B. wenn regelmäßig evaluiert wird, verbessern sich Unterricht und Schülerleistungen) geprägt ist. Im Rahmen von Schulforschung und Schulinspektionen wurde wiederholt eine eklatante Differenz zwischen im Schulkonzept dokumentierten Profilen und in der schulischen Alltagspraxis zu beobachtenden Vorgehensweisen festgestellt. Denn: Die Qualität von Unterricht wird nicht besser, weil es Standards und regelmäßige Evaluationen gibt. Die Diskrepanz von programmatischen Absichtserklärungen und alltäglichem Unterricht macht sichtbar, dass es sich hier eben nicht um lineare Prozesse handelt, die im Sinne von »Wenn-dann-Kausalitäten« umgesetzt werden können. Schulprogrammentwicklung unter genannten Verhältnissen läuft Gefahr, zu einer schlichten Duplizierung des jeweiligen landesüblichen Orientierungs- oder Bildungsrahmens zu verkommen. Qualitätsentwicklung darf kein Selbstzweck sein, stellt Schulze deswegen in diesem Kontext fest, bei dem unnütze Daten gesammelt und überdimensionierte Konzepte geschrieben werden. Entscheidend ist, dass die Qualitätsziele und -maßnahmen zu der jeweiligen Schule passen, Aufwand und Ertrag der Aktivitäten müssen verhältnismäßig sein. Die Schulgemeinschaft muss ein gemeinsames Verständnis davon entwickeln, welche Bereiche in der Schule fokussiert und genau evaluiert werden sollten und auf welche Weise dies geschehen sollte. Es bedarf eines Rahmens, der von allen verstanden wird, resümiert Vaccaro.

Am Anfang eines Schulentwicklungsprozesses müssen Bestandsaufnahme und Problemanalyse stehen, die in Zielformulierungen münden und Maßnahmen sowie Schritte zur Umsetzung festlegen. Entscheidend ist, dass notwendige Ressourcen diskutiert und gegebenenfalls von der Schulleitung bereitgestellt sowie von flankierenden begleitenden Maßnahmen, z. B. Qualifizierung, Fortbildung und Beratung begleitet werden. Schulze hebt hervor, dass ein neues Konzept erst in ausgewählten Klassen erprobt werden sollte und sich dann durch eine fortwährende Evaluation zeigen kann, was in der Praxis gut funktioniert und was noch verändert werden muss. Es hat sich bewährt, erst nachdem es eine bewährte Praxis gibt, den Ansatz auch auf andere Klassen zu übertragen und mit weiteren Begleitmaßnahmen (Fortbildung und Beratung) zu unterstützen. Schulze untergliedert diesen Prozess in folgende Punkte:

1. Bestandsaufnahme zu Stärken und Schwächen der Schule
2. Festlegung von Qualitätszielen
3. Planung von Maßnahmen zur Umsetzung und Bereitstellung von Ressourcen in einem Bereich
4. Umsetzung in Teilschritten mit klar definierten Zwischenzielen (Meilensteinen)
5. Kontinuierliche Überprüfung des Erreichens der Meilensteine
6. ggf. Nachjustierung der Maßnahmen
7. Evaluation der Zielerreichung
8. Feier des Erfolges
9. Definition eines zweiten Bereichs

Schulspezifische Fragestellungen zu finden und Schwerpunkte zu setzen, gehören im Schulentwicklungsprozess zu besonders wichtigen Schritten.

Denn nur eine Fokussierung von Themen und die Formulierung erreichbarer Ziele führen zum Erfolg. So macht Peters Recherche sichtbar, dass erfolgreiche Schulleitungen zunächst ein einzelnes wichtiges Ziel setzen, auf das sie ihre Aufmerksamkeit richten und für das sie die Botschaft an die gesamte Schulgemeinschaft übermitteln: »Diese Schule wird sich ändern«. Die Ziele werden dann jeweils so gesetzt, dass schnelle Erfolge innerhalb weniger Wochen oder Monate sichtbar werden können, inhaltliche Schwerpunkte variieren dabei aber je nach den Besonderheiten und aktuellen Situationen der Schulen. Bajew-Beck macht in ihren Überlegungen zur Unterrichtsentwicklung ebenso die Feststellung, dass Zielsetzungen konkret und überprüfbar sein müssen und die Planung der Arbeit kleinschrittig und überschaubar sein sollte, nicht zuletzt auch wegen der häufig fehlenden notwendigen Ressourcen. Rückblickend auf ihren Prozess der Entwicklung eines Schulprogramms mit dem Schwerpunkt Leseförderung hebt sie hervor, dass die Faktoren Zeit, gemeinsames, kollegiales und fachliches Arbeiten, eigenständiges, kritisches Denken und Handeln, der Mut, Fehler und Irrwege zuzulassen, sowie das Herstellen von »commitment« entscheidend für das Gelingen dieses Prozesses seien.

Evaluation und Qualitätssicherung gestalten

Der rein normative Anspruch, Lehrende mögen ihren Unterricht entwickeln und evaluieren, zeigt sich bisher als unzureichend bzw. wenig motivierend. Ob die Etablierung von Qualitätssicherungssystemen in der Schule gelingt, hängt entscheidend vom Umgang der einzelnen Schule mit dieser Fragestellung ab. Die häufig als Zangenbewegung beschriebene Dilemmasituation von Schulentwicklungsprozessen, in denen einerseits im Kollegium ein verschärfter Rechtfertigungsdrucks gegenüber outputorientierten Steuerungsbewegungen beschrieben wird, bei andererseits gleichzeitigem Ressourcenabbau, erschwert Prozesse der Qualitätssicherung und zieht das häufig bemühte »Killerargument Zeitnot« nach sich. Zugleich lässt sich eine funktionale Differenzierung von Schulleitung und Kollegium hinsichtlich der unterschiedlichen Wahrnehmung z. B. von Schulinspektionen feststellen. In einer von Kotthoff (2003) durchgeführten Fallstudie zu Schulinspektionen in England beschreibt eine Schulleiterin, dass Lehrpersonen Schulinspektionen in der Regel einfach nur »schrecklich« fänden, während Personen, die mit Schulmanagement befasst sind, durchaus den Wert der Inspektion sähen. Möglicherweise kann die positivere Wahrnehmung der Schulinspektion durch die Schulleitung damit zusammenhängen, dass das Schulinspektionsergebnis zu einem wichtigen strategischen Instrument für Schulleitungen in Veränderungsprozessen werden kann, sofern sich die Vorstellungen der Schulleitung mit denen der Schulinspektion decken (vgl.

Lambrecht u.a. 2010). Hirschmann verweist in diesem Kontext darauf, dass die Arbeit am Schulprogramm langwierige Aushandlungsprozesse nach sich zieht und erhebliche Auswirkungen auf das Arbeitsbudget der LehrerInnen hat, ohne dass die Unterrichtsverpflichtung innerhalb der Lehrerarbeitszeit den neuen zusätzlichen Aufgaben angepasst wurde. Brügelmann hebt hervor, dass VertreterInnen aller durch die Evaluation betroffenen Gruppen an ihrer Planung und Durchführung beteiligt werden sollten (z.B. durch Bildung einer Steuergruppe oder eines Beirats mit gewählten Delegierten). Evaluation kann genutzt werden, normativ zu diskutieren, ob die Ziele und Prinzipien überzeugen, um im Anschluss daran empirisch zu überprüfen, wieweit diese umgesetzt sind bzw. was ihre Umsetzung erschwert. Damit dies gelingt, müssten gemeinsam mit den Evaluatoren klare und verbindliche Absprachen getroffen werden, die Auftrag/Funktion, Fragestellungen und Form der Berichterstattung transparent machen. Außerdem, so Brügelmann, sollten die von außen Evaluierten ein Kommentierungsrecht zu den Daten und ihrer Deutung haben. Nur so könne Vertrauen als Voraussetzung für die Bereitschaft, Schwierigkeiten offenzulegen, sich auf Kritik einzulassen und Vorschläge von außen ernst zu nehmen, entstehen. Produktiv wird der Fremdblick dann, so Brügelmann, wenn die Externen sich auf die Vorstellungen und Interpretationen derjenigen einlassen, die ihre Schule und ihren Unterricht tagtäglich aus eigener Erfahrung erleben. Eine externe Evaluation solle sich deshalb an Fragen orientieren, die dialogisch angelegt sind und die Kompetenz vor Ort ernst nehmen (vgl. Brügelmann in diesem Band):

- Was sind Ihre eigenen Ansprüche – und wie begründen Sie diese?
- Wie weit können Sie diese Ansprüche realisieren?
- Welche Bedingungen behindern Sie dabei?
- Welche Ansprüche sind noch zu wenig im Blick?
- Was könnten realistische nächste Schritte sein?

Dass es langfristig weniger auf die externe Evaluation, sondern auf die interne Evaluation ankommen wird, zeigt Vaccaro in seinem Beispiel aus Schottland. Dort hat man aus den Erfahrungen der ersten Jahre mit Evaluation gelernt: Von den Schulen wird erwartet, dass sie ihre schulische Arbeit evaluieren. Der Fremdevaluation kommt damit eine veränderte Bedeutung zu: Sie dient der Schule als Abgleich mit ihrer eigenen Interpretation und hilft ihr dabei, Fehlinterpretationen zu vermeiden. Töller-Weingart zeigt auf, wie eine Schule sich bereits konsequent auf den Weg gemacht hat, Evaluation für die Schulentwicklung zu nutzen und dabei auch den Mut zu haben, mit verschiedenen Evaluationsinstrumenten zu experimentieren. Dies ist notwendig, um als Schule herauszufinden, welche Form von Evaluation zur momentanen Situation, zu den aktuellen Schulentwicklungsschwerpunkten oder Problemlagen passt. Schulze zeigt am Beispiel der beiden Schulen »An der Gartenstadt« und »Friedrich-Frank-Bogen«, wie der Einsatz eines Qualitätsmanagementsystems zur Fokussierung der Schwerpunkte, der Klarheit über den Gegenstand der Selbstevaluation, der übersichtlichen Dokumentation und damit auch der Arbeitserleichterung dienen kann.

Gleichgültig, ob ein Veränderungsbedarf durch Selbstevaluation oder durch Fremdevaluation festgestellt wird, wird klar, dass Evaluation alleine noch kein hinreichendes Element der Qualitätsverbesserung von Schule ist:

»Schulinspektion führt nicht automatisch zur Qualitätssicherung, sondern nur dann, wenn die Inspektion in einen Kranz weiterer Maßnahmen (die fast alle Geld kosten) eingebunden ist. Es ist wie im Unterricht. Selbstreguliertes Lernen entsteht nicht von selbst, sondern nur dort, wo hoch qualifiziertes Personal eine ›vorbereitete Umgebung‹ sicherstellt« (Meyer in Hirschmann).

Verbündete suchen und Netzwerke bilden

Lassek konstatiert in ihrem Beitrag, dass die Gestaltung und Entwicklung von Grundschulen von Bündnispartnern aus dem Umfeld oder aus Netzwerken profitiert, weil sie über Erfahrungsaustausch, gemeinsames Vorgehen oder Mithilfe Dritter den besonderen Herausforderungen und Ansprüchen besser begegnen kann. Netzwerke gewinnen als Unterstützungssysteme in Schulentwicklungsprozessen an Bedeutung. So zeigt Backhaus überzeugend auf, wie das Netzwerk »Blick über den Zaun« als Verbund reformpädagogisch orientierter Schulen Schulentwicklung »von unten« betreibt, indem durch regelmäßige wechselseitige Besuche (»peer reviews«), durch Tagungen und das Anwerben weiterer Schulen dazu beigetragen wird, dass Schulen im direkten Erfahrungsaustausch von- und miteinander lernen: einander anregen, ermutigen, unterstützen. Arbeiten Lehrerinnen und Lehrer mit anderen Institutionen zusammen und werden über die Zusammenarbeit Kontakte aufgebaut und erweitert, profitieren sie und die gesamte Schule aus der Kooperation. Die Prinzipien des Netzwerks – Freiwilligkeit, Grundkonsens, Autonomie, Gleichrangigkeit, Vielfalt, Kontinuität, Wechselseitigkeit, Sensibilität, Nachhaltigkeit und Offenheit – stellen gemeinsam die Gelingensbedingungen für eine erfolgreiche gemeinsame Arbeit dar. Auf der Basis gemeinsam festgelegter Minimalstandards ist ein Grundkonsens formuliert worden, der als Bezugsgröße für gegenseitige Schulbesuche und Unterrichtsrückmeldungen dienen kann. Die Standards dienen der Reflexion des pädagogischen Handelns, der Reflexion der schulischen Rahmenbedingungen und der systemischen Bedingungen. Gekoppelt an die Aufnahme in den Schulverbund ist die Akzeptanz der Standards als gemeinsame Leitlinie und die Bereitschaft, an halbjährlichen Hospitationen teilzunehmen sowie die Schule für Hospitationen zu öffnen. Auf diese Weise hat sich hier ein Netzwerk kritischer Freunde etabliert, in dem Schulen fern von outputorientierter Steuerung an selbst gewählten Fragen lernen und Schule weiterentwickeln. Diese Form der Kooperation nach außen hat dann gute Grundlagen, so Lassek, wenn innerschulische Zusammenarbeit bereits angeregt ist und gelingt. Auch Keller, Knopp-Vater und Theis-Scholz zeigen mit dem Koblenzer Schulentwicklungsnetzwerk überzeugend auf, wie im NetzwerkE die Intensivierung der Förderung von Kindern mit Problemen in der sozial-emotionalen Entwicklung gelingen kann. Durch die Institutionalisierung von schulischen und außerschulischen Einrichtungen wird eine Verzahnung von außerschulischer Beratung und schulischer Förderung ermöglicht. Mit der Bildung »multiprofessioneller Teams« können präventive und zeitnahe pädagogische Maßnahmen geplant und umgesetzt werden, die in den meisten Fällen eine Eskalation der Konflikte verhindern helfen.

Diagnostizieren, Differenzieren, Partizipieren und Fördern

Sicherlich liegt eine besonders große Herausforderung an Schulentwicklungsprozesse darin, Vielfalt und Heterogenität als Chance zu begreifen und didaktische Konzeptionen zu entwickeln. So stellt Fiedler fest, dass eine der wichtigsten Erkenntnisse aus den Ergebnissen von »ELLI« ist, dass die überprüften Kinder sowohl im Bereich Lesen / Schriftspracherwerb als auch im Bereich der mathematischen Kompetenzen bis zu drei Lernjahre auseinanderliegen. Und nicht nur die einzelnen Kinder, sondern ebenso die Schulen. Die »beste« Schule lag im Durchschnitt in den Ergebnissen zu Beginn der Lernarbeit in der aufnehmenden Schule um zwei bis drei Lernjahre weiter als die »schlechteste« Schule. Weniger erstaunlich, so Fiedler, aber dennoch von Bedeutung war dabei, dass die Lernausgangslage von Kindern in Schulen in sozial eher belasteten Gebieten in der Regel im Durchschnitt mindestens ein Lernjahr »niedriger« war als solche in sozial gemischten Gebieten. In der Konsequenz bedeutet dies, dass in der Einzelschule ein auf die Heterogenität der Schülerinnen und Schüler ausgerichteter Unterricht unabdingbar ist.

Der von Peters vorgestellte Ansatz des »Natürlichen Lernens« aus den Niederlanden zeigt eine Antwort auf diese Aufgabe. Peters stellt dar, dass der Ansatz des »Natürlichen Lernens« davon ausgeht, dass Kinder bessere Leistungen erzielen und nachhaltiger lernen, wenn sie Verantwortung für ihre eigene Lernentwicklung übernehmen und sich selbst bzw. gegenseitig etwas beigebracht haben. Lernentwicklung beschränkt sich dabei nicht nur auf die Kernkompetenzen im Lesen, Schreiben und Rechnen, sondern umfasst die gesamte Persönlichkeitsentwicklung. Jedes einzelne Kind wird ernst genommen und beobachtet, um herauszufinden, was es braucht, um sich weiter zu entwickeln. Das Kind steuert seinen Lernprozess weitgehend selbst. Die zentrale Aufgabe der Lehrkräfte besteht darin, zu erkennen, worin die Stärken und Interessen jedes einzelnen Kindes liegen, welches der nächste Schritt der Lernentwicklung sein wird, ihm hierzu die entsprechenden Lernangebote zu machen und Probleme dabei zu analysieren. Ausgehend von den Stärken und den persönlichen Interessen jedes einzelnen Kindes entwickeln die Lehrkräfte ein Lernarrangement, das auf die Schwierigkeiten des Kindes eingeht. Im Mittelpunkt des Ansatzes steht das Kind, das selbstgesteuert seinen Lernprozess gestaltet und dabei von den Lehrkräften auf vielfältige Weise unterstützt wird: durch die Bereitstellung der entsprechenden Materialien, vor allem aber durch die Beratung und Begleitung in Bezug auf selbstgesteckte Ziele und den Umgang mit auftauchenden Problemen. Dabei setzt sich das Kind in Absprache mit der Lehrkraft Ziele aufgrund von Lern- und Entwicklungslinien. Diese stellen das eigentliche Curriculum der Schule dar. Sie bilden Ziele und Entwicklungsmöglichkeiten im Bereich von kognitiven, sozialen und personalen Kompetenzen ab. Selbst die ganz jungen Schülerinnen und Schüler, die erst vier Jahre alt sind, arbeiten von Anfang an

- nach dem Prinzip der Selbststeuerung,
- der Festlegung von eigenen Lernzielen
- und der täglichen Selbstreflexion.

Durch regelmäßige schulinterne Fortbildungsangebote, Supervision, Intervision und Coaching sowie methodische Kurse zu einzelnen Fächern, Lernmethoden oder zur Gesprächsführung lernen die Lehrkräfte ganz im Sinne des Ansatzes des »Natürlichen Lernens«, sich mit ihren eigenen Problemen auseinanderzusetzen und sich selbst ständig weiterzuentwickeln.

Bonanati und Richter-Göckeritz zeigen auf, dass es nicht nur in den Niederlanden, sondern auch in Deutschland möglich ist, eine neue Kultur des Lernens und Leistens an einer Schule zu etablieren, welche die Partizipation der Kinder zu Grunde legt und sie ihren eigenen Lernweg mitbestimmen und gestalten lässt. Mit Hilfe geeigneter Instrumente wie Kompetenzrastern, individuellen Arbeitsplänen und Logbüchern wird die Selbstreflexion erleichtert, der Dokumentation gedient und damit gleichzeitig die Evaluation ermöglicht. Eine auf Dialogfähigkeit, Selbststeuerung und Selbstreflexion ausgerichtete Didaktik stellt hohe Ansprüche an die Lehrenden, die nicht ohne entsprechende Unterstützungsmaßnahmen zu verwirklichen sind. Dies wird auch im von Keller, Knopp-Vater und Theis-Scholz vorgestellten Koblenzer Schulentwicklungs- und Präventionsprojekt sichtbar. Die Professionalisierung von Lehrkräften in Lehreraus- und -weiterbildung ist essentiell, um veränderte Handlungsweisen im Lehrerhandeln zu etablieren. Die stärkere Betonung von Prävention, Früherkennung und Frühförderung im Grundschulalltag muss, so zeigen die Autorinnen, eingebettet sein in ein Netz von Unterstützungsmaßnahmen, auf das Lehrende zurückgreifen können. Die im Koblenzer Netzwerk etablierte Zusammenarbeit zwischen SonderpädagogInnen, GrundschullehrerInnen und SozialpädagogInnen zeigt sich fruchtbar. Die Beratungsangebote der Sozialpädagogin werden von Kindern, Eltern und Lehrenden wahrgenommen und machen sichtbar, dass der Bedarf sehr viel höher ist als das Angebot. Gerade in Konfliktfällen wird die Expertise einer nicht schulisch verankerten Beratung gerne angenommen und kann möglicherweise auf Grund der größeren Distanz zum schulischen Alltag eine vertrauensvolle Basis grundlegen. Dass dies in einer ganzen Region systematisch implementiert werden kann, zeigt das Beispiel von Heissl-Deporta aus Südtirol. Wie es gelingt, selbstständiges und selbstreflexives Lernen an einer Schule nicht nur in einzelnen Klassen umzusetzen, sondern curricular für alle Schulbeteiligten verbindlich zu verankern, zeigen Castel und Stumpf. Dass dies für eine Schule einen langen Weg bedeutet, scheint nicht überraschend. Es wird deutlich, dass mehr erforderlich ist, als dass alle Lehrkräfte an einem Strang ziehen und einen Konsens über Unterrichtsmethoden, -inhalte und -materialien herstellen: Sie müssen Schule als lernende Institution begreifen, die sich immer weiterentwickelt, und diesen Geist auch Eltern und SchülerInnen vermitteln. Dies gelingt über langjährige, verbindliche Strukturen der Zusammenarbeit, ein hohes Maß an Verbindlichkeit untereinander und eine gleichzeitige Bereitschaft, sich neuen Ideen zu öffnen.

Visionen oder Zukunftsmusik

Die Beiträge machen an vielfältigen Beispielen sichtbar, dass der im Schulentwicklungsdiskurs auftauchende Begriff »Autonomie« oder »Teilautonomie« zwar wachsende Entscheidungsspielräume für Schulen suggeriert, sich die Ressourcenfrage jedoch dem Einfluss der Einzelschule entzieht. Wiederholt zeigt sich als typisches Merkmal von Schulentwicklungsprozessen die Erwartung, dass »kostenneutral« gearbeitet wird, indem »endogene Potenziale« ausgeschöpft werden sollen. Lehrende können nicht Ausführende neuer Steuerungsmodelle und EntwicklerInnen innovativer Unterrichtskonzepte bei gleichzeitig reduzierten Ressourcen sein. Die Einführung neuer schulischer Steuerungsinstrumente, ohne dass diese an schuleigene Zwecke rückgebunden (vgl. Heinrich / Kussau 2010, S. 192) und vom Kollegium getragen werden, läuft Gefahr, dass Zeit und Raum für den Aufbau neuer institutionalisierter Handlungsmuster fehlen und Orientierungslosigkeit und Sinnverlust die Folge sind. Wenn Schulentwicklung nicht mit dem permanenten Gefühl des Ungenügens, des Unbehagens und des Zuwenigs einhergehen, sondern zu einem kreativen schulinternen Prozess werden soll, dann muss es Veränderungen geben, die auch die Ressourcenfragen miteinschließen.

Gelingende Schulentwicklung ist vom Engagement der beteiligten Akteure in der Einzelschule abhängig genauso wie von entsprechenden Maßnahmen, die auf der Makroebene im Mehrebenensystem Schule verortet werden müssen:

- Schulen benötigen für Veränderungsprozesse Zeit und Raum, um neue pädagogische Konzepte zu durchdenken, zu planen, auszuprobieren und auszuwerten.
- Dazu werden entsprechende Deputate für Steuerungs- und Planungsgruppen einerseits und andererseits für Zeiten kollegialer Fallberatung und Supervision benötigt.
- Veränderungen von Sichtweisen und Haltungen sind an Kooperation und Reflexion gebunden, beides gelingt besser ohne Druck und Leistungszwang und erfordert fest verankerte Zeitfenster im Unterrichtsalltag.
- Schulen benötigen für ihre Veränderungsprozesse externe Beratungs- und Unterstützungssysteme, die in Phasen der Modifizierung zu Rate gezogen werden können.
- Schulen benötigen regelmäßige Weiterbildungsangebote, die sie entsprechend ihrer individuellen Zielvorstellungen abrufen können.
- Und sie brauchen unterschiedliche und standortabhängige Mittelzuweisungen.

Schulentwicklung als partizipativer und kreativer Prozess bedeutet, die Kommunikation zwischen allen Beteiligten zu fördern und lebendig zu halten, Normen und Werte ständig zu überprüfen und dabei auf diejenigen zu verzichten, die irrelevant sind. Schulentwicklung ist ein Prozess, der sich durch Offenheit und Transparenz auszeichnet, nie »fertig« ist, zu ständigen Veränderungen und Modifizierungen führt – doch jederzeit beginnen kann. Schulentwicklung ist an Mitsprechen, Mitdenken, Mitbestimmen und Mitverantworten gebunden und setzt das wertschätzende und von gegenseitigem Respekt getragene kollegiale Gespräch und Miteinander voraus. Schule als lebendigen Ort des Lernens und Lebens für Erwachsene und Kinder gemeinsam weiterzuentwickeln, erfordert Zeit und Raum zur Erarbeitung und Etablierung neuer institutionalisierter Handlungsmuster und ist nicht nur unter Ausschöpfung endogener schulischer Potenziale zu haben.

Grundschule entwickeln heißt damit zwar einerseits, Gestaltungsspielräume nutzen zu lernen, Netzwerke zu bilden und über den eigenen Tellerrand zu blicken, doch andererseits auch, die Schaffung neuer institutionalisierter Gestaltungsspielräume zu fordern, die nur auf der bildungspolitischen Makroebene geschaffen und veranlasst werden können.

Literatur

Buchen, H. (2006): Schule managen – statt nur verwalten. In: Buchen, H. / Rolff, H.-G. (Hrsg.): Professionswissen Schulleitung. Weinheim und Basel.

Heinrich, M. / Kussau, J. (2010): Das Schulprogramm zwischen schulischer Selbstregulierung und externer Steuerung. In: Altrichter, H. / Maag Merki, K.: Handbuch Neue Steuerung im Schulsystem. Wiesbaden: VS Verlag.

Lambrecht, M. / Kotthoff, H.-G. / Maag Merki, K. (2010): Rekontextualisierungen: Schulinspektionsprozesse als indirekte Kommunikation zwischen Schulleitung und Kollegium. In: Müller, S. / Pietsch, M. / Bos, W. (Hrsg.): Schulinspektionen in Deutschland. Eine Zwischenbilanz aus empirischer Sicht. Münster: Waxmann.

Kotthoff, H.-G. (2003): Bessere Schulen durch Evaluation?: Internationale Erfahrungen. Münster: Waxmann.

Reichenbach, R. (2006): Diskurse zwischen Ungleichen. Zur Ambivalenz einer partizipativen Pädagogik. In: Quesel, C. / Oser, F. (Hrsg.): Die Mühen der Freiheit. Probleme und Chancen der Partizipation von Kindern und Jugendlichen. Zürich, Chur, S. 39 – 63.

Rothland, M. (2007): Soziale Unterstützung. Bedeutung und Bedingungen im Berufsalltag von Lehrerinnen und Lehrern. In: Rothland, M. (Hrsg.): Belastung und Beanspruchung im Lehrerberuf. Modelle, Befunde, Interventionen. Wiesbaden: VS Verlag.

Schaarschmidt, U. / Kieschke, U. (2007): Beanspruchungsmuster im Lehrerberuf. Ergebnisse und Schlussfolgerungen aus der Potsdamer Lehrerstudie. In: Rothland, M. (Hrsg.): Belastung und Beanspruchung im Lehrerberuf. Modelle, Befunde, Interventionen. Wiesbaden: VS Verlag.

Schopp, J. (2010): Eltern Stärken. Die Dialogische Haltung in Seminar und Beratung. Opladen u. Farmington Hills: Barbara Budrich Verlag.

Autorinnen und Autoren

Axel Backhaus,
Universität Siegen, Fachbereich 2, Adolf-Reichwein-Str. 2;
backhaus@paedagogik.uni-siegen.de

Steffa Bajew-Beck, Rektorin,
Pestalozzi-Grundschule Koblenz, Gutenbergstraße 30, 56073 Koblenz;
sbajew@rz-online.de

Edgar Bohn, Schulleiter,
Anne-Frank-Grundschule, Wilmersdorfer Straße 19, 79110 Freiburg;
edgar-bohn@t-online.de

Marina Bonanati,
Universität Koblenz-Landau, Campus Koblenz,
Fachbereich 1, Bildungswissenschaften, Institut für Grundschulpädagogik,
Universitätsstraße 1, 56070 Koblenz; bonanati@uni-koblenz.de

Prof. Dr. Hans Brügelmann,
Universität Siegen, Adolf-Reichwein-Str. 2, 57068 Siegen;
oase@paedagogik.uni-siegen.de

Prof. Dr. Ursula Carle,
Universität Bremen, Fachbereich 12, Arbeitsgebiet Elementar- und
Grundschulpädagogik, Postfach 330440, 28334 Bremen

Prof. Dr. Heike de Boer,
Institut für Grundschulpädagogik, Universität Koblenz-Landau,
Fachbereich 1, Bildungswissenschaften, Universitätsstraße 1,
56070 Koblenz; hdeboer@uni-koblenz.de

Ulrike Eiding, Schulleiterin,
Aukamp-Schule, Achterkamp 14, 24783 Osterrönfeld

Angelika Fiedler, Schulleiterin,
Clara-Grunwald-Schule, Von-Moltke-Bogen 40 – 44, 21035 Hamburg;
angelika.fiedler@bsb.hamburg.de

Mag. Dr. Renate Heissl-Deporta, Psychopädagogin und Beraterin
für Schulen in Südtirol (Italien);
Renate.Heissl-Deporta@schule.suedtirol.it, Heisslrenate@hotmail.de

Inge Hirschmann, Schulleiterin,
Heinrich Zille Grundschule, Waldemarstraße 118, 10997 Berlin;
heinrich-zille-gs@web.de

Maresi Lassek, Schulleiterin,
Schule am Pfälzer Weg, Koblenzer Straße 10, 28325 Bremen

Michael Lorbeer-Andresen,
Grundschulverband, Landesgruppe Schleswig-Holstein,
Dorfstraße 29, 24254 Rumohr;
michaellorbeer-andresen@grundschulverband-sh.de

Conni Kastel, Lehrerin,
Schule Rellinger Straße, Rellinger Straße 13 – 15, 20257 Hamburg

Martina Keller,
Grundschule Moselweiß, Schulgasse 16, 56073 Koblenz;
gs.moselweiss@gmx.de

Dr. Gerald Klenk,
Freie Arbeitsgemeinschaft Moderatoren Schulentwicklung e.V.,
Dietersdorfer Str. 44 c, 91126 Schwabach

Monika Knopp-Vater,
Ev. Beratungsstelle für Erziehungs-, Partnerschafts- und Lebensfragen,
Mainzer Str. 73, 56068 Koblenz; eb@kirchenkreis-koblenz.de

Susanne Peters,
Institut für Bildungsmonitoring, Beltgens Garten 25, 20537 Hamburg,
stellvertretende Vorsitzende des Grundschulverbandes;
susanne.peters@grundschulverband.de

Annette Richter-Göckeritz, Regenbogenschule, 53426 Schalkenbach

Peter Schulze,
Institut für Bildungsmonitoring, Beltgens Garten 25, 20537 Hamburg;
peter.schulze@ifbm.hamburg.de

Wilfried W. Steinert, Ehemaliger Schulleiter der Waldhofschule Templin,
Privat: Platanenstraße 1, 17268 Templin; W.W.Steinert@t-online.de

Petra Stumpf, Schulleiterin,
Schule Rellinger Straße, Rellinger Straße 13 – 15, 20257 Hamburg;
petra.stumpf@bsb.hamburg.de

Priv. Doz. Dr. Dipl-Päd. Margit Theis-Scholz, Schulaufsichtsbeamtin bei der Aufsichts- und Dienstleistungsdirektion Koblenz,
Referat 34 Förderschulen / Sonderpädagog. Förderung an Regelschulen,
Südallee 15 – 19, 56068 Koblenz

Christiane Töller-Weingart, Schulleiterin,
Grundschule Worphausen mit Außenstelle St. Jürgen Frankenburg,
Lüninghauser Landstr. 5, 28865 Lilienthal

Eric Vaccaro,
Institut für Bildungsmonitoring, Beltgens Garten 25, 20537 Hamburg;
eric.vaccaro@ifbm.hamburg.de

Anne Westerholt, Schulleiterin,
Salzbödetal-Schule, Schulstraße 12, 35457 Lollar-Salzböden;
salzboedetal-schule@web.de

andesgruppen des Grundschulverbandes

Baden-Württemberg

Kontakt: Prof. Dr. Erika Brinkmann
E-Mail: brinkmann@erz-wiss.uni-siegen.de
www.gsv-bw.de
Vorstand: Prof. Dr. Erika. Brinkmann (Vorsitz/Delegierte), Prof. Dr. Christiane Benz, Angela Berkenhoff, Edgar Bohn, Gabriele Doderer, Prof. Dr. Hans Joachim Fischer, Magdalene Haug, Dipl.-Päd. Adolf Messer, Annette Pohl, Gerlinde Straub

---

Bayern

Kontakt: Prof. Dr. Gudrun Schönknecht
E-Mail: gudrun.schoenknecht@grundschulverband-bayern.de
www.grundschulverband-bayern.de
Vorstand: Dr. Gudrun Schönknecht (Vorsitz), Katharina Dübgen, Bianca Ederer, Renate Eggert-Vockerodt, Petra Hiebl, Gabriele Klenk (Delegierte) Dr. Christina Mahrhofer-Bernt, Manfred Völker

---

Berlin

Kontakt: Inge Hirschmann
E-Mail: inge.hirschmann@gmx.de
www.gsv-berlin.de
Vorstand: Inge Hirschmann (Vorsitz/Delegierte), Cornelia Schaffert, Lydia Sebold, Gerti Sinzinger

---

Brandenburg

Kontakt: Denise Sommer
E-Mail: denisomm@aol.com
www.gsv-brandenburg.de
Vorstand: Denise Sommer (Vorsitz), Marion Gutzmann (Delegierte), Dr. Elvira Waldmann, Sabine Wendt

---

Bremen

Kontakt: Nina Bode-Kirchhoff, nina.bode-kirchhoff@gmx.de
Ilona Rother, ilonarother@web.de
E-Mail: post@grundschulverband-bremen.de
www.grundschulverband-bremen.de
Vorstand: Nina Bode-Kirchhoff, Ilona Rother, (Vorsitz/Delegierten-Team) Prof. Dr. Petra Milhoffer, Ingeborg Tietjen
Beisitz: Roswitha Kremin, Karin Sanders

Hamburg

Kontakt: Susanne Peters
E-Mail: susanne.peters@gsvhh.de
www.gsvhh.de
Vorstand: Susanne Peters (Vorsitz), Stefan Kauder (Delegierter), Maik Becker, Christof Jantzen, Karin Jessen, Johannes Lagemann, Marion Lindner, Martina Reider

---

Landesgruppen des Grundschulverbandes

Hessen

Kontakt: Ilse Marie Krauth
E-Mail: krauth.hanau@t-online.de
www.gsv-hessen.de
Vorstand: Ilse Marie Krauth (Vorsitz), Barbara Eisenkolb, Christiane Herber Linda Himmelmann (Delegierte), Achim Kessemeier, Jasmin Kurpiers, Silke Lerch

---

Mecklenburg-Vorpommern

Kontakt: Ralph Grothe
E-Mail: Ralphgrothe@aol.com
Vorstand: Ralph Grothe (Vorsitz/Delegierter), Manuela Bölk, Cornelia Danz Christine Faltis, Minette Volkwardt

---

Niedersachsen

Kontakt: Christiane Töller-Weingart
E-Mail: christiane.toeller-weingart@web.de
www.gsv-nds.de
Vorstand: Christiane Töller-Weingart (Vorsitz/Delegierte), Marthe Blanck, Prof. Dr. Eva Gläser, Thyra Graff, Susanne Grahn, Brigitte Kollmar, Sigrid Rak

---

Nordrhein-Westfalen

Kontakt: Gisela Cappel
E-Mail: gisela.cappel@gmx.de
www.grundschulverband-nrw.de
Vorstand: Gisela Cappel (Vorsitz), Kirsten Bartnitzky-Burg, Baldur Bertling (Delegierter), Gisela Gravelaar, Helga Poensgen, Christiane Mika, Rosemarie Möhle-Buschmeyer, Ute Rohrlack, Beate Schweitzer

---

Rheinland-Pfalz

Kontakt: Werner Lang
E-Mail: lang-hinzweiler@web.de
www.wl-lang.de
Vorstand: Werner Lang (Vorsitz/Delegierter), Monika Bäumer-Spahl, Ulrich Dittrich, Mandy Höh, Carmen Lang, Martina Lummel-Deutschle, Heike Markens, Konstanze Rosinus, Sabina Stommel, Julia Treiber
Beisitz: Stefan Berzel, Rainer Mies

Saarland

Kontakt: Lilo Groll
E-Mail: lagroll@t-online.de
Vorstand: Lilo Groll (Vorsitzende/Delegierte), Sandra Behrend, Carolin Eifl Ulla Huberich, Katrin Jungfleisch

---

andesgruppen des Grundschulverbandes

Sachsen

Kontakt: Sibylle Jaszovics
E-Mail: jas.sib@t-online.de
Vorstand: Sibylle Jaszovics, Karin Liebing

Sachsen-Anhalt

Kontakt: Petra Uhlig
E-Mail: petra.katrin.uhlig@googlemail.com
www.gsv-lsa.de
Vorstand: Petra Uhlig (Vorsitz), Dagmar Günther, Susanne Horn, Gisela Schmidt (Delegierte), Dr. Michael Ritter, Ralph Thielbeer

---

Schleswig-Holstein

Kontakt: Dr. Beate Blaseio
E-Mail: beateblaseio@grundschulverband-sh.de
www.grundschulverband-sh.de
Vorstand: Dr. Beate Blaseio (Vorsitz), Ute Hirschelmann, Sabine Jesumann, Andrea Keyser, Jörg Keyser, Andrea Klimmek, Michael Lorbeer-Andresen (Delegierter), Gudrun Schröder, Jutta Schweitzer

---

Thüringen

Kontakt: Steffi Jünemann
E-Mail: SJuenemannStS@web.de
Vorstand: Steffi Jünemann (Vorsitz/Delegierte), Beate Albrecht, Antje Allendorf, Martina Dubiel, Heike Eckstein, Katrin Heckert

---

Grundschulverband e.V.
Niddastraße 52, 60329 Frankfurt/Main
Tel.: 069/776006, Fax: 069/7074780
E-Mail: info@grundschulverband.de

Der Grundschulverband im Internet: www.grundschulverband.de
Sie finden hier u.a. Pressemitteilungen, Stellungnahmen, Diskussionsforen zu aktuellen bildungspolitischen und pädagogischen Themen, Termine, Veröffentlichungen und Formulare für Bestellungen und Beitritt.

Beiträge zur Reform der Grundschule

Herausgeber: Der Vorstand des Grundschulverbandes e.V.

Mitgliederbände

60 Kinder finden zu sich selbst
61/62 Frauen machen Schule
67/68 Schreiben ist wichtig
69 Ästhetische Erziehung in der Grundschule
71 Umwelterziehung
74 Interkulturelles Lernen
75 Veränderte Kindheit – veränderte Grundschule
76 Lyrik für Kinder – gestalten und aneignen
78 Alltag im offenen Unterricht
81 Theater macht Schule – Schule macht Theater
85 Bewegung, Spiel und Sport in der Grundschule
87 Leistung der Schule – Leistung der Kinder
88/89 Wohnortnahe Integration
92/93 Religion in der Grundschule
97 Sexualerziehung von Anfang an!
98 Die Zukunft beginnt in der Grundschule
99 Kunst in der Grundschule
100 Sozialpädagogik in der Grundschule
101 Sachunterricht in der Grundschule
102 Musik in der Grundschule
104 Schatzkiste Sprache 1
106 Spielen in der Grundschule
107 Literarisches Lernen
108 Mit Eltern die Grundschule kindgerecht entwickeln
109 Rechtschreiben lernen in den Klassen 1–6
111 Schulanfang ohne Umwege
112 Grundlegende Bildung in und für Europa
113 Schatzkiste Sprache 2
114 Freiarbeit in der Grundschule – offener Unterricht in Theorie und Praxis
115 Länger gemeinsam lernen. Positionen, Forschungsergebnisse, Beispiele
116 Kinder beteiligen – Demokratie lernen?
117 Mathematik für Kinder – Mathematik von Kindern
118 Leistungen von Kindern wahrnehmen – würdigen – fördern
119 Pädagogische Leistungskultur: Materialien für Klasse 1 und 2
120 Deutsch als Zweitsprache lernen
121 Pädagogische Leistungskultur: Materialien für Klasse 3 und 4
122 Auf dem Weg zur Ganztagsgrundschule
123 Leben und Lernen in jahrgangsgemischten Klassen
124 Pädagogische Leistungskultur: Ästhetik, Sport, Englisch, Arbeits-/Sozialverhalten
125 Schule außerhalb der Schule. Lehren und Lernen an außerschulischen Orten
126 Fremdsprachen in der Grundschule. Auf dem Weg zu einer neuen Lern- und Leistungskultur
127/128 Kursbuch Grundschule
129 Allen Kindern gerecht werden. Aufgabe und Wege
130 Aktuelle Kindheiten
131 Grundschule entwickeln – Gestaltungsspielräume nutzen
132 Grundschrift – damit Kinder besser schreiben lernen (2011)
133 Kompetenzen stärken – individuell fördern (2012)

Sonderbände

S 43 Schulleben und Schulgemeinde
S 45 Entlastungsstrategien für Schulleiter
S 52 Die Ganze Halbtagsschule
S 53 Fremdsprachen i. d. Grundschule
S 54 Grundschule u. Bibliothek
S 56 Teamarbeit in der Grundschule
S 57 Jahrgangsübergreifendes Lernen
S 58 Jahrbuch Grundschule ‹98 Themen: »Offener Unterricht«, »Mathematik«
S 59 Grundschulen planen, bauen, neu gestalten
S 60 Jahrbuch Grundschule ‹99 Themen: »Schulfähigkeit«, »Sprachdidaktik«
S 61 Kooperierende Grundschulen
S 62 Jahrbuch Grundschule ‹00/‹01 »Kindheitsforschung, Forschung zum Sachunterricht«
S 63 Video zum Thema Zukunftswerkstatt
S 64 Jahrbuch Grundschule IV 2002/2003

Projekt »Eine Welt in der Schule«

Sammelband (orange): Dritte Welt in der Grundschule
Sammelband (blau): Eine Welt in der Schule
Sammelband (grün): Eine Welt in der Schule
Aminatas Entdeckung (Kinderbuch)
Material-CD zu Aminatas Entdeckung

Besonderes

Sind Noten nützlich und nötig?
Eine wissenschaftliche Expertise
Lesekompetenz
Ein Lese- und Arbeitsbuch
Schreibkompetenz und Schreibkultur (2012)
Ein Lese- und Arbeitsbuch

Als Mitglied im Grundschulverband

... unterstützen Sie z.Z. mit weiteren 10.000 Mitgliedern die satzungsmäßigen (§2,1) Kernaufgaben des Grundschulverbandes: „Die pädagogisch begründeten Ansprüche der Kinder dieser Schulstufe zu vertreten, die Grundschulpädagogik weiter zu entwickeln und die Stellung der Grundschule im öffentlichen Bildungswesen zu verbessern."

... erhalten Sie jährlich zwei Bände der Buchreihe „Beiträge zur Reform der Grundschule".

... erhalten Sie viermal jährlich die 32-seitige Mitgliederzeitschrift „Grundschule aktuell" mit Bildungspolitik, Forschung und Praxis.

Jahresmitgliedsbeitrag	**66,- €**
Ermäßigter Beitrag	**39,- €**
Förderbeitrag	**39,- €**

Beitrittserklärung

Einsenden an: Grundschulverband e.V. · Niddastraße 52 · 60329 Frankfurt/Main

Ich beantrage die Mitgliedschaft im Grundschulverband e.V.

Als Mitglied erhalte ich jährlich zwei neue Mitgliedsbände aus der Reihe „Beiträge zur Reform der Grundschule" sowie die 32-seitige Vierteljahreszeitschrift „Grundschule aktuell" jeweils nach Fertigstellung kostenfrei zugesandt.

Den angekreuzten Betrag (gültig ab 2011)

☐ **Jahresmitgliedsbeitrag** **66,- €**

☐ **Ermäßigter Beitrag** (bitte belegen!) **39,- €**
(für Studierende, Arbeitslose, LehramtsanwärterInnen)

☐ **Förderbeitrag,** mindestens **39,- €**
(keine Mitgliedsbände – nur Zeitschrift)
(für Pensionäre, die weiterhin aktuell informiert werden wollen und andere Förderer, die die Arbeit des Grundschulverbandes unterstützen möchten.)

☐ zahle ich nach Erhalt der Jahresrechnung

☐ zahle ich per Bankeinzug vom Konto

Nr. ______________________ Blz ______________________

bei ____

Name

Straße und Hausnummer

PLZ und Ort

E-Mail Telefon

Datum und Unterschrift

Für Ihren Beitritt zum Grundschulverband e.V. halten wir folgendes Werbeangebot für Sie bereit:
(Bitte nur eine der beiden Möglichkeiten ankreuzen!)

☐ Als neues Mitglied im Grundschulverband e.V. wünsche ich mir den Band ________ als Aufnahmegeschenk.

☐ Oben genanntes Mitglied habe ich für den Grundschulverband e.V. geworben. Als Werbeprämie senden Sie mir bitte den Band ________ an folgende Anschrift:

Name

Straße und Hausnummer

PLZ und Ort